举旗帜 聚民心 育新人 兴文化 展形象

习近平

广电全媒体蓝皮书

BLUE BOOK OF CHINA'S RADIO AND TELEVISION ALL-MEDIA

中国广播电视全媒体发展报告（2021）

ANNUAL REPORT ON DEVELOPMENT
OF CHINA'S RADIO AND TELEVISION ALL-MEDIA
（2021）

国家广播电视总局发展研究中心　编著

主　编　祝燕南

副主编　杨明品（常务）　崔承浩

中国广播影视出版社

图书在版编目（CIP）数据

中国广播电视全媒体发展报告 . 2021 / 国家广播电视总局发展研究中心编著 . -- 北京 : 中国广播影视出版社 , 2021.8

ISBN 978-7-5043-8690-8

Ⅰ . ①中… Ⅱ . ①国… Ⅲ . ①广播事业－研究报告－中国－ 2021 ②电视事业－研究报告－中国－ 2021 ③互联网络－视听传播－研究报告－中国－ 2021 Ⅳ . ① G229.2 ② G206.2

中国版本图书馆 CIP 数据核字 (2021) 第 153745 号

中国广播电视全媒体发展报告（2021）

国家广播电视总局发展研究中心　编著

责任编辑	王　佳
封面设计	嘉信一丁
责任校对	张　哲
出版发行	中国广播影视出版社
电　　话	010-86093580　　010-86093583
社　　址	北京市西城区真武庙二条 9 号
邮　　编	100045
网　　址	www.crtp.com.cn
电子信箱	crtp8@sina.com
经　　销	全国各地新华书店
印　　刷	河北鑫兆源印刷有限公司
开　　本	710 毫米 ×1000 毫米　1/16
字　　数	380（千）字
印　　张	28.25
版　　次	2021 年 8 月第 1 版　2021 年 8 月第 1 次印刷
书　　号	ISBN 978-7-5043-8690-8
定　　价	108.00 元

（版权所有　翻印必究・印装有误　负责调换）

《中国广播电视全媒体发展报告（2021）》
编辑委员会

主　任　聂辰席

副主任　高建民　杨小伟　朱咏雷　孟　冬

委　员　王效杰　戈　晨　戴振宇　马　黎　高长力　袁同楠
　　　　　魏党军　杨　杰　余　英　谢东晖　余爱群　邓慧文
　　　　　闫成胜　桂本东　杨国瑞　宋起柱　黄晓兵　杨晓东
　　　　　杨一曼　祝燕南　冯胜勇　刘建国　吕松山　许秀中
　　　　　易　凯　刘　颖　李晓东　纪宏巍　黄　炜　赵　刚
　　　　　杨　烁　余俊生　游庆波　王　奕　王离湘　武鸿儒
　　　　　赵晓春　刘英魁　王笑铁　高文鸿　刘向阳　曲福丛
　　　　　马少红　许云鹏　徐　峰　李锡文　方世忠　王建军
　　　　　缪志红　卜　宇　张伟斌　吕建楚　陈　烨　聂庆义
　　　　　李　强　曾祥辉　杨六华　梁　勇　李昌文　吕　芃
　　　　　李宏伟　王仁海　陈正祥　郭　忠　张　严　张华立
　　　　　刘小毅　蔡伏青　张　虹　满昌学　林光强　郭志民
　　　　　刘　旗　牟丰京　李晓骏　刘成安　耿　杰　王先宁
　　　　　盛高举　和亚宁　游胜苗　张先群　张　烨　刘　兵
　　　　　彭鸿嘉　王晓岚　申红兴　周贤安　高瑞莉　马宇桢
　　　　　徐贵相　姚　兰　王子彬　桂家新

主　编　祝燕南

副主编　杨明品（常务）　崔承浩

目 录

总报告 …………… 国家广播电视总局发展研究中心课题组（001）

第一章　专题报告

第一节　聚焦主题　突出主线　不断开创广播电视工作新局面
　　………………………………………………… 聂辰席（021）

第二节　出新出彩做好新闻宣传　激荡强大精神力量
　　………………………………………………… 高建民（035）

第三节　加快推动媒体深度融合　做强广电新型主流媒体
　　………………………………………………… 朱咏雷（042）

第四节　服务"国之大者"　科学谋划广播电视
　　"十四五"高质量发展蓝图 ………………… 孟　冬（050）

第二章　新闻宣传

第一节　重大主题新闻宣传 ………… 戚　雪　黄田园（061）
第二节　抗击新冠肺炎疫情新闻宣传 ………… 戚　雪（069）
第三节　全媒体新闻宣传 …………… 李　岚　胡雅文（076）

第三章　内容创作与生产

第一节　剧集 …………………………………… 董潇潇（087）
第二节　综艺 …………………………………… 吉　京（096）
第三节　纪录片 ………………………………… 高　星（103）
第四节　动画 …………………………… 彭　锦　胡雅文（111）
第五节　网络电影 ……………………………… 孙　晖（118）
第六节　音频 …………………………………… 靳　丹（126）

第四章　媒体融合和新型主流媒体建设

第一节　广播电视媒体深度融合发展 ……　莫　桦　秦　煦（137）
第二节　广播电视新型主流媒体建设改革与创新
　　　　………………………………… 于秀娟　丁　琪（145）

第五章　科技创新与发展

第一节　智慧广电建设 ………………… 张苗苗　张庆男（155）
第二节　广电 5G 媒体应用报告 ………… 陈　林　姜　慧（163）
第三节　视听新技术的发展与应用 ……… 沈雅婷　莫　桦（171）

第六章　产业建设与发展

第一节　广播电视和网络视听产业发展 … 李秋红　索东汇（181）
第二节　新兴业态发展报告 ……………… 周　菁　王小溪（192）
第三节　产业基地（园区）建设 ………… 王　羽　高　翔（203）

第七章 国际传播与交流

第一节 对外交流合作 …………………… 顾　芳（213）
第二节 讲好中国故事　做好对外宣传 …………… 黄田园（221）

第八章 广播电视公共服务与行业治理

第一节 广播电视公共服务 …………………… 刘继生（231）
第二节 政策与法治建设 …………… 贺　涛　赵京文（238）
第三节 广播电视和网络视听治理 …………… 赵京文（247）
第四节 安全传输保障建设 …………………… 陈秀敏（252）

第九章 党的建设与人才队伍建设

第一节 以高质量党建推动广播电视工作高质量发展
　　　　………………………………………… 沈雅婷（261）
第二节 人才队伍建设 ………………………… 吉　京（268）

第十章 发展亮点报告

第一节 中央广播电视总台：坚持守正创新　深化"三个转变"
　　　　向着国际一流新型主流媒体加速奋进
　　　　……………………………… 中央广播电视总台（279）
第二节 2020年全国各省（区、市）管理与发展亮点 …… （286）
　　　一、以"四个贯通"倾力打造北京新视听 …… 杨　烁（286）
　　　二、稳中求进　担当作为　积极推动天津广电事业新发展
　　　　……………………………………………… 游庆波（290）

三、深入推进"三个广电"建设　加快河北广播电视高质量
　　创新性发展 …………………………………… 王离湘（293）

四、守正创新　服务大局　山西广电工作取得新进展新成效
　　………………………………………………… 赵晓春（296）

五、内蒙古广电：守正创新谋发展　奋楫扬帆谱新篇
　　………………………………………………… 姜伯彦（299）

六、守正创新　砥砺奋进　辽宁广播电视圆满收官"十三五"
　　………………………………………………… 刘向阳（302）

七、奋进新时代　展现新作为　推动吉林省广播电视和网络
　　视听高质量创新性发展 ………………………… 马少红（305）

八、黑龙江广电："六项工程"深入推进　高质量发展
　　再谱新篇 ……………………………………… 李己华（308）

九、上海广电：稳中求进　守正创新　加快推动广播电视
　　和网络视听高质量发展 ……………………… 方世忠（311）

十、江苏广电：推进广播电视强省建设迈上新台阶
　　………………………………………………… 缪志红（315）

十一、浙江广电：服务大局　开拓进取　高质量建设广播
　　　电视强省 …………………………………… 张伟斌（318）

十二、安徽广电跑出高质量发展"加速度" … 陈　烨（321）

十三、福建广电："五个广电"结硕果　砥砺奋进新征程
　　　………………………………………………… 李　强（324）

十四、聚焦主责主业　践行守正创新　江西广电高质量发展
　　　谱新篇 ……………………………………… 杨六华（327）

十五、山东广电：聚力改革攻坚　加快高质量发展
　　　………………………………………………… 李昌文（331）

十六、创新实施"声频荧屏净化"行动　为河南广电行业
　　　高质量发展保驾护航 ………………… 李宏伟（334）

十七、实施湖北广电"6·18行动措施"　打造"一网一园
　　　一中心"工作品牌 ………………… 陈正祥（336）

十八、湖南广电：聚焦主业主责　聚力创新创优
　　　把"广电湘军"名片擦得更亮 ………… 张　严（339）

十九、奋楫争先　砥砺前行　广东广电发展再上新台阶
　　　…………………………………………… 刘小毅（342）

二十、广西广电：解放思想　担当实干　切实推动广播电视
　　　服务改革民生 ………………………… 张　虹（345）

二十一、海南广电：服务大局　守正创新　为自由贸易港建设
　　　　贡献力量 …………………………… 林光强（348）

二十二、推动重庆广播电视高质量创新性发展实现新突破
　　　　取得新成效 ………………………… 刘　旗（351）

二十三、四川广电：危机中育先机　变局中开新局
　　　　…………………………………………… 李晓骏（354）

二十四、贵州广电：牢记嘱托　感恩奋进　推动广播电视和
　　　　网络视听工作迈上新台阶 …………… 耿　杰（357）

二十五、云南广电：收好官　开好局　起好步　全力开创广电
　　　　发展新局面 ………………………… 盛高举（360）

二十六、西藏广电：坚持高质量创新性发展　在守正创新中
　　　　开拓新局 …………………………… 游胜苗（363）

二十七、陕西广电：凝心聚力　砥砺前行　推动高质量发展
　　　　开新局、创新绩 …………………… 张　烨（366）

二十八、甘肃广电：着力实施"六大工程"　推进全省广电
　　　　事业高质量发展 …………………… 彭鸿嘉（369）

二十九、青海省广播电视2020年度工作亮点 … 申红兴（372）

三十、宁夏广电：勠力同心　攻坚克难　展现新作为
　　……………………………………… 高瑞莉（375）

三十一、新疆广电：牢记使命　砥砺前行　奋力开创新局面
　　……………………………………… 徐贵相（378）

三十二、新疆生产建设兵团：落实落细　全力抗疫
　　……………………………………… 王子彬（380）

附　录

附录一　2020年广电全媒体发展大事记 ………… 秦　煦（385）

附录二　2020年全国各省、自治区、直辖市广播电视
　　　　发展基本数据一览表 ……………… 索　强（395）

附录三　2020年全国广播电视发展主要指标一览表
　　　　………………… 王高峰　姚宁洲　李学伟（400）

附录四　2020年全国广播电视总收入构成情况图表
　　　　………………… 王高峰　姚宁洲　李学伟（405）

附录五　2020年全国广播电视广告收入分布情况图表
　　　　………………… 王高峰　姚宁洲　李学伟（408）

附录六　2020年全国广播电视新媒体业务收入分布情况图表
　　　　………………… 王高峰　姚宁洲　李学伟（410）

附录七　2020年全国公共广播电视制作、播出情况图表
　　　　………………… 王高峰　姚宁洲　李学伟（412）

附录八　2020年全国广播电视人才队伍情况图表
　　　　………………… 王高峰　姚宁洲　李学伟（416）

CONTENTS

General Report .... *Development Research Center of NRTA*t（001）

Chapter I Theme Research

Section 1 Focusing on the Main Theme, Highlighting the Main Line, Constantly Initiating the New Situation in Radio and Television
.... *Nie Chenxi*（021）

Section 2 Creating Innovations and Fostering New Highlights in Journalism and Communication, Stimulating the Powerful Spiritual Strength
.... *Gao Jianmin*（035）

Section 3 Further Beefing up the Media Convergence, Strengthening the New Mainstream Media in Radio and Television
.... *Zhu Yonglei*（042）

Section 4 Serving the Vital Importance to the Nation, Planning the High-Quality Development Blueprint of Radio and Television During the Country's 14th Five-Year Plan .... *Meng Dong*（050）

Chapter II News Publicity

Section 1　Major Theme Publicity ……… *Qi Xue, Huang Tianyuan*（061）
Section 2　Publicity in Combating the COVID-19 Pandemic
　　　　　…………………………………………… *Qi Xue*（069）
Section 3　All-Media Publicity ………………… *Li Lan, Hu Yawen*（076）

Chapter III Creation and Production of Radio And Television ALL-Media

Section 1　Drama Series …………………………… *Dong Xiaoxiao*（087）
Section 2　Variety Show ……………………………………*Ji Jing*（096）
Section 3　Documentary …………………………………… *Gao Xing*（103）
Section 4　Animation ………………………… *Peng Jin, Hu Yawen*（111）
Section 5　Stream Media Movie……………………………*Sun Hui*（118）
Section 6　Audio Program ………………………………… *Jin Dan*（126）

Chapter IV Media Convergence and New Mainstream Media Construction

Section 1　Further Integration of Radio and Television Media
　　　　　……………………………………*Mo Hua, Qin Xu*（137）
Section 2　Construction, Reform and Innovation of Mainstream Media
　　　　　………………………………… *Yu Xiujuan, Ding Qi*（145）

Chapter V Innovation of Radio and Television Technology

Section 1   Construction of Intelligent Radio and Television
             .... *Zhang Miaomiao, Zhang Qingnan*（155）

Section 2   Report on 5G in Radio and Television Media
             .... *Chen Lin, Jiang Hui*（163）

Section 3   Development and Application in Audio-Visual Technology
             .... *Shen Yating, Mo Hua*（171）

Chapter VI Construction and Development of Radio and Television Industry

Section 1   Development of Classified Industries of Radio and Television and
             Online Audio-Visual Media...... *Li Qiuhong, Suo Donghui*（181）

Section 2   Report on Development of Radio and Television New Industry
             .... *Zhou Jing, Wang Xiaoxi*（192）

Section 3   Industrial Park Construction .... *Wang Yu, Gao Xiang*（203）

Chapter VII International Communication

Section 1   International Communication and Cooperation
             .... *Gu Fang*（213）

Section 2   Telling China's Stories, Improving International Communication
             .... *Huang Tianyuan*（221）

Chapter VIII Public Service and Industry Governance of Radio and Television

Section 1　Radio and Television Public Service............ *Liu Jisheng*（231）

Section 2　Construction of Radio and Television Policies and Regulations
　　　　　.. *He Tao, Zhao Jingwen*（238）

Section 3　Governance of Radio and Television and Online Audio-Visual Media................................ *Zhao Jingwen*（247）

Section 4　Construction of Radio and Television Safety Broadcasting Protection and Transmitting Coverage .... *Chen Xiumin*（252）

Chapter IX Party Building and Talent Team Construction

Section 1　Promoting the Development of Radio and Television by Means of the High-Quality Party Building .... *Shen Yating*（261）

Section 2　Talent Team Construction of Radio and Television ... *Ji Jing*（268）

Chapter X Development Highlights Report

Section 1　China Media Group: Persisting in Cultural Inheritance and Innovation, Deepening the Three Changes, Aiming at the Construction of World-Class New Mainstream Media ...... *China Media Group*（279）

Section 2　Management and Development Highlights of China Radio and Television in Each Province(Autonomous Region and Municipality), 2020 ....（286）

10.2.1 Constructing the Beijing New Audio-Visual Development by Means of "Four Link Up" with Whole Efforts
.... *Yang Shuo*（286）

10.2.2 Seeking Progress in Stability, Taking Responsibility to Improve the Development of Tianjin Radio and Television
.... *You Qingbo*（290）

10.2.3 Promoting "Three Requirements" Construction in Depth, Accelerating the High-Quality and Innovative Development of Hebei Radio and Television
.... *Wang Lixiang*（293）

10.2.4 Persisting in Cultural Inheritance and Innovation, Serving for the Overall Situation, Achieving New Development of Shanxi Radio and Television .... *Zhao Xiaochun*（296）

10.2.5 Inner Mongolia Radio and Television: Persisting in Cultural Inheritance and Innovation, Initiating the New Situation of the High-Quality Development .... *Jiang Boyan*（299）

10.2.6 Persisting in Cultural Inheritance and Innovation, Marching Ahead of Time, Liaoning Radio and Television Made Successful Completion During the Country's 13th Five-Year Plan
.... *Liu Xiangyang*（302）

10.2.7 Endeavoring of the New Era, Creating New Achievement, Promoting the High-Quality Development of Jilin Radio and Television
.... *Ma Shaohong*（305）

10.2.8 Heilongjiang Radio and Television: Deepening the Implementation of "Six Programs", Promoting High-Quality Development
.... *Li Jihua*（308）

10.2.9　Shanghai Radio and Television: Seeking Progress in Stability, Persisting in Cultural Inheritance and Innovation, Promoting High-Quality Development

　　　　……………………………………… *Fang Shizhong*（311）

10.2.10　Jiangsu Radio and Television: Promoting Strong Province of Radio and Television into a New Stage

　　　　……………………………………*Miao Zhihong*（315）

10.2.11　Zhejiang Radio and Television: Serving for the Overall Situation, Pioneering and Pushing ahead, Constructing a Strong Province of Radio and Television ……………………*Zhang Weibin*（318）

10.2.12　Anhui Radio and Television: Accelerating the High-Quality Development …………………………………… *Chen Ye*（321）

10.2.13　Fujian Radio and Television: "Five Requirements" Achieving Great Results, Marching Ahead of Time, Promoting Radio and Television into a Great New Journey

　　　　……………………………………………*Li Qiang*（324）

10.2.14　Focusing on the Main Responsibility, Adhering to Cultural Inheritance and Innovation, Promoting the New Situation of the High-Quality Development of Jiangxi Radio and Television

　　　　……………………………………… *Yang Liuhua*（327）

10.2.15　Shandong Radio and Television: Focusing on Reform, Promoting the High-Quality Development

　　　　……………………………………… *Li Changwen*（331）

10.2.16　Conducting "Audio-Visual Purification" Project Innovatively, Promoting the High-Quality Development of Henan Radio and Television…………………………………*Li Hongwei*（334）

10.2.17 Conducting "6·18 Action Project" of Hubei Radio and Television, Building "One Network, One Park, One Centre" Brand
.... Chen Zhengxiang（336）

10.2.18 Hunan Radio and Television: Focusing on the Main Responsibility, Making Progress and Innovation, Making the Hunan Brand More Famous... Zhang Yan（339）

10.2.19 Marching Ahead of Time, Promoting Guangdong Radio and Television into a New Stage .... Liu Xiaoyi（342）

10.2.20 Guangxi Radio and Television: Emancipating the Mind, Taking Responsibility and Making Progress to Promote Radio and Television Public Service Development
.... Zhang Hong（345）

10.2.21 Hainan Radio and Television: Serving for the Overall Situation, Seeking Progress in Stability, Contributing to the Construction of Hainan Free Trade Port
.... Lin Guangqiang（348）

10.2.22 Promoting High-Quality and Innovative Development of Chongqing Radio and Television, Making Breakthroughs and Achievements
.... Liu Qi（351）

10.2.23 Sichuan Radio and Television: Breaking Through the Crisis, Initiating a New Stage in Changes
.... Li Xiaojun（354）

10.2.24 Guizhou Radio and Television: Keeping Mission Firmly in Mind, be Grateful and Marching Ahead of Time, Promoting Development of Radio and Television into a New Stage
.... Geng Jie（357）

10.2.25 Yunnan Radio and Television: Making Successful Completion, Opening the New Situation with Whole Efforts
　　.. *Sheng Gaoju*（360）

10.2.26 Tibet Radio and Television: Promoting High-Quality and Innovative Development, Seeking Progress in Stability to Open the New Situation
　　.. *You Shengmia*o（363）

10.2.27 Shaanxi Radio and Television: Uniting Thoughts and Marching Ahead of Time, Promoting High-Quality and Innovative Development into a New Stage
　　.. *Zhang Ye*（366）

10.2.28 Gansu Radio and Television: Deepening the Implementation of "Six Programs", Promoting High-Quality Development
　　..*Peng Hongjia*（369）

10.2.29 Innovation and Development Highlights of Qinghai Radio and Television in 2020 .... *Shen Hongxing*（372）

10.2.30 Ningxia Radio and Television: Uniting and Managing Risks, Creating New Achievement
　　.. *Gao Ruili*（375）

10.2.31 Xinjiang Radio and Television: Keeping Mission Firmly in Mind, Marching Ahead of Time, Opening the New Situation with Whole Efforts .... *Xu Guixiang*（378）

10.2.32 Xinjiang Production and Construction Corps: Implementing the Mission, Combatting the COVID-19 Pandemic with Whole Efforts ....*Wang Zibin*（380）

Appendix I	Chronicle of China's Radio and Television All-Media Development, 2020 .... *Qin Xu*（385）
Appendix II	List of the Development of China's Radio and Television All-Media in Each Province, Autonomous Region and Municipality, 2020 .... *Suo Qiang*（395）
Appendix III	List of Main Indicators for the Development of China's Radio and Television All-Media, 2020 .... *Wang Gaofeng, Yao Ningzhou, Li Xuewei*（400）
Appendix IV	Revenue Structure of China's Radio and Television All-Media, 2020 .... *Wang Gaofeng, Yao Ningzhou, Li Xuewei*（405）
Appendix V	Advertising Revenue Share of China's Radio and Television All-Media, 2020 .... *Wang Gaofeng, Yao Ningzhou, Li Xuewei*（408）
Appendix VI	Revenue Structure of China's Radio and Television New Media, 2020 .... *Wang Gaofeng, Yao Ningzhou, Li Xuewei*（410）
Appendix VII	Content Production and Broadcast of China's Public Radio and Television All-Media, 2020 .... *Wang Gaofeng, Yao Ningzhou, Li Xuewei*（412）
Appendix VIII	List of Human Resources of China's Radio and Television All-Media, 2020 .... *Wang Gaofeng, Yao Ningzhou, Li Xuewei*（416）

总报告

国家广播电视总局发展研究中心课题组

2020年，在以习近平同志为核心的党中央坚强领导下，我国全面建成小康社会取得伟大历史性成就，决战脱贫攻坚取得决定性胜利，中华民族伟大复兴又迈出坚实一步。党的十九届五中全会提出，全面建成小康社会、实现第一个百年奋斗目标之后，我们要乘势而上开启全面建设社会主义现代化国家新征程、向第二个百年奋斗目标进军，这标志着我国进入了一个新发展阶段。2021年，是中国共产党成立100周年，也是"十四五"规划开局之年，2035年建成社会主义文化强国的远景目标正在召唤。站在这一历史性的时间节点上，全国广播电视战线贯彻落实中央部署，立足新发展阶段、贯彻新发展理念、构建新发展格局，围绕中心、服务大局，在新征程上奋力奔跑。

本书第一章刊载了中共中央宣传部副部长，国家广播电视总局局长、党组书记聂辰席同志的专题文章，文章以习近平新时代中国特色社会主义思想为统领，贯彻落实党的十九大和十九届二中、三中、四中、五中全会精神，提纲挈领总结了2020年广播电视工作取得的新成绩，对加快高质量创新性发展作出全面部署。以此为纲，我们紧紧围绕党和人民事业发展新的历史方位和党中央新的重大战略部署，顺应实践创新大势，将已连续出版 16 年的《中国广播电影电视发展报告》更名为《中国广播电视全媒体发展报告》（广电全媒体蓝皮书），立足深度融合，升级谋篇布局，创新报告写法，全面展示分析 2020 年以来广播电视全媒体改革创新发展的新突破，研判新趋势，聚焦未来发展，提出对策思考。

一、2020 年以来广播电视全媒体发展的新突破

2020 年是新中国历史上极不平凡的一年，对广播电视战线而言，亦是如此。广播电视全媒体发展面临的形势严峻复杂，自身深度转型进入关键阶段，可谓危机并存。全国广播电视战线逢山开路、遇水架桥，用创新实践拼出了来之不易的成绩，闯出了振奋人心的新进展。这里，我们择要而述，窥斑知豹。

（一）全媒体宣传常态化，奏响新时代最强音

宣传"大合唱"节奏铿锵、同频共振。国家广播电视总局[①]统筹广播电视和网络视听宣传，统筹新闻宣传与文艺宣传，统筹用好全媒体传播体系，全程"指挥"多声部"大合唱"，让主旋律高昂、让正能量产生大流量，全媒体宣传机制基本形成。坚持把核心宣传作为首要政治任务，有机结合重大主题、重大部署、重大会议、重大活动、重大节点，精心策划新闻报道、特别节目和融合传播作品，立体化采用全媒体大直播、短视频、H5、系列报道、专区专栏等形式，创新形态，多角度、深层次、持续性展现习近平总书记的思想风范、为民情怀和人格魅力，不断将学习宣传贯彻习近平新时代中国特色社会主义思想引向深入。《思想的田野》（第二、三季）、《这就是中国》《一起学习》等理论节目，有深度、有温度、有力量、有人气。《总书记问策"十四五"》《习近平谋划中国大棋局》等短视频第一时间广为传播，营造出奋进新征程的浓厚氛围。"十九届五中全会知识竞答"

[①] 全书除特别标注外，国家广播电视总局简称广电总局；各省（自治区、直辖市）广播电视局等广播电视行政管理部门，简称省（区、市）广电局或省（区、市）局。各省（自治区、直辖市）广播电视台（集团），简称省（区、市）台。

等活动触达用户过亿，吸引了大量年轻群体。围绕决胜全面建成小康社会、决战脱贫攻坚，在广播电视主要新闻节目开设专栏，推出系列报道、新闻专题、评论言论，分阶段、有节奏地推进宣传报道不断深入；加强主题创作，涌现出《石头开花》《花繁叶茂》等电视剧，《同饮一江水》《跑好最后一公里》《最是一年春好处》等纪录片，《幸福路上》《大王日记》《石山石猴石娃子》等动画片，《脱贫大决战》等电视节目和《极限挑战宝藏行·三区三州公益季》《奔跑吧（黄河篇）》等主题综艺节目，《毛驴上树》《春来怒江》《追光者：脱贫攻坚人物志》等网络视听作品，组织制作发布主题短视频343条、总播放量达40亿次，立体化讴歌伟大实践、伟大成就。

文化类节目爆款频出彰显强大文化自信。文化综艺节目不断升级创意与科技，从清流变潮流，成为创新创优富集领域。不完全统计，2020年以来，文化类综艺节目超过30档，在数量稳步增长的同时，整体质量、创新水平和传播效果都达到新高度。《中国诗词大会》《国家宝藏》《上新了·故宫》《奇妙的汉字》等综N代凸显品牌效应，持续保持热度。同时，创意化、故事化、场景化、融合化之下，新的典范之作接踵"霸屏"、不断"刷屏"。《典籍里的中国》融入舞台话剧场景，传承的故事感人至深。河南卫视接连送上2021春晚、元宵晚会、清明晚会三场凝练历史的视听盛宴，以新科技、新时尚擦出火花，点亮文化传承创新的灯火。《登场了！敦煌》的人文风情，《还有诗和远方》《我的桃花源》的文旅体验，《瑜你台上见》的京剧脱口秀等，也都颇具表达新意和圈层穿透力。

讲好中国故事、创新国际传播取得重要新进展。面对错综复杂的国际形势和疫情导致的线下交流合作停滞，广电总局实施"视听中国—美丽中国"海外播映活动等，推动《我在中国看科技抗疫》等抗疫经验类节目、《创新中国》等反映当代中国故事以及聚焦"一带一路"、人类命运共同体等主题的数百部中国优秀视听作品在多国电视台、网络视听平台和社交媒体等渠道播出，中国故事的国际传播不断拓展。建设"中国联合展台"线上平台，通过"一网、两微、一端"①打造永不落幕的"中国联合展台"，已入驻 100 多家影视机构，录入国际买家信息 1000 多条，国际 IP 访问 2 万人次。在 7 个国际影视节展设立线上"中国联合展台"，策划推出"聚焦中国"系列推介活动、电视剧《在一起》专题推介会等，加强议题设置和节目宣传推介，通过对外贸易的方式强化中国优秀影视节目海外传播，用文化自信更好构筑中国精神、中国价值、中国力量。

（二）行政主导和市场运作协同发力，精品创作取得重大成果

近年来，广电总局引领全行业深入贯彻落实习近平总书记关于文艺精品创作和广播电视工作的重要指示批示精神，以"新时代精品"工程为抓手，按照"找准选题、讲好故事、拍出精品"的要求，不断创新组织和管理方式，行政主导与市场运作形成强大合力，精品力作的持续供给能力全面提高，形成新的创作高峰。

集中力量创作大剧，重大主题作品掀起持续追剧热潮。聚焦中国共产党成立 100 周年等重大时间节点，广电总局提前谋划、统筹布局，全力支持和推进重点项目，形成一把手挂帅、分管领导靠前指挥、职能部门担负主责，调动各方力量积极投入的全方位创作推进机制，建立全流程管理指导机制、及时请示和会商制度；北京、湖南、福建、浙江等各省级广电局主动作为，抓紧、抓实、抓特色，形成"全国一盘棋"，共同推出了一批政治方向正确、思想阐释精准、艺术表达出新、具有强大精神感召力的优秀重大主题作品，引得观众成为"自来水"、变身"催更党"。《跨过鸭绿江》《山海情》《觉醒年代》等高峰之作迭出，创下近年来少见的高口碑、高收视，一系列跨越历史长河的剧集共同绘就一幅中国共产党带领中国人民从站起来、富起来到强起来的恢弘画卷。

宏观调控引导取得显著成效。一是通过强化制度的刚性约束，用好项目库、规划和上线备案系统等方式，把好导向关、内容关、人员关、片酬关、

---

① 即中英文双语网站、微信公众号、微信小程序、手机客户端。

宣传关，扭转不正之风，营造良好发展生态。二是指导推出崭新艺术形态、传播形态作品，视听作品百花齐放。比如推出"时代报告剧"《在一起》《石头开花》，刷新电视剧创作类型，影视剧汇编《记忆的力量·抗美援朝》，歌曲形式的网络视听作品《新青年的声音》，湖南台、上海台开展周播剧探索等，创下电视文艺创新亮眼成绩。三是倡导短剧集成果斐然，成为行业新趋势，助力解决内容"注水"问题，也开辟了剧集新赛道。2020年电视剧备案剧目平均集数为35集，全年上线网络剧中83%在30集以内，35%是12集的网络剧，涌现出《我是余欢水》等一批短篇幅、强情节、高品质的出圈类型化短剧。

（三）广播电视全媒体事业产业活力迸发

媒体深度融合加快，新型主流媒体建设提速。广电总局落实中央决策部署，出台《关于加快推进广播电视媒体深度融合发展的意见》（广电发〔2020〕79号），强化深度融合政策指引；指导创建湖北、陕西、京津冀、江苏、湖南、苏州共6个广播电视媒体融合发展创新中心，典型引领效应明显；持续举办媒体融合先导单位、典型案例、成长项目征集评选活动，示范带动作用突出。这一系列举措有力助推"深度融合、整体转型"，赋能中央、省、市、县四级新型广播电视主流媒体建设。广电媒体以融媒体平台为载体，加快技术迭代，推动业务流程重塑、组织架构重建，全国24个省级广播电视播出机构或省级有线网络公司参与建设省级技术平台，为本省县级融媒体中心提供支撑；各机构深入实施移动优先战略，以移动客户端为"枢纽"，当好党和政府联系群众的桥梁纽带，加快连接千行百业、千家万户，新业态不断拓展巩固；一些广电机构聚焦信息内容、技术应用、平台终端、管理手段的共融互通，倒逼深层次体制机制改革，激发可持续发展新动能，加快占据舆论引导、思想引领、文化传承、服务人民的传播制高点。

智慧广电战略成效明显。2020年，广电总局创新开展智慧广电示范案例征集评选工作，鼓励和引导各地深入推进智慧广电建设，全国16个省（区、市）制定了省级智慧广电实施方案，推动广播电视从数字化网络化向智慧化发展，制播体系全面优化，从功能业务型向创新服务型转变，不断拓展智慧广电服务数字生活和信息化发展的新版图；推动智慧广电建设、发展5G高新视频新业态、大视听全产业链等纳入国家发展战略布局，引导行业更好参与和服务数字中国建设。截至2020年年底，中国广播电视网络有限公司[①]已完成全国24家省级系统广播电视网络公司的整合工作，并与中国移动共同制定了2021年内部署700MHz 40万站的建设计划，"192"号段将适时发放，面向公众与教育、医疗、农业、工业、应急等垂直领域的"智慧广电"5G创新应用正探索实施。

大视听产业发展格局初步形成。2020年全国广播电视行业总收入9214.60亿元，同比增长13.66%，2021年第一季度同比增长34%。2020年广播电视和网络视听业务实际创收收入7711.76亿元，同比增长13.96%。广电产业同其他行业的融合不断深化，产业融合与垂直拓展相互促进，发展"媒体+"多元业务，政用民用商用多向发力，"视听+"生态体系加快形成，2020年广播电视机构智慧广电及融合业务收入893.78亿元，同比增长38.14%，大视听产业变革进入全面推进阶段。广电总局批复成立的广电视听产业基地（园区）共27个，入驻广电视听各类企业6246家，实际投资额319.55亿元，就业人数超17万，营业收入881.53亿元，视听产业园区的集聚和引擎效应持续显现。

公共服务和行业治理能力水平不断提高。广电总局推进广播电视基本公共服务标准体系建设，指导浙江、四川、云南三省六地开展县级标准化试点工作，以标准化促进均等化、普惠化、便捷化；统筹城乡，为人民群众提供更丰富多元的视听消费方式、高质量内容供给；健全完善督导机制，加快推进贫困地区县级应急广播体系建设、直播卫星户户通等重点惠民工

---

① 2021年7月，中国广播电视网络有限公司更名为中国广播电视网络集团有限公司（简称中国广电集团）。至截稿前，全书除特别标注外，均使用原名称即中国广播电视网络有限公司（简称中国广电）。

程,提升乡村公共服务水平;推动高清超高清电视快速发展,全国电视制播系统已全面实现数字化网络化,截至2021年3月底,全国已有高清频道838个、4K超高清频道7个,有线电视高清和超高清用户超过1亿。创新打造"媒体＋精准扶贫"等行业扶贫新模式与"国家部委＋地方政府＋科技企业＋本地资源"的定点扶贫机制,形成广电扶贫工作机制,为助力乡村振兴提供了经验。此外,"放管服"改革取得实质性进展,持续优化服务方式;出台《广播电视和网络视听标准化管理办法》(广电发〔2021〕7号),加强数据管理与统计工作;进一步完善网上网下一个标准的管理政策和机制,出台网络直播管理措施,推进治理手段法治化,阵地管理机制不断完善。

(四)在疫情防控大战大考中发挥独特作用

2020年伊始,新冠肺炎疫情防控阻击战打响,广播电视战线迅速进入"战时"状态,以高度的政治责任感、使命感,迅速行动、尽锐出战,冲锋在前、全力服务,广电总局加强统一指挥,全媒体齐上阵、多平台同跟进,彰显广电强大影响力、动员力、战斗力,在传播党和政府声音、普及科学防疫知识、凝聚战"疫"智慧力量、弘扬伟大抗疫精神中发挥了重要作用。

突出显政、回应关切,营造强信心、暖人心、聚民心的舆论氛围。开设"众志成城 共同战疫"专栏专区,推出50余档新闻直播节目和特别报道,制作系列短视频,总播放量近62亿次,涌现出《逆行者》《在武汉》《生命缘:抗击疫情特别节目》《口罩的一切》等优秀节目和作品。22家主流新媒体平台携手联动,共同策划发起《战"疫"集结号》全国媒体联动特别报道,凝聚"新闻力量"。开展"湖北人民免费看"公益展播活动,向湖北捐赠电视剧、动画片、纪录片;在全国开展"致敬守护者"等公益展播活动,广播电视台展播优秀节目,视听网站和有线电视网络推出免费作品、减免收看费用,丰富群众居家抗疫生活。各地应急广播"村村响"大喇叭发挥信息传播面广、传播速度快、连接田间地头的优势,在基层疫情防控中大显身手,为农村疫情防控和社会治理织密"安全网"。积极对外讲好中国抗疫故事和中外联合抗疫故事，传播卫生健康共同体理念。以"守望相助，共同战疫"为主题，制作推出中国与10个国家联合抗疫系列短视频，加强抗疫题材节目译制推广，策划推出"共享视听共克时艰"中外影视合作播出计划，协调近百部优秀中国译制节目，特别是抗疫主题作品在国外媒体广泛传播，反击美西方国家借新冠疫情对我抹黑污蔑，得到国际社会的热切关注和回应。

创新业态打通下沉服务"最后一公里"。广播电视战线既打好疫情防控宣传战，还积极作为，打好综合服务主动战。广电5G新军战"疫"，直接投入实战应用，创新服务无接触新闻发布会，服务湖北主战场和北京、贵州、陕西等地定点医院。借助融媒体手段、上线新功能、推出新产品，包括开通"空中课堂""直播课堂"、在线教育，为全国1.8亿中小学生"停课不停学"提供了支持；"云录制""云转播"等新型节目制播技术的应用，实现了无接触条件下的节目线上录制播出。此外，开通义诊服务系统；搭建抗疫信息共享平台，为医疗机构获取有效医疗物资；推出云招聘、云买菜、云购物、电商助农绿色通道、口罩预购，打造红绿码制度，协助发放政府消费券，利用数字乡村平台强化技防、网格化管理等功能和服务，全面服务群众，支持疫情防控、复工复产。总体来看，广播电视和网络视听在抗疫斗争中经受住了考验，化危为机，有力推进技术创新、业态创新和服务创新。

二、深刻认识广播电视全媒体发展基本规律

2020年是中国人民广播事业诞生80周年。80年来，在党中央的直接领导和亲切关怀下，广播电视事业从无到有、从小到大、从弱到强，不断发展壮大。特别是党的十八大以来，广播电视迈向全媒体时代，发生了历史性变化、取得了历史性进步。在发展实践中，我们对广播电视全媒体发展形成了一些规律性认识。

（一）坚持以习近平新时代中国特色社会主义思想为统领

理论是旗帜，思想是灯塔。习近平新时代中国特色社会主义思想是经过实践检验、富有实践伟力的强大武器，是广播电视全媒体工作的根本指针。党的十八大以来，以习近平同志为核心的党中央统揽文化建设和宣传思想工作全局，高度重视广播电视工作，强调要"推动媒体融合发展，打造智慧广电媒体，发展智慧广电网络"，这是广电改革发展的根本遵循。必须毫不动摇坚持以习近平新时代中国特色社会主义思想为统领，切实把习近平总书记的重要讲话精神落实到广播电视全媒体发展工作全过程、各方面，引领广播电视高质量创新性发展。

（二）坚持正确政治方向、舆论导向、价值取向

习近平总书记指出，宣传思想战线进入了守正创新的重要阶段。其中，"守正"是生命线，就是要坚持正确政治方向、舆论导向、价值取向。要牢牢把握宣传思想工作的方针原则，自觉在思想上政治上行动上同以习近平同志为核心的党中央保持高度一致，紧紧围绕中心、服务大局，把"字字千钧、秒秒政治、天天考试"体现到工作全领域全过程，让主旋律、正能量始终充盈广播电视和网络视听空间，始终把社会效益放在首位、实现社会效益和经济效益相统一，坚决守住守好阵地，让对党忠诚成为全国广播电视战线最鲜明的政治品格和政治底色。

（三）坚持以人民为中心的工作导向

让人民生活幸福是"国之大者"，习近平总书记的话掷地有声，深刻彰显了我们党一脉相承的人民立场、一如既往的为民情怀。广播电视和网络视听是人民精神文化生活和人民文化权益的重要提供者、服务者、保障者，是加强党与人民群众紧密联系的重要纽带，必须始终把为人民服务作为一切工作和行动的出发点和落脚点，将人民满意作为检验工作成效的最高标准，将产品和服务的有效供给作为行业发展的最高追求。一方面要倾听人民呼声、回应人民关切，不断推出更多反映时代新气象、讴歌人民新创造的文艺精品与文化产品，满足人民文化需求和增强人民精神力量；另

一方面要与时俱进，拓展"广电+"综合服务，紧贴人民群众特别是年轻人精神文化生活方式，不断提高精准化服务能力水平，建构人民群众离不开的平台和渠道，走好新时代的群众路线。

（四）坚持以改革创新为根本动力

改革创新是时代精神的核心，是当代中国发展进步的活力之源，也是引领广播电视全媒体建设、高质量发展的动力之源。从具体实践看，广播电视全媒体发展质量高、成效好的机构或地区，在改革创新方面都花了大力气、下了真功夫、取得了好成效。同样，广播电视每一次重大改革创新，也都给行业注入了新的活力、给事业增添了强大动力。要坚持新发展理念，以更大的决心推动改革创新，培育新动能、激发新活力、塑造新优势。改革是实现发展的必由之路，要发挥改革推动高质量发展的关键作用，在更高水平上推动改革，更加注重改革的系统性、整体性、协同性、针对性。创新是引领发展的第一动力，要健全鼓励创新、支持创新的工作机制，抓好以内容创新为基础、以科技创新为引领的全面创新，为广电全媒体发展装上创新的翅膀。

三、现阶段广播电视全媒体发展的新特征新问题

党的十八大以来，广播电视同其他行业一样发生了历史性变化、取得历史性成就，发展条件发生了深刻变化。习近平总书记指出，"十四五"时期，我们要把文化建设放在全局工作的突出位置，切实抓紧抓好。广播电视全媒体迎来巨大发展机遇，跨入新发展阶段，也呈现出阶段性特征和新的瓶颈制约。

（一）广播电视全媒体发展正在全面转型

站在"两个一百年"奋斗目标的历史交汇点上，我们要准确把握国际国内环境变化，辩证分析当前广播电视全媒体发展的阶段性特征，立足新变化新特点，实事求是统筹谋划。从舆论阵地来看，互联网特别是移动互联网已成为舆论斗争主战场，主力军加快进入主战场，主流舆论阵地不断

巩固，主流价值版图不断扩大。从公共服务来看，广播电视收听收看已从有没有转向好不好，智慧广电建设推动了优质资源向基层延伸、向农村覆盖，让边远贫困地区人民群众同等享受到高质量的智慧广电公共服务，公共服务的内涵不断延展。从业务体系和商业模式看，广播电视已加快向提供信息综合服务的新型主流媒体转型升级，实际创收收入发生了重大的结构性变化，传统广播电视广告收入和收视维护费、付费数字电视、落地费等传统有线电视网络业务收入比重大幅降低，仅为16.99%，备案机构网络视听收入和广播电视机构智慧广电及融合业务收入占比达49.76%，已近半壁江山，同比增长均超过35%。从竞争格局来看，伴随技术架构和发展生态从封闭到开放，广播电视全媒体的发展环境更加复杂，行业内部不同层级主体间、不同类型媒体间，行业外部的商业平台、技术公司、设备和服务厂商等，不断在竞争合作中寻找共赢机制。从政策导向看，广电总局落实"两个所有"要求，从管脚下到管系统、管行业、管数据，强化管理与服务并重，加强政府组织能力，推动全产业链规范健康发展，促进公平竞争，反对垄断，防止资本无序扩张和干扰舆论，智慧化、综合化、精准化管理水平不断提升。

（二）精品视听内容供给呈现结构性不足

2020年，全国制作广播节目时间821.04万小时，播出时间1580.72万小时；制作电视节目时间328.24万小时，播出时间1988.31万小时，全国互联网音视频节目增量2.2亿小时。总体来看，广播电视和网络视听内容制播量级相对丰沛，然而其中真正能够传得开、留得下，经得起人民评价、专家评价、市场检验的优秀作品总量依然偏少，结构性不足特征明显。一是重大现实、重大革命、重大历史题材作品创作规划组织成效明显，但真正叫好叫座的重磅精品尚无法支撑贯穿全年、压茬上新的局面。二是广播电视节目类型增多，创新压力增大，思想精深、艺术精湛、制作精良的作品不足，有些作品娱乐性与导向性失衡，精神价值偏低。三是受经济利益驱使，一些互联网商业平台上存在大量侵权短视频内容、打擦边球内容、低层次无营养内容、同质化内容等现象,不利于健康清朗网络视听文艺生态形成。四是针对老人、少儿等细分人群,农村、民族语言等细分题材和类型的优质内容供给不足,供给的针对性和有效性不足,精准化服务能力水平有待提高。

(三)媒体深度融合发展亟待全面突破

省、市两级广电媒体成为媒体融合攻坚克难的重点,主管部门正在统筹谋划深度融合、整体转型的具体行动计划和配套实施方案。目前,广电媒体融合发展取得重要进展,但多是局部突破,体制性障碍、机制性梗阻尚未消除。一是观念转变滞后。为数不少的广电媒体仍在用传统理念运营新媒体,满足于一键全网分发,缺少差异化内容生产,缺少与用户的充分互动,缺少用户数据,自有客户端黏性不强、日活率低,融合传播效果亟需提升,在互联网主阵地影响力引导力不强。二是总体实力不强。广电媒体和有线网络公司进军主战场、整体转型的进程不够快、步子不够大、信心不够足,生产组织模式、商业模式的迭代创新跟不上,新业态的造血能力不足,无法形成新引擎扭转传统业务板块收入下行的影响,打造新型主流媒体缺少重要的经济基础支撑。三是深化改革力度不够。外部政策协同有待强化,内部推动改革的魄力和能力不足,争取到的党委政府支持不够等,受这些因素综合影响,广播电视台和网络机构运行面临困难,人才流失多、引进难、内生动力不足等窘境在大多数广电机构中具有普遍性,发展活力不强。四是主力军作用发挥不到位。部分广电媒体在县级融媒体中心建设和省级技术平台建设中参与度不够,建设市级融媒体中心和全面构建省市县三级协同发展格局时有陷入被动局面的可能性。我们要统筹谋划,转变思想观念,强化互联网思维,积极运用新一代信息技术成果,以科技创新拓展服务新空间、激发转型新动能、塑造竞争新优势、赢得发展新未来,在增强适应受众移动化、分众化、差异化、互动化趋势的高新视听内容生产与应用创新支撑能力,推动高新技术创新红利转变为智慧广电传播力、影响力和服务力等方面取得全面突破。

(四)讲好中国故事、推进国际传播亟待加快创新

到 2020 年年底,中国已超过美国成为全球外国直接投资(FDI)第一大目的地,对世界经济增长的贡献率继续保持在 30% 左右;7 亿多人摆脱贫困,对世界减贫贡献率超过 70%。作为世界第二大经济体、第一大工业国、第一大货物贸易国、第一大外汇储备国,中国的综合国力和国际地位前所未有提升、日益走近世界舞台中央,为文化走出去奠定了坚实基础。但目前看,我们的国家文化软实力,尤其中华文化影响力、国际话语权还没有达到与之相称的地位。一方面"树大招风效应"增加了国际传播的难度和复杂性。以美国为代表的一些西方国家为维护自身利益与国际话语霸权地位,恶意制造噪音杂音乃至谣言压制我方声音,发起舆论攻击与制裁,这种舆论斗争将成为新常态长期存在,我们亟需应对这场舆论战的新战法新举措。另一方面,作为现阶段国际传播最有到达力、穿透力的媒体,我国的广播电视和网络视听在讲故事的能力、传播声音的平台和有效渠道建设方面都存在不足,国际舆论西强我弱、"有理说不出、说了传不开、传开叫不响"的状况尚未根本改变。比如,尚未形成强大的国际舆论议题设置和引导能力;缺乏对不同国家和地区不同用户的视听消费偏好和需求的分析研判与差别化应对;在新媒体主战场的作战手段和方式需要创新,多个网络视听平台在海外发展受阻等,这都亟需加快重塑国际传播业务、重整国际传播流程、重构国际传播格局。

四、广播电视全媒体发展的对策思考

全面建设社会主义现代化国家新征程已经开启,文化强国建设的号角已经吹响,广播电视和网络视听战线要对标主力军的角色定位,以习近平新时代中国特色社会主义思想为指导,全面贯彻党的十九大和十九届二中、三中、四中、五中全会精神,增强"四个意识"、坚定"四个自信"、做到"两个维护",围绕立足新发展阶段、贯彻新发展理念、构建新发展格局,落实广电总局对全年广播电视工作的部署,继续深入实施"六大工程",着

力构建"一五一"工作格局,将党史学习教育活动成果转化为行业改革创新发展实效,以昂扬奋进的精气神开创高质量发展的新局面。

(一)锚定广播电视全媒体发展方位

习近平总书记强调:"实现中华民族伟大复兴,需要物质文明极大发展,也需要精神文明极大发展。"2035年建成社会主义文化强国,既是实现国民经济社会发展2035年远景目标的题中之义,又是实现第二个百年目标的重要基础。我们要深刻认识和充分理解其战略意义和时代内涵,在网络强国、数字中国、文化强国等战略中找准广播电视全媒体发展的定位和方位。第一,加快实施智慧广电建设工程,加强技术优化升级迭代,深入推进新一代信息技术与广播电视和网络视听的全系统集成、全方位融合,加快催化全流程再造、全环节重塑、全体系重构,力争广播电视和网络视听同科技融合发展取得积累性突破,打造行业发展新增长极。第二,强化系统协同,实现全面发展。全面统筹广播电视和网络视听,处理好各种复杂关系,各领域、各环节、各方面协调推进,实现质量、结构、速度、效率、规模、效益、安全有机统一的整体发展。第三,充分发挥广播电视全媒体的规模优势、亲民优势、专业优势,加大集聚优质资源要素,全面深化体制机制改革,全面强化创新驱动,提升广播电视公共文化服务水平,健全现代广播电视产业体系。要加快推进新旧动能转换,因势利导推动结构调整,确保"十四五"时期实际创收收入每年保持两位数增长,壮大社会主义文化强国建设的广电力量,以文化的引领力、视听的泛在化,融入数字经济、融合实体经济,更好投身和服务于全面建设社会主义现代化国家。

(二)加快建强新型主流媒体

主体强,则媒体强,媒体强,则传播力、影响力、公信力、引导力强。推动全媒体时代媒体深度融合,目的在于巩固全党全国人民团结奋斗的共同思想基础,为实现"两个一百年"奋斗目标、实现中华民族伟大复兴中国梦提供强大精神力量和舆论支持。肩负起这一战略任务,必须打造一批具有强大影响力和竞争力的新型主流媒体。没有强大的新型主流主体,意识形态主阵地就守不住。广播电视作为主力军，一定要把握三年重要战略机遇期，抓住智慧广电机遇，打好强主体的攻坚战。围绕"强主体"，广电行业应着力在有效连接、精准服务方面下功夫，切实发挥深度融合的综合优势和整体优势，重建广播电视在主战场的竞争新优势。第一，发挥视听优势，建立各级广电媒体生产要素共享互用、技术平台互联互通、业务体系合作共建的行业级广泛连接，在中央、省、市、县四级融媒体中心（平台）建设中发挥主力军作用，以增量带动存量，实现集约、高效、协同、共赢。第二，发挥公信力优势，构建以数据为核心要素的闭环业务模式，用好全媒体传播矩阵，统筹线上线下资源，打造上连党心、下接民心的"枢纽型"平台，连接千行百业、千家万户，在信息和综合服务的供需精准匹配中实现自我迭代、发展转型和做优做强，确保各广播电视和网络视听机构的舆论引导能力、内容生产能力、公共服务能力和产业运营能力均有明显提升。

（三）加快推动改革系统集成和落地见效

近年来，我们深入实施"智慧广电"工程，推动媒体融合发展，新一代信息技术应用快速演进，行业进入高质量创新性发展阶段，但体制性障碍与机制性梗阻越发凸显，一些机构内部活力不足、人才支撑乏力。面对更为严峻的外部竞争环境、更为迫切的内部发展需求，我们要把加强改革系统集成、推动改革落地见效摆在更加突出的位置，以激发内部活力为目标，推动深层次变革，确保各项改革相互促进、良性互动、有机衔接、整体推进，向改革要动力、向管理要活力。

要发挥好改革的先导和突破作用，解决根源性问题，多出制度性成果。一方面，要精准制定、深入实施改革方案，解决好人才瓶颈制约。在吸引人才、培养人才、留住人才、用好人才以及为改革创新责任人保驾护航等维度，坚定不移破除妨碍发展的体制机制弊端，引入市场化用人与分配机制，加快建立符合政策精神和行业特点的考核评价、选人用人和薪酬激励机制，形成能者上、优者奖、庸者下、劣者汰的正确导向，充分激发人才创新创造活力潜力、干事创业激情热情。另一方面，要找准施策"题眼"，提高政策推动改革的针对性有效性。从调研情况来看，当前改革的重点在省、市两级广电媒体，关键在明确功能定位、理顺体制机制。一是立足特殊性，精准供给，给予新闻宣传业务财政保障，确保新闻宣传"不缺血"，按照以事定费的原则，创新财政支持办法，统筹用好政府购买服务、税收优惠、专项资金等政策，动态调整、提高效能、健全监管，切实保障新闻宣传等公益事业发展。二是立足差异性，分类施策，给予产业运营的市场机制保障，通过市场机制激发活力。根据行业特点、单位性质、发展实际等，制定合理的分类标准，针对不同类型的主体，统筹给出解决实际问题的改革举措，强化改革实效。

（四）发挥视听优势创新国际传播模式

2021年5月31日，中共中央政治局就加强我国国际传播能力建设进行第三十次集体学习。习近平总书记发表重要讲话时强调，"讲好中国故事，传播好中国声音，展示真实、立体、全面的中国，是加强我国国际传播能力建设的重要任务。"这次在重要时间节点召开的重要工作会议，对国际传播工作作出重要部署和明确方向指引。广播电视和网络视听战线必须认真贯彻落实，把制度优势、组织优势、人力优势转化为传播优势，当好国际传播的排头兵和主力军。

要深刻认识新形势下加强和改进国际传播工作的重要性和必要性，深刻认识讲好中国故事、传播好中国声音，对维护和延长我国发展重要战略机遇期、实现中华民族伟大复兴中国梦的至关重要性，在加强国际传播能力建设上下大力气，用真功夫，将广播电视和网络视听领域的重要资源禀赋充分转化为强大的国际传播能力。第一，提高视听作品走出去的精准度，更好发挥传播力、亲和力优势，切实推动我国同各国的人文交流和民心相通。近年来，信息技术革命成果已深度嵌入视听内容生产传播全流程、各环节，我们初步建构起了精准传播、精准服务能力，基本形成了有效果反馈的完整业务流程闭环。下一步应尽快将这种能力迁移到国际传播工作中，推动"走出去"升级为"走进去"。要善于在应用商城、社交平台、网络视听平台评论区等不同国际渠道中洞察不同区域、不同国家、不同群体受众的特征信息,基于热议话题、对华关切、偏好习惯等的综合分析结果,定制化、精准化、互动化生产和传播视听作品,推进中国故事和中国声音的全球化表达、区域化表达、分众化表达,用中国理念、中华文化为国际舆论融入更多暖色调、更多文明底色,在潜移默化、以小见大中宣介中国主张、中国智慧、中国方案,生动塑造可信、可爱、可敬的中国形象。

第二,加强系统观念,创新体制机制,充分凝聚广电力量,进一步推动构建多主体、立体式的大外宣格局。坚持"政府主导、企业主体、市场运作、社会参与"的工作原则,统筹主流媒体和商业平台、生产和传播、业内和业外、内地和边疆、国内和国外的多主体参与,紧密联动、互为补充、覆盖全产业链,打造具有国际影响力的媒体集群。以技术、内容、人才、节展等为媒,积极开展线上线下的交流互鉴、合拍合作,打造具有国际辨识度的品牌集群。从法规、标准、技术、版权等多角度协同发力,主动制定和利用好国际规则,合力维护公平市场秩序、营造良好舆论氛围,塑造国际竞争和新媒体发展的广电新优势。

(五)以文化科技融合赋能大视听产业快速发展

习近平总书记指出,"文化和科技融合,既催生了新的文化业态、延伸了文化产业链,又集聚了大量创新人才,是朝阳产业,大有前途。谋划'十四五'时期发展,要高度重视发展文化产业。"科技是产业发展的第一生产力、原动力,文化是灵魂,赋予产业发展独特魅力和生命力,二者都是极强的变革力量和影响因素。我们要全力推动在视听领域的文化和科技深度融合,把握此次机遇窗口,为大视听产业蓬勃健康发展注入更多确定性、更多新动能。

推动整体数智化转型,引领产业高质量发展。要深化供给侧结构性改革,构建新型广电视听生产与消费模式,形成需求牵引供给、供给创造需求的更高水平动态平衡,畅通大视听产业经脉。尽快形成以数据为核心要素，社会主义文化为创新创造源泉，先进科技手段为生产力，固定、移动网络为承载环境，数字化、智能化、精准化为基本特征的大视听产业经济，释放整体转型红利，以产业基础高级化、产业链现代化提升发展质量效能。

拓展广电视听产业边界，创造国民经济增长新动力。视听化日益成为主流内容消费模式，以短视频和直播为例，在移动端已近乎成为各类平台、各项业务的"标配"载体，早已超出单纯的内容产业本身，融合并深度服务于其他行业。大视听产业一直以深度融合为方向，以音视频为基本产品和服务形态，要充分利用文化科技融合的高渗透力特征，以提供大视听服务为"连接器"和"融合剂"，走出第三产业范畴，加速进入第一、第二产业，优化供应链、产业链、价值链，与城市更新和乡村振兴紧密结合，加速拓展和重新定义产业边界，创造行业增长第二曲线，为国民经济发展贡献新力量。

知向何处则方向不惑，明所从来则动力充足。我们要心怀"国之大者"，不忘初心，牢记使命，在国际风云变幻中、在国内改革创新浪潮中，勇立潮头、奋勇搏击，以人民至上作为一切工作的价值尺度，加快打造具有强大影响力和竞争力的新型广播电视主流媒体，厚植塑造广播电视全媒体事业产业发展的新活力新优势，书写社会主义文化强国建设的广电篇章！

第一章

专题报告

第一节　聚焦主题　突出主线　不断开创广播电视工作新局面

中共中央宣传部副部长，国家广播电视总局局长、党组书记　聂辰席

2020年，在以习近平同志为核心的党中央坚强领导下，全国广播电视行业坚持以习近平新时代中国特色社会主义思想为指导，增强"四个意识"、坚定"四个自信"、做到"两个维护"，围绕中心、服务大局，深入实施"六大工程"，勠力同心、担当作为，各方面工作取得来之不易的新进展新成绩。一是高举思想旗帜，唱响新时代最强音。坚持把核心宣传作为首要政治任务，精心策划新闻报道、特别节目和融合传播作品。二是主动担当作为，全力服务打赢抗击新冠肺炎疫情战役。面对疫情，广电行业以高度的政治责任感、使命感，迅速行动、冲锋在前。及时有力开展信息发布、舆论引导和科普宣传，在抗疫斗争中发挥了独特作用、作出了积极贡献。三是凝聚精神力量，"决胜全面小康、决战脱贫攻坚"等主题宣传、主题创作浓墨重彩。开设"我们的小康"等专题专栏专区，以丰富的内容、多样的形式，营造了同心奔小康的浓厚氛围。四是锐意攻坚克难，事业产业建设发展实现新突破。广电总局出台了统筹疫情防控和促进行业发展的系列政策措施，并积极争取把"推动大视听全产业链发展""发展5G高新视频新业态"等列入国家重要政策文件。加强创作引导扶持，开展系列推选评优活动，内容生产逐步复苏。五是坚持从严从实，阵地管理取得新成

效。坚持导向管理全覆盖，完善了网上网下一个标准的管理政策和机制。追星炒星、高价片酬、注水剧、老剧翻拍等问题和倾向得到有效遏制。六是着力强基固本，党的建设和队伍建设再上新台阶。广电行业坚持政治统领、理论武装、党的建设和全面从严治党工作不断深化。加强高层次人才队伍建设，开展了全国广播电视和网络视听行业领军人才工程、青年创新人才工程首批人选推荐选拔。

2021年是"十四五"规划的开局之年，也是建党100周年。根据中央部署和全国宣传部长会议精神，2021年广播电视工作的总要求是：坚持以习近平新时代中国特色社会主义思想为指导，深入学习贯彻党的十九大和十九届二中、三中、四中、五中全会精神，贯彻落实习近平总书记关于宣传思想工作的重要论述和关于广播电视工作的重要指示批示精神，增强"四个意识"、坚定"四个自信"、做到"两个维护"，聚焦举旗帜、聚民心、育新人、兴文化、展形象的使命任务，紧紧围绕学习宣传贯彻习近平新时代中国特色社会主义思想，围绕开局"十四五"、开启新征程，围绕立足新发展阶段、贯彻新发展理念、构建新发展格局，突出庆祝中国共产党成立100周年，坚持稳中求进、守正创新，加快广播电视和网络视听高质量创新性发展。继续深入实施舆论引导能力提升工程、新时代精品工程、智慧广电建设工程、视听中国播映工程、安全播出工程、管理优化工程这"六大工程"，着力构建"一五一"工作格局，即突出庆祝中国共产党成立100周年这条主线，在内容创作生产、公共服务、智慧广电建设、安全监管、国际传播五个方面提质升级，强化党的建设和队伍建设这一重要保障，以优异成绩庆祝建党100周年。

一、突出庆祝中国共产党成立100周年这条主线，营造共庆百年华诞、共创历史伟业的浓厚氛围

庆祝建党100周年，是党和国家政治生活中的一件大事。要按照党中央的总体部署和中宣部的工作要求，开展党史学习教育，牢牢把握"党的

盛典、人民的节日"的基调定位,贯通全年、突出重点、打造亮点。

第一,做好党史学习教育。一要深入学习领会习近平总书记重要讲话精神,切实增强开展党史学习教育的思想自觉、政治自觉、行动自觉。深刻认识党史学习教育的重大意义,自觉担当开展好党史学习教育的政治责任,把党史学习教育作为增强"四个意识"、坚定"四个自信"、做到"两个维护"的生动实践,作为深化新时代党的建设,增强党的意识、党员意识的重要途径;深刻理解"我们党的百年历史,是一部不断推进马克思主义中国化的历史,是一部不断推进理论创新、进行理论创造的历史",更加自觉用党的创新理论最新成果武装头脑、指导实践、推动工作;深刻把握"六个进一步"的重点内容,增强奋进新征程、开创新局面的责任感使命感。二要全面准确把握目标要求,扎实开展广电总局党史学习教育工作。加强组织领导,广电总局党组成立学习教育工作领导小组,各单位成立相应机构,各部门各单位、各级党组织主要负责同志要担起第一责任人的责任,党员领导干部做到高标准、严要求。科学安排部署,制定工作方案,注重分类指导,注重融入日常、抓在经常,统筹安排好专题学习研讨、专题党课、专题组织生活会和民主生活会、专题培训等各项工作,开展"我为群众办实事"实践活动。创新方式方法,结合党员干部思想实际和广电总局业务工作实际,谋划富有广电特色、形式丰富多样的活动载体,把学习党史同推动工作紧密结合起来,同解决实际问题紧密结合起来。三要发挥行业优势,精心服务党史学习教育工作。认真做好党史学习教育工作的宣传报道,指导广播电视媒体和网络视听媒体深入宣传习近平总书记在动员大会上的重要讲话精神,宣传党中央决策部署和各地各部门的好做法好经验好成果,为党史学习教育营造浓厚氛围。认真组织开展党史主题宣传,统筹网上网下,开辟专题专栏专区,通过电视剧、纪录片、动画片、广播电视节目、网络视听作品、公益广告等多种形式,生动宣传展示我们党百年奋斗的光辉历程;进一步做好党史题材重点项目策划、指导和服务,努力打造标志性作品;注重做好对青少年的传播,让红色基因、革命薪火代代相传；把学习教育与服务群众结合起来，努力为人民群众提供更多优质的作品和服务，更好满足人民群众精神文化需求。

第二，做亮主题宣传。一要聚焦主题主线，形成舆论强势。把核心宣传与建党百年宣传有机结合，深化广播电视媒体"头条"建设和网络视听媒体"首页首屏首条"建设，坚持平实务实、高质高效，用心用情用功做好习近平总书记重要思想、重要活动、重要会议的宣传。完善重大宣传一体化统筹协调机制，组织"奋斗百年路启航新征程"重大主题宣传，开展"辉煌100年""小康走起"等专题宣传，精心做好庆祝建党百年系列活动的宣传报道，做好辛亥革命110周年、长征胜利85周年、西藏和平解放70周年等纪念活动宣传，网上网下同频共振、共同发力，逻辑链接、亮点聚合，生动展现百年大党的梦想与追求、情怀与担当、奉献与牺牲。二要深入实施"理论节目提升工程"，做亮理论节目品牌。总结推广《思想的田野》《中国正在说》《这就是中国》等理论节目经验，创新节目表达，善于把政治话语转化为大众话语，推出更多通俗生动宣传阐释习近平新时代中国特色社会主义思想、适合全媒体传播的理论节目，打造理论宣传矩阵。三要实施"主题宣传全媒体传播工程"，做到立体化呈现、精准化传播。统筹布局微、短视频和中、长视频，综合运用各类节目形态，针对不同受众特别是青少年，按照"精准滴灌"的思路，让主题宣传更接地气、更有人气。2021年，组织重点短视频平台开展"百年潮看中国——我身边的变化"主题微短视频创作征集活动。广播电视和网络视听媒体都要积极推进宣传创新，增强主题宣传的贴近性、实效性。

第三，做优主题创作。为建党百年这样的盛事创作精品，是广播电视和网络视听文艺工作的历史使命。广电总局召开了庆祝建党百年主题作品创作推进会，深入开展"理想照耀中国"主题作品创作展播活动，各方面工作已全面启动。1月1日，"理想照耀中国"电视剧展播特别节目已在上海东方、北京、江苏、浙江、湖南卫视和爱奇艺、腾讯视频、优酷、芒果TV、百视TV等网络视听平台播出。广电行业要按照"找准选题、讲好故事、拍出精品"的要求，集中力量抓重大现实、重大革命、重大历史题材创作，特别是把反映新时代作为重中之重，握紧拳头打造新时代史诗之作。我们策划推进了一批重点作品，包括电视剧《山海情》《功勋》《光荣与梦想》《埃博拉前线》《理想照耀中国》《觉醒年代》《百炼成钢》《大浪淘沙》《我们的新时代》《江山如此多娇》，网络视听节目《中国共产党的100年》《约定》《浴血无名川》《那一天》，纪录片《初心·起点》《一路百年》《风华正茂百年青》，动画片《红船》《焦裕禄》《百岁少年请回答》，电视节目《时间的答卷》《闪光的记忆》《闪亮的坐标》，大型电视晚会《百年正青春》《潮涌长三角》《花儿向阳 童心向党》，等等，要加强跟踪指导和服务，确保按时高质量推出，争取打造成为标志性作品。各级广电部门要主动出题、主动策划，集聚资源力量抓精品，鼓励支持各地通过跨区域、跨行业合作等进行精品创作，为建党百年留下真实鲜活的影像志。

第四，做细安全保障。2021年大事、喜事、要事多，广电行业必须多措并举，全力做好安全保障工作。要加强意识形态分析研判，准确把握形势，科学分析各种风险隐患，提高预警、预判、预防和应急处置能力，牢牢掌握维护意识形态安全的主导权。要深入开展庆祝建党百年安全播出专项行动，组织安全大检查和应急演练。各级广播电视行政部门、监测监管和安全播出责任单位必须高度重视，以强烈的政治责任感抓好落实，全面提升安全播出保障水平。要强化安全播出、网络安全、指挥调度、监测监管等保障措施，确保人员到位、技术到位、应急措施到位、协同配合到位，确保"七一"重大活动广播电视安全播出万无一失。

二、紧扣推动高质量发展的主题，着力在内容创作生产、公共服务、智慧广电建设、安全监管、国际传播五个方面提质升级

做好2021年工作，广电行业要围绕立足新发展阶段、贯彻新发展理念、构建新发展格局，统筹事业产业，全力推进重点领域、关键环节的创新突破，努力开创高质量发展的新局面。

（一）在内容创作生产上提质升级，打造更多新时代精品力作

"十四五"规划《建议》提出，加强现实题材创作生产，不断推出反映时代新气象、讴歌人民新创造的文艺精品。我们要深入实施新时代精品工程，坚持以人民为中心的创作导向，提高创作生产的规划力、引导力、组织力，激发行业创新创造活力，努力推出更多无愧于新时代的文艺作品。

一是加强选题规划，着力构建源源不断出精品的创作生产格局。文艺创作都有一定的周期，重大题材作品耗时会更长，甚至是"十年磨一剑"，必须围绕党和国家重要时间节点超前规划、提前布局。2021年是建党100周年，明年将举行北京冬奥会，2023年是抗美援朝胜利70周年、习近平总书记提出"一带一路"倡议10周年，2024年是新中国成立75周年，2025年是抗战胜利80周年，等等，这些都是我们要对标的重要时间节点。广电总局建立了重点选题项目库，陆续发布了一批重点选题，实施动态管理、精准指导。各省局、各播出机构和各重点制作机构都要围绕重要时间节点，深入研究谋划重点创作项目特别是现实题材项目，形成精品创作的任务书、时间表、路线图，做到有序衔接、滚动实施、压茬推进。

二是坚持以文化人，大力构筑新时代文艺创作的精神高地。党的十九届五中全会把提高社会文明程度作为建设社会主义文化强国的重大任务，这是我们义不容辞的责任。要把社会主义核心价值观贯穿创作生产传播全过程，使之成为广播电视和网络视听作品最鲜明的价值底色。要坚定文化自信，聚焦新时代史诗般的伟大实践，聚焦党史、新中国史、改革开放史、社会主义发展史，聚焦源远流长、辉煌灿烂的中华传统文化，聚焦人民群众的生产生活，提炼展示中华民族的精神谱系，丰富文艺作品的精神内涵。要鼓励文艺创新，在提高原创力上下功夫。实施"内容创新计划"，通过政策杠杆的调节和专项资金、资源配置的倾斜，推动创作者在深入生活、深入群众中找选题、找灵感，在题材、形式、方法、手段等多种要素上锐意创新。继续实施"中华文化广播电视传播工程"，推进"国家文艺记忆和传承项目"，围绕中国历史上的大思想家、大文学家以及传统戏曲、文

化遗存等主题，分类推动纪录片创作规划，重点打造《大运河》《国家公园》《王阳明》《百年巨匠》等具有深厚底蕴和当代价值的历史文化类作品。实施"广播电视公益广告提升行动"，支持创作弘扬时代新风的公益广告作品，促进提高人民道德水准和文明素养。

三是加强引导管理，努力树立新时代文艺创作的质量标杆。紧紧抓住提升作品内容质量这个牛鼻子，坚持"思想精深、艺术精湛、制作精良"相统一，分类加大扶持引导和管理力度。要认真落实中宣部部署要求，明确任务、压实责任、倒排工期，确保全年推出50部精品电视剧。加强电视剧全流程管理，抓好剧本选题、备案公示、拍摄制作、内容审查、播出调控等各个环节。研究建立新时代精品纪录片、动画片、广播电视节目创作引导机制，进一步深化创新创优工作。要用好重大题材网络影视剧IP征集平台，实施网络视听节目质量提升"五个10"计划，力争网络剧、网络电影、网络纪录片、网络综艺、网络动画片各推出10部标杆作品。近年来，一些作品粗制滥造引发观众不满，"注水剧"等问题也饱受争议。全行业要引以为戒，保持对文艺创作的敬畏、对观众的敬意，发扬工匠精神，克服急功近利的浮躁思想，共同营造"繁荣创作、多出精品、力攀高峰"的良好氛围。

（二）在公共服务上提质升级，更好服务广大人民群众

要贯彻落实党的十九届五中全会"推进城乡公共文化服务体系一体建设"的部署，坚持内容供给和基础建设并重，稳步提高广播电视公共服务均等化水平。

一是补短板，加快实施重点惠民工程，补齐欠发达地区公共服务短板。广电总局策划了一批新的惠民工程项目，这些工程项目将陆续启动实施。各地要积极组织落实，做好广播电视网络和平台建设，让公共服务再有一个质的提升。要实施老少边穷地区应急广播体系建设工程，加快基层应急广播体系建设。目前，全国已经建成10个应急广播省级平台，1000多个县级平台，部署终端约180万个。要继续加大建设力度，鼓励多方力量积极参与，不断扩大应急广播覆盖面。2020年广电总局与应急管理部联合出台了《关于进一步发挥应急广播在应急管理中作用的意见》。我们继续支持拓展应急广播功能，满足应急信息发布、疫情防控、防灾减灾、社会治理等多层次应急工作需要。要落实新时代党的治藏、治疆方略，做好广播电视对口援藏援疆工作。

二是强基层，对接乡村建设行动，推进农村地区公共服务整体提升水平。深入学习贯彻落实习近平总书记关于乡村振兴战略的重要论述和关于深化东西部协作和定点帮扶工作的重要指示精神，接续推进巩固拓展脱贫攻坚成果同乡村振兴有效衔接，促进广播电视和网络视听更好服务农业农村现代化工作大局。要继续推进直播卫星平台高清节目同播工作，加快高清节目进村入户。要策划实施智慧广电乡村工程，建设智慧化综合服务平台，推动广播电视从"户户通"向"人人通""移动通""终端通"升级，努力让城乡群众一体享有更高水平的公共服务。各地要探索建立本地服务平台，优化节目内容资源配置，增加县级广播电视机构和融媒体中心节目内容总量供给，推动优质资源向基层下沉、向乡村覆盖。落实巩固脱贫攻坚成果与乡村振兴有机衔接国家战略，继续实施智慧广电专项帮扶行动。

三是重长效，加强标准化建设，完善公共服务长效机制。标准化建设是立机制、管长远的工作。要扩大广播电视基本公共服务标准化建设试点规模，努力形成可复制推广的经验。广电总局加强基本公共服务标准动态调整研究，各地要制定符合地区实际的基本公共服务实施标准，推进标准化管理，完善基层公共服务运行维护保障体系。要加强绩效评估和管理，提高工程项目管理水平和公共服务综合效益。

（三）在智慧广电建设上提质升级，全面提高智慧广电服务能力和水平

要以实施智慧广电建设工程为牵引，优化资源配置，升级传播体系，加快创新发展。

一是加快建设新型广播电视主流媒体。针对地方广播电视台面临的发展困境，广电总局接连出台了推动新时代广播电视播出机构做强做优、加快推进广播电视媒体深度融合发展、加强专业电视频道建设管理等指导性意见。要抓好落实，加快广播电视融合化、高清化、特色化发展。融合化，就是按照主力军全面挺进主战场的要求，推动广播电视台深度融合、加快全媒体转型。2021年以省级为重点，推进省级广播电视新闻频率频道整体转型、融合发展、多渠道传播，打造区域性垂直化传播平台，支持多种形式的集群化发展，努力在深度融合上实现新突破。市级广电媒体要因地制宜，加强上下联动和横向合作，加快自身融合发展。各省（区、市）要制定广电媒体融合发展三年工作行动计划。广电总局强化示范引领、项目带动，支持建设产学研用一体的广播电视媒体融合发展创新中心，征集评选先导单位、典型案例、成长项目。同时，加快建设广电视听融合传播基础信息平台，为融合发展提供综合性、基础性、全局性支撑。高清化，就是加快高清超高清频道发展。2021年，逐步关停不具备能力和条件的非高清频道。实施超高清行动计划，按照"4K先行、兼顾8K"的总体技术路线，加强4K制播能力建设，开播4K频道，在直播卫星平台和有条件的地区开展8K超高清制播试验。特色化，就是推进广播电视台走专业化特色化品牌化发展之路。适应分众化、差异化的传播趋势，推动频道资源整合、结构优化、精简精办。特别是要严格规范专业频道设置开办，突出差异化、体现多样性、避免同质化。2021年，进一步压缩、调整和规范现有省级、副省级和地市级播出机构开办的专业频道，对严重偏离频道定位、内容导向不正、节目质量低劣、综合效益低或不具备开办条件和能力的专业频道，要依法依规实施退出。

二是加快发展新一代广播电视网络。全国有线电视网络整合和广电5G建设一体化发展已取得阶段性成果，下一阶段的任务更加艰巨。要坚持政治工程、民心工程、发展工程的定位，全力加快工作进度。要进一步强网络。建设有线电视网络互联互通平台和广电网络资源大数据平台，打造"五横五纵"有线电视骨干网络，同时加快云化、IP化改造。要推进有线、无线、卫星和互联网互联互通，努力建设跨网跨屏跨终端的多功能国家数字文化传播网。要进一步强业务。建立有线电视网络和广电 5G 网络统一运营管理体系，加快推进广电 5G 运营，开展广电 5G 商用放号，2021 年力争发展上千万手机用户。探索开办适应 5G 应用场景、满足多终端需求的 5G 频道，着力建设"广电 5G 应用平台"，提供"手机＋电视＋宽带＋内容＋体验"的广电 5G 特色融合业务服务。各地要在统筹调度下，努力实现"一省一特色、大小屏互动"。要积极创新业务，着力减缓有线电视行业下行速度，逐步实现止跌回升。要进一步强合作。坚持开门建网、合作共赢，深化与战略合作伙伴的合作，加强与金融机构、科技支撑单位等的共研共商。新成立的中国广电网络股份有限公司要按照现代企业制度，建立面向市场、灵活高效的管理体制、运营机制、激励方式，提升活力和市场竞争力。要坚持全国一盘棋，加强台网协作，让网络优势和内容优势充分融合、充分迸发。

三是加快培育智慧广电产业生态。要顺应数字产业化和产业数字化趋势，突出行业特色，完善全服务产业链、价值链。要强化科技先导支撑，落实《广播电视技术迭代实施方案（2020—2022 年）》，加快大数据、云计算、人工智能、区块链等新技术应用，加强媒体云平台、5G 广播电视等核心技术标准体系建设，建设 5G 广播电视先导试验网，部署新一代卫星直播广播电视技术系统，推进智能电视操作系统（TVOS）产业化和广电终端智能化。要坚持场景引领、生态构建，围绕"家庭场景、政务场景、民生场景"，加强超高清视频、沉浸式视频、互动视频、VR（虚拟现实）、AR（增强现实）、MR（混合现实）等高新视频内容建设，加快构建从传统端到移动端、从大屏到小屏、从供给端到消费端的全场景产业链。要积极打造视听产业集群，完善支持产业基地（园区）发展的政策，强化区域协同，探索建立视听产业联盟，建设区域产业带。各地产业基地（园区）要立足特色定位，着力做强做优，充分发挥集聚辐射效应。广电总局 2021 年继续轮值主办第十七届深圳文博会。筹备建立产业公共服务平台，为行业提供包括政务、投融资、技术支撑、版权交易、数据资源共享等在内的一体化管理和一体化服务,进一步支持产业发展。

(四)在安全监管上提质升级,提高治理体系和治理能力现代化水平

要落实意识形态工作责任制,丰富和创新治理手段,守住守好广播电视和网络视听阵地。

一是健全制度机制。要加快完善广播电视法律法规体系,以《广播电视法》立法工作为龙头,以网上网下一个标准、一体管理为重点,做好广播电视行政法规、部门规章的制修订工作,推进地方广播电视立法工作。各地各部门各单位都要在建章立制上下功夫,善于把行之有效的好经验好做法上升为政策、制度、机制。维护发展秩序是全行业共同的责任,各级广电行政部门要落实属地管理责任,各类机构要强化主体责任、依法依规从业,行业协会要发挥桥梁纽带作用,共同促进行业持续健康发展。

二是突出管理重点。要坚持"字字千钧、秒秒政治、天天考试",管导向、把关口、保安全。保持对追星炒星、过度娱乐化、天价片酬、注水剧、违规广告等问题的整治力度,加强对劣迹艺人、违法失德人员的管理,严禁丑闻劣迹者发声出镜。要落实"两个所有"要求,加强网络视听行业管理。既要管好平台,继续推进登记管理和特殊管理股试点等工作;也要管好内容,加强对重点网站重点内容的审核,加强对网络直播、短视频等新业态的管理;还要管好人员,探索建立对网络视听关键岗位从业人员的有效管理机制,加强内容审核等岗位业务培训,加快推进从业人员信用档案和黑名单制度有关工作。各地要加强网络视听的管理力量,把网络视听各业务领域、IPTV、互联网电视等的各项管理要求落到实处。要高度重视防范化解重大风险的工作,各地各部门各单位都要加强各类风险防控,把握主动权、打好主动仗。

三是提高监管水平。深入实施智慧广电安防工程,建设"全方位、全过程、全覆盖、全天候"现代化监测监管系统。截至2021年5月底,"广播电视节目收视综合评价大数据系统"已实现全国超3亿有线电视、

IPTV、互联网电视用户数据的汇聚。要用好这一系统，不断扩大影响力。进一步推动全国监测监管数据互联互通、资源共享，各地要积极参与、协作配合，提高监管效能。

（五）在国际传播上提质升级，讲好中国故事、传播好中国声音

党的十九届五中全会提出，以讲好中国故事为着力点，创新推进国际传播，加强对外文化交流和多层次文明对话。广电行业要贯彻落实中央部署，以实施视听中国播映工程为抓手，创新思路举措，推动更多优质内容和服务走出去，提升国际传播力影响力。

一要精心策划品牌活动，精准服务中国特色大国外交外宣。要精心策划节目展播、媒体交流等高水准品牌活动。推动与重点国家商签广播电视和网络视听合作协议，加强中外合拍。落实习近平总书记贺信精神，办好第五届中阿广播电视合作论坛和第三届中国—东盟电视周等活动，促进文明交流互鉴。

二要巩固拓展走出去平台，完善全方位走出去格局。在"视听中国"框架下，重点打造"中国联合展台""电视中国剧场""中国专区""中国专栏""中外电视周""中外视听传播周"等平台活动，鼓励各省（区、市）在"视听中国"品牌下，发挥优势开展系列活动，推动媒体机构、产业园区常态化参与，逐步形成层次清晰、点面结合、精准施策、辐射全球的传播格局。巩固拓展"丝绸之路影视桥工程""中非影视合作创新提升工程""亚洲影视交流合作计划"等项目成果。深入实施"广播电视技术服务对外交流合作计划"，把行业优势资源转化为国际传播竞争优势。

三要创新国际传播手段，增强走出去实效。适应新的国际局势、疫情防控常态化形势和媒体融合趋势，加强跨终端、跨渠道海外多元传播和社交化运营。鼓励国内网络视听平台拓展海外市场，打造具有中国特色和国际影响的平台和品牌。策划实施"创意人生·美好生活"短视频国际传播网红计划、海外网红说中国影视计划，提升国外年轻受众对中国的关注和认同。加强对港澳台地区正面宣传、合作传播和节目传输覆盖。

三、加强党的建设和队伍建设，为行业高质量创新性发展提供有力保障

要全面贯彻新时代党的建设总要求，聚精会神抓好党的建设，努力打造忠诚干净担当的高素质专业化干部人才队伍。

一要深入推进党的政治建设。贯彻落实《中共中央关于加强党的政治建设的意见》，开展政治机关意识、政治工作意识教育，推动党员干部旗帜鲜明讲政治，提高政治判断力、政治领悟力、政治执行力，坚定做到"两个维护"。坚持不懈加强理论武装，开展大学习大培训，学好用好《习近平谈治国理政》、习近平《论党的宣传思想工作》等著作，组织好理论学习中心组学习，办好党员干部学习贯彻新思想、青年理想信念教育等专题培训班，使广电行业在学习宣传贯彻习近平新时代中国特色社会主义思想上始终走在前、作表率。庆祝建党百年，是对党员干部最好的思想政治教育。要做好干部职工思想政治工作，更好地统一思想、振奋精神、提振士气。

二要坚定不移全面从严治党。突出"严"的主基调，坚持党建工作与业务工作同谋划、同部署、同推进、同考核，压紧压实全面从严治党主体责任、监督责任和意识形态工作责任。要夯实党的基层组织，全面推进党支部标准化规范化建设，增强组织力、凝聚力、战斗力。要加强党员干部监督管理，严明政治纪律和政治规矩，严守宣传纪律和工作纪律，严格执行中央八项规定精神，做到有令必行、有禁必止。把提高觉悟、制度约束、惩治震慑有机结合，抓早抓小抓日常，一体推进不敢腐、不能腐、不想腐。2021年，广电总局继续深化"年初定责、年中督责、年底述责"机制，运用好"一书双卡"，扎实开展内部巡视；继续抓好中央巡视整改落实，用好巡视整改成果，推动党的建设和全面从严治党向纵深发展。

三要大力加强人才队伍建设。要贯彻新时代党的组织路线，加强各级领导班子和干部队伍建设，提高政治能力、专业化能力。把人才培养使用

作为基础性工作,以实施行业"两个人才"工程为抓手,加大对高层次人才和重点领域紧缺人才的选拔培养力度;实施全媒体人才培养专项计划,重点培养适应媒体深度融合发展要求的全媒体优秀人才。要加强行业教育培训,推动干部职工补课充电,特别是要适应疫情防控常态化的形势,运用"智慧广电学院"等网络平台,提高教育培训实效。要完善用人机制、激励措施、薪酬政策,吸引人才、留住人才。要统筹推进群团、统战、离退休干部等各项工作,为行业发展凝聚力量。

四要持续深化作风建设。新开局要有新气象。要强化求真务实、真抓实干的鲜明导向,营造风清气正、干事创业的浓厚氛围。要加强调查研究,广泛听取群众和基层意见,努力做到科学谋划、精准施策。要坚决整治"四风"特别是形式主义、官僚主义,切实为基层减负,更好地为基层服务。要发扬钉钉子精神,按照课题式设计、项目式管理、工程式推进、台账式督查、绩效式考核的方法抓落实,把各项工作抓紧抓好、抓出实效。要弘扬"特别能奉献、特别能吃苦、特别能战斗"的广电精神,激发党员干部职工的积极性、能动性,在服务大局、服务人民、开拓发展广电事业中,展现新时代广电人永葆初心、牢记使命、继续奋斗、勇往直前的良好风貌。

新阶段需要新担当、新使命呼唤新作为。让我们高举习近平新时代中国特色社会主义思想旗帜,更加紧密地团结在以习近平同志为核心的党中央周围,认真履职尽责、勇于奋斗拼搏、积极开拓进取,不断开创广播电视工作新局面,为全面建设社会主义现代化国家作出新的更大贡献!

(本文系作者在2021年全国广播电视工作会议上的讲话摘编,刊发时补充了部分新材料)

第二节 出新出彩做好新闻宣传 激荡强大精神力量

国家广播电视总局原副局长、原党组成员 高建民

2020年，广播电视和网络视听战线以习近平新时代中国特色社会主义思想为指导，深入贯彻落实习近平总书记关于党的宣传思想工作的重要论述和全国宣传思想工作会议精神，坚持正确的政治方向、舆论导向、价值取向，唱响主旋律，传播正能量，激发出众志成城抗击疫情，决战脱贫攻坚、决胜全面小康的磅礴力量，激荡起团结奋斗、开创新局的强大动力，为全面建设社会主义现代化国家开好局起好步提供了坚强思想保证和强大精神力量。

一、高扬思想旗帜，践行初心使命，唱响新时代主旋律最强音

2020年是党和国家历史上极不平凡的一年。在以习近平同志为核心的党中央坚强领导下，广播电视和网络视听战线高举习近平新时代中国特色社会主义思想伟大旗帜，守初心、担使命，迎大考、过大关，打赢了一场又一场硬仗，展现了新作为，展示了新气象，汇聚了正能量。

一是坚决履行"两个维护"政治责任。全系统始终忠诚核心、紧跟核心、维护核心，把核心宣传作为首要政治任务，深入推进广播电视媒体"头条"建设和网络视听媒体"首页首屏首条"建设，多形态多角度宣传阐释

习近平新时代中国特色社会主义思想，全方位立体化展现习近平总书记的政治智慧、领袖风范、历史担当和人民情怀，让马克思主义中国化最新成果传得更开更广更深入。

二是在疫情大考中主动担当作为。面对新冠肺炎疫情，广播电视战线以高度的政治责任感和使命感迅速行动、冲锋在前，及时有力开展权威信息发布、舆论引导和科普宣传，营造了强信心、暖人心、聚民心的良好舆论氛围，为打赢抗击疫情战役提供了有力的精神支持。

三是主题宣传氛围浓厚、有声有色。广播电视和网络视听开设"决胜全面小康""决战决胜脱贫攻坚""我们的小康"等专题专栏专区，推出新闻专题、系列报道、评论言论，制作播出《脱贫大决战》《奔跑吧（黄河篇）》《脱贫致富电视夜校》《春来怒江》等脱贫攻坚节目，以丰富的内容、多样的形式，营造出"同心奔小康"的浓厚氛围。

四是文艺创作、精品生产量增质优。进一步加强重大题材创作引导，涌现出《为了和平》《英雄》《不朽的丰碑》等振奋人心的精品力作。中华文化广播电视传播工程、"记录新时代"纪录片创作传播工程、中国经典民间故事动漫创作工程、广播电视节目创新创优、纪录片动画片推优评优等扶持引导机制效果显著，推出的《万里走单骑——遗产里的中国》《还有诗和远方》《从长江尽头回家》《中国》等优秀原创节目、纪录片、动画片广泛传播、深受欢迎。

五是导向管理和阵地建设成效明显。广播电视宣传工作、宏观调控、监听监看等工作运行畅通，管控有力。广播电视和网络视听阵地管理制度更加完善，措施更加到位，导向更加鲜明。热点敏感问题引导、重大舆情处置、问题节目处理及时有力。追星炒星、过度娱乐化、高价片酬得到进一步遏制，倡导"三讲"、抵制"三俗"蔚然成风。

这些成果和经验，使我们更加深刻地认识到，做好广播电视宣传工作，必须旗帜鲜明讲政治，进一步增强"四个意识"、坚定"四个自信"、做到"两个维护"。要聚焦国之大者，坚决贯彻落实习近平总书记重要指示批示精神，坚决贯彻落实党中央决策部署，立足新发展阶段，贯彻新发展理念，构建新发展格局，不断提高围绕中心、服务大局的能力和水平。

二、强化履责担当，做亮主题宣传，为庆祝建党百年、开局"十四五"、奋进新征程提供强大舆论支持和精神力量

2021年是实施"十四五"规划、开启全面建设社会主义现代化国家新征程的第一年，也是中国共产党成立100周年，做好广播电视宣传工作，要以习近平新时代中国特色社会主义思想为指导，深入贯彻党的十九大和十九届二中、三中、四中、五中全会精神，突出庆祝中国共产党成立100周年这条主线，围绕开局"十四五"、开启新征程，稳中求进、守正创新，唱响主旋律，打好主动仗。

（一）突出核心宣传，浓墨重彩做好主题宣传

要把核心宣传与建党百年宣传有机结合，深化广播电视媒体"头条"和网络视听媒体"首页首屏首条"建设，平实务实、高质高效做好习近平总书记重要思想、重要活动、重要会议宣传，生动展现习近平总书记大国领袖的思想风范和人格魅力；深入实施"理论节目提升工程"，精心策划、提升质量，进一步推动《思想的田野》等节目播出，推动理论宣传大众化、通俗化、电视化，使其更具渗透力、影响力、亲和力和感召力，让党的创新理论"飞入寻常百姓家"。要深入开展党史学习教育活动，加强党史学习教育可视化教材的播出，引导党员干部学党史、悟思想、办实事、开新局；精心做好建党100周年庆祝大会、"七一勋章"评选颁授、全国"两优一先"评选表彰、文艺演出等系列庆祝活动的宣传报道，生动展现百年大党的梦想与追求、情怀与担当、奉献与牺牲，为建党百年融入更多暖色调、红色调，营造共庆百年华诞、共创历史伟业的强大舆论宣传声势；做好辛亥革命110周年、抗战爆发90周年、长征胜利85周年、西藏和平解放70周年等纪念活动宣传，奏响主题主线宣传最强音。进一步把党的十九届五中全会精神宣传推向深入，解读好"十四五"时期我国经济社会发展的战

略目标和任务部署，大力宣传各地各部门贯彻落实的举措成效，宣传"六稳""六保"的进展成果，唱响中国经济光明论。全系统要网上网下同频共振、共同发力，让正能量产生大流量，好声音成为最强音。

（二）聚焦建党百年，精益求精开展文艺创作

描绘历史画卷、刻画伟大实践，为建党百年这一重大历史时刻书写、放歌，是广播电视人的职责和使命。要聚焦党史、新中国史、改革开放史、社会主义发展史，突出新时代，精心打造建党百年精品力作。要坚持以人民为中心的创作方向，生动讴歌党、讴歌祖国、讴歌人民、讴歌英雄；大力弘扬党和人民在各个历史时期奋斗中形成的伟大精神，传承红色基因；进一步增强思想性、艺术性，避免贴标签喊口号，用心用情用功打造既饱含正能量又充满艺术性的优秀作品，唱响共产党好、社会主义好、改革开放好、伟大祖国好、各族人民好的时代主旋律；要推动马克思主义同弘扬中华优秀传统文化有机结合，把社会主义核心价值观作为广播电视和网络视听作品最鲜明的价值底色，不断传播博大精深的传统文化、多姿多彩的民族文化、昂扬向上的红色文化、充满生机的当代文化，让主旋律、正能量充盈广播电视和网络视听空间。未来还将迎来北京冬奥会、抗美援朝胜利70周年、习近平总书记提出"一带一路"倡议10周年、新中国成立75周年、抗战胜利80周年等重要时间节点，要按照"找准选题、讲好故事、拍出精品"的要求，精心组织选题、指导创作。要深入推进"新时代精品工程""记录新时代工程""中华文化广播电视传播工程""中国经典民间故事动漫创作工程"，聚焦"十四五"重大战略、重大工程、重大项目，谋划推出一批反映新时代发展进步的优秀作品；围绕中华文明探源、考古中国、文化自然遗产和非物质文化遗产系统性保护，以及长城、长征、大运河、黄河国家文化公园建设等文化工程，推出具有深厚文化底蕴和当代价值的标志性作品，记载历史、传承文明，进一步增强文化自信。

（三）抓好重大题材，健全完善创作引导机制

组织重大题材创作是一项重要政治任务，要积极有为、精准发力，抓好重大现实、重大革命、重大历史题材规划创作。一是提前着手、主动谋划，按照主题和类型分类做好规划和指导。二是狠抓创意剧本的指导和把关，在反复打磨中不断提高剧本思想性、艺术性。三是建立完善推进机制，按照课题式设计、项目式管理、工程式推进、台账式督查、绩效式考核的"五式工作法"扎实推进。四是积极调动各方资源和力量，为打造精品力作提供保障。五是积极培养优秀创作人才，建立一支抓在手上的优秀编剧、导演、演员、制片人队伍。六是指导建立正确的作品评估体系，组织开展专业的文艺评论，引导创作走正道、出精品，摆脱铜臭气，不当市场奴隶。广电总局将制定《关于建立新时代纪录片、动画片、广播电视节目精品创作引导机制的意见》，各级广播电视部门也要建立健全相关工作机制，全系统齐心协力，抓好重大题材创作，努力推出一批具有深厚文化底蕴和当代价值的主旋律标志性作品，为建党百年留下真实鲜活的影像志。

三、坚持守正创新，紧扣高质量发展，做好新发展阶段广播电视宣传工作

进入新发展阶段，广播电视宣传工作面临改革发展稳定新局面和社会思想意识多元多样、媒体格局深刻变化带来的严峻挑战；面临国际舆论斗争和文化交流交锋更加复杂激烈的现实考验；面临广播电视做大做强主流舆论，增强传播力、引导力、影响力、公信力的时代课题。我们要深刻认识新形势新要求，在"两个大局"中思考和谋划广播电视宣传工作，提高政治站位、增强底线思维、强化风险意识，严格管理，抓好导向，管好阵地，筑牢意识形态安全屏障。

一是加强党的领导，旗帜鲜明讲政治。毫不动摇坚持党的领导，是广播电视第一位的政治原则。要始终坚持党管宣传、党管意识形态、党管媒体，把政治家办台、办网、办媒体不折不扣地落实到工作的全过程和各方面，始终让党的旗帜在广电战线高高飘扬。要提高政治判断力、政治领悟力、政治执行力，科学把握形势变化，有效抵御风险挑战，强化政治担当，

面对大是大非问题站稳阵脚、挺身而出，面对各种模糊认识和错误思想敢于交锋、善于引导，旗帜鲜明反对历史虚无主义等错误思想和有害倾向，坚决维护党对广播电视和网络视听的领导权。

二是坚持人民至上，更好满足人民精神文化生活新期待。要始终把人民对美好生活的向往作为根之所系、心之所属、情之所归，持续推出既能满足人民文化需要、又能增强人民精神力量的文化产品与服务。要始终站稳人民立场，把镜头话筒对准人民群众，宣传报道好人民群众的伟大奋斗和火热生活，讴歌好人民群众中涌现出来的先进典型和感人事迹，讲述好人民获得感、幸福感、安全感不断增强的故事，创作好更多传播当代中国价值观念、体现中华文化精神、反映中国人审美追求的优秀视听作品，激励人们为实现中华民族伟大复兴的中国梦而凝心聚力，奋发有为。要以培育时代新人为重任，按照"精准滴灌"的思路，通过多种视听文艺形式吸引凝聚青少年，点亮青少年心中理想信念的明灯，激发年轻一代团结一致、逐浪前行的澎湃动力。

三是贯彻新发展理念，开创宣传工作新局面。要把新发展理念贯穿到广播电视宣传工作各环节全过程，让宣传思想工作更好体现时代性、把握规律性、富于创造性。推进创新创优，加快媒体融合向纵深发展，全面挺进主战场、占领主阵地，不断提升广播电视影响力和竞争力。推进宣传方式创新，主动适应舆论生态新变化，把握受众特别是青年一代需求新特点，把政治话语、理论话语转化为人民群众喜闻乐见、通俗易懂的大众话语、网言网语，推动全媒体宣传、全业态传播、全平台覆盖，让我们的主题宣传、新闻报道、理论节目更接地气、更有温度、更富实效。推进技术与宣传融合创新，引导广电播出机构探索将新技术运用于新闻报道全过程，增强新闻的时效性、互动性和传播有效性。推进宣传管理创新，统筹内宣外宣、新闻宣传和文艺宣传，增强舆论引导的系统性、协同性。推进外宣改革创新，以讲好中国故事为着力点，以实施"视听中国"播映工程为抓手，深入开展习近平新时代中国特色社会主义思想对外阐释宣介，完善全方位走出去新格局，加强跨终端、跨渠道海外多元传播和社交化运营，诠释塑造好可信、可敬、可爱的中国形象。

四是加强阵地和导向管理，牢牢掌握意识形态安全的主动权、主导权。要严把方向导向，堵塞风险漏洞，严格做好电视节目、动画片、网络视听重点节目等审查把关，统筹节目编排调控和管理，严把节目和作品的导向关、人员关、内容关、片酬关、宣传关，加强监听监看和问题节目处置，绝不给错误思想言论提供传播渠道。要严格落实"字字千钧、秒秒政治、天天考试"要求，压紧压实责任，抓细抓实各项工作，按照统一尺度、统一标准，统筹管好广播电视机构和网络视听平台、体制内制作播出机构和社会制作机构，坚持一把尺子量到底，绝不允许出现"舆论飞地"和"管理真空"，守住守好意识形态阵地。

"历史从哪里开始，思想进程也应当从哪里开始。"党的十九届五中全会提出我国进入到新发展阶段，确定了全面建设社会主义现代化国家的时间表，这是中华民族伟大复兴历史进程的大跨越，也是谋划广播电视宣传工作新的时代坐标和历史方位。我们必须紧跟时代发展和实践步伐，立足新阶段、找准新坐标、践行新使命，高举习近平新时代中国特色社会主义思想伟大旗帜，牢记初心使命，奋力开拓进取，扎实有效工作，以高昂的主旋律、出彩的精品力作，向党的百年华诞献礼！为奋进新时代、启航新征程作出广播电视战线应有的贡献！

第三节　加快推动媒体深度融合　做强广电新型主流媒体

国家广播电视总局副局长、党组成员　朱咏雷

"推进媒体深度融合，做强新型主流媒体"是党的十九届五中全会作出的战略部署。党的十八大以来，在习近平总书记的亲自谋划、指导和推动下，媒体融合取得重要进展和显著成效，广电系统涌现出一批先进典型，形成了可复制推广的融合发展模式。目前，广电系统正处在媒体深度融合的关键时期，要深入学习贯彻习近平总书记关于媒体融合发展的重要论述，加快构建以内容建设为根本、先进技术为支撑、创新管理为保障的全媒体传播体系，推动广电行业高质量创新性发展。

一、深入学习贯彻习近平总书记关于媒体融合发展的重要论述

习近平总书记关于媒体融合发展的重要论述，是对信息化时代媒体发展规律的深刻把握和理论总结，是马克思主义新闻观的丰富、创新和发展。这些论述的核心要义，是要加快推动科技与文化的融合，创新媒体内容、渠道、平台、管理和运营，全面深化媒体改革，打造新型主流媒体，建立全媒体传播体系，牢牢占据舆论引导、思想引领、文化传承、服务人民的传播制高点。

（一）深刻认识媒体深度融合发展的极端重要性

习近平总书记多次强调，意识形态工作是党的一项极端重要的工作，是为国家立心、为民族立魂的工作，事关党的前途命运，事关国家长治久安，事关民族凝聚力和向心力。推动媒体融合发展、建设全媒体是做好互联网时代意识形态工作的关键环节和重要抓手。

媒体深度融合是应对世界百年未有之大变局的战略部署。习近平总书记用四个"前所未有"形容当前宣传思想工作面临的风险挑战和使命任务。媒体深度融合与全媒体传播格局的构建，是党中央着眼巩固宣传思想文化阵地、壮大主流思想舆论作出的战略部署，是在百年未有之大变局中夯实党执政的社会基础和群众基础的战略选择。

媒体深度融合是顺应新一轮科技革命和产业变革的必然要求。信息技术革命成果已催生出全程媒体、全息媒体、全员媒体、全效媒体，"互联网日益成为意识形态斗争的主战场、主阵地、最前沿，我们能否顶得住、打得赢，直接关系国家政治安全"。加快推动媒体深度融合，是使互联网这个最大变量变成事业发展最大增量的必然选择。

媒体深度融合是全媒体时代走好群众路线的必由之路。互联网是"所有人对所有人的传播"，信息无处不在、无所不及、无人不用。加快推动媒体深度融合，强化媒体与受众的连接，提供人民群众更喜爱的内容和服务，建构人民群众离不开的渠道和平台，是发挥好主流媒体桥梁纽带作用，更好联系党委、政府和群众的必然选择。

（二）加快建成具有强大影响力和竞争力的新型主流媒体

打造一批具有强大影响力和竞争力的新型主流媒体，加快构建网上网下一体、内宣外宣联动的主流舆论格局，是习近平总书记对媒体融合一以贯之的明确要求。

扩大主流价值影响力版图是新型主流媒体建设的价值定位。新型主流媒体必须是引导主流舆论的举旗手，是主流内容、主流舆论、主流价值的生产者、建设者和传播者；必须旗帜鲜明坚持正确的政治方向、舆论导向、价值取向，通过理念、内容、形式、方法和手段的创新，显著提升正面宣传质量和水平；必须及时提供更多真实客观、观点鲜明的信息内容，发挥好主流媒体压舱石、黏合剂、风向标的作用，牢牢掌握全媒体时代舆论场的主动权和主导权。

一体化发展是新型主流媒体建设的关键所在。"融合发展关键在融为一体、合而为一。"新型主流媒体建设，必须以互联网思维、全媒体视角审视和谋划宣传思想文化工作的内容、对象、方法、手段，横纵向打通实现资源统筹，形成整体合力；必须通过信息内容、技术应用、平台终端、管理手段的共融互通，催化融合质变，实现传统媒体与新兴媒体的一体化迭代发展。

强大影响力和竞争力是新型主流媒体建设的主要目标。新型主流媒体建设，务必要求其手段先进，具有强大实力和传播力、公信力、影响力、竞争力。其中，影响力是引导群众的前提，是切实维护国家政治安全、文化安全、意识形态安全的内在要求；竞争力是服务群众的基础，是将生存发展主动权牢牢掌握在自己手中的必然要求。

（三）加快构建全媒体传播体系

习近平总书记多次强调，要推动媒体融合向纵深发展，建立以内容建设为根本、先进技术为支撑、创新管理为保障的全媒体传播体系。

构建全媒体传播体系，内容建设是根本。"对新闻媒体来说，内容创新、形式创新、手段创新都重要，但内容创新是根本的。"要提高正面宣传和舆论引导的质量水平，必须保持内容定力，发挥专业人才优势，扩大优质内容产能，做精做强做专全媒体内容；要提高新闻宣传的精准性和舆论引导的时度效，必须增强服务意识，强化用户理念，提高定制化、个性化、精准化供给水平，做到量身定做、精准传播。

构建全媒体传播体系，先进技术是支撑。媒体融合发展是一次以技术创新为引领的媒体变革。以技术创新促进传播体系的全面升级，必须强化先进技术创新引领，充分利用信息革命成果重塑采编流程、建设平台终端、优化管理流程；以技术创新服务全媒体建设，必须"开门"强技术，加强产学研用深度结合，全产业链协同推进，推动技术成果有效转化；以技术安全确保内容和传播安全，必须牢牢把握对新技术的战略主动权，做到为我所用、于我有利、由我来管。

构建全媒体传播体系，创新管理是保障。面对复合化、立体式、全媒体传播，创新管理显得格外重要。要用管理机制的创新吸引、留住、用好优秀人才，激发人才活力和发展动力；要用工作机制的创新优化资源配置，推进采编资源和生产要素的有效整合、深度融合；要用体制机制的创新最广泛地对接社会资源和资本力量，增强市场竞争力和自我造血机能。

二、准确把握广电媒体深度融合与整体转型的总体要求

媒体融合是关系广播电视行业前途命运的战略工程、生命工程。各级广播电视行政部门和广电机构要立足广播电视发展全局，深入贯彻习近平总书记关于媒体融合发展的重要论述，抓紧落实中央和广电总局推进媒体深度融合发展的部署要求。

（一）坚持正确方向

"旗帜鲜明坚持正确的政治方向、舆论导向、价值取向"是习近平总书记对新闻舆论工作的明确要求，也是推进媒体深度融合必须坚持的工作原则。

一是坚持党管媒体。将党管宣传、党管意识形态、党管媒体原则贯穿到媒体融合的整个过程中。通过传统媒体与新兴媒体的深度融合，将所有从事新闻信息服务、具有媒体属性和舆论动员功能的传播平台纳入管理范围，对所有新闻信息服务和相关业务从业人员实行准入管理。管建同步、管建并举，确保新闻舆论阵地延伸到哪里，党管媒体的原则和制度就落实到哪里。

二是坚持社会效益优先。习近平总书记在谈到文化体制改革时专门强调，要把握好意识形态属性和产业属性、社会效益和经济效益的关系，始

终坚持社会主义先进文化前进方向，始终把社会效益放在首位。当前，舆论生态、媒体格局、传播方式发生深刻变化，广播电视媒体和广播电视服务受到的冲击和挑战越来越大，在改革发展中更需要坚持公益属性，坚守社会责任，坚持把社会效益放在首位、社会效益和经济效益相统一。

（二）坚持以人民为中心

以人民为中心是马克思主义的本质要求，也是新时代党的新闻舆论工作的基本遵循。习近平总书记曾寄语新闻工作者，要在围绕中心、服务大局中找准坐标定位，不断解决好"为了谁、依靠谁、我是谁"这个根本问题。

一是必须扎根人民、心系人民、讴歌人民、服务人民。要深刻认识社会主要矛盾变化带来的新特征、新要求，深化内容供给侧结构性改革，着力破解发展不平衡不充分的矛盾和问题，努力提供既能满足人民文化需求、又能增强人民精神力量的全媒体文化产品和服务；要始终对标对表人民对美好生活的向往，在融合发展中提升精准化、个性化、智慧化服务人民的能力，不断提升广电媒体对人民日益增长的美好生活需求的适配性。

二是必须俯下身、沉下心、察民情、抒民意、解民困。要积极拥抱数字经济浪潮，着眼社会治理的专业化和智能化，加快广电媒体功能升级，拓展"新闻+党建、政务、民生、商务"服务，持续提升综合服务能力，发挥好广电媒体联系群众的桥梁纽带作用；要立足本地创新业务和"下沉"服务，通过深度融合服务当地政府，布局智慧社区、智慧城市和智慧乡村，打通"引导群众、服务群众"的最后一公里。

（三）坚持改革创新

习近平总书记多次强调，"必须发挥好改革的突破和先导作用，依靠改革应对变局、开拓新局"。媒体深度融合需要以刀刃向内的勇气和谋略，依靠改革破除发展瓶颈、汇聚发展优势、增强发展动力。

一要破除思维定式和惯性路径依赖。"不日新者必日退"，做好宣传思想工作，比以往任何时候都更加需要打破不合时宜的定式思维。要跳出惯性路径依赖，从思维理念、方式方法和体制机制全方位加快改革创新，以深化改革推进深度融合；要保持思想的敏锐度和开放度，以互联网思维优化资源配置，创新当头敢破敢立。

二要把解决体制性障碍、机制性梗阻作为改革的重中之重。媒体融合的实践表明，体制机制改革到位与否，直接决定媒体融合和全媒体建设的成效。要坚持问题导向、目标导向、结果导向，有的放矢推进改革，着力破除制约发展的体制机制性障碍，强化有利于提高资源配置效率、有利于调动主流媒体从业人员积极性的重大改革举措；要探索与网络时代新型主流媒体建设相匹配、符合全媒体发展规律的体制框架和机制体系，从顶层设计、组织重构、流程优化、平台聚合和资源共享等层面进行深度调整与改革，打通淤点堵点，激发整体效应，持续增强发展动力和活力。

三、加快推动广电媒体深度融合的重点任务

近年来广电系统深入贯彻落实中央关于媒体融合的决策部署，深耕新闻宣传、内容创作和基础建设，取得一定成绩。下一步将按照"正能量是总要求，管得住是硬道理，用得好是真本事"的总原则，结合"十四五"规划的贯彻落实，在深度融合发展中着力抓好以下几项重点任务。

第一，健全政策措施，强化精准推动。针对广电行业面临的发展难题，广电总局深入调研了解需求，接连出台了推动新时代广播电视播出机构做强做优、加快推进广播电视媒体深度融合发展、加强专业电视频道建设管理等指导性意见。下一步要强化对省市级广电机构的针对性调查研究，制订出台相应政策措施，扎实做好广电媒体融合发展创新中心创建和典型案例评选推广工作，树立标杆和典型，为广电媒体深度融合发展和整体转型增强信心、指明发展方向、提供经验方法。各级广电机构特别是省级和地市级广电媒体要因地制宜制订好媒体深度融合三年行动计划，举全机构之力加强研究部署，主动对接国家重大战略和当地党委政府需求，加快推进各地区各层级广电媒体的深度融合与转型发展。广电总局相关部门和省级广电行政部门，要强化指导和督查，推动媒体深度融合落地见效。

第二，实施项目带动，增强发展实效。项目带动是近两年广电媒体融合发展的成功经验。广电总局优中选优，目前已指导创建了湖北、陕西、京津冀、湖南、江苏、苏州六家层级不同、定位各异、产学研相结合的广播电视媒体融合发展创新中心，连续两年推选广电媒体融合发展先导单位、典型案例、成长项目，强化示范引领作用，产生了很好效果。下一步要继续强化这些项目的带动作用，加强中央、省、市、县不同层级，东中西部不同地区广电媒体融合发展的模式探索。已有的创新中心要明确定位、合理规划、大胆突破，做到理论与实践相结合、高质量与创新性相结合、针对性和实效性相结合，实现广电媒体率先转型发展。有条件的地方和机构要积极申报媒体融合发展创新中心或利用其他项目形式，在重点领域和关键环节大胆探索，推动广电媒体深度融合、高质量发展。

第三，加强新技术引领，强化创新驱动。广播电视和网络视听是与高新技术结合最紧密的领域之一，近年来广电行业坚持需求牵引、适合管用、安全可靠原则，围绕高新视听主动跟进和应用新技术，取得了明显效果。下一步要加强对基础技术、前沿技术、颠覆性技术的前瞻研究，加强5G、4K/8K、大数据、云计算、物联网、区块链、人工智能等在全流程各环节的综合应用，找准结合点、应用点，强化多技术集成创新，培育更高技术格式、更新应用场景、更美视听体验的高新视听新业态，以技术高位抢占全媒体时代战略高地。要加快大数据等的创新应用，建好用好广电视听融合传播基础信息平台，加快用户服务、政务服务、社会服务等大数据汇聚应用，加快行业信息服务的网络化、数据化和智能化。

第四，推进体制机制改革，破除梗阻、激发活力。当前各级各地广电机构主动作为、积极尝试，开展了集团化综合式发展、MCN式轻量化发展、联盟式区域化发展等多种探索。下一步要把体制机制改革作为攻坚任务，对内要进一步优化媒体组织架构和运行机制，以全媒体产品和服务为核心，优化生产传播各环节，同时用好项目制、工作室、首席制、产品事业部等各种内容生产组织和运营方式，探索个性化品牌集群。对外要用好市场机制推动可持续发展，有效对接金融资本和社会资源，打造拥有知名品牌、主业突出、核心竞争力强的新型广电机构。要主动对接国家重大区域战略，构建广电媒体区域协同发展新格局，有序推进跨地区、跨层级、跨行业、跨媒体资源的整合，逐步建成几家区域性乃至全国性、骨干型新型主流媒体集团，提高行业整体竞争实力。

第五，强化创新管理，建设全媒体监管体系。媒体融合是系统工程，需要系统推进、综合保障。下一步要进一步完善互联网视听节目服务准入政策，强化广播电视和网络视听一个标准、一体管理，落实导向管理全覆盖要求。要把政府部门行政管理、行业组织自律、企事业主体自我规范有机衔接，健全引导调控机制和综合治理措施。要善用技术做好监管保障，强化"技术对技术"的管理思维，建设更加高效、更加精准、更加智能的全媒体监管体系。各地广电行政部门和广电机构要及时向当地党委政府汇报广电媒体融合进展，积极纳入各级党委政府发展规划，加强同各部门沟通协调，面向发展需求不断加强和改善政策供给。

第四节　服务"国之大者"　科学谋划广播电视"十四五"高质量发展蓝图

国家广播电视总局副局长、党组成员　孟冬

"十四五"时期是我国全面建成小康社会、实现第一个百年奋斗目标之后，乘势而上开启全面建设社会主义现代化国家新征程、向第二个百年奋斗目标进军的第一个五年，也是广播电视和网络视听（以下简称广电）书写社会主义文化强国建设广电篇章的重要时期。奋进新时代，瞻望新征程，广电工作要坚持以习近平新时代中国特色社会主义思想为指导，心怀"国之大者"，服务民之所向，在着眼和把握"两个大局"中找准坐标定位和着力点发力点，推动"十四五"发展战略精准对接，目标任务科学合理，工程项目落地落实，开创高质量发展新局面。

一、准确把握党中央国务院"十四五"发展战略决策和部署要求

进入新发展阶段，习近平总书记对擘画"十四五"发展提出一系列新理念新思想新战略，对广电工作作出一系列重要指示批示，提出一系列重要要求，为广电工作围绕"国之大者"抓主抓重，提供了根本遵循和实践指引。

（一）深入学习贯彻习近平总书记擘画"十四五"发展的重要论述

习近平总书记指出，"编制和实施国民经济和社会发展五年规划，是我们党治国理政的重要方式。"围绕国家"十四五"发展，习近平总书记发表了一系列重要讲话和重要论述，提出一系列重要要求，强调指出，要以推动高质量发展为主题，坚定不移贯彻新发展理念，以深化供给侧结构性改革为主线，坚持质量第一、效益优先；要构建新发展格局，坚持扩大内需这个战略基点，使生产、分配、流通、消费更多依托国内市场，形成国民经济良性循环；要提升供给体系对国内需求的适配性，打通经济循环堵点，提升产业链、供应链的完整性；要促进全体人民共同富裕、统筹发展和安全、坚持系统观念，等等，这些要求为广电谋划"十四五"发展深刻指明了工作着力点和改革攻坚方向。习近平总书记在2020年9月召开的教育文化卫生体育领域专家代表座谈会上提出，统筹推进"五位一体"总体布局、协调推进"四个全面"战略布局，文化是重要内容；推动高质量发展，文化是重要支点；满足人民日益增长的美好生活需要，文化是重要因素；战胜前进道路上各种风险挑战，文化是重要力量源泉。习近平总书记在给第四届中阿广播电视合作论坛上的贺信中指出，要推动媒体融合发展，打造智慧广电媒体，发展智慧广电网络。习近平总书记关于文化"四个重要"的新论断，把文化的地位作用提升到一个崭新高度，习近平总书记关于智慧广电的重要指示，为广电高质量发展提供了科学指南。谋划布局广电"十四五"发展，就是要把习近平总书记的重要思想和重要指示精神贯彻落实到广电改革发展的战略方向和重大部署上，为开创广电发展新局面打牢根基。

（二）深刻认识广电服务"国之大者"的重要意义

习近平总书记强调："必须立足中华民族伟大复兴战略全局和世界百年未有之大变局，心怀国之大者。"我们理解，心怀"国之大者"，一方面是要深刻认识党和国家最重要的利益、最需要坚定维护的立场，深刻理解党和国家发展大局。面对"十四五"发展，广电工作要在中央作出的形势判断、重大部署中找准坐标和着力点，成为国家发展大局的宣传者、维护者、建设者，不断提升行业高质量发展的能力水平，切实推动事业产业与国家发展同频共振。另一方面，要始终以人民为中心。习近平总书记在广西调研时进一步阐释了"国之大者"的内涵，"让人民生活幸福是'国之大者'"。广电发展的出发点和落脚点都是不断满足人民群众美好生活的精神文化需求。谋划布局广电"十四五"发展，就是要以人民为中心，推动改革发展成果更多更公平惠及全体人民，让人民群众拥有更多的获得感、幸福感和安全感。

（三）深刻认识党中央关于文化强国建设的重要部署

2021年，《中华人民共和国国民经济和社会发展第十四个五年规划和2035年远景目标纲要》（以下简称"十四五"规划纲要）提出到2035年建成文化强国。文化兴国运兴，文化强民族强。建设社会主义文化强国是我们党团结带领人民长期奋斗追求的重要目标，是全面建设社会主义现代化国家的战略任务，是实现中华民族伟大复兴的基础支撑，是推动构建人类命运共同体的必然要求，这对广电行业"十四五"发展提出了更高目标要求。一方面，要看到广电行业在文化强国建设中的重要地位和独特作用，应以更高站位谋划广电行业发展。另一方面，要结合文化强国建设重大部署，在社会主义先进文化、社会文明程度、公共文化服务水平、现代文化产业体系等方面深入发力，有力有效对接国家文化强国建设战略布局，不断推动社会主义文化繁荣兴盛。

二、科学研判"十四五"时期广电行业发展面临的新形势、新挑战、新机遇

"十四五"时期，机遇与挑战并存。广电行业要深入贯彻新发展理念，以科技创新催生新发展动能，以深化改革激发新发展活力，以更高水平打造竞争新优势，实现高质量创新性发展，以顺应新形势，把握新机遇，应对新挑战。

(一）广电行业发展新形势

"两个大局"交织激荡影响深远，对广电行业在新时代发挥作用提出更高要求。一是中华民族伟大复兴的战略全局需要强有力的精神支撑、价值引领，面对世界百年未有之大变局，需要强大的国家软实力和构建国际传播新格局，因此，广电行业在建设文化强国、推动高质量发展，在战胜前进道路上各种风险挑战等方面，承担着繁重任务。二是党中央重大决策部署对广电行业发展提出新要求，网络强国、文化强国、数字中国、乡村振兴等战略任务，促进媒体深度融合等战略规划，赋予广电行业更重要的职责使命，广电行业必须以更强的政治担当，实现更大作为。三是文化与科技融合成为新的时代特征，全面提升文化科技创新能力，以文化科技深度融合塑造新广电，加快增强传播力、引导力、影响力、竞争力，切实推动广电行业高质量发展的形势更为紧迫、要求更高。四是面对"双循环"新发展格局、严峻的国际舆论竞争形势等新形势新变化，广电行业亟需顺势而为，加快改革创新步伐，担负起新时代赋予广电的新使命。

(二）广电行业面临的新挑战

从外部环境看，社会思潮纷繁复杂，意识形态领域的斗争更加激烈，对做大做强主流舆论提出了新的更高要求。尤其是世界进入动荡变革期，国际舆论发生新变化，抹黑中国的论调层出不穷，国际舆论竞争压力不断加大。同时，数字经济、信息消费、平台消费、智能消费等快速增长，不断重塑新的竞争格局，对广电传统产业运营带来巨大冲击，广电行业各环节各方面都需要进一步改革创新。从广电内部看，也正面临前所未有的发展压力。2020年，传统广播电视广告收入同比下降20.95%，收视维护费等传统有线电视网络业务收入同比下降18.3%，广播电视节目销售收入同比下降17.25%，传统主营业务收入持续下滑，地方广电普遍经营困难，发展不平衡不充分现象突出，重点领域和关键环节亟待突破，等等。同时，在新一轮科技革命和产业变革的潮流中，广电行业还存在诸多不适应，如何统筹发展与安全，如何应对外部竞争形势，如何守正创新，亟需系统谋划、科学布局。面对"十四五",广电行业高质量发展的任务依然艰巨,必须踏破重重困难实现新突破新发展,在危机中育先机、于变局中开新局。

(三)广电行业发展新机遇

"十四五"时期,一系列国家战略为广电行业创造了新机遇,打开了新空间。据工信部数据显示,2020年,数字经济高速发展,我国数字经济规模占GDP比重已近四成,对GDP贡献率近七成,预计2021年将进一步增至47.56万亿元。数字经济的高速发展,为广电行业与其他行业的深度融合创造了新机遇。与此同时,中央关于促进消费扩容提质加快形成强大国内市场等新部署,使广电5G网络和超高清等高新视听业务跃升为促进消费提质升级、构建新发展格局的重要驱动力和经济增长点,特别是首次把"构建新时代大视听全产业链市场发展格局"纳入战略性新兴产业领域,对广电行业而言,这既是重大政策利好,又是难得的发展契机。同时,新一轮科技革命和产业变革动能加快释放,人工智能、5G、大数据等加速驱动广电行业朝着网络化、数字化、智能化方向发展,创新升级的空间更为广阔。党的十八大以来,广电行业不断改革创新,发展基础更为坚实,2020年全国广播电视行业总收入达9214.6亿元,面对疫情逆势同比增长13.66%,展现出强大的发展韧劲和蓬勃生机。新兴业态发展尤为迅猛,2020年全国广播电视机构智慧广电及融合业务收入达894亿元,同比增长38%,2021年第一季度同比增幅更达41%,融合业务对产业的拉动作用日益明显,取得"十四五"发展的开门红。未来五年,是广电行业迭代发展,新技术新业态深度融合的重要战略机遇期,是"视听+制造""视听+文旅""视听+会展""视听+金融"等大视听产业跨越式发展的重要窗口期,广电行业必须抓住新机遇,谋划新发展,大踏步走向未来。

三、科学部署和实施广电"十四五"发展目标任务和重点项目

"十四五"时期,广电行业立足更高站位、更大视野部署目标任务和

重点项目。重点从舆论引导、精品创作、公共服务、高质量发展、科技创新、安全保障、国际传播等方面进行谋划布局，守正创新，围绕舆论宣传核心任务，抓住行业改革创新关键环节，聚焦高质量发展重点领域，推动行业整体升级。

（一）高位锚定"十四五"发展新目标

科学确定广电"十四五"发展目标，对行业发展至关重要。目标的设置，一方面要与国家"十四五"规划和2035年远景目标相一致相承接，推动国家发展的目标要求在广电领域落实落地，书写社会主义文化强国建设的广电篇章。另一方面，综合考虑广电行业发展各板块的功能定位、基础条件、发展趋势，力求科学合理、切实可行、着眼长远勾勒出未来广电发展蓝图，突出目标的可持续性、引领性。因此，广电"十四五"规划将聚焦七大方面锚定目标。在舆论引导方面，将推进媒体深度融合，构建网上网下一体、内宣外宣联动的主流舆论格局；在精品创作方面，将推动从高原迈向高峰，推出更多思想精深、艺术精湛、制作精良的作品；在公共服务方面，不断推动公共服务提质增效，实现智慧广电"人人通"；在产业发展方面，推动广电行业成为数字文化经济发展、扩大内需的强力引擎；在科技创新方面，强化科技创新有效赋能行业发展的作用，建立智慧广电全业务服务模式；在安全保障和治理方面，将着力提高安全保障和治理能力，不断健全现代化行业治理体系；在国际传播方面，将着力讲好中国故事，创新推进国际传播，切实增强走出去实效等。目标决定方向，方向决定路径，锚定重要目标，全力推动广电行业"十四五"高质量发展。

（二）科学部署"十四五"发展新任务

在目标指引下深入谋划广电行业"十四五"发展各项任务，架构起"十四五"发展的"四梁八柱"。一是着力建设具有强大凝聚力和引领力的社会主义意识形态，打造社会主义精神文明新高度。这是谋划"十四五"发展的核心任务。首先要做好习近平新时代中国特色社会主义思想宣传报道，实施"理论节目提升工程"，不断巩固壮大主流舆论阵地，建立以内容建设为根本、先进技术为支撑、创新管理为保障的全媒体传播体系;要加强选题规划,打造优秀电视剧集群和永不落幕的中国剧场,大力打造反映时代新气象、讴歌人民新创造的精品力作;深入实施"视听中国"播映工程,加强数字视听贸易主体和出口重点企业培育,强化国际传播能力建设,重构视听国际传播格局等。二是以人民为中心,着力提升公共文化服务水平和效能。这是谋划"十四五"发展的基本落脚点。比如,要大力发展"智慧广电+公共服务",切实补短板、强弱项、提质量,推动广播电视公共服务优化升级;要大力推进5G广播电视系统和融合服务平台建设,加快开发网络化、移动化趋势下的广播电视新业态新应用;要加快广播电视和网络视听领域立法进程,完善调控措施,深化"放管服"改革,深入推动管理优化升级,提高服务效能;要健全现代化安防播控体系,筑牢守好广播电视和网络视听阵地等。三是构建大视听全产业链发展格局,推进产业高质量创新性发展。这是谋划"十四五"发展的经济支撑。比如,要积极拓展产品开发和衍生产品市场,着力打造新兴数字视听产业集群,不断健全现代产业体系和市场体系,推动产业结构和布局不断优化;要加快全国有线电视网络互联互通平台建设,强化科技创新引领支撑,推动产业高质量创新性发展;要强化"人才是第一资源"的理念,发挥党建"提质铸魂"作用,努力打造一支政治强、业务精、纪律严、作风正的广电人才队伍,夯实事业产业高质量发展的人才支撑等。

(三)深入谋划"十四五"发展新项目

重点项目驱动是多年来推动广电事业发展的重要经验。一方面,要积极对接融入国家创新驱动战略、乡村振兴战略、国家新基建战略等重大工作部署,聚焦行业基础性和具有重大牵引作用的改革任务,科学谋划设计一批新的重大工程项目,努力推动更多广电项目纳入国家规划,以工程项目带动工作、推动发展。另一方面,对标广电发展"六大工程"和"一五一"工作格局,坚持前瞻性思考、整体性推进、重点性突破,深入贯彻新发展理念,强化战略思维、系统观念,着力策划新项目,研究新办法、新举措,为在新发展阶段实现新的更大发展打下坚实基础。中央"十四五"规划建议明确提出实施智慧广电工程。国家"十四五"规划纲要明确实施智慧广电固边工程、智慧广电乡村工程、完善应急广播体系等十余项广播电视和网络视听重点任务项目，制定信息网络传播视听法律法规等重大改革举措，以及包括广电在内的融媒体中心建设、文艺作品质量提升工程等一系列宣传文化重点任务项目。这些国家级规划项目的确立，为广电"十四五"高质量发展提供了重要支撑和坚实保障。广电全行业将以此为蓝本周密推进落实，细化重点项目实施步骤，加快落地见效，发挥其引领辐射作用，开创行业创新发展新局面。

当前，我国正处于"两个一百年"奋斗目标的历史交汇期，进入新发展阶段，广电行业必将心怀"国之大者"，把党中央国务院对"十四五"发展的部署要求，深入贯彻落实到广电行业各方面全领域，为文化强国建设作出突出贡献，为全面建设社会主义现代化国家书写出色的广电答卷。

第二章

新闻宣传

课题指导：

国家广播电视总局宣传司司长	马　黎
国家广播电视总局传媒机构管理司司长	袁同楠
国家广播电视总局网络视听节目管理司司长	魏党军

第一节　重大主题新闻宣传

提要： 2020年，全国广播电视和网络视听战线做强做亮做优重大主题报道，推进节目创新创优，全面提高新闻舆论传播力引导力，凝聚决战决胜、疫情防控和经济社会发展同心力量，开创新闻舆论工作新局面。全国新闻资讯类广播电视节目制作、播出时间分别为255.02万小时、599.10万小时，呈持续增长态势；广播、电视公益广告节目播出时间分别为54.99万小时、98.47万小时，同比增长均超过42%，创多年来增幅之最。

2020年是党和国家历史上极不平凡的一年，也是全国广播电视和网络视听推进重点主题宣传取得显著成效的一年，全行业高举思想旗帜，深入实施舆论引导能力提升工程，持续深化广播电视媒体"头条"建设和网络视听媒体"首页首屏首条"建设。核心宣传深入持久、入脑入心，重大主题宣传报道浓墨重彩、声势响亮，舆论引导及时有力，精品节目亮点纷呈，通过积极营造宣传强势，主旋律和正能量主导广播电视和网络视听空间，唱响新时代最强音。

一、做优做强主题报道，唱响新时代主旋律最强音

过去的一年多时间，党和国家大事、要事、急事、难事集中，广播电视行业在关键时刻、紧要关头冲得上、顶得住，广播电视与网络视听相互

助力,线上线下和声频荧屏同频共振,形成核心突出、亮点纷呈、节奏分明的宣传态势,彰显了作为党的舆论宣传主阵地的职责与使命。

(一)分阶段、有节奏、有重点地开展系列报道

2020年,全行业坚持一体化统筹、结构化编排,瞄准全年各重要阶段和时间节点,把握时度效布局谋篇,持续性开展习近平新时代中国特色社会主义思想宣传,做到亮点聚合、高潮迭起。纵观全年重点,紧扣"决战脱贫攻坚、决胜全面小康"这条主线,深入报道习近平总书记关于打好脱贫攻坚战的系列重要讲话精神,讲好中国脱贫攻坚故事;在疫情防控关键阶段,突出报道习近平总书记关于疫情防控工作的重要指示,全面反映各地各部门落实习近平总书记重要指示精神的实际行动和措施成效,坚定战胜疫情信心;围绕全国两会宣传,全面宣传报道习近平总书记下团组参加代表团审议,深入解读政府工作报告,聚焦大会议程和重点内容,持续推出有深度、有温度、接地气的报道;党的十九届五中全会胜利召开后,重点报道习近平总书记赴地方考察调研和主持召开系列座谈会发表的重要讲话精神,习近平总书记领导"十四五"规划起草制订工作全过程等,深入解读全会精神,根据各地特色报道学习宣讲情况,营造奋斗"十四五"新征程的浓厚氛围;聚焦建党百年宣传预热,各广播电视台在主新闻栏目挂牌专栏,全行业网上网下布局一系列重点新闻宣传项目,充分展示中国共产党百年光辉历程、伟大成就和宝贵经验。2020年,全国广电还圆满完成纪念中国人民抗日战争暨世界反法西斯战争胜利75周年、纪念抗美援朝出国作战70周年、中国国际服务贸易交易会全球服务贸易峰会等重大活动宣传,发出主流强音,为党和国家各项工作顺利开展营造了良好舆论氛围。

(二)创新新闻宣传的理念、内容、形式

树立全媒体节目理念。各广电机构布局微、短视频和中、长视频,在节目策划、创意创作和运营管理等方面加强联动,建立图、文、视频、音频融合的创作宣发体系,推出大量时政报道、系列报道、专题报道、直播特别节目和融媒体节目。面向青年受众和移动场景，广电主流媒体全面挺进短视频行业，各大卫视核心主创全员参加短视频制作。同时，注重准确及时发布融媒体新闻信息，为其他媒体转载提供新闻源，牢牢掌握网络舆论场主动主导权。

综合运用各类节目形态。推出多种类型的节目，宣传阐释习近平新时代中国特色社会主义思想。各台精心打造新闻节目头条，开辟专栏，以新闻"大片"、新闻"连续剧"、重磅新闻行动、广播电视评论等方式创新时政新闻，多形式、多角度、多层次报道和解读习近平总书记重要活动、重要讲话、重要会议，聚焦新思想，强化舆论引导。围绕重大主题宣传，各广播电视和网络视听平台积极开展短视频创作、征集、展播活动，创作主题歌曲、动画短片等，通过个性化定制、可视化呈现、互动化传播，让正面宣传更加鲜活、更接地气、更有人气。2020年元旦，紧扣习近平主席发表2020年新年贺词，"让这些金句照亮属于我们的时代"专题、《2019，领袖的足迹》等视频在各网络视听平台矩阵化推送，吸引了大量年轻受众，反响热烈，总播放量超3.1亿次。

充分利用新技术和媒体融合成果。各媒体广泛融合新技术新业态，推出全息化、可视化及沉浸式、交互式新闻产品，不断创新节目样态、表达语态、传播形态。比如在特殊时期拉开帷幕的2020年全国两会，根据疫情防控需要，广电媒体纷纷采用5G+8K/4K、人工智能主播、3D全息虚拟投影、区块链等高新技术，为观众提供全新的视听体验。围绕党的十九届五中全会等主题，重点网络视听平台还推出答题挑战赛等形式各样的活动，宣传形式生动形象有内涵，让新思想走进千家万户，确保热度不断、声声入耳。同时，高清化、超高清化制作已经成为发展大势。全国广播电视行业统计公报显示，2020年，新闻资讯类和专题服务类电视节目高清超高清制作比例分别达到49.6%和35.2%。

（三）高密度报道、规模化播出，形成新闻宣传强大声势

新闻资讯类节目制播时间稳中有升，主阵地新闻宣传投入加大。2020

年,全国制作新闻资讯类广播电视节目时间255.02万小时,播出时间599.1万小时,均较往年有所增长。据"中国视听大数据"(CVB)统计,2020年,新闻类节目全年覆盖86.021%的电视收视用户,在所有类型节目中最高,每天户均观看46.2分钟。尤其在各重要重点时期,广播电视是群众获取权威信息的重要渠道。2020年1月25日至2月2日防疫抗疫关键时期,《新闻联播》收视率上涨71.1%,27个地方卫视晚间新闻收视率涨幅超20%;全国两会期间,新闻类节目收视增幅超17%,中央广播电视总台① 央视新闻频道回看时长涨幅27.3%;11月3日,《中共中央关于制定国民经济和社会发展第十四个五年规划和二〇三五年远景目标的建议》公布,次日总台央视新闻频道回看用户规模上涨22.5%。

各级媒体报道交相呼应、紧密衔接,极大增强了宣传效果。全年围绕各重点主题,中央媒体发挥主导作用,地方媒体结合当地实践,共同放大主题主线宣传声量。如2020年全国两会期间,仅5月22日当天,中央广播电视总台和全国34家电视上星综合频道,全国省级地面主频道、主频率,计划单列市主频道,以及省会城市新闻综合频道,报道全国两会的新闻节目达592档,播出频次945次,确保新思想触达每个角落。

二、强化舆论引导,汇聚决战决胜信心决心

2020年是全面建成小康社会的收官之年,是脱贫攻坚决战决胜之年。在全国脱贫攻坚总结表彰大会上,全系统10个集体和7名个人荣获全国脱贫攻坚先进集体和个人表彰,充分展现出广电作为宣传思想文化主阵地,服务国家决策部署的巨大潜力和重要作用。

(一)创新宣传解读,做好脱贫攻坚政策阐释

各广播电视台和网络视听机构开辟专题专栏专区,深入阐述党中央关于脱贫攻坚的决策部署,集中宣传脱贫攻坚取得的重大成就。一是常态化

---

① 全书除特别标注外,中央广播电视总台,均简称总台;中央广播电视总台中央电视台、中央人民广播电台、中国国际广播电台,分别简称总台央视、总台央广、总台国广。

设置专门版块。各广播电视平台和网络媒体在主新闻栏目和品牌节目中融入扶贫元素，第一时间宣传党和政府精准扶贫、精准脱贫的重要决策部署。2020年，全国播出农村广播节目时间459.26万小时，播出农村电视节目时间452.02万小时，均占公共电视节目时间的20%以上，充分发挥了正向引领作用。二是创新开办扶贫政策宣讲特别报道、特别节目，通过提问互动、情景演绎等群众喜闻乐见、通俗易懂的方式，阐释习近平总书记关于脱贫攻坚的重要论述，为百姓讲解党和政府的扶贫政策。各省级台开办各类聚焦脱贫攻坚专题节目数十档；全国网络视听媒体统一开设"我们的小康"专题频道，制作发布的主题短视频总播放量近40亿次，形成网上网下决战决胜的舆论热潮。

（二）贴近观察记录，讲好脱贫攻坚鲜活故事

全行业集中优势资源宣传脱贫攻坚重大事件、重大主题、重大典型，多角度、多层面展现全国各地攻坚克难、全力打赢脱贫攻坚战的壮阔历程和鲜活故事。一是塑造典型形象，激发群众脱贫内生动力。各级媒体将镜头对准人民，对准为脱贫攻坚付出了热情和心血的扶贫干部，积极宣传决战脱贫攻坚人物和精神内涵，以真实的案例引导贫困群众树立主体意识，激发改变贫困面貌的干劲。二是分享成功经验，增强脱贫攻坚决心信心。广播电视和网络视听通过深入一线、具象生动地呈现中国扶贫故事，把扶贫工作具体化、形象化，让每个节目都成为一个脱贫范本，引导广大群众进一步坚定脱贫致富信心。2020年，海南《脱贫致富电视夜校》等节目以"综艺+纪实"、电视公开课等形式助力脱贫攻坚，效果显著，受到全国脱贫攻坚先进表彰。

（三）积极探索和助力脱贫攻坚生动实践

各广播电视和网络视听机构积极打造"媒体+精准扶贫""短视频、直播+扶贫"模式，拓宽贫困地区农产品流通和销售渠道。一是媒体带货拓宽致富路径。各台和网络平台通过公益广告、公益节目、公益行动、购物频道、短视频、直播电商等多种手段，宣传推广贫困地区特色农畜产品，

帮助解决贫困地区产品销路问题，推动贫困地区产业发展，让广播电视和网络视听成为推介贫困地区农特产品的重要渠道。二是因地制宜制定脱贫方案。结合当地乡村好货、特色文化和产业生态，全行业坚持"输血"与"造血"结合，分类施策为贫困县创造稳定的、持续的供销保障。

三、理论与公益节目守正创新取得新突破

广播电视和网络视听发挥视听语言在理论阐释、价值引领与情感传递方面的优势，积极宣传党的主张、深入反映群众呼声、做好主流价值公益传播，让党的创新理论"飞入寻常百姓家"，不断彰显时代精神、弘扬道德风尚。

（一）打造理论节目矩阵，打响理论宣传声势

2020年，各级视听机构积极探索理论节目创作创新，将理论的内核、大众的表达与时代的话题有机融合，推出一批创新型理论节目，多角度展现习近平新时代中国特色社会主义思想的理论魅力、时代价值与真理力量。

创新组织形式，加强统筹规划，打造理论节目品牌，做大理论宣传声势。2020年，广电区域协同合作机制不断完善，各方播出机构、网络视听服务机构充分发挥合力，联合打造融合传播矩阵。如全国卫视联合制作播出的大型理论节目《思想的田野》，已推出第三季，得到广泛好评。节目由各台接力联制联播，以"理论宣讲大篷车"为载体，以鲜活展现习近平总书记重要论述在各地的生动实践为主线，形成了鲜明的节目标识与风格。三季播出以来收视持续高位，已成为全国广电系统深入宣传贯彻习近平新时代中国特色社会主义思想的重要理论品牌节目，有声势地推动了新思想宣传阐释的通俗化、大众化。

创新理论阐释方式，不断探索节目样态、表达语态，提升视听体验。各级广电机构把讲好故事、阐释思想与宣讲理论、学习党史有机融合，不断创新理论宣传表达。一是创新"理论＋真人演绎"模式。通过演绎革命历史人物、红色家书诵读、烈士后人访谈等方式，带领观众重温革命故事，

感悟中国共产党的初心和使命。二是创新"理论＋综艺类手法"模式。在群众关心的话题和热点中，加入户外访谈、网络短视频、主题曲、动画、虚拟现实技术等流行元素，让硬核内容软着陆。三是创新"理论＋演讲真人秀"模式。在单向宣讲模式中增加互动性，运用直播答题、轻辩论阐述、脱口秀、观察述评、演播室现场PK等手法，理性分析、深入浅出地宣讲中国特色社会主义理论，让年轻观众在思辨中将理论知识入耳、入脑、入心。

创新理论传播方式，协同网上网下共同发力。广电主流媒体发挥引领作用，主动回应当下网友关心的热点话题，向互联网汇集、向移动端倾斜，让党的主张始终成为网络空间最强音。各广电机构将重点节目精编成短视频和音频产品，在全媒体平台推送，并联合当地主要媒体和县级融媒体中心广泛转载，打造融媒体传播矩阵。利用新媒体平台互动性强的特点，一些节目还在网上发起互动话题、广泛征集短视频，通过弹幕互动、直播竞答、打卡实践等多种形式吸引网民参与，受到社会各界特别是年轻观众的认可和欢迎。

（二）公益广告引领，弘扬时代新风

在广电总局组织引导下，广播电视战线认真贯彻落实习近平总书记关于"广告宣传也要讲导向"的重要指示精神，紧密配合党和国家重大活动、重大主题宣传，推动公益广告制作播出工作不断取得新进展新成效。2020年，17个总台央视频道、中国教育电视台一套、34个地方卫视频道累计播出公益广告1026224条。2020年，广播公益广告节目播出时间54.99万小时，播出电视公益广告节目时间98.47万小时，同比增长均超过42%，创多年来增幅之最。

主题宣传精准有力。各级播出机构紧密围绕全面建成小康社会、脱贫攻坚、中国梦、建党百年等主题主线，在选题、破题、创作方面下足功夫，制作了一批推介对口帮扶地区农产品、旅游产品公益广告，成效显著。据CVB统计，2020年，"脱贫攻坚"主题公益广告播出137367条，有1636

条收视率超过1%，32条超过2%，仅《精准扶贫与爱同行》户均观看次数即达87次。"疫情防控""复工复产"主题公益广告播出230755条，户均观看177条。各级广电行政部门持续开展主题宣传征集评选、展播研讨、创意培训、创作大赛等线上线下活动，严把重点选题创作导向，引导制作机构提升创作能力。

传播效果不断增强。广电总局建设全国优秀广播电视公益广告作品库，建立健全推荐播出机制，指导督促各级广电机构和新媒体平台加大播出力度。广电主流媒体积极开设公益专栏、进行集中展播，形成常态化公益宣传机制；通过资金倾斜、建立激励机制、整合优势资源、打造专门团队等措施，提升公益广告精品创作能力；积极拓展传播渠道，形成广播电视、网络视听平台、融媒体中心、应急广播、移动端、户外大屏等全媒体公益广告宣传矩阵，不断提升传播效果。

2021年，全系统全行业将进一步发挥广播电视和网络视听主渠道主阵地主力军作用，做大做强主流舆论，以高度的责任感使命感全力做好庆祝建党百年和党史学习教育宣传。做到突出重点，打造亮点，生动鲜活讲好中国共产党故事；聚焦主题主线，营造好"党的庆典、人民的节日"氛围；打造可视化党史学习教育宣传节目产品；面向青少年群体，不断创新方式手段，增强传播效果。全系统始终坚持守土有责、守土负责、守土尽责，为建党百年营造良好的广播电视和网络视听舆论环境。

（执笔人：戚雪、黄田园，国家广播电视总局发展研究中心）

第二节　抗击新冠肺炎疫情新闻宣传

提要： 2020年，面对突如其来的新冠肺炎疫情，党中央作出了举国战"疫"的重大决策部署。全国广电战线闻令而动、全面动员，迅速形成统一指挥、协调联动、立体宣传、纵向到底、横向到边的舆论宣传格局，书写了疫情防控阻击战卓有成效的广播电视行业作为，广播电视应急宣传能力通过大考，实现了跨越式发展。

疫情防控阻击战打响后，国家广电总局全面贯彻落实党中央各项决策部署，及时作出周密安排，全国广电统一行动，展开了一场超大规模、超长时间、超广范围、超大投入的全国性宣传战役。广播电视和网络视听贯彻落实习近平总书记重要讲话精神，推动主流媒体宣传，把握舆论主导，为夺取全国抗疫斗争重大战略成果作出了突出贡献，在中国广播电视新闻宣传历史上书写了重要篇章。

一、把握舆论导向，坚定战胜疫情信心

在重大突发事件面前，广播电视在重点新闻节目"头条"和视听新媒体"首页首屏首条"及时报道习近平总书记关于疫情防控工作的重要指示，第一时间播出国家和有关部门召开的新闻发布会，做到权威信息传递无延迟、无盲点。

（一）紧贴战"疫"节奏，因时因势服务疫情防控大局

习近平总书记指出："让群众更多知道党和政府正在做什么、还要做什么，对坚定全社会信心、战胜疫情至为关键。"全行业紧跟中央部署，及时调整工作着力点和应对举措。疫情暴发之初，广电战线迅即应对突发疫情，全面投入抗疫应急宣传报道。广电应急机制高速运转，各地节目栏目编排迅速调整，为抗疫报道畅通通道。疫情防控工作取得阶段性成效后，各媒体敏锐把握疫情防控阶段性特征，由应急宣传逐渐转向统筹疫情防控和有序复工复产宣传。广电机构把牢导向，深入宣传党中央国务院关于复工复产、关于促进经济社会发展的政策措施和我国经济长期向上向好的发展态势，努力为夺取疫情防控和实现经济社会发展目标双胜利作出积极贡献。随着全国总体防控策略向常态化调整，广电抗疫工作也由应急性超常规宣传向常态化防控宣传转变，各媒体及时宣传党中央适应形势变化作出的重要决策部署，同时进一步总结广电领域在新闻舆论宣传、国家应急体系、公共卫生防疫等方面的创新举措和典型经验，筑牢常态化疫情防控防线。

（二）打通抗疫战场信息通道，及时传递一线权威信息

在这场严峻斗争中，各地广电机构派出专业团队奋战在抗疫宣传报道一线，并纷纷选派记者驰援武汉。湖北台800多名采编人员、900多名技术保障人员冲锋在前，在抗疫主战区第一时间发回现场报道和权威信息；中央和各省台的记者主动请缨、逆行出征，与当地媒体并肩作战，多角度、全方位报道疫情防控和病患救治情况；全国各地广播电视台深入当地重点医院、隔离区，报道全国和本地的疫情防控动态，用情用心讲述战斗在抗疫一线的医务工作者、民间志愿者的典型事迹。2020年8月，辽宁台新闻部、河南台新闻对外联络部重点报道组等7家广电机构获得全国抗击新冠肺炎疫情先进集体表彰，张文敏等15位广电人获先进个人表彰。广电媒体自觉服从疫情防控大局需要，主动投身疫情防控斗争，通过畅通、公开、透明的信息传输，鼓舞一线士气，坚定抗疫信心。

(三)全力做好防控宣传和科普服务,引导公众做好自我防护

全行业高度重视防护常识的广泛宣传,增强群众爱国卫生、自我防控、科学防控意识。一是多角度加强科普内容供给,扩大正面引导效果。广电总局及时部署全国广电媒体推出30余档防疫科普特别节目;各主要卫视的传统健康养生类栏目以品牌为牵引,集结多位权威医学专家答疑解惑。同时,各台将内容创新与疫情防控相结合,从亲子类、娱乐类、互动类、体育类等垂直领域入手,打造科普宣传片、节目,传播正确的防疫知识,树立健康居家生活理念。针对各族群众实际需求,民族地区广电机构还专门制作了多种语言抗疫节目,通过新闻报道、专题专栏、公益节目、游动字幕等,及时准确通报疫情、传达政令、传播知识。二是加大公益广告制播力度,打造抗疫轻骑兵。据"中国视听大数据"(CVB)统计,2020年,17个总台央视频道、中国教育电视台一套、34个地方卫视频道累计播出"疫情防控""复工复产"主题公益广告230755条,平均每个收视用户观看177条。各级广电机构以动画、歌曲、说唱、H5等形式积极创新公益广告创作手法,内容更加通俗易懂,对普及疫情防控知识,增强自我防范意识和防护能力起到重要作用。其中,《疫情防控歌系列宣传》等6部广播作品、《防疫期间关于口罩的一切央视新闻一次性告诉你》等13部电视作品获广电总局新冠肺炎疫情防控主题公益广告扶持。

二、聚力主业,发挥广电特色优势,筑牢战"疫"宣传防线

在疫情防控阻击战中,广电行业积极主动适应公众获取信息渠道的变化,强化融合传播和交流互动,荧屏声频、网上网下、各级媒体广泛联动,让正能量始终充盈视听空间,最大限度满足了人民群众对于疫情防控的信息需求。

(一)统筹荧屏声频,传递必胜信念

推动防控宣传和节目创新取得双突破。除了加大新闻节目总量和密度,全行业还精心策划创作了一批高质量精品文艺节目、少数民族语言报道、

抗疫歌曲、抗疫海报等，凝聚起全社会同心抗疫的强大正能量。2020年，从总台到地方卫视，都在春晚、元宵晚会等文艺晚会中增加抗疫内容、调整节目形式，让观众以特别的方式参与到节目中；各台还尝试将短视频元素电视化，采用Vlog、直播连线、云录制等方式策划推出抗疫特别节目，并在王牌综艺节目中设置抗疫特别版块和主题环节，用文艺凝聚起抗击疫情的信心。

应急广播有效实现防控信息和防疫知识的下沉与普及。各地农村的基层干部用大喇叭传达中央要求、宣传防疫知识，"村村响"里地方戏剧、顺口溜、山歌等争奇斗艳，充分发挥了舆论引导功能。安徽淮南的舆情防控《三句半》、阜南的快板书《众志成城战疫情》、亳州"村支书广播喊话"等形式走红网络，应急广播以懂民情、达民意、接地气的内容，打通了疫情防控宣传最后一公里。针对农牧区地广人稀、疫情防控宣传覆盖难度大的情况，内蒙古等地还采用了"大喇叭+无人机视频"等形式，创新农村防疫宣传，形成了覆盖无死角、百姓零距离的乡村宣传网络。

（二）统筹网上网下，形成传播合力

快速启动线上线下宣传网络。一是组织优质内容及时在各平台分享转发，有效扩大全媒体宣传传播。疫情期间，各台更加注重融合生产、资源共享、线上调度，台内各部门在各项重大主题活动中联动策划、协调生产，及时将节目精彩片段、权威声音制作成短视频、评论、图解、小游戏等，在两微多端全面发力，盘活信息资源，形成各平台梯次发布、省内外立体传播体系。各网络视听平台整合权威媒体优质新闻资源，集纳相关专题节目、公益广告等，每天24小时滚动更新，提供一站式资讯服务。二是互联网UGC短视频登上电视大屏，助力媒体抗疫报道创新升级。各台在全网发起抗疫主题短视频征集活动，在节目栏目中予以集中展示，同时邀请短视频内容的创作者、当事人等直接参与节目，让来自第一现场的真实记录和感人瞬间进入主流视野，不仅抚慰了群众焦虑的心理，也将抗疫这段特殊时期以普通人的视角记录下来。

强化移动端深度交互功能。一是充分发挥互动功能提高群众参与度。国家广电总局联合国家卫健委,指导快手、抖音、微博开设了三场"疫情防控"专场直播答题活动,三场活动曝光超过3亿次,观看人数约3200万人,参与直播答题人数660万人;微视也通过腾讯新闻知识官账号发布了互动答题视频,取得很好效果。答题活动不仅进一步加深网民对疫情防控知识的掌握,更为下一阶段防疫知识普及宣传提供了有针对性的方向。二是运用5G技术打造慢直播。各台充分利用慢直播、移动直播、连麦云直播等多种形态,24小时呈现抗疫一线、城市地标、社区动态等实时画面,观众随时点开都可观看,用陪伴的力量纾解公众情绪。

（三）统筹各层级媒体,营造舆论强势

各地充分发挥融媒平台的集群联动作用,利用选题策划、业务指导、日发稿排名、原创内容分析等方式,推动省市县各级平台统一调度、上下联通,努力做到传播精准集中。一方面,联合推出征集展示平台,发动市县向省级平台供稿。各省级平台充分采纳市县报道,搭建展示平台,做到省内新闻即时触达、重要信息联动宣推,通过对全省医疗、交通、社会保障等工作进行全面报道,把最新最快的抗疫工作情况呈现在群众面前。如广东"珠江云"、江苏"荔枝云"、江西"赣云"等平台均着重加强线上联动、融合生产,形成宣传合力。另一方面,对各市县在疫情报道、公益宣传方面进行专业的内容指导。多地省级平台面向市县广电机构提供短视频、公益广告及海报、H5等模板素材,重要报道提供清晰准确节目源,打造权威可靠的信息共享、分发平台。

三、把握主导,坚持快准稳,牢牢掌握话语权

疫情防控形势严峻复杂,畅通、公开、透明的信息传输,是缓解公众情绪、稳定舆情人心的重要保障。广播电视和网络视听机构多层次、高密度发布权威信息,针对相关舆情热点问题快速反应、正面回应,有效引导民意,为疫情防控凝聚起强有力的精神力量。

(一)抢占舆论先机,打造 24 小时全天候信息流

抗疫关键阶段,广电应急机制高速运转。广电总局发布 36 家卫视全天节目指引;各地节目栏目编排迅速调整,以"众志成城 共同战疫"为主题,开设新闻直播节目和特别报道 50 余档,每日累计播出时长超过 1500 分钟;应急广播全面发挥作用,全国各省第一时间调动 6182 个乡镇、近 10.5 万个行政村使用 127.2 万只农村应急广播终端设备,将党和政府的关心关怀以及疫情防控信息覆盖到 2 亿多农村人口;各网络视听平台立即开设抗疫专区,全国 15 家短视频平台制作发布各类抗疫短视频近 350 条、总播放量近 62 亿次。各级各类媒体通过紧急增设特别节目、打通全天节目编排等方式为疫情报道让路,融合各类信息发布渠道,做到及时、准确、公开、透明,让公众实时了解最新疫情动态和应对处置工作进展,形成覆盖全天的疫情防控新闻纵贯线。

(二)有效引导热点,搭建对话桥梁回应社会关切

各广电机构通过客观真实反映广大群众的困难和问题,及时回应百姓集中诉求。一是开展建设性的舆论监督。各广电机构密切关注舆情动态,及时推动有关地方和部门主要负责人带头主动发声,以权威信息引导社会舆论。如云南台《金色热线》栏目,发挥党委政府与人民群众直接沟通平台的作用,搭建起听众与政府相关部门之间的沟通桥梁,通过直接与群众交流,及时回应当地抗疫防疫情况。二是有效引导社会舆论。主流媒体主动设置议题、有力引导热点,在抗疫防疫的信息传播中起到"定调"作用。如总台央视《新闻1+1》直播连线钟南山院士,介绍新冠肺炎疫情的基本情况;《北京新闻》连续播发《同心协力英勇奋斗共克时艰》《复工绝不能放松防控》等评论,辽宁台特别策划的 60 余篇系列评论"非常时评",山东台推出"闪电漫评"版块,以短评快评漫评等方式,多角度及时正面发声。各台积极做好突发事件、热点事件的舆论正向引导,更好凝聚社会共识。三是廓清谬误,科学应对疫情。各广电台和网络视听平台纷纷开设了辟谣专区、策划推出辟谣特别报道,针对社会舆论及网上舆论热点、疑点

问题，筛选有代表性的内容精准回应，消除群众恐慌和误解，用专业声音制止谣言传播。

（执笔人：戚雪，国家广播电视总局发展研究中心）

第三节　全媒体新闻宣传

提要： 2020年以来，广播电视践行全媒体新闻宣传理念，内容形态创新层出不穷，技术手段创新全面开花，统筹布局广播电视频率频道和网络视听媒体矩阵，统筹布局微短视频和中长视频，从全媒体内容产品形态到传播分发，实现整合策划、整合宣传，不断推动主力军全面挺进主战场，不断巩固壮大主流思想舆论，唱响新时代主旋律最强音。

一、网上网下一体传播，大屏小屏全面覆盖，打造全媒体新闻宣传内容形态品牌

2020年以来，各级各地方广播电视台和网络视听媒体充分发挥融合传播优势，打造全媒体新闻宣传内容形态品牌，形成网上网下一体传播、大屏小屏全面覆盖的全媒体新闻宣传态势。

（一）分屏传播、多端聚能，全媒体生产与分发

各级广电媒体多端联动聚能，进行跨媒体生产与分发。在重大时间节点和重大事件活动宣传报道中开辟新闻专题专栏，大屏端以新闻栏目为抓手，推出特别节目、评论版块；小屏端推出主页专题专栏，将现场直播、新闻报道等素材进行再挖掘、再创作，进一步提升传播力，形成全媒体宣传矩阵。如湖南卫视微专题片《百炼成钢——党史上的今天》，在传播时

以大屏为主，移动客户端开设专题专栏在显著位置重点推送，节目内容精编短视频在抖音、快手平台推送，形成网台联动，实现节目传播效果最大化。

主流媒体"微评论"借助微博、微信、客户端等平台，全媒体联动，创新表达方式，不断形成快速、深入、权威的"独家评论"。中央广播电视总台《央视快评》《国际锐评》以日更频度发表"微评论"，适时在《新闻联播》《中国新闻》中播出精加工的评论内容，形成评论与电视栏目之间的有机联动，"大屏""小屏"共振互哺。"微评论"在策划、采集、制作、传播等环节实现融媒体化，宏观驾驭能力强、舆论引导力强，凸显了主流媒体在服务党和国家中心工作中的重要作用。

（二）全媒体直播覆盖面广，第一时间传播权威信息

各级广电媒体借助直播优势，通过现场直播、慢直播等多种方式，全端口覆盖直击现场。

一是推出全媒体直播节目，多平台、长时段、高密度发布权威信息。2020年国庆期间，总台央视新闻《坐着高铁看中国》大直播每天5小时，累计直播时长达到近53个小时，累计观看量1.33亿次，话题突破7.4亿次。中国教育电视台在大型直播品牌《直通高考》和《直通高招》的基础上，推出"梦想启航·高考考生服务月"大型全媒体节目组合，实现垂直化拓展和深度融合创新。四川台为助力脱贫攻坚，联合贫困县融媒体中心推出23场移动直播节目，推介23个地区30多个特色产品，全网点击量超8000万次。广西台新闻频道在第十七届东博会期间，策划推出96小时慢直播，吸引超百万网友实时围观。

二是台属官网、客户端及新媒体平台官方账号，开启现场直播通道，第一时间碎片化推送直播内容，发布权威信息，并通过集中推送直播入口、提供回看服务等方式，引导受众多渠道灵活观看。如央视新闻、四川观察、中国蓝新闻、闪电新闻等新闻客户端在疫情期间相继开设直播入口，镜头聚焦战"疫"前线，以实地探访、镜头直击的形式，及时跟踪疫情动态，

呈现最真实的抗疫场景,"云监工""云守护"为抗疫在线助力。

(三)短视频、MG 动画、H5、海报长图形成组合拳,满足受众信息接收需求

各级视听媒体把握社交媒体时代的传播心理及特点,采取年轻受众喜闻乐见的形式,重构严肃新闻的报道形态,提升用户体验,增强宣传实效。

一是打造短视频品牌,发挥品牌引领作用。凭借短视频短小精悍的体量、吸睛的呈现形式、高度浓缩的信息量,吸引广大网民特别是年轻人的注意。人民日报社的"人民日报+"、中央广播电视总台的"央视频"、上海台的"看看新闻 Knews"等成为群众熟知的短视频品牌。人民日报客户端推出的短视频《小红线向上攀》用两分钟时间呈现了中国 GDP 数值这条"小红线"的变化,直观地呈现五年计划施行后中国经济发展的历程,在微博、抖音等平台被网友大量转发。中央广播电视总台创新话语表达方式,推出融媒体产品《主播说联播》,以口语化、年轻化的新语态解读时政报道和社会热点,受到广大网友特别是青年网友的喜爱,话题阅读量达 80 亿次,讨论量达 180 万次。

二是打出多形态组合拳,利用动画、H5 交互、海报长图等宣传形式,增强表达生动性。在突发危机事件引发重大舆情时,各地各级广电媒体坚持信息公开与正面报道相结合,将"不隐瞒病情""戴口罩不扎堆""春节不串门"等观点以海报的方式呈现,在微博、微信群等平台引发多轮转发。全国两会报道期间,北京台、芒果 TV 等通过 CG、MG 等动画新闻产品,生动解读政府工作报告关键词,宣传经济社会发展成就;上海台"看看新闻 Knews"移动客户端将"虚拟抠像+交互视频"与 H5 产品进行深度结合,梳理解读热点话题;江苏台推出长图产品,展现习近平总书记下团组的时间、日程、现场图、金句、关键词、微镜头等信息,一图还原现场。

三是创新制作互动类新闻产品,提升用户参与度。如新华社客户端推出新闻互动微纪录片《她的故事,"触"处动人》,通过用户可选的不同故事线,从多个维度讲述云南的一位 90 后全国人大代表的履职故事,在受众沉浸式体验和交互式传播中,创新新闻视频的"新看法"。海南台以年轻人喜闻乐见的说唱形式推出《前方高能!省委书记这段 rap,自带自贸港 bgm!》视频,单条视频全网点击量 2396.1 万、点赞量 54.9 万。这些形态多样的全媒体报道方式,打破常规主旋律报道内容、载体、平台等限制,实现了"破圈"传播。

(四)"云连线""云对话""云访谈"齐上阵,多视角进行采访报道

在疫情防控常态化背景下,"云"渠道成为新闻宣传的重要方式,各级广电探索出形式多样的线上云对话模式。如在党的十九届五中全会、全国两会等重大会议报道中,北京、湖南、浙江、江苏、山东、重庆、甘肃等广电媒体机构纷纷开设节目,通过网络视频信号,以连线方式邀请专家、学者进行"云对话",打造会内会外相结合、叙事评论相结合的"云访谈",同时根据"云对话"精彩内容,推出系列碎片短视频,统一包装,在网络视听平台同步推广。

二、开发运用新兴技术手段,助力全媒体新闻宣传创新拓展

2020 年以来,随着人工智能、大数据、5G、8K 等技术逐渐落地,媒体多元化应用各项先进技术,助力新闻宣传创新拓展。

(一)利用大数据技术和算法推荐,开展分众化、精准化宣传

大数据技术和算法推荐越来越多地应用于媒体生产,通过大数据监测网络热点辅助报道选题,借助算法推荐提升信息的传播效率和精准度,构建以数据为基础、用主流价值算法驱动的业务流程,进行差异化生产、精准化推送。如河北台自主开发的大数据融媒体产品《河北疫情实时动态》登上"学习强国"总平台首页推荐,使用量超过 2.4 亿次;手机江西台设计点选互动产品"赣云大数据",设置"交通""消费""文化"等多个按钮,用户可以从不同领域了解江西高质量发展成果。

在新闻宣传中,各媒体机构利用数据新闻等形式,通过对数据的理解分析,可视化表达,更直观地呈现数据的价值和意义。比如央视新闻依托

大数据,梳理了习近平总书记八年 46 次 "下团组" 的相关报道,归纳了习近平总书记 "两会时间" 的讲话高频词。浙江台融媒体新闻中心围绕 "数字化改革" 主题,用原创漫画短视频的形式展现 "十四五" 规划中关于浙江的高频词、提到的重要事件、关键数据、民生实事等内容。通过数据报道直观呈现数据规律和趋势,突出新闻重点,增强用户体验,实现精准宣传。

(二)利用人工智能提升全媒体新闻生产力

一是包括语音识别、语音合成、声像分析、虚拟主播等人工智能技术逐步从可用达到实用效果。如央视网运用最新技术打造的虚拟主播 "数字小编",是媒体行业内首个直播连线采访人大代表的 "3D 超写实数字人";山东台充分运用 AI 智能机器人、智能剪辑等智媒手段,推出 "AI 说两会" 系列两会解读报道;百度推出 "全会" 智能机器人小游戏,以人工智能技术传播党的十九届五中全会要点,等等。

二是利用人工智能分析技术提升生产效率,推动供给侧和消费侧的 "卯榫对接"。如中央广播电视总台使用人脸检测、动作检测等智能检测技术对实时收录的信号进行快速剪辑编辑。广东台基于 "5G+AI" 技术的智能管理平台,搭建省内统一的新闻供稿中心,使新闻生产更加高效、内容共享更加便捷,极大提升传播效果。

(三)5G+VR+AR+MR 助力 "云采访" "云直播" 异地同场景,同屏技术融现实与虚拟为一体

一是利用 5G 布网,进行 "云采访" "云直播"。央视新闻采用 "云直播" 相关技术,实现了视频云连线多路同屏;湖南台应用基于马栏山产业云搭建的 "芒果云魔方" 5G 新闻云平台,实现新闻视频的云录制、云转码、画质增强、5G 传输。

二是 VR(虚拟现实)、AR(增强现实)等混合现实技术,在 5G 环境下加快普及并与新闻报道深度融合。例如,央视频将演播室实景还原成近千平方米三星堆遗址考古现场,通过 MG 动画、VR 探宝、虚拟考古小游

戏等形式，带领受众"走进"考古现场。河南大象新闻运用 VR 全景技术，设置虚拟演播室。贵州动静新闻运用 VR 技术，推出"云上展馆"。

三是全息异地同屏技术融现实与虚拟为一体，让远程异地同屏访谈更显真实。全息异地同屏技术实现了现实真人与虚拟影像同框同屏实时沟通交流的效果。黑龙江台在 5G+VR+AR+MR 制作模式和 VR 虚拟演播室基础上，采用 AR 前置虚拟技术，打造虚实结合的混合现实 MR 呈现效果，开创了全国广电 5G 远程同屏访谈先河。

三、精心组织深入实施主题宣传全媒体传播工程，不断完善全媒体宣传一体化统筹机制和舆论引导机制

2020 年以来，广电总局精心组织指导各级视听机构综合运用各类节目形态，多角度、深层次、持续性，针对不同受众特别是青少年，按照"精准滴灌"的思路，统筹全媒体宣传。

一是瞄准年轻一代，以"活"为抓手，组织引导广播电视和网络视听媒体全力探索全媒体新闻宣传的新语态，打造更多兼具说服力和吸引力的全媒体产品。如为推动党的十九届五中全会精神在青少年中传播开来、入脑入心，广电总局组织快手、抖音、虎牙直播等平台筹划推出答题挑战赛等活动，用青少年喜闻乐见的形式，吸引了 8000 万人参与；组织腾讯视频上线"十九届五中全会知识竞答"活动，触达用户 2.1 亿人次；组织微博开展名师直播课，直播观看量超千万次，"同学们请坐"话题阅读量突破 1.2 亿次；组织开展宣传解读五中全会系列短视频征集活动，指导重点平台组织部分头部创作者专门制作一批短视频作品；组织哔哩哔哩（bilibili）、爱奇艺等精心创作《并肩前行》《新青年的声音》等说唱歌曲，展现我国"十四五"发展的光明前景，吸引了大量年轻受众，确保让鲜活的思想真正深入人心、落地生根。

二是组织推动深入实施主题宣传全媒体传播工程，创新组织方式，完善全媒体宣传一体化统筹机制和舆论引导机制。充分利用多级联动融媒体

中心体系、MCN 传播体系、区域一体化协同体系，统筹布局广播电视频率频道和网络视听媒体矩阵，统筹布局微短视频和中长视频，从全媒体内容产品形态到传播分发，实现整合策划、整合宣传。2020 年以来，广播电视媒体"头条工程"建设和网络视听平台"首页首屏首条"建设持续推进，广电总局有序组织主题原创节目、微短视频创作征集、推优扶优和展播活动。2020 年元旦组织制作的《2019，领袖的足迹》中视频和一批短视频，通过中央重点新闻网站、全国各省级网络广播电视台、地方新闻网站和商业视听网站，以及手机移动客户端、互联网电视集成平台等矩阵化推送，总播放量超 3.1 亿次；组织重点视听网站、IPTV、互联网电视等平台设立战"疫"专题频道或专区，及时发布转载权威信息，推动 15 家短视频平台制作发布各类抗疫短视频近 350 条、总播放量近 62 亿次。主题优秀短视频作品在全国卫视、重点视听网站和新媒体平台的展播形成较大反响，形成新时代的宣传大合唱。

2021 年，围绕庆祝建党百年广播电视节目创作播出工作，广电总局积极部署谋划靠前指挥，已确定 31 档广播电视建党百年重点节目，着力搭建"广电节目＋主题晚会＋纪录片＋动画片等"节目矩阵，有重点、有特色、多层次推进。重点短视频平台纷纷开展"百年潮看中国——我身边的变化"主题微短视频创作征集活动，不断增强主题宣传的贴近性、实效性。广电总局指导全国 50 家电视台联合推出《理想照耀中国——庆祝建党百年"双100"系列融媒报道》，选择 100 个具有标志性意义的红色地标，制作播出 100 场新媒体直播和 100 条相关短视频，将在卫视及省级地面频道和新媒体矩阵同步播出。广电总局组织方式的不断创新持续推动全媒体新闻宣传实践创新。

2021 年是"十四五"开局之年、全面建设社会主义现代化国家新征程开启之年、庆祝中国共产党成立 100 周年，做大做强主流思想舆论的任务更重，要求更高。当前全媒体新闻宣传尚存在于局部，还没有形成常态。

在政策力量和内生发展的双重驱动下，随着各级各地方台、网、微、端、屏全媒体矩阵全面铺开，一个以内容建设为根本、先进技术为支撑、创新管理为保障的全媒体传播时代就要到来。全国广电系统将充分发挥重大主题宣传一体化统筹机制和舆论引导新机制的作用，围绕主题主线宣传，形成多层次、多渠道、多样式的全媒体宣传格局，立体化呈现，精准化传播，唱响新时代主旋律最强音，不断巩固壮大主流思想舆论。

（执笔人：李岚、胡雅文，国家广播电视总局发展研究中心）

第三章

内容创作与生产

课题指导：

国家广播电视总局宣传司司长　　　　　　　　　马　黎
国家广播电视总局电视剧司司长　　　　　　　　高长力
国家广播电视总局网络视听节目管理司司长　　　魏党军

第一节　剧集

提要：2020年剧集创作生产发生结构性变化，行业去产能、提效能趋势明显，产业深度调整，制播格局日趋融合发展。全国电视剧拍摄制作备案公示的剧目共670部23519集，分别比2019年减少25.97%、31.63%，发行数量也明显下降；全年上线网络剧230部，比2019年的202部增长14%，网络剧的重点剧比例不断扩大。重大主题创作取得重要成果，《在一起》《跨过鸭绿江》《山海情》《觉醒年代》等产生广泛社会影响。

2020年是党和国家历史上极不平凡的一年，剧集创作社会功能性特征凸显，记录时代、讴歌英雄，经历大考、担当大任，在抗击疫情、决战脱贫攻坚和迎接党的百年华诞等主题创作中，推出一大批鼓舞人心的精品力作，"新时代精品"工程取得新的重大成果，电视剧、网络剧发展新格局正在形成。

一、创新管理激发行业内生动力

（一）以重大主题创作为重点，推动精品创作

2020年以来，广播电视行政部门以脱贫攻坚、抗疫、抗战、抗美援朝、庆祝建党100周年等重大主题为重点，深入实施"新时代精品"工程，主动出题、加强策划论证、引导扶持，着力构建源源不断推出精品的创作生

产格局。

一是围绕重要节点,推动主题创作。2020年3月,广电总局下发《关于做好脱贫攻坚题材电视剧创作播出工作的通知》(广电办发〔2020〕50号),迅速启动脱贫攻坚题材电视剧播出,强化组织协调,加快脱贫攻坚题材电视剧推出进度,用心用情用功推出讲好脱贫攻坚的中国故事的精品力作。2020年5月,围绕庆祝建党100周年,广电总局组织开展"理想照耀中国"——庆祝中国共产党成立100周年电视剧主题创作展播活动,并策划同名系列短剧,为庆祝中国共产党成立100周年营造浓厚舆论氛围。

二是探索创新,推出"时代报告剧"新类型。2020年恰逢抗击疫情、决胜全面建成小康社会、决战脱贫攻坚的历史时刻,2021又逢建党百年,在广电总局策划推动下,时代报告剧《在一起》《石头开花》等相继问世。时代报告剧是当前以把握时代脉搏、反映时代风貌、鼓舞人心、凝聚力量为创作使命,借鉴报告文学真实性、及时性的创作原则,打破传统剧集的线性结构,采用单元剧的叙事形式来反映党和国家政治、经济、文化、社会领域的重大实践的一种全新的文艺体裁,是推进电视剧理念、方法、手段、内容、体裁、形式创新的一次积极尝试,也是践行为时代画像、为时代立传、为时代明德的成功实践。

三是建立全流程管理体系,全力打造精品力作。2020年,广电总局结合电视剧创作生产和管理实际,按照"找准选题、讲好故事、拍出精品"的要求,对电视剧创作生产流程各环节都提出有针对性的加强质量管理措施,明确了上百项任务,为推动新时代电视剧高质量发展提供一整套系统完备、稳定管用、运转高效的标准化、制度化工作流程。

(二)强化统筹规划,构建生产传播新格局

广电总局从行业特性出发,明确思路、强化布局,有方向、有重点、有步骤推进创作,点面结合系统推动,形成创作播出的良性发展局面。

以中长期布局提高创作整体水平。2020年,广电总局遴选公布了《第三批2018—2022年重点电视剧规划选题》,围绕决胜脱贫攻坚、建党100

周年等5年内的大事要事，平衡选题布局，拓展反映社会生活的深度和广度，构建有序衔接、滚动实施、压茬推进的创作生产格局。目前，已有《山海情》《石头开花》《江山如此多娇》《大江大河2》《跨过鸭绿江》等一批重点剧目相继播出。

以"4+2+1"重点剧目打开创作新局面。"4+2+1"指，4部重大项目《山海情》《功勋》《埃博拉前线》《光荣与梦想》；2部时代报告剧《在一起》《石头开花》；1部系列短剧《理想照耀中国》。广电总局以"全国一盘棋，集中力量办大事"的思路，推进创作实践，引领创作风潮。时代报告剧《在一起》以短短7个月创作周期向全国人民献上鼓舞人心、感人至深的抗疫力作；《山海情》在筹备、拍摄、制作、播出各阶段，广电总局领导深入拍摄现场，在重点、难点给予指导、支持和保障，最终实现这部扶贫题材的主题作品取得巨大成功。

（三）深入推进综合治理，促进高质量发展

进一步贯彻落实网上网下同一标准。随着网上网下"同一标准、同一尺度"要求进一步落实，网络剧管理逐渐向电视剧看齐，一方面重点网络影视剧实施拍摄规划备案，推动网络剧提速发展，加快"短、精、新"作品持续涌现。与此同时，果断出台措施，对新的创作态势加强引导管理。2020年10月，广电总局印发《关于促进网络微短剧规范健康发展的通知》，将微短剧等新形态纳入备案体系，与时俱进落实"同一标准、同一尺度"的管理原则。

推动解决剧集"注水"问题。2020年2月，广电总局发布《关于进一步加强电视剧网络剧创作生产管理有关工作的通知》（广电发〔2020〕10号），提倡不超过40集的短剧创作。2020年取得发行许可证的电视剧部均集数36.9集，全国重点网络剧部均集数22集，均比往年明显缩短。与此同时，管理部门采取标本兼治的思路，通过鼓励上海、湖南等地构建新型制播协同模式，摆脱影视制作对剧集长度的依赖。

纠正不良创作倾向。2020年，广电总局坚持导向管理，坚决整治不良

创作倾向,对追星炒星高价片酬,老剧翻拍等问题坚决说"不"。《关于进一步加强电视剧网络剧创作生产管理有关工作的通知》进一步明确演员片酬比例,并要求在完成片审查阶段提交制作成本决算配置比例情况报告和演员片酬合同复印件备案,强化制度的刚性约束。在网络视听领域,持续推进各项专项整治,指方向正风向,营造风清气正的网络空间。

二、聚焦新时代,创作生产高质量推进

(一)去产能化趋势明显,减量成为提质的新动能

一是整体剧集市场去产能,提效能趋势明显。在经历疫情导致的停工复产后,剧集创作生产发生结构性变化,电视剧产量下降,网络剧则稳中有升。2020年,全国电视剧拍摄制作备案公示的剧目共670部23519集(不含重大题材),分别比2019年减少25.97%、31.63%。同时,发行数量也明显下降,全年制作完成并获得发行许可的电视剧共202部7450集,较2019年减少52部3196集,降幅分别为20.47%和30.02%(见表1)。2020年完成网络剧拍摄规划登记的剧目共有1083部24683集,全年上线网络剧230部,比2019年的202部增长14%,获得上线备案号的重点网络剧共211部4664集,网络剧的重点剧比例不断扩大。

表1 2011—2020年获得发行许可电视剧数量

年份	2011	2012	2013	2014	2015	2016	2017	2018	2019	2020
部数	469	506	441	429	394	334	314	323	254	202
集数	14942	17703	15770	15983	16540	14912	13470	13726	10646	7450
平均集数	32	35	36	37	42	45	43	42	42	37

数据来源:广电总局电视剧司。

二是剧集品质提高,观众认可度提高。电视剧观众观看时长增加,2020年,电视剧收视时长达到每日户均62.4分钟,居各类型节目之首。[1]网络剧优质内容拉动"付费"观看成为主流,在全年215部独播剧中付费

---

[1] 中国视听大数据,《中国视听大数据2020年年度收视综合分析》,2021年1月10日。

剧为210部，占比高达91%，①超前付费点播进一步强化付费模式，爱奇艺、腾讯视频推动网络视频进入提价通道，优质内容的市场变现能力不断强化。

（二）坚定导向、兼顾市场，创作彰显时代特征

1. 主题创作迎来高光时代

2020年，围绕党和国家的大事要事，主题创作迈上新台阶、走向新天地、迎来高能高产的高光时代，无论数量、品质，还是思想性、市场能量都有了显著进步。扶贫题材的《山海情》《江山如此多娇》《石头开花》等剧从不同侧面展示中国人民脱贫奔小康的伟大实践，其中《山海情》作为一篇成功的"命题作文"，是一篇完成度很高的"大文章"，做到了"平民视角、国家叙事、国际表达"，豆瓣评分高达9.4分，高开高走，为建党100周年的主题宣传开了一个好头。《在一起》作为第一部时代报告剧，直击抗疫一线，以感人至深的故事引发全民观剧热潮，冷峻而真实地展现了疫情至暗时刻中国人的勇敢、坚韧和大爱，总收视率突破4%。《觉醒年代》在电视艺术的维度回望历史深处，展现了五四运动前后文化巨人的群体风采，以"思想引领"为核心表达，回顾了革命先驱的奋斗之路，以青春热血、家国情怀跨越百年与当代年轻人共情共鸣，不仅在口碑上做到了"零差评"，而且在收视上领跑总台央视及各大卫视收视榜单。《跨过鸭绿江》《战火熔炉》艺术再现英雄儿女抗美援朝的故事，赢得口碑的同时也赢得了市场。

主题创作之所以能够频频出圈，一个突出原因是创作者找到了导向和市场的最佳结合点。一方面，这些作品是主创团队用心用情用功之作。《觉醒年代》为了还原革命历史的真实和历史人物的复杂多面，进行了长达六年的剧本打磨与资料挖掘；《山海情》主创从闽宁镇到西海固，再到福建莆田，投入了大量的时间调研采风，最终以地道的方言、质朴的表演以及具有地域特色和年代感的置景，塑造了令人信服的闽宁镇脱贫故事。另一方

---

① 监管中心，《2020年网络原创节目主要数据》，2021年1月22日。

面，高质高效的商业运作也是主题作品赢得主流观众的重要原因。这些作品选择了商业运作经验丰富的团队操刀，注重以微观视角激活宏大叙事，在表演中老戏骨与新生代偶像演员合作，以演技与"眼缘"叠加催化传播化学效应。

2. 现实题材植根生活，礼赞生活和时代梦想

2020年，剧集创作争当时代"镜像"，现实题材依然占据创作主流。在全年生产完成并获准发行的电视剧中，现实题材占据主体地位，共计144部5027集，分别占总部数、集数的71.29%、67.48%；历史题材剧目共计52部2147集，分别占总部数、集数的25.74%、38.82%，占比较往年略有下降（见表2）。除《清平乐》《燕云台》《大秦赋》《隐秘而伟大》等历史剧、年代剧外，电视端几乎被现实题材"霸屏"，网络端也呈现现实题材当道的势头，其中又以女性题材剧、行业剧、涉案剧表现最为突出。女性题材剧迎来从量到质的突破：《三十而已》《二十不惑》《流金岁月》《下一站是幸福》《白色月光》《摩天大楼》《传闻中的陈芊芊》等剧在角色塑造、叙事表达、风格设定方面呈现多元探索，对女性独立精神和价值追求进行了新的诠释；行业剧广度和深度都有明显拓展：《装台》《安家》《平凡的荣耀》《完美关系》《怪你过分美丽》《荣耀乒乓》等剧打开关注视野，反映各行各业的奋斗，彰显以人民为中心的创作导向和价值取向；涉案剧创作水准普遍提升：《猎狐》《巡回检查组》《三叉戟》《刑警之海外行动》《沉默的真相》等作品回应社会关切，表达邪不压正的坚定信念。

表2　2017—2020年获得发行许可电视剧题材比例

年份		2017	2018	2019	2020
现实题材	部数	190	204	177	144
	部数占比	60.51%	63.16%	69.69%、	71.29%
	集数	7597	8270	7004	5027
	集数占比	56.49%	60.25%	65.79%	67.48%

续表

年份		2017	2018	2019	2020
历史题材	部数	118	116	73	52
	部数占比	37.58%	35.91%	28.74%	25.74%
	集数	5663	5346	3475	2147
	集数占比	42.04%	38.94%	32.64%	28.82%
重大题材	部数	6	3	4	6
	部数占比	1.91%	0.93%	1.57%	2.97%
	集数	210	110	167	276
	集数占比	1.56%	0.80%	1.57%	3.70%

数据来源：广电总局电视剧司。

3. 短剧崭露头角，成为创作的重要趋势

2020年，剧集长度整体明显缩减，《隐秘的角落》《沉默的真相》《我是余欢水》等20集以内的短剧表现突出。之所以形成短剧热潮，一方面，这些篇幅短小、定位精准、情节紧凑的短剧，能直击目标受众的泪点、痛点、爽点，能满足观众对"脱水剧"的需求；另一方面，体量小、总成本低、制作周期短、回报快等特征也促使市场看好短剧前景。目前，不仅网络平台热衷短剧创作，正午阳光等一线制作团队也开始涉足短剧领域。与此同时，短剧的成功也为剧集的"剧场化"运营提供了可能。继爱奇艺、优酷等视频平台布局短剧"剧场"，湖南卫视等电视平台也着手通过"季风计划"等剧场模式实现短剧的精品化、标准化、规模化运营。

三、市场加速融合，剧集制作生产酝酿新格局

（一）制作机构战略联合步伐加快

一方面，行业共同面对疫情带来的发展困境，联合发出倡议以自律促自强。2020年，《关于厉行节约，共克时艰，规范行业秩序的倡议书》《关于开展团结一心共克时艰行业自救行动的倡议书》等行业自律条款相继出炉，对剧集长度、制作成本、人员管理、廉洁从业等方面提出要求。这是全行业凝心聚力扭转行业风气、共克时艰共谋发展的重要行动。另一方面，

影视公司加大战略联合力度深度。头部影视制作公司凭借雄厚的实力加大电视剧、网络剧双线布局，加快从传统影视制作公司向新型制作公司的转型。中小型影视制作企业则以参与平台自制或接受平台定制等方式抵御资金、人员风险，光芒影业、五元文化、小糖人等行业新兴力量就在与网络平台的深度合作下加快成长。

（二）播放渠道融合趋势明显

2020年，在媒介融合的潮流推动下，电视剧、网络剧的播放渠道进一步融合共生。一是电视台大剧联播的"朋友圈"进一步扩大。除了北京卫视、东方卫视、江苏卫视、浙江卫视已形成相对稳定的联播格局，广东、安徽等二线卫视也相继加入头部卫视大剧联播阵营；此外，湖北、深圳、广东、安徽、黑龙江、河北、江西、吉林等二线卫视抱团共赢的合作模式进一步强化，形成对平台的正向拉动，同时也缓解购剧的成本压力。二是网与网、台与网的联播剧不断增多。一方面，网络平台之间越来越多通过联制、联播、资源置换的方式共同打造爆款，或将自制项目、独播项目转为拼播项目；另一方面，台与网互动更加频繁，融合进一步深化，网络同播、跟播电视剧已经成为常态，网播热度也成为衡量电视剧市场反响的常规指标，甚至越来越多的剧集在网络热播后在电视平台播放以实现价值最大化。网与台之间的跟播已经没有"正向"或"逆向"的分野，而成为平行流动的常态，如湖南卫视和芒果TV在剧集融合传播方面表现突出。值得一提的是，《在一起》《石头开花》《山海情》等重点剧目以全方位网台覆盖、多频道联播、多轮次重播的方式深度整合传播渠道，实现网台的深层互动和相互成就，赋予优秀剧目最优的传播效果。

（三）用户分群要求网上网下求同存异

我国电视综合人口覆盖已经超过99%，电视剧全年覆盖85%的电视剧收视用户，[①] 电视剧观看方式以"合家欢"的方式为主，观众年龄分布也更

---

① 数据来源：广电总局电视剧司。

为广泛。网络剧用户则以 20~39 岁的青年观众为主。① 由于平台属性导致观众结构的不完全重合，电视台和视频网站在剧目类型选择偏好上存在一定区别。除了少量头部剧目能够突破平台、穿透圈层实现广泛热播，大量题材和类型则存在平台传播的差异。比如，电视平台偏好现实题材、历史正剧等类型，而网络平台则因能够实现更为细致的用户画像，而打造出垂直精准的内容，类似甜宠剧、玄幻剧，以及漫画改编剧、游戏改编剧这些在电视传播难以溅起水花的作品，却能通过网络在特定圈层激起收视风潮。因此，尊重二者的用户差异和平台特性，才能推动网上网下内容创作在"一个标准、一把尺子"大前提下，实现和而不同、求同存异、生生不息、美美与共。

2021 年是中国共产党百年华诞，剧集产业的发展也将站在"两个一百年"的历史交汇点。以高质量发展为主题，更多的新时代精品将加速涌现；行业综合改革和治理将持续推进，去产能、提效能的趋势将不断强化；媒介融合激发行业新能量，产业发展新格局将加快形成。作为社会主义文艺的重要组成部分，剧集创作将一如既往永葆初心、牢记使命、守正创新、锐意进取，用心用功用情打造更多的新时代扛鼎之作、史诗之作和传世之作！

（执笔人：董潇潇，国家广播电视总局发展研究中心）

---

① 德塔文，《2020—2021 年电视剧市场分析报告》，2021 年 3 月。

第二节 综艺

提要： 2020年，综艺创作生产实现重大创新，圆满完成重大主题宣传创作任务，上线节目提质增量。全年共有383档主题节目和328档周播综艺节目在全国卫视频道播出；① 全网共上线网络综艺节目229档，以及多版本节目和衍生节目171档，整体数量相比2019年稳中有升。节目突出主题主线引领，立意显著提高，内容品质整体向好。制播平台找准定位，打造特色，题材进一步细分，垂类覆盖更多受众，制作水准持续提升，模式机制创新加快，理性繁荣态势明显。

一、围绕战"疫"创作生产，当好防控宣传主力军

（一）形式多样、品质精良的战"疫"宣传节目纷纷涌现

2020年以来，战"疫"成为综艺节目重要话题和主题。一是迅速排播大量战"疫"相关栏目"聚民心"。总台央视及各大卫视发挥综艺优势，对疫情防控等进行全时段全方位呈现。网络平台在首屏首页开设"战疫情"频道专区，开设了直播答题、全面科普等编播灵活且及时性强、传播范围广的特别节目，丰富特殊时期百姓家庭文化生活。二是各大晚会紧急编排

---

① 数据来源：国家广播电视总局"中国视听大数据"（CVB）系统。

的抗疫内容"暖人心"。2020年春节期间正值疫情阻击战最危急严峻的时刻,总台央视和省级卫视多档春晚及元宵晚会增加疫情防控特别节目,以诗朗诵、合唱、小品等多样的节目形式展现战"疫"图景,凝聚"万众一心、众志成城"的力量。湖南卫视元宵晚会以"感动"和"振奋"为创作主题率先录制播出,以整场节目致敬武汉抗疫一线的医护和各条战线的人们;网络平台则充分发挥网生优势,策划组织线上义演,用艺术的形式抚慰伤痛、表达敬意,传递振奋人心的力量。晚会传播力度大,传播范围广,节目设置饱含巧思,充分体现了主流媒体的创新力和责任担当。三是以战"疫"专题文艺节目"筑同心"。2020年2月21日起,广电总局开展了"致敬!守护者"主题文艺作品创作播出活动,各大卫视、网络平台积极响应,迅速策划,电视综艺《极限挑战》《王牌对王牌》的"抗疫加油特辑"和网络综艺《这是我们,这是光!》《心有山海即是远方》等一批情感真挚、鼓舞人心的综艺作品涌现,在社会上引起巨大反响。大量精心创作编排的综艺作品以情动人,为凝聚民心、鼓舞士气,打赢疫情防控人民战争、总体战、阻击战发挥了重要宣传作用。

(二)突围编播困境,"云制播"成为新潮流

疫情期间,综艺节目的传统录制形式受限,各大媒体平台应用云端科技,迅速探索出"云综艺"创意制播模式,在技术上采用视频连线、云直播、Vlog等多种手段打造研发云制播系统,在视频采集、制作、传输、呈现、应用等各个环节实现全面"云化",达到超高清、低延时、强交互的专业级节目效果,推出了《宅家点歌台》《鹅宅好时光》等一系列创意节目。内容策划上则紧扣"以宅防疫"的社会共同情感需求,着重突出"陪伴感""公益感""趣味性"。一是推出一批"小而美"的全新综艺,《嘿!你在干嘛呢?》《天天云时间》等节目制作简单、上线迅速,运用明星加盟、趣味活动等创意赋予节目更多看点,实现暖心"云陪伴"。二是老牌节目依托自身优势做出许多新尝试,《歌手·当打之年》《声临其境3》《云端喜剧王》纷纷设置线上投票、点赞等各类环节,增加观众互动感、参与感,

让观众"近距离"享受多彩的视听文化盛宴。

二、聚焦脱贫攻坚，推动内容模式全方位创新升级

（一）深入生活、扎根基层成为综艺创作风向标

2020年是脱贫攻坚决战决胜之年，综艺内容制作机构充分发挥优势，全情投入脱贫攻坚主题创作。扶贫类综艺节目创作有两个突出特征：一是真实，越来越多创作团队走进乡村，深耕公益内涵，亲身投入扶贫实践，用丰富的镜头语言展现当地的风土人情和感人至深的脱贫故事。《极限挑战宝藏行·三区三州公益季》等扶贫真人秀节目坚持主流价值导向，全方位展现了火热励志的脱贫场景，同时带动了当地文旅产业的发展，实现了"精准扶贫"的有效落地；二是年轻态，节目加入更多年轻人喜闻乐见的表达元素，增强趣味性和亲和力。《青春在大地》《功夫学徒之走读中国》等节目纷纷结合舞台剧、访谈互动、选秀竞技等新颖元素，借助年轻人喜爱的综艺语态，增强宣传效果，完成娱乐价值和公益属性的深度平衡。

（二）直播类融合综艺模式深入推广

传统媒体和网络平台日益打破创作制播壁垒，走上深度融合之路。"直播+"模式成为综艺节目助力脱贫攻坚的"杀手锏"，大小屏联动的"串屏"模式成为融合破圈热点。从总台央视发起的"谢谢你为湖北拼单"活动到《出手吧，兄弟！芒果扶贫云超市大直播》等，借助各门类强势内容品牌的公信力与关注度，在创作中融入直播元素的节目均取得了不俗的带货成绩，实现了消费助农的初衷。以扶贫产品为主角的内容架构，体现"直播+"带货新理念的舞台设计，打破了原本单一直播形式的固有创作路径。

越来越多的综艺节目聚焦拓展直播、带货等新元素适用的场景，《蓝莓孵化营》《我们签约吧》《奋斗吧主播》《益起追光吧》等一大批展示带货技能的竞技选拔节目，打造乡村主播，实现了主题互动和带货内容的彼此呼应、有益补充，充分体现内容生产和直播带货的融合理念。此外，以带货主播养成之路为内容，更是强化了线上线下联动，打造了电视带路、

全网联动的强大直播矩阵，有力地促进扶贫产业发展和农民增收。

三、综艺节目走向多元，精品矩阵初步形成

（一）文化和理论节目创新取得重大进展

文化类综艺创新创作形成热潮。综艺节目创作呈现向上向好的良好态势，"有意思没意义"的创作套路得到强力扭转。2020年，广电总局指导发布了《国家广播电视总局关于推动新时代广播电视播出机构做强做优的意见》(广电发〔2020〕66号)、《网络综艺节目内容审核标准细则》等一系列文件，强调文艺作品导向问题，鼓励社会效益和经济效益双效合一，文化价值和娱乐功能兼容并蓄的节目创作。在正本清源、守正创新的政策引导下，题材选取站位提升，主题表达得到升华，唱响主旋律、传递正能量成为创作潮流。各制播机构纷纷发力弘扬中华优秀传统文化、革命文化和社会主义先进文化，掀起一股文化类综艺创新创作热潮。题材上，运用的文化元素更加丰富，除诗词、非遗之外，用文物讲述历史、与文人探寻文化、以文化讲述重大主题的节目大幅增加，《奔跑吧（黄河篇）》《万里走单骑》等从地理、文化宝贵遗产讲述沧桑历史变迁中的传奇故事；从表现形式上来说，文化节目主题升华，结合当下现实、营造沉浸式体验成为新亮点。《从长江的尽头回家》《我在颐和园等你》等作品以宽泛的文化触角将以往的静态输出转换成动态体验，深度讲述文化故事。从创新手段来说，文化综艺突出融合形态，聚力破圈突围，《衣尚中国》《了不起的长城》《跨界新文创》等节目延伸选题深广度，创新文化主题，以多种元素延展趣味盎然的知识。2020年以来，理论综艺节目创作出现多项突破，数量增加，质量提升，在内容设置和表现手法上均取得长足进步。《理响新时代》第四季《学习达人大会》《思想的田野（第三季）》一改平铺直叙的风格，以"理论＋新闻""理论＋综艺""理论＋移动"等融合模式全新出击，深入宣传习近平新时代中国特色社会主义思想，形态、内容和传播的创新推动理论综艺破圈，吸引了越来越多的年轻观众。

文化类节目品牌形象大幅提升。文化类节目探索创造性转化、创新性发展，形成了"叫好又叫座"的局面，有力地弘扬了中华文化，增强了文化自信。《中国诗词大会（第五季）》收视率破2，《国家宝藏（第三季）》更是获得豆瓣评分9.5的高分，成为年度现象级综艺。习近平总书记强调，中华优秀传统文化是中华民族的精神命脉，是涵养社会主义核心价值观的重要源泉，也是我们在世界文化激荡中站稳脚跟的坚实根基。对优秀传统文化的当代演绎，已成为综艺节目创作的沃土。精准的内容提炼、精致的技术打磨、精美的视听呈现，使得文化综艺赢得越来越多的口碑。

（二）真人秀节目生活化成为主流

真人秀节目更加观照现实生活。这类节目逐渐褪去过去"唯流量"的浮躁作风，聚焦时下普遍的情感议题和社会现象，寻找大众情感的最大公约数，引发观众思考。音乐、舞蹈、喜剧等竞技选拔真人秀依然占据市场主流，并呈现出多元化、分众化、差异化特点。从题材上来看，除去传统热门题材外，选题持续拓宽延展，喜剧题材成为"黑马"，惊喜不断。《金牌喜剧班》《认真的嘎嘎们》等纷纷上线，脱离"唯笑点论"转而深度探讨喜剧创作的内涵。从平台来看，电视、网络选题规划差异明显，各平台已形成特色。电视综艺选题侧重宏观大视角的大众文化，喜剧、音乐等题材风头强劲。网络综艺则倾向微观小切口深耕小众亚文化题材，《脱口秀大会（第三季）》《夏日冲浪店》等题材新颖，口碑向好。

真人秀节目更加注重价值引领，彰显人文关怀。选题上表现出对新人群和社会议题的关注，《忘不了餐厅（第二季）》《百分之二的爱》等节目聚焦自闭症患者、流浪动物等，表达富有人情味，探讨了当下易被忽视的社会议题；女性题材更是成为年度热点，《姐妹们的茶话会》《她有情绪又怎样》等节目瞄准女性群体在当下社会生活中面临的问题，绘制了真实感人的生活图鉴。湖南娱乐频道播出的选秀节目《乘风破浪的姐姐》将女团、唱跳与讲述"30+"女性拼搏成长历程的主题有机融合，"姐姐们"不服输的奋斗精神契合了积极向上、斗志昂扬的时代主题，广受观众喜爱与追捧，成为年度现象级综艺。

(三)"综 N 代"开疆拓土渐成支柱

基于综艺产品用户黏性基本形成、传播效果日益精准,加上疫情影响下求稳务实的生产策略,"综 N 代"一改之前的低迷状态,纷纷巧思求变、提质升级,已占据综艺生产的"半壁江山","综 N 代"霸屏、霸榜现象愈加凸显。"中国视听大数据"(CVB)显示,2020 年度收视率超过 0.5% 的 66 档周播综艺节目中,"综 N 代"占据大部分份额,成为荧屏主力。"综 N 代"产品大受欢迎,一方面是"综 N 代"节目积累的品牌知名度打下了坚实的基础;另一方面是因为"综 N 代"呈现出积极求变的态势,达到了熟悉感和新鲜感的动态平衡,形成正向循环。《舞蹈风暴(第二季)》作为"综 N 代"节目独树一帜,把小众文化做到了极致,大大满足了大众对艺术知识与审美的诉求,成为豆瓣评分 9.2 的高分"爆款",实现了口碑、传播力上的全线突破。

2020 年,综艺节目创作生产整体迎难而上、稳扎稳打,在保障平稳运行的同时,也加快了跨界融合的步伐,取得了长足的进步。但伴随进入精品化发展阶段,综艺节目依然有许多不足:价值引领尚有短板、唯眼球唯流量观念较为突出、持续创新力薄弱、同质化现象突出、原创力有待提升等问题依然制约着综艺节目的发展。

针对这些问题,综艺节目要坚持守正创新的创作理念,加强全流程管理,弘扬主流价值观,积极发挥文艺介入社会生活的重要功能,努力拓展综艺节目题材领域和价值空间,做到厚积薄发、升级进步,丰富人民群众的精神文化生活,润物无声传递主流价值理念,把挖掘内容长线价值作为下一阶段的发展重点。一是紧扣党和国家大事要事,融合文化精髓,集中发力重大选题,创作一批主题主线宣传佳作。二是顺应时代潮流,适应观众审美变化,找准发力点,做到深层次多维度创新融合。三是深入生活、扎根人民,把握大众情感需求,培养讲好故事能力,实现艺术对现实生活的助力赋能。四是巧思求变，摆脱路径依赖，打通创新渠道，在新技术、新内容、新表达、新叙事上寻找突破口。在创新中不断推动分众化与主流化、大众化与精品化、娱乐形式与文化表达、社会效益与经济效益、本土传播与国际传播的全方位平衡发展，营造风清气正、精品频出的良好创作生态。

（执笔人：吉京，国家广播电视总局发展研究中心）

第三节 纪录片

提要：2020年，中国纪录片创作实现全面发展和新的突破，在内容创作生产整体格局中亮点抢眼，"记录新时代"纪录片创作传播工程成效显著，全年制作纪录片8.70万小时，同比增长2.96%；播出时间62.10万小时，同比增长23.73%。纪录片精品力作增多，市场规模扩大，展现出更大的发展空间。

一、纪录片创作生产政策引领作用增强

近年来，纪录片创作生产得到高度重视。广电总局坚持规范引导与鼓励扶持并行，加强政策调控，推动纪录片创作生产健康发展。许多省（区、市）将纪录片纳入地方文化发展重点，结合区位优势和文化资源，出台区域性扶持引导政策，效果明显。

（一）规划引领重大题材纪录片创作方向

2020年，广电总局深入实施"记录新时代"纪录片创作传播工程，针对纪录片事业产业发展实际，坚持一手抓管理、一手促发展。围绕"十四五"时期党和国家重要宣传期和重大时间节点，广电总局发布《2021—2025年"十四五"纪录片重点选题规划（第一批）》，印发《关于做好重点广播电视节目、纪录片、动画片创作播出工作的通知》（广电办

发〔2020〕191号)、《关于推动新时代广播电视播出机构做强做优的意见》（广电发〔2020〕66号），研究制订《关于建立新时代纪录片、动画片、广播电视节目精品创作引导机制的意见》。这一系列政策措施，对纪录片创作生产发出明确的积极信号，为纪录片创作、管理、传播提出了新的政策要求，纪录片创作的顶层设计不断完善。

（二）地方政府加大纪录片创作扶持力度

地方政府和省级行业管理部门高度重视纪录片发展，积极贯彻落实中央和国家纪录片发展政策，推动纪录片地域化特色化发展。2020年9月，北京局发布《关于支持北京纪录片业高质量发展的若干政策》，探索推动纪录片精品创作的"北京模式"。2019年4月，上海广播电视台、上海文化广播影视集团有限公司纪录片中心成立，以工作室机制推动纪录片更大发展。甘肃省推出《甘肃纪录片大省建设实施意见》后，逐步构建纪录片创作播出体系，纪录片人才的专业化和组织化水平明显提升，纪录片的"甘肃品牌"正在形成。江苏省着力打造纪录片国际投资交易平台、加快纪录片小镇建设，探索"纪录片+"新业态，着力拓展纪录片创作生产新局面。许多省将纪录片发展提升为文化强省建设的重要任务，各省（区、市）在支持纪录片发展方面都有积极明确的政策措施。可以预见，各地将出台更多精准措施促进纪录片创作生产。

二、纪录片创作持续繁荣，精品力作不断涌现

2020年，纪录片创作紧密围绕"国之大者"，多管齐下。面对这场百年不遇的重大疫情，广电总局一方面紧抓抗疫纪录片创作生产和播出，一方面积极推进决战脱贫攻坚、抗美援朝、建党100周年等主题主线纪录片创作。纪录片围绕中心、服务大局意识明显增强，创作呈现持续繁荣态势，主题主线精品频出，题材类型不断丰富，作品形态更加多元，多题材多类型发展格局基本形成。

（一）主题主线和重大题材纪录片创作站上新高度

一是庆祝中国共产党成立 100 周年纪录片创作精品力作迭出。广电总局以"记录新时代"纪录片重点项目为抓手，提早谋划、提前部署、强化创作引导。聚焦建党百年主题的纪录片创作深入挖掘历史题材，有力地拓展了重大革命历史题材纪录片创作创新。中央广播电视总台央视播出的纪录片《绝笔》《美术经典中的党史》《留法岁月》产生重要影响，还将推出《百年风华》《山河岁月》等；北京局推动《百年历程》《红色记忆：365 个党史瞬间》《一路百年》；广东局推进重大理论文献片《从三河坝到井冈山》；江苏局已播出百集微纪录片《百炼成钢：中国共产党的 100 年》等作品。如六集纪录片《绝笔》是一次重要的创新探索，以英烈绝笔这个小切口折射大主题，以小故事观照大历史，大量细节发人深思，呈现跨时空的信仰力量，是庆祝建党百年纪录片重磅力作的典型代表。

二是决战脱贫攻坚纪录片生动记录史诗般的时代进程。2020 年广电总局积极策划、精心组织，扎实推进"决胜全面小康、决战脱贫攻坚"重点纪录片创作播出工作，指导创作出《2020 我们的脱贫故事》《落地生根》《从十八洞出发》《遍地英雄下夕烟——致敬脱贫攻坚的人们》《扶贫村里的年轻人》等一大批作品，既有宏大叙事又有小切口小人物，全面立体呈现决战脱贫攻坚伟大事业，用镜头记录巩固拓展脱贫攻坚成果与乡村振兴有效衔接。这类纪录片创作采用同步记录的手法，深入最基层，真实再现脱贫攻坚的典型场景，具有强烈的纪实性、故事性和情感震撼力，将纪录片创作推上了新的高度。特别是纪录片《落地生根》以云南省怒江傈僳族自治州脱贫攻坚成效为主题，围绕精准扶贫政策如何落地生根的主线，讲述了怒江大峡谷里少数民族群众自强不息、追求幸福美好生活的点点滴滴。

三是献礼重要纪念日与纪念活动的纪录片深化价值引领。如纪念中国人民志愿军抗美援朝出国作战 70 周年的《为了和平》《抗美援朝保家卫国》《刀锋》；纪念抗日战争胜利 75 周年的《东方主战场》《亚太战争审判》《晋察冀边区》；献礼中国军队参加联合国维和行动 30 周年的《为和平而来》

等，这类纪录片再现历史风云，通过对个体、民族、国家命运的深刻把握，展示出中华民族和中国共产党在重要历史舞台上的丰功伟绩，描绘出历史和现实的壮美篇章。

（二）疫情防控题材纪录片展现全民抗疫担当

惊心动魄的疫情阻击战，是对纪录片创作的一次大考。面对突如其来的新冠肺炎疫情，在广电行政部门的引导下，各台的纪录片创作空前活跃，创作者深入一线，用鲜活镜头全方位同步记录全国各地抗击疫情的过程和复工复产情况，及时推出一大批兼具时效性与艺术性的作品，为历史留下了最真实的镜头。这些纪实内容获得极大社会影响力，开创了事件性纪录片的新境界。据统计，2020年2月共有5部54集抗疫题材纪录片收视率超过1%，观众获得了强大的精神力量。如《同心战"疫"》《2020春天纪事》《中国战疫纪》等作品，向国内外介绍中国抗疫故事和经验，弘扬中国抗疫精神。记录全国各地抗疫景象的《上海日记》《北京战"疫"》《医者——小汤山》《金银潭实拍80天》《我在海南挺好的》《红区》等作品，生动呈现国人守望相助、共克时艰的场景。此外，纪录片《今日龙抬头》《又见炊烟》《复工记》《云顶之音》等作品，反映复工复产过程的中国社会现实，客观、朴素地展示后疫情时代中国百姓的人生百态，这些作品焕发出巨大的审美价值和精神力量。

（三）文化题材纪录片创作进一步拓展深化，凝聚起弘扬中华优秀传统文化的强劲力量

文化类纪录片通过传统文化与时代精神的紧密勾连与结合，通过描绘我国自然环境与地域人文特色，全方位多角度挖掘中华优秀传统文化的精神内涵、弘扬科学人文内涵。如《中国（第一季）》《百年巨匠》《如果国宝会说话》等鸿篇巨制，均用影像全方位展示中华文明五千年的历史长卷；《西泠印社》《文学的故乡》《大儒朱熹》等将中华文化中博大精深、多元融合的思想内涵与内容进行细分与切片，让传统文化展示得更为精彩多样、立体丰富；《航拍中国（第三季）》《星空瞰华夏》等，分别以"自然+科技""历史+科技"等叙事方式,增强受众吸引力。2020年12月播出的历史文化类纪录片《中国(第一季)》,以巨大的创新勇气拓展同类题材纪录片艺术表达,以历史代表性人物为主线,艺术再现中国悠久的思想文化演变史,刷新了打开中国历史文化的方式,在弘扬中华民族优秀传统文化方面矗立了新的纪录片高峰,其讲述方式创新和艺术审美创新具有世界意义,是讲好中国故事的成功案例。

(四)现实题材创作精品增多,讲好中国故事成效显著

改革开放以来特别是党的十八大以来,我国社会主义现代化建设取得了人类历史上罕见的伟大成就,人民生活和精神面貌发生了历史性的变化,为纪录片创作提供了极为丰富的素材。纪录片创作立足中国大地、聚焦伟大时代,为各行各业的发展开设了观察的窗口。2020年,展现国家宏观发展战略与社会发展成就的纪录片中,既有聚焦中国航空航天成就的《Hi,火星》《飞吧嫦娥》、科技应用创新的《育见未来》,也有展现各类国家级盛会的《2022》《奥运故事会》《双奥之城》《走进冬奥组委》等献礼作品。值得称道的是,2020年现实题材纪录片更多采用以小见大的叙事方式,发掘平凡人物身上的典型故事,展现当代中国人的人生精彩。如《人生第一次》《守护解放西2》等聚焦不同职业、不同群体的励志故事,记录各条战线上的人们为推动祖国繁荣发展、实现中华民族伟大复兴作出的努力,也展现中国人民锐意进取的时代精神。

2020年,纪录片创作还聚焦人类命运共同体这一伟大构想,面向全球讲述中国故事,国际化表达与合拍合制成为这类纪录片的显著特征。中外合拍纪录片注重本土化与国际化的融合,在题材、内容和讲述方式等方面不断创新,在塑造中国国家形象方面发挥了重要作用。比如,系统解读与阐释习近平新时代中国特色社会主义思想的纪录片《习近平治国方略:中国这五年》,反映"一带一路"的《我的青春在丝路》等作品,多年来仍发挥着重要国际影响力。注重国际视野和国际表达的《中国抗疫志》《好久不见,武汉》《新冠肺炎:与魔鬼的战斗》,以及文化类合拍合制片《相遇在中国》《杜甫：中国最伟大的诗人》《被点亮的星球》《与古为友》等，这些作品实现了较为广泛的国际传播，在"讲好中国故事"方面发挥了纪录片创作的独特作用。

三、纪录片创作生产呈现新格局

当前，我国纪录片制播主体数量不断增长，呈现多元化专业化发展态势。各级广播电视台是国产纪录片制作生产的中坚力量，纪录电影成为电视纪录片重要补充；头部网络视听平台正跻身成为纪录片创作传播主力军行列；民营制作机构加快转型，节目制作与运营能力稳步提升。

（一）广播电视机构聚力主流纪录片生产制作

广播电视台作为主流舆论阵地，在主流纪录片创作传播方面发挥着主力军作用。中央广播电视总台作为国家级纪录片制播平台，拥有丰富的纪录片制作播出资源。纪录片内容创作主要呈现宏大叙事、"中国"标签，突出国家站位、国际视野，是纪录片创作播出的"国家队"。2020年总台围绕主题主线宣传、重大时间节点等，制作播出脱贫攻坚、抗战胜利75周年、抗美援朝70周年等系列纪录片精品力作，并多年打造系列自然类、文化类优秀IP品牌。地方电视台尤其是省级电视台结合自身定位和地域资源优势，探索纪录片差异化发展路径。北京台发挥区位优势、内容生产优势和城市文化底蕴，打造纪录片"北京名片"；上海台探索纪录片工作室制度，着力打造纪录片"海派特色"；湖南台在制作层面紧扣青春维度、突出年轻化表达，在纪录片表达方式创新方面成绩斐然；广东台深耕粤式美食题材，发挥"马志丹工作室"品牌优势，打造南派纪录片品格。

（二）网络视听平台创新纪录片制作传播模式

当前，网络视听平台将纪录片生产传播提升到战略层面，加大资源投入，创作生产数量质量均明显提升。据广电总局监管中心数据显示，2020年互联网上线纪录片259部1905集，比2019年的150部大幅增长70%。10部网络纪录片实现网台同播。

头部网络视听平台依托用户画像、观影偏好和使用习惯进行数据分析，并通过垂直细分市场进行分众定制，驱动纪录片创作。如围绕主题主线宣传，社会突发公共事件等主流化内容；围绕网络用户较为喜爱的美食类、城市风貌类、传统文化类等题材；围绕各平台自制节目的衍生纪实内容等。包括腾讯视频的"风味"美食系列、优酷《江湖菜馆》《街舞中国》《奇妙之城》、爱奇艺《中国医生战疫版》《棒！少年》、bilibili面向"网生一代"的《我是XX生》等。这些纪录片基于网络特点，着力创新创作生产传播模式，展示出网络平台发展纪录片的基本路径。2020年，以"爱腾优"、芒果TV、bilibili、抖音、快手为代表的长短视频平台，已逐步成为纪录片最大的制作播出主体，他们正在探索会员付费模式、分账形态、"纪录片+电商"、IP化运营、企业定制等商业模式，这些探索将对未来纪录片创作生产带来深刻影响。

（三）网生纪录片创作生产异军突起

2020年，网生纪录片蓬勃发展，内容生产与传播形态更加丰富多样。根据广电总局监管中心数据显示，2020年独播网生纪录片中，芒果TV12部、爱奇艺39部、腾讯视频44部、优酷30部、bilibili30部、西瓜视频6部，独播数量较2019年均存在不同程度的增长。

从内容形态来看，网生纪录片逐步转向碎片化、轻量化和生活化，时长更加简短、拍摄制作精细化不高、叙事方式多元复杂、镜头语言明快跳跃，如每集5~10分钟的文化类《此画怎讲》、美食类《早餐中国》等微纪录片。从播出周期来看，网络视听平台正不断推动自有平台具有较高关注度的片目类型季播化，如《不负青春不负村》《讲究》《人生一串》等数量众多的系列纪录片品牌。从播出形态来看，独播成为网生纪录片重要播出方式，网络视听平台直接或间接参与出品和制作，在平台特色、叙事风格的打造上发挥着重要作用，体现出平台的内容布局理念。与此同时，新形态的纪实作品不断面世，Vlog正向纪实创作延伸，优酷视频推出首部互动纪录片《古墓派互动季》，新华社推出首部互动微纪录片《她的故事"触"

处感人》。纪录片与纪实、交互之间的多向融合将为纪录片创作生产带来更多可能。

在推进媒体融合向纵深发展背景下，国产纪录片已取得长足进步，不断蓬勃发展。然而，部分纪录片尚存在缺乏深入观察探讨社会本质问题、题材类型较为同质化、叙事结构和影像表达方式单一、碎片化传播削弱价值阐释、讲好中国故事精品不足等问题。纪录片创作需进一步提高政治站位，牢固树立围绕中心、服务大局的意识，让主流化成为纪录片重要创作方向；进一步坚持以人民为中心的创作导向，打造更多纪录片精品力作；进一步把握海外受众审美偏好，提升讲好中国故事的实效；网生纪录片和纪实类视频创作进一步强化价值引领。纪录片将站在新的起点，内容创作生产不断繁荣、产业格局不断优化，加快推动纪录片高质量创新性发展。

（执笔人：高星，国家广播电视总局发展研究中心）

第四节 动画

提要：2020年，电视动画和网络动画双双发力，数量增长、结构优化、质量提升，教育题材增幅显著，呈现新局面。全年制作发行和播出电视动画片时长同比分别增长23.23%和11.89%，全网共上线网络动画片①部数和时长同比分别增长38%和69%②。

"十三五"期间，中国动画片创作生产和播出都取得长足进步。2020年受新冠肺炎疫情影响，动画创作播出逆势增长，全年共制作发行电视动画片374部11.67万分钟，播出电视动画片44.61万小时，日收视时长仅次于电视剧、新闻和综艺节目，达14.4分钟。与此同时，网络动画表现出强劲的发展势头，全年生产完成并获得上线备案号的重点网络动画片112部，同比增长72%；全网共上线网络动画片396部6.62万分钟。整体来看，主旋律动画创作氛围浓厚，以儿童视角讲述脱贫攻坚、防疫抗疫的多元故事；传承中华文化基因、创新性发展优秀传统文化的动画作品日益增多，精品

---

① 网络动画片，是由制作机构作为"重点网络动画片"立项备案，规划信息由广播电视主管部门审核通过、成片经广播电视主管部门内容把关并按要求报送相关信息，以及由制作机构或网民个人制作，首先在视频网站上线播出，并由播出平台对节目内容履行审核责任，对虚拟场景、角色等进行艺术加工和技术处理的剧情类作品。

② 数据来源：广电总局监管中心多渠道统计整理所得，统计周期为2020年1月1日至2020年12月31日。

不断涌现；网络视听成为动画创作传播的重要主体，竖屏动画等新兴形式快速发展。

一、以工程建设强化创作生产引导，以点带面提高动画内容质量

2020年，广电总局进一步以国产动画发展专项扶持资金等为抓手，通过创作扶持、作品推优、推荐展播、人员培训等手段，加大对国产动画片的扶持、指导力度。

一是深入推进"中国经典民间故事动漫创作工程"，传承弘扬中华优秀传统文化。始于2017年的"中国经典民间故事动漫创作工程"旨在引导动画行业创作推出更多体现鲜明中华文化基因、中国故事元素、中国审美特色的优秀动画作品，实施4年来已扶持电视动画片19部、网络动画片20部，其中重点项目《大禹治水》获"五个一工程"奖，并实现海外主流频道播出。2020年，该工程扶持了《敦煌的故事》《大运河奇缘2》等3个电视动画作品，《包公的故事》《小鲁班》《六尺巷》等10部网络动画片。这些作品深入挖掘中华民族精神，用新技术新理念丰富表达，推动中华优秀传统文化创造性转化、创新性发展。

二是聚焦主题主线，在动画创作中持续深入传播社会主义核心价值观。2020年，国家广电总局联合教育部高等学校动画与数字艺术专业教学指导委员会共同发起"理想照耀中国——第四届社会主义核心价值观动画短片扶持创作活动"，引导行业聚焦新时代火热生活，推动建党百年、疫情防控、脱贫攻坚、乡村振兴、文化遗产保护等主题成为动画短片创作主流，收集作品数量同比增长近50%。在长篇动画方面，对《幸福路上》《大王日记》《石头石猴石娃子》等5部脱贫攻坚和乡村振兴题材作品，《南湖少年》《焦裕禄》等6部建党100周年题材重点作品进行重点扶持，以点带面推动动画作品的主旋律创作生产。

三是创新性开展推优评优工作，强化动画创作人才的梯队建设。广电

总局进一步扩大年度优秀国产动画片及创作人才扶持项目推荐评选的类型和覆盖面，增设优秀创作人才、优秀制作播出机构、优秀国际传播作品三个类别，进一步明确引导和扶持的重点。在杭州动漫节期间举办动画创作人才培训班，围绕创意创作、平台运营、美术技巧等内容，邀请业内专家和行业领军人物为各省动画骨干授课，分析案例、分享经验，打造梯队型动画专业人才队伍体系。

二、主旋律动画创作氛围浓厚，传统文化题材耀眼夺目

2020年，动画作品围绕防疫抗疫、脱贫攻坚及建党百年等主题主线，进行深度挖掘、多样化呈现，以动画艺术记录时代发展、讲述中国故事、传承中华优秀传统文化。

一是紧扣主题主线，加强现实题材创作。《幸福路上》《大王日记》《石山石猴石娃子》《下姜村的绿水青山梦》《1992年，我出生在中国》等一批主题动画作品，生动反映脱贫攻坚伟大成就和感人故事。《幸福路上》通过五个单元剧讲述了沙漠治理、乡村校车、支教老师、电商直播等具有真实事件背景的脱贫故事，在一些地方卫视的收视率进入前五。《大王日记》以新颖视角呈现乡村支教老师小王的故事，折射出扶贫先扶智的深刻内涵，推出后立即受到孩子们的广泛欢迎。这些作品故事鲜活，趣味盎然，以当代人当代事为孩子们提供关于奋斗与人生的生动教育。

二是动画抗疫作品鼓舞士气，有效助力疫情防控宣传。新冠肺炎疫情发生后，全国动画少儿频道和动画制作机构迅速行动、倾情投入创作，推出一批普及防疫知识、鼓舞士气、传递勇气、为祖国加油的防疫动画片、公益宣传片，为抗击疫情提供有力精神支持。《逆行者》《致奋斗的中国人》《天使的眼睛》《跟着啦啦学防护》《防疫我最棒》《洗手歌》《中国感冒了》等作品，从孩子的视角，用孩子的语言，传播疫情科学防控知识，生动表现一线医务工作者、共产党员的感人事迹，在全国各少儿频道及主要视频网站展播，累计播出量超过5亿次，在疫情防控宣传中发挥了积极作用。

三是传统文化题材耀眼夺目,"新国风"作品不断涌现。通过近年来的引导和培育,具有中国内涵、中国元素、中式审美的动画作品日益精良。《异世界中药铺》《麦冬寻药记》等作品善于从传统文化中发掘素材,凸显优秀传统文化的价值和魅力;《少相甘罗(二)》《历师》等作品立足于优秀传统文化和当代生活的契合点,在弘扬传统文化时巧妙融入社会主义核心价值观;《画江湖之轨夜行》《雾山五行》《梦游敦煌》等作品将国漫番剧题材与传统文化巧妙结合,挖掘国风文化的全新表达方式,实现跨圈层、跨代际传播。

四是题材呈多元化趋势,教育题材占比增速最快。2020年,国产电视动画片备案公示的572部作品中,童话题材和教育题材数量最多,分别为207部67176.8分钟和184部52901.8分钟;其次为科幻题材和现实题材,分别为60部20665分钟和40部6707分钟;此外历史题材19部5912分钟;神话题材6部950分钟;其他题材58部21211分钟。相较于2019年,题材整体更为多元,且教育题材涨幅可观。网络动画题材更为广泛,覆盖了除传统的童话、教育等少儿题材外的都市、青春、科幻、传奇、武打等多个领域。其中,网络动画作品的原创比例达到54%,共97部,而IP改编作品为81部(46%)。

三、创作传播主体立体多元,竖屏动画发展迅速

2020年,动画片创作传播的参与主体更为立体多元,主要观看渠道涵盖电视和长短视频平台。随着新技术的广泛应用,动画呈现效果和制作的智能程度均显著提升,竖屏动画发展迅速。IP化运营和品牌理念已深度融入内容创作,各级动画机构积极推动动画作品走出去。

一是播出渠道更为多元,长短视频平台发挥积极作用。传统渠道方面,截至2020年年底,全国有总台央视少儿、湖南金鹰卡通、北京卡酷少儿、广东嘉佳卡通、江苏优漫卡通和上海哈哈炫动6个少儿(动画)卫星频道,以及17个省级频道、8个省会级频道、3个计划单列市级频道和1个地级

市级频道的共 29 个少儿地面频道，还有众多卫星综合频道和其他电视频道，形成了以卫星频道和地面频道为主体，其他频道为补充的动画覆盖体系。网络平台方面，学习强国、央视频、芒果 TV、爱奇艺、腾讯视频、优酷、bilibili 等综合视频网站都设有少儿或动漫版块，提供丰富多彩的动画内容，并积极参与动画创作与投资。2020 年，仅 bilibili 就投资了 20 个动画创作团队涉及 125 部国产原创动画，参与制作 45 部日本动画，占日本动画年产量的 30%。① 此外，抖音、快手、西瓜视频等中短视频平台也逐渐成为动画作品特别是竖屏动画的传播载体。

二是广泛使用新技术新手段，竖屏动画发展迅速。新技术有力促进电视动画和网络动画的创作生产。其一，三维技术更加广泛地应用于动画创作，显著提升着动画角色和场景的真实感。如《镜·双城》引用动画片中很少用到的达芬奇系统进行全片校色，在画面精度和质感上具有真人电影特质。其二，动画片的制作软件更加便捷、智能，愈加成熟的运动捕捉技术提升整体作品质感。如《凡人修仙传》将应用在影视剧、电影中的面部动作捕捉技术运用在动画中，呈现高质感画面。其三，网络动画片中竖屏网络动画发展迅速，从 2019 年的 8 部增加至 33 部。② 这些作品大部分为时长在 2 分钟以内的二维动画，相比于横屏动画情节简单、节奏紧凑，且制作周期较短，已成为动画产业的重要分支领域。

三是加强与其他内容领域的合作，把 IP 运营和品牌理念置入创作环节。当前，动画创作机构纷纷从创作环节便强化 IP 运营和品牌意识。其一，在内容创作中持续开发续集。2020 年网络动画片的续集作品占全年上线作品的 18%，电视动画中续集效应更加明显，《喜羊羊与灰太狼》《熊出没》《猪猪侠》等都持续推出续集；其二，在形式方面围绕同一 IP 开发多版本节目，以特别篇、竖屏版等方式对同一 IP 进行再创作。如网络动画片《一

---

① 数据来源：bilibili 提供。

② 数据来源：广电总局监管中心。

禅小和尚》竖屏版,《雪鹰领主之奇遇篇》《异常生物见闻录特别篇》等衍生作品;其三,内容选择时注重与漫画、小说、游戏、虚拟偶像、短视频等多领域联合开发,以期在未来形成以 IP 为基础的全产业链联动。如《一人之下》《恋与制作人》等一批 IP 改编动画从创作之初便强化与手机游戏、网络漫画等领域的联动合作,为 IP 跨界发展赋予更多可能。

四是加强国际交流合作,探索内容出海。目前,中外合拍和内容出口是我国动画进入全球市场的主要形式。在合作合拍方面,爱奇艺与美国维亚康母旗下尼克儿童频道采取"预购+监制"的模式,合作推出《无敌鹿战队》,该片曾获得菲律宾和澳大利亚儿童观众平均收视率全频道首位、英国首播当日收视率排名第一的海外播出好成绩,并于 2021 年 1 月 25 日在尼克北美频道播出。在内容出口方面,《天天成长记》《23 号牛乃唐》《八仙过海》《超级小熊布迷》《天官赐福》等在 2020 年都取得不错成绩。《天天成长记》以泰米尔语、泰卢固语、马拉雅拉姆语、坎那达语四种主要官方语言在南亚多国的付费电视频道和线上直播平台播放,同时发行至欧洲、非洲、北美和南美;《超级小熊布迷》登陆新加坡国家主流平台新传媒 5 频道(MediaCorp Channel 5)和法国 Canal+ 频道,还在泰国、中东等国家和地区的卫视和媒体平台播出。可以预期,开拓海外市场,推动动画作品出口海外将是中国动画发展的必经之路,也是文化强国建设的重要内容。

四、下一阶段做精做优动画创作的对策思考

动画片价值导向事关少年儿童打牢思想之基、价值观之基。迈向"十四五",动画将迎来更加广阔的发展空间,动画内容创作需进一步强导向、重立意、求创新、强品牌。

一是强导向,确保动画片有魂。动画片特别是低幼向动画,直接关乎幼儿的身心健康,是帮助少年儿童扣好人生"第一粒扣子"的重要载体。当前,对抗、打斗、竞速情节在部分低幼动画片中比重仍然过大,有的娱乐性过强,影响恶劣。未来,动画内容创作需要进一步强化导向意识,以

正确的政治导向、健康的思想导向、高尚的道德导向和丰富的文化导向，让动画片有魂有情有爱，真正成为少年儿童的营养大餐。

二是重立意，把动画故事讲好。好的作品如沐春风，对人的影响潜移默化，动画作品尤其如此。当前，部分主旋律动画作品仍然存在生硬堆砌知识点、宣传素材的问题，忽略了故事线、情节性、戏剧冲突等艺术表达，也忽视了少年儿童的年龄和认知特点。未来的动画创作，需要加强选好故事、编好故事、讲好故事的能力，让动画进一步发挥寓教于乐的独特优势。

三是求创新，让动画作品好看。当前，动画创作整体呈现出较好的发展态势，但模式化、同质化的现象仍然存在。如很多目标群体定位为2~4岁的动画片在创作中模仿"小猪佩奇"模式，目标群体定位为4~7岁的动画片模仿"海底小纵队"模式，人物设置和故事均缺乏新意。未来，动画创作需进一步重视原创能力的提升，强化内容创新和形式创新，以饱满丰富的内容和多姿多彩的艺术表现，提升中国动画的整体品质。

四是强品牌，深耕IP化品牌运营。日本、欧美等动画大国凭借动画在世界范围内获得了巨大的经济效益和文化影响力，这与动画的IP化运营深度相关。我国在这方面与国外相比，还有较大差距。未来，需要进一步提升品牌意识，从动画设计和讲好故事环节就开始发力，增强动画人物的辨识度，强化故事的内涵和可延展性，让动画IP和作品在观众中形成稳定的情感连接，为动画产业的IP化发展奠定更好的基础。

（执笔人：彭锦、胡雅文，国家广播电视总局发展研究中心）

第五节 网络电影

提要： 2020年，网络电影①创作生产量稳质增，精品化成效显著，题材丰富，类型多样，现实主义题材表现突出，在数量和内容品质上均有较大突破，口碑和影响力进一步提升。全年上线网络电影659部，总时长约51335分钟，同比均略有增长。主要播出平台升级合作模式和发行模式，打造健康行业生态，助推网络电影高品质发展。

一、网络电影创作生产稳中向好

2020年，行业主管部门采取"重大题材网络影视剧项目库""网络视听节目精品创作传播工程""网络视听节目季度推优"等一系列举措，鼓励包括网络电影在内的网络视听精品内容高质量发展。网络电影投资与制作机构加大投资，引入更多专业化人才，不断提升网络电影内容品质。

（一）网络电影创作量稳质增

2020年，全国生产完成并获得上线备案号的重点网络电影共745部。

---

① 网络电影，是指由节目制作机构制作，按照"重点网络电影"立项备案，影片规划信息由广播电视主管部门审核通过，成片经广播电视主管部门内容把关通过并获得"上线备案许可编号"，且最终首先在视频网站等网络视听节目服务机构播出的具备与电影片类似结构与容量的视听作品。近年来，有多部获得《电影片公映许可证》的作品，在制作、发行、传播环节有网络视听服务机构深度参与，并在互联网独播或首播，被业界、网民认同为"网络电影"，我们遵循业界惯例，在本报告中将此类作品称为"龙标网络电影"，不纳入本报告所称"网络电影"。

全年上线网络电影 659 部，同比增长 3%，总时长约 51335 分钟，同比增长 4%。网络电影的规划备案数量明显增长，特别是自 2020 年 7 月以来，网络电影规划备案通过数量连续 6 个月超过或接近 400 部。

近 3 年网络电影上线数量和总时长（见表 1）显示，网络电影已进入稳定发展期，成为网络内容建设的重要力量。

网络电影经过 5 年时间，已步入向优质化发展正轨，并因新冠肺炎疫情的影响，头部网络电影正持续加快在资金投入、内容质量方面向中小成本院线电影靠拢。

表 1　2018—2020 年网络电影上线数量、总时长情况一览表

年份	上线数量（部）	同比增长（%）	网络电影总时长（分钟）	同比增长（%）
2018	1526	-31	116126	—
2019	638	-56	49238	-55
2020	659	3	51335	4

数据来源：2018—2020 年《网络电影发展报告》，2018—2020 年《中国视听新媒体发展报告》。

（二）千万级票房影片显著增加

2020 年，网络电影票房分账再创新高。数据显示，全年分账超 1000 万元的网络电影共计 60 部，较 2019 年的 34 部有明显提高，涨幅高达 76%。分账冠军《奇门遁甲》分账金额达 5641 万元，打破 2018 年 5078 万元的分账纪录。2020 年分账票房超过 1000 万元的前 10 部网络电影中，除了常见热门的动作、玄幻等类型外，现实题材网络电影创作活跃，市场号召力和影响力明显提升。

表 2　2020 年分账票房超过 1000 万元的前 10 部网络电影

序号	网络电影片名	分账（万元）	播出平台	上线时间
1	奇门遁甲	爱奇艺 3448；腾讯视频 2193（合计 5641）	爱奇艺、腾讯视频	2020.03.19
2	鬼吹灯之湘西密藏	5414	腾讯视频	2020.09.30
3	鬼吹灯之龙岭迷窟	3512	爱奇艺	2020.04.02
4	狙击手	3432	爱奇艺	2020.03.05
5	狄仁杰之飞头罗刹	3023	优酷	2020.11.06

续表

序号	网络电影片名	分账（万元）	播出平台	上线时间
6	蛇王	2856	优酷	2020.09.30
7	武动乾坤：涅槃神石	2589	腾讯视频	2020.08.07
8	大幻术师	2488	爱奇艺	2020.08.06
9	东北往事：我叫刘海柱	2487	爱奇艺	2020.09.03
10	奇门相术	2431	爱奇艺	2020.06.26

数据来源：广电总局监管中心。

（三）创作人才专业化年轻化趋势明显

在2020年全年上线的659部网络电影中，共涉及1773家出品机构，649家制作机构和227家宣发机构（按影片字幕统计）。2020年，参与出品网络电影的官方机构共27家，越来越多的官方机构参与到网络电影的出品、拍摄和制作中。例如，公安部新闻宣传局参与制作《利剑行动》，中共临沂市委组织部参与制作《毛驴上树2：倔驴搬家》等。腾讯视频、爱奇艺、精鹰、淘梦、奇树有鱼、创维酷开、新片场、凡酷、中广天择、影娱10家机构参与出品的网络电影占比超30%。同时，在网络电影出品、制作机构中，全年只有1部作品的机构约占八成，只有17%的出品机构、14%的制作机构和28%的宣发机构在2019年有作品，由此可见网络电影创作生产机构的专业性、规模性较弱。[①]

2020年，以新人导演、知名编剧和大银幕演员为代表的"科班出身"专业人才纷纷加入网络电影的创作队伍，网络电影正逐渐被传统影视从业人员认可。数据显示，2020年上线网络电影的导演群体仍以80后为主，占比约为六成；上线网络电影的演员群体以80后和90后为主。与此同时，2020年执导网络电影的导演中仅有19%（117人）曾在2019年拍摄作品，2020年的网络电影演员中仅有17%（271人）曾在2019年参演网络电影，数据表明持续深耕网络电影的导演和演员比例不高。[②]

---

① 数据来源：广电总局监管中心。

② 数据来源：广电总局监管中心。

二、网络电影内容品质全面提升

2020年,动作、悬疑、奇幻、喜剧等类型网络电影持续获得较高的关注度。同时,一批时代感强、反映社会现实的作品获得好评(见表3)。

表3 2020年部分关注度较高、影响力较大的网络电影列表

序号	片名	题材	播出平台	上线时间
1	辛弃疾1162	古装、历史、动作	爱奇艺	2020.01.02
2	灭狼行动	警匪、犯罪、动作	爱奇艺	2020.01.05
3	九指神丐	古装、动作	爱奇艺	2020.01.19
4	外星人事件	科幻、情感、喜剧	优酷	2020.01.27
5	我来自北京之过年好	情感、喜剧、剧情	爱奇艺	2020.01.29
6	八百彪兵奔北坡	古装、动作	爱奇艺	2020.02.16
7	少林寺十八罗汉	古装、武侠、动作	爱奇艺	2020.02.20
8	狙击手	动作	爱奇艺	2020.03.05
9	奇门遁甲	古装、武侠、玄幻、动作	爱奇艺、腾讯视频	2020.03.19
10	疯狂老爹	喜剧、情感	爱奇艺	2020.04.05
11	狼鹰	枪战、犯罪、情感	爱奇艺	2020.04.28
12	无双花木兰	古装、历史、动作	爱奇艺	2020.05.07
13	机械画皮	情感、科幻、刑侦	爱奇艺	2020.06.24
14	奇袭·地道战	战争、动作、历史	优酷	2020.08.07
15	东北往事:我叫刘海柱	情感、动作、喜剧	爱奇艺	2020.09.03
16	终极台风	剧情、情感	优酷	2020.09.25
17	鬼吹灯之湘西密藏	动作、玄幻	腾讯视频	2020.09.30
18	东北老炮儿	喜剧、情感	优酷	2020.10.16
19	亿万懦夫	喜剧、情感	腾讯视频	2020.10.23
20	中国飞侠	剧情、情感	爱奇艺	2020.12.10

数据来源:广电总局监管中心(2021年1月)。

(一)主题主线作品持续发力

2020年,多角度展现脱贫攻坚主题的《我来自北京》系列、《春来怒江》《石头村变形记》《毛驴上树2:倔驴搬家》等网络电影,反映时代精神和现实生活的《中国飞侠》《十四天》《解忧理发店》等网络电影,引领时代精神风貌,忠实讲述生活感受,引发观众强烈共鸣,给网络电影创作带来

新风向和新思考。

《我来自北京》系列选取精准扶贫工作的不同阶段，从不同角度立体展现脱贫攻坚历程，用生动的故事和鲜活的人物激发人们对精准扶贫的理解和共鸣。《春来怒江》采用独到的轻喜剧形式和生活化的笔触讲述了云南怒江乡村真实、温暖、接地气的生活，同时也饱含着乡村人民积极向上、努力生活的精气神，令许多观众为之震动。

2021年以来，一批主题主线网络电影力作亮点频现。《草原上的萨日朗》以"内蒙古最美女书记"赵会杰为人物原型，全面展现新时代扶贫干部带领村民奔小康的奋斗历程。《浴血无名川》以抗美援朝战争为主题，刻画了无数浴血奋战的无名英雄，讴歌了中国人民志愿军强大的战斗意志。

（二）现实主义题材作品量质齐升

2020年以来，现实主义题材网络电影创作活跃，影响力明显提升，在数量及内容质量上均有较大突破，一批制作水准较高、传播力较好的作品，起到了较好的示范和引领作用。

《中国飞侠》以外卖员为主角，塑造出具有时代特点的人物形象，讲述生机盎然的"新北京"故事，向社会传播关于温暖奋斗的正能量。《树上有个好地方》《老大不小》等网络电影在豆瓣取得7~8分的高口碑评价。这些影片以人民为中心，深耕现实主义题材，以积极态度关注现实，记录时代脉搏，唱响时代旋律。

（三）动作喜剧类和IP类题材占比最大

2020年，含有动作元素的网络电影数量占比超四成，较2019年31%的比例继续攀升。①《奇门遁甲》《少林寺十八罗汉》《武动乾坤：涅槃神石》等武侠题材影片动作设计精彩，电影制作精美，获得观众喜爱。动作题材网络电影更加注重垂直细分，更贴近普通百姓的日常生活，涉及拳击、足球、乒乓球、网球、游泳等体育动作类网络电影明显增多，展现了积极向

---

① 数据来源：广电总局监管中心。

上的拼搏精神。2020年上线的网络电影中近四分之一为喜剧题材，涵盖东北喜剧、港式喜剧、都市轻喜剧、古装喜剧等多种风格。《外星人事件》《疯狂老爹》《东北老炮儿》《东北轴神》《窈窕老爹》《让我过过瘾》《兴风作浪3》等风格各异的喜剧网络电影受到观众青睐，影响力不断攀升。

2020年，网络电影IP改编作品数量持续增长，全年共154部，同比增长22%。网络小说、影视作品、动漫、游戏、民间传说、真人真事等是网络电影IP改编的主要来源。以腾讯视频2020年改编的IP作品为例，除了"倩女幽魂""火云邪神""西游"等公版IP改编外，还有改编自同名小说的《九叔归来1》《摸金祖师》等IP作品。值得关注的是，2020年IP改编剧本中改编自真人真事的比例较2019年增长了两倍，首次出现了话剧改编网络电影《亿万懦夫》。IP改编作品既能满足播出平台上网络电影类型愈发丰富多元的趋势，又能保证网络电影作品的流量和用户黏度。拥有广泛知名度和影响力、与平台用户契合度高的原著作品往往更为网络电影制作方和网络平台所青睐。

三、龙标网络电影融合发展

2020年新上线"龙标网络电影"共132部，与2019年基本持平。①2020年上半年，受新冠肺炎疫情影响，国内电影院暂停营业，在院线电影纷纷撤档的情况下，《囧妈》《肥龙过江》《大赢家》等院线大片选择在网络上发行播出，显示出网络电影市场的发展潜力和潜在空间。2020年下半年，以《春潮》《征途》《春江水暖》为代表的动作类型、文艺类型的院线影片仍选择在网络播出，获得了一定的口碑度和影响力。（见表4）

龙标网络电影在影片类型、内容品质、用户圈层细分等方面各有特色，在网络电影市场或取得较好的票房成绩，或收获较高热度和良好评价。随着各类院线电影不断尝试转网，付费模式不断创新，原本较难在院线收获

---

① 数据来源：广电总局监管中心。

票房号召力的中小成本影片和文艺片,在尝试网络首发或更加多样化的发行模式中摸索出融合创新发展的道路。

表4 2020年部分"院转网"龙标网络电影基本情况

片名	导演	主演	类型	上线平台	上线日期
囧妈	徐峥	黄梅莹、袁泉、贾冰、郭京飞	喜剧	今日头条、抖音、西瓜视频、抖音火山版、欢喜首映APP	2020.01.25
肥龙过江	谷垣健治	甄子丹、毛舜筠、周励淇、王晶	喜剧、动作	爱奇艺、腾讯视频	2020.02.01
大赢家	于淼	董成鹏、柳岩	警匪、爱情、动作、喜剧	西瓜视频、今日头条、抖音、鲜时光TV	2020.03.20
我们永不言弃	周显扬	韩庚、邬君梅、蔡书灵	剧情、动作	爱奇艺	2020.04.20
春潮	杨荔钠	郝蕾、金燕玲	剧情	爱奇艺	2020.05.17
征途	陈德森	刘宪华、何润东	动作、冒险	爱奇艺	2020.07.24
春江水暖	顾晓刚	钱有法、汪凤娟、孙章建	剧情	爱奇艺	2020.08.21

数据来源:根据公开信息整理。

日趋完善的网络发行渠道和网络播出环境,为院线电影转战网络提供了更好条件,由此导致院线电影窗口期不断缩短。《沐浴之王》的窗口期为20天,《赤狐书生》只有14天。院线电影和互联网融合发展的趋势愈发显现。

四、网络电影创作发展前瞻

2020年,网络电影发展稳步迈向新阶段,"高质量"成为网络电影内容创作的主题词和必然趋势。未来,随着电影与互联网深度融合,商业模式不断创新,产业生态进一步完善,以及传统影视公司、专业制作团队及知名演员的入局,网络电影内容创作精品化、内容制作工业化的发展趋势明朗。

(一)题材类型将日益丰富多元

2020年网络电影整体题材结构中,除了较为常见的古装、动作、喜剧、情感等类型，都市、体育、科幻、农村等类型也成为亮点。含有传统戏剧、传统武术、人物传记、游戏电竞、纪实、萌宠、历史等多元题材，进一步丰富了用户的观影选择，一些精准直达受众的垂直题材作品获得了较好的传播效果。网络电影题材持续创新的趋势将更为凸显。

（二）时代感现实感将进一步增强

近年来，网络电影古装、玄幻等题材大行其道的现象有所变化，遏制浮躁之风、强化价值引导成为创作共识和风向。现实主义题材影片的创作生产较以往更加活跃，一批反映时代精神、火热现实的作品获得好评，内容品质与影响力明显提升。网络电影将进一步拉近与更多观众的距离，内容创作的时代感、现实感将持续增强。

（三）高质量发展任重道远

随着网络影视剧拍摄备案和内容审核制度的深化落实，网络电影创作更加规范有序，电影题材正逐渐向多元化发展，破千万票房影片数量大大增加。同时，网络电影的评分与分账成绩"倒挂"现象仍然存在，票房与口碑兼备的网络电影尚显欠缺。未来，网络电影在内容生产上要求更加精益求精，实现高质量发展任重道远。

（执笔人：孙晖，国家广播电视总局发展研究中心）

第六节　音频

提要：在媒体深度融合的进程中，声音广播正在发生重要变革，网络音频加速发展。2020年，广播节目制播量增长，主流媒体的网络音频平台加快建设；商业音频平台持续发力移动端，催生内容新兴形态。未来的广播场景化、交互化、智能化将成为新趋势。

2020年是中国广播事业诞生80周年，世界无线电广播台开播100年。广播音频行业阵地功能不断壮大，内容创作更加丰富多元，不断涌现出新形式新业态，更有力传播声音的力量。

一、广播节目制播量增长，疫情宣传发挥主流作用

（一）广播节目制作播出时间稳中有升

《2020年全国广播电视行业统计公报》显示，2020年全国制作广播节目时间821.04万小时，同比增长2.39%；播出时间1580.72万小时，同比增长1.76%。制作新闻资讯类广播节目时间145.27万小时，同比增长2.39%。全国制作农村广播节目时间139.00万小时，同比增长8.02%。播出广播公益广告节目时间54.99万小时，同比增长42.76%，占播出广播广告节目时间的38.89%，比2019年提高了10.25个百分点。对农广播制作播出大幅增长，创四年来新高，说明广播的服务乡村和决战脱贫攻坚方面

的功能作用得到凸显。（见图1、图2）

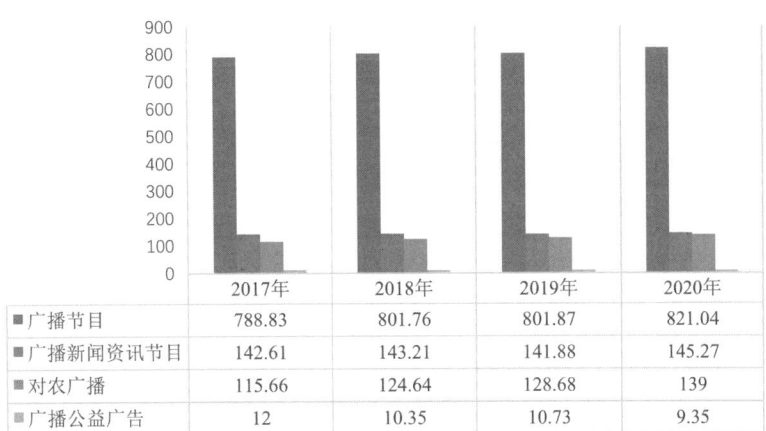

图1　2017—2020年全国广播节目制作时间

	2017年	2018年	2019年	2020年
■广播节目	788.83	801.76	801.87	821.04
■广播新闻资讯节目	142.61	143.21	141.88	145.27
■对农广播	115.66	124.64	128.68	139
■广播公益广告	12	10.35	10.73	9.35

数据来源：广电总局规划财务司（单位：万小时）。

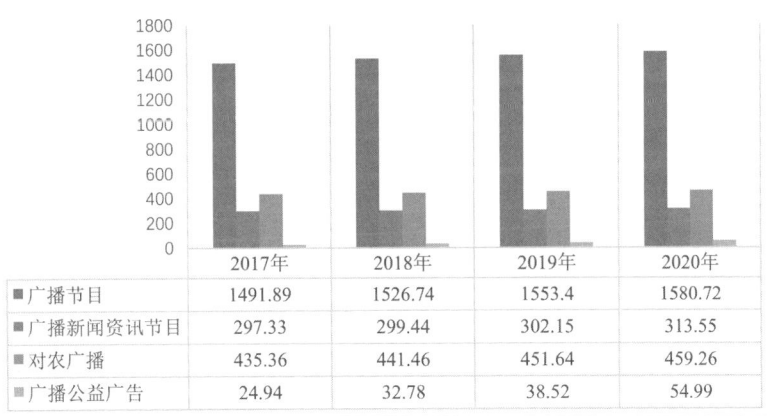

图2　2017—2020年全国广播节目播出时间

	2017年	2018年	2019年	2020年
■广播节目	1491.89	1526.74	1553.4	1580.72
■广播新闻资讯节目	297.33	299.44	302.15	313.55
■对农广播	435.36	441.46	451.64	459.26
■广播公益广告	24.94	32.78	38.52	54.99

数据来源：广电总局规划财务司（单位：万小时）。

（二）广播到达率提升

截至2020年年底，全国广播节目综合人口覆盖率99.38%，比2019年提高了0.25个百分点。根据赛立信媒介研究数据，2020年中央级、省级和市县级电台三足鼎立。中央级电台和省级电台权威性突出，收听率大幅提升,市场份额近50%;中央级电台市场份额略超12%,较2019年上升1.9个百分点,创下近五年以来最高值。新闻、交通、音乐三类主要频率仍然占据市场主流,新闻类频率因新冠肺炎疫情原因收听占比同比提升,市场份额突破27%。①

(三)聚焦主题服务大局,凸显主流媒体担当

1. 讲述抗疫故事,助力复工复产。全国各级广播电台全力服务打赢疫情阻击战。一是涌现出《金银潭24小时》《北京防疫一家人》《但愿人长久》等一大批讲述抗疫故事、抗疫英雄事迹的优秀广播剧。二是开展"致敬守护者"等公益展播活动,展播优秀节目,推出免费作品丰富群众居家抗疫生活。湖北台音乐广播唱响公益第一声《武汉一定能》,学习强国、全国100多家电台及网络平台置顶推荐,全网累计播放量突破500万次。三是创新云制播模式,开通"空中课堂"、开展在线教育。四是推出抗疫特别节目,对外讲好中国抗疫和中外联合抗疫故事。

2. 聚焦各地脱贫攻坚、乡村振兴。2020年是脱贫攻坚决战决胜之年。全国各级广播电台一是创作专题节目、融媒体节目、特别节目等,讴歌脱贫攻坚的伟大实践、伟大成就,介绍先进经验、模范典型。二是创新节目样态,通过"直播+扶贫""宣传+消费""直播带货"等助脱贫模式,产销助农。如黑龙江交通广播通过全媒体传播推出特别策划——"998原产地抗疫助农爱心计划"大型融媒体直播,帮助大庆、海伦等七地销售滞销农产品。这类做法在全国各广播电台普遍推行。

3. 公益广告提质增效。2020年国家广电总局及全国26家省级广电局设立专项基金扶持广播公益广告的创作和播出,围绕疫情防控、脱贫攻坚等主题主线,创作了一大批以演播、广播剧、快板和相声为表现形式的广播作品。中央广播电视总台央广《时代楷模卢永根》,采用男女对播的形式,塑造了卢永根永葆初心、矢志奋斗的布衣院士形象,成为主旋律作品的典范。

---

① 赛立信媒介研究,《2020年中国广播收听市场盘点》,2021年2月22日。

二、主流广播媒体音频平台的内容建设

2020年,主流广播媒体融合向纵深发展,各级广电媒体推进5G技术和融媒体中心建设,加强新媒体端和广播频率的资源共享,形成网上网下同频共振的全媒体立体式传播。

(一)音频平台建设情况

1. 中央级音频平台建设。2020年3月4日,中央广播电视总台音频客户端"云听"正式上线,成为首个国家级5G声音聚合分发平台。截至2021年3月4日,"云听"用户规模超3000万,日活跃用户超100万。

2. 省级电台和城市电台平台建设。北京广播"听听FM"、上海广播"阿基米德"、湖南广播"芒果动听"、广东广播"粤听"、江苏广播"大蓝鲸"等平台定位"本土化、地域化、垂直化""小而美",面向本地听众,依托本地优势资源,着力发挥区域音频网络媒体作用。

3. 5G智慧电台建设取得重大进展。2020年3月20日,湖南广电启动"5G智慧电台"项目,"5G智慧电台"是5G高新视频多场景应用国家广播电视总局重点实验室的音频模块,同时也是湖南广电推进媒体融合的重点项目。在内容层面,"5G智慧电台"涵括私家车、音乐等四大内容体系,赋能县级电台,使其达到成熟省级电台的内容播出水平。在传播层面,赋能县级融媒体中心建设,第一时间将优质广播节目送到全县城乡,并联通"村村响"大喇叭传到田间地头。截至2021年2月底,累计为全国286家以县级融媒体中心为主的单位提供服务,在27个省市、310家广播电台和融媒体中心上线。

(二)音频平台内容分析

1. 依托专业广播资源,打造新型音频媒体。"云听"分为听精品、听广播、听电视、听资讯、云听中国和云听乐龄六大版块,拥有166个细分频道、150万小时版权内容,聚合全国广播频率节目约800余路。"听听FM"整合上线40万小时北京电台自有版权的精品有声书、广播剧等音频内容,将全台200档广播节目进行短音频化呈现,实现北京电台10个频

率广播节目在"听听FM"的直播和回放量提升674%。主流音频节目海量内容、精细服务时代到来。

2. **细分用户，深耕垂类内容**。广播电台不断创新内容品类、深耕内容产品，实现向用户画像、智能推荐的转变。"云听"依托中央广播电视总台"中小学语文课文示范诵读库""小喇叭"的大量受众，推出系列青少年音频节目。同时针对老年群体，云听（乐龄版）为中老年提供定制化、场景化的移动互联网声音产品。这类应用正在各台逐步推广。

3. **IP节目成为发力重点**。IP节目的开发制作一类是影视节目IP。"云听"与中央广播电视总台《国家宝藏》节目组、央广文艺之声共同推出音频衍生节目《国家宝藏·挖藕季》，2020年10月26日上线，截至2020年11月底播放量近60万，微博话题阅读量超800万，成为IP音视频媒体融合的成功尝试。另一类为主播IP，打造主播可视化、红人化增加听众黏性。"听听FM"联合北京电台多位优秀主持人、制作人，原创《小小史学家》等15档互联网音视频节目，累计更新1000多期，收听量接近500万次。

4. **收听场景更加多样**。收听终端的智能化为传统广播融媒体开辟了新的收听场景。"阿基米德"利用自身融媒体优势，与上海各区的街道、小区和社区图书馆合作，打造社区专属场景电台，全面展示社区治理特色。芒果动听APP入驻吉利GKUI智能生态系统，将优质的芒果系IP音频资源、有声小说新闻资讯等内容通过AI智慧电台全新整合。开辟新的场景、与其他行业融合是音频产业的必然选择。

三、商业音频平台的内容建设分析

2020年我国在线音频用户规模达到5.7亿，预计2021年达到6.4亿。[①] 据喜马拉雅发布的《4.23世界读书日听书报告》显示，2020年喜马拉雅有

---

① 艾媒咨询，《2020—2021年中国在线音频行业研究报告》，2021年3月31日。

声阅读内容同比增长63.56%，听书用户同比增长22.23%。① 音频内容生产传播发生重大变革，移动端成为主战场。

商业音频平台经过不断发展与变革创新，已形成稳定的内容运营模式，目前主要分为两类：一是涵盖新闻、音乐、生活等综合性内容的平台，如喜马拉雅、蜻蜓FM、荔枝、懒人畅听等；二是有声书、知识类内容平台，如得到APP、樊登读书、凯叔讲故事。

（一）音频平台内容主要特征

1. 垂直化、多元化内容布局。 垂类内容资源丰富、来源广泛是商业音频平台的特色和优势。以喜马拉雅为例，100个垂类内容涵盖了政务、广播、儿童、科技、体育、健康养生等各个领域，满足不同年龄阶段用户需求。另一方面，生活、教育、娱乐类内容海量化，服务特性十分突出。喜马拉雅为用户提供个性化专栏"我听"，自主订阅添加栏目，提高用户使用满意度。

2. 市场化生产制作。 音频内容制作一般分为PGC（专业生产内容）、UGC（用户原创内容）及独家版权，目前商业音频平台最常见的内容生产模式是PUGC（专业用户生产内容），即PGC+UGC，并逐渐鼓励用户自发创建频道、孵化优质内容，实施"主播扶持计划"。荔枝作为最大的UGC音频社区，重塑了音频制作、存储、分发产业链，实现每一个人都可以通过一部手机一站式进行创造、存储、分享和实时互动，并投入百万"荔枝"基金，扶植优秀主播。

3. 个性化传播。 首先，大数据运用的普及使算法推荐成为音频内容分发的重要形式，达到精准推送和有效供给，为用户提供沉浸式体验。其次，付费收听带来音频生产和传播的剧变。音频内容的呈现模式和互动方式越来越多样，直播模式的优化发展将用户打赏的商业模式和音频行业结合起来，变被动的听众为主动的用户，要求平台提供更多优质产品和精品内容。

---

① 喜马研究院公众号，《喜马拉雅发布〈4.23世界读书日听书报告〉：人均听书7.4本》，2021年4月23日。

从内容来看,包括传统的电台节目,到相声、广播剧、有声书、脱口秀以及各种知识付费内容。从盈利模式来看,主要包括内容付费、会员制、广告收益、衍生品售卖等形式。自2016年起,每年12月3日喜马拉雅推出"知识狂欢节",2020年喜马拉雅123狂欢节期间,平台二次元内容消费同比增长476%。

(二)音频内容发展新态势

1. 传统长音频内容的转化。除音乐之外,小说、曲艺、相声、影视剧等传统文艺内容开始转向长音频领域。2021年5月7日,喜马拉雅热播排行榜中《郭德纲21年相声精选》《乱世枭雄|单田芳经典》《德云社相声精选集》分别名列第一位、第七位、第八位。2021年4月23日,腾讯音乐娱乐集团将酷我畅听和懒人听书合并成长音频"懒人畅听"。此外,喜马拉雅、荔枝、蜻蜓FM、网易云音乐等通过语音直播、视频直播、有声书等形式不断开发音频市场。

2. 新广播剧成为竞争高地。在有声书内容制作和节目形态上谋求创新,除单播、双播外,发展了超级广播剧、多人有声剧等不同的节目形态。喜马拉雅首发广播剧《三体》,总投入达千万元,意味着广播剧制作进入了"大片时代"。另一方面,尝试广播剧"可视化"。酷我畅听开发出音视频融合的广播剧《雪中悍刀行》,在音频基础上增设漫画式的场景特效和角色对话框效果,还提供实时弹幕互动功能,提升用户体验。

3. 向相关领域拓展。在互联网上收获大量用户的商业音频企业,逐步向线下布局,拓展新的服务场景。喜马拉雅以"有声图书馆""朗读亭""城市有声故事库"等产品为体系在全国诸多城市落地400个项目,广西巴马"百魔洞"有声景区成为旅游业发展新趋势。蜻蜓FM打造人文旅行类精品IP《城市文化地图》,从城市地标、景点切入,讲述城市历史发展、人文特色、文化符号。这些都为音频内容拓展了巨大空间。

四、未来展望

当前，音频行业正面临前所未有的机遇和挑战，新一轮信息技术革命推动舆论生态、媒体格局、传播方式深刻变化，媒体融合向纵深推进，"智慧广电"不断提速，新型音频媒体将快速成长，不断拓展新的传播与消费方式，增强引导力、传播力、影响力。

智能终端将开辟新的收听场景。5G技术使音频行业迈入全场景发展时代，音频平台不断拓展内容分发渠道，与手机厂商、超级APP、智能音箱、互联网电视（OTT）、智能家居和可穿戴设备等物联网、车联网厂商的主流品牌达成生态合作，通过提供精品内容以及精细化的联合运营服务不断扩大音频用户覆盖面。

音频智慧化、交互化呈加速趋势。大数据、人工智能、云计算、5G技术的应用深刻影响了音频内容的制作、传播和表现形式。一是算法推荐成为音频平台内容分发的重要形式，提高音频精准推送和有效供给。二是AI合成主播在广播和音频平台逐渐应用，实现音频批量快速生产，大幅降低生产成本。三是对接广播媒资生产需求，研发广播回听下载客户端，实现批量下载广播回听音频文件，大幅提高媒资文件收集效率。四是5G智慧电台实现一键生成智能电台，以人工智能技术再造广播价值，赋能县级融媒体中心建设。

（执笔人：靳丹，国家广播电视总局发展研究中心）

第四章

媒体融合和新型主流媒体建设

课题指导：

国家广播电视总局媒体融合发展司司长　　　　杨　杰

第一节 广播电视媒体深度融合发展

提要： 2020年，广电总局加大推动媒体深度融合的力度，聚焦重点难点，出台一系列新的政策措施。全国广播电视聚焦增强影响力、竞争力、传播力，不断推动深度融合，深化内容、渠道、平台、经营、管理等各方面创新，出现一批成功典型，广播电视媒体深度融合进入全面推进、深入实施、重点突破的新阶段。

一、深度融合发展阶段的新部署

2020年11月，广电总局贯彻落实中央决策部署，发布《关于加快推进广播电视媒体深度融合发展的意见》（广电发〔2020〕79号，以下简称《意见》），聚焦融合发展实践重点难点，对加快推进广电媒体深度融合发展作出新的全面部署。《意见》全文共9个部分、28条，被称为2016年《关于进一步加快广播电视媒体与新兴媒体融合发展的意见》（新广电发〔2016〕124号）的升级版。总体来看，部署的"新"主要体现在"深度"二字。

一是从政治高度认识媒体深度融合发展，引导广播电视进一步把媒体融合作为关系行业前途命运的战略工程、生命工程，将新型广播电视主流媒体作为国家治理体系和治理能力现代化建设的重要力量，明确其舆论引导、思想引领、文化传承、服务人民的功能，以及党和政府联系群众的桥梁纽带，群众离不开的平台和渠道的作用。二是深度耦合全面深化改革进程，聚焦深层次问题，深化体制机制改革，寻求在关键环节取得突破，持续激发发展动力和活力。三是强调创新驱动、科技引领，构建数字经济环境下以数据为关键要素的新业务模式，实现广播电视迭代发展、整体转型，全面塑造发展新优势，增强影响力和竞争力，更好保障使命任务履行。四是全面贯彻新发展理念，以系统观念统筹推进，强调协同推进各层级融媒体中心建设，支持构建区域协同发展新格局，发挥媒体融合发展整体优势，提高行业整体竞争实力。

为推动《意见》尽快落地实施，2020年12月3日，广电总局组织召开全国广播电视媒体深度融合发展推进工作电视电话会议，进一步加强工作指导，引导广播电视在思想认识上再深化，资源配置上再倾斜，工作推进上再抓紧，方法举措上再创新，推动广电媒体高质量创新性发展。

二、广电媒体融合发展的新态势

全国广电媒体对标对表中央部署要求，坚持以人民为中心的工作导向，把党的优良传统和新技术新手段结合起来，在信息内容、技术应用、平台终端、管理手段的共融互通上下功夫，深化体制机制改革，加快自我迭代升级，打造有影响力和竞争力的新型主流媒体，为群众提供高质量内容和综合服务，积极建构群众离不开的平台和渠道，取得了一系列新进展。

（一）深化供给侧结构性改革，扩大优质内容产能

重塑内容生产流程和架构，形成集约高效的内容生产传播体系。2020年以来，各级广电媒体的新闻采编制作已基本建立以新媒体为核心的运行机制，实现了"一次采集、多种生成、全媒发布"的小屏优先生产模式，以及策采编发评的流程一体化。在此基础上，更多广电媒体按照全媒体产品导向，进一步再造流程，拓展非新闻的全品类内容生产，逐步向"大内容、大服务"拓展，全面进入主战场。中央广播电视总台2021年4月在央视频上线首批垂类频道12个，各相关节目中心将同步运营广播电视频道和新媒体垂类频道，实现"一体策划、一体生产"的深度融合。江苏、

湖北、天津等省级广电媒体依托已建立的中央厨房或全媒体指挥调度中心，打通非新闻类产品与服务，构建集党政类服务、舆论宣传、文化旅游、地区产业等于一体的云平台架构，实现数据的集中处理和域内服务的大拓展。

创新内容表现形式，以内容优势赢得发展优势。各级广电媒体突破和创新内容呈现方式，强化直播、互动，运用图文、短视频、移动直播、互动产品、沉浸式产品、动画、H5 等多种创新表达手段，打造了一大批具有广电特色的融媒体产品，推出一批现象级产品、爆款产品，有的还成为有影响力的融媒体品牌。北京台推出的 H5 交互产品《2020 脱贫攻坚——阿中邀你助力奔小康》将祖国化为原创卡通人物"阿中"，以其奔跑追梦的形式，在互动游戏里展现了精准扶贫的生动故事。此外，广播节目的视频直播、各类节展的慢直播逐步常态化，支持自由视角、子弹时间的综艺、体育节目、沉浸式晚会等越来越多。代表着媒体融合最新进展的创新创意成果对于强化广电媒体精品生产，提高影响力竞争力具有重要意义。

大兴"开门办台"之风，与用户互动共创内容。一方面是用好客户端、用户社群等联系群众平台，设立网络问政模块，及时传达政策方针，回应百姓关切。如黑龙江台"极光新闻"客户端在全国两会期间开辟"我请代表委员捎句话——网友问 代表委员答"两会专区，用户可直接点击进入发表民生话题。另一方面，广电媒体在吸引用户参与内容生产传播方面积极探索，通过开辟"爆料""拍客""社区链"等功能模块，实现新闻线索提供，以及"朋友圈"互动功能，在上传和分享中实现对平台内容的丰富和拓展。四川台的"四川观察"很大一部分内容都是由遍布国内外的拍客上传提供，经二次创作成为爆款内容。

（二）先进技术融入业务全链条，驱动媒体转型升级

以融媒体技术平台为载体，先进技术广泛应用于广电全媒体业务全链条全流程，创新驱动广电媒体整体转型。

加强应用工具开发，提高内容生产效率。2020 年，技术对融媒体内容生产的赋能尤为亮眼。在新闻生产方面，融媒体主动拥抱新技术，逐步向

"智媒体"转型。山东台在内容生产、内容创意、内容传播、内容聚合和政务服务等方面,探索出智云、智品、智传、智网、智库"五智模式";广东触电传媒在全媒体新闻生产平台基础上,增加5G+AI技术的智能管理平台,实现对视频的智能化处理。在新闻播报与发布方面,广电媒体依托积累的语料库训练和迭代算法,用AI技术打造更实用的产品,如湖南台的5G智慧电台,上海SMG推出的虚拟二次元新闻主播"申芯雅"等。

深耕个性化垂直化,提高服务精细化水平。在先进技术加持下,广电媒体的业务体系从封闭走向开放,产品和服务的提供方式也从一对多的广播式,逐步转变为更加个性化、智能化的分发式。越来越多广电媒体积极利用大数据、算法推荐等智能技术,深入分析用户特征和多样化需求,链接和打通内外部资源,面向不同场景不断进行内容形态和分发渠道的创新,构建精准服务模式。比如长沙台的数据中台汇集自有数据资源以及城市超级大脑等脱敏数据,对用户精准画像,通过融媒体生态体系内的各个终端向用户推送具有舆论引导价值,且符合需求和兴趣的资讯、政务、服务、产品,显著提升传播有效性。

(三)建强用好各类平台终端,全面提升引导和服务群众的能力

壮大自有平台,筑牢舆论引导主阵地。目前,中央、省、市三级广电媒体基本都建有新闻移动客户端,并构建了包括广播电视频道频率、网站、各类新媒体账号在内的全媒体传播矩阵。这些广电媒体以新闻客户端为平台,一方面承载台内各类内容和资源,撬动组织架构革新;另一方面聚合域内政府部门、企事业单位、制作机构和个人用户,共同搭建集合台内号、政务号、媒体号、机构号、达人号、自媒体号等的新媒体账号"森林",形成共振传播格局,为用户提供更优质的信息内容服务,拓展主流舆论的表达形式、传播边界与触达深度。

拓展平台功能范围,提升服务群众能力。广电媒体将自有平台拓展为深度融合的桥头堡,突破传统媒体功能边界,向上主动对接社会思想文化公共资源、社会治理大数据,集成党政各部门的政务服务数据和业务;向

下积极在用户需求与民生服务、商务服务之间建立精准连接。通过千行百业与千家万户的供需匹配，平台在新闻资讯、政务信息、教育服务、电商直播、社交互动等方面取得较好突破，用户黏性和活跃度都有显著提高，自我造血和可持续发展有了重要基础。湖北台"长江云"开通战"疫"义诊和组织农副产品公益直播带货，河南台"大象新闻"、贵州台"动静新闻"上线网上课堂，一些客户端承接政府消费券发放，等等，这些措施推动客户端注册用户上升至百万级别，日活留存也较为稳定。

（四）深化体制机制改革，激发内生活力动力

建立顺畅高效、适应市场竞争和一体化发展的内部运行机制。近年来，广电媒体普遍以工作室制或项目部制开辟事业发展新平台，经过不断摸索尝试，改革思路日益清晰。一方面塑造全媒体内容品牌并深耕垂直业务，发展新业态新模式，通过内部创业寻找广电媒体增长的第二曲线。另一方面，以工作室制度为突破口，用互联网思维革新内部运行机制，适配标签化、扁平化、可不断扩容的互联网加载模式，打破既有的条条框框限制，打破发展边界。比如广东清远台经过六年多的实践，在2020年启动改革3.0版，按照产品线组建不同垂直业务群，彻底改变以频道频率配置资源的传统组织方式。从改革视角看，积极布局MCN，则是为了更直接地以公司化的方式孵化内部IP资源，桥接更多外部资源，探索构建以"内容生产—流量运营—商业变现"为基础的业务闭环。

创新选人用人机制和薪酬分配制度。总结近年来媒体融合取得实质突破的广电媒体经验，在选人用人和薪酬分配上是有着基本共同的创新路径。一方面，打破身份，统一管理，事业编制存入档案，竞争上岗、同工同酬、双向选择，拓展专业技术职称和行政职务之外的上升通道，建立首席制，细化评聘规范；另一方面，以岗定薪、倾斜一线、全员考核，积极完善"移动优先、一体发展"全媒体考核体系，确定岗位绩效系数，通过动态化考核，合理拉开收入差距。设立全台性奖励制度，定期对优秀作品、项目和团队予以资金和荣誉奖励，同时，对于恶性竞争、怠工等行为予以严格惩

罚，形成奖惩分明的激励导向，全面调动工作积极性。湖南卫视规定每个工作室 7 名核心成员可以分享工作室 70%"项目价值奖"，给予头部人才更大激励。

（五）加快管理手段创新，拓展媒体融合发展新境界

各级广播电视行政部门创新管理方式、提高服务效能，着力抓细抓实抓出成效，引领全国广电媒体融合发展走向纵深。

充分调动地方积极性主动性。2020 年，贯彻落实"放管服"要求，广电总局稳妥做好"设区的市、县级地方新闻单位的《信息网络传播视听节目许可证》核发"审批权下放至省级广播电视行政部门的衔接工作，以"审批权"为抓手，调动省级广电行政部门的积极性和行政资源，发挥广电总局和省级广电行政部门两级管理的优势，推动县级融媒体中心建设和媒体融合发展。

差异化高标准创建广播电视媒体融合发展创新中心。截至 2021 年 4 月底，广电总局先后指导创建了湖北、陕西、京津冀、江苏、湖南、苏州等 6 家层级不同、定位各异的创新中心。其中，湖北依托长江云，侧重统筹全省政务信息数据资源，覆盖全省，支撑省市县三级区域；陕西侧重依托全媒体网络平台建设、进行模式探索；京津冀侧重落实国家区域协同发展战略部署、探索资源整合共享；江苏依托"荔枝云"平台，侧重以"省市县贯通+产学研打通"模式拓展全新生态；湖南侧重依托湖南卫视和芒果 TV 一体两翼进行产业链拓展；苏州侧重服务智慧城市建设和社会治理，积极参与县级融媒体中心建设，建设本地主流舆论阵地、综合服务平台和社区信息枢纽。在广电总局融合司指导下，各创新中心明确定位、合理规划、大胆突破，坚持理论与实践相结合、高质量和创新性相结合、针对性和实效性相结合，下一步通过创新中心之间的深度沟通、资源共享、经验互鉴和项目合作，溢出效应和示范效应将带动全国各地媒体融合发展水平全面提升。

加强评先奖优，发挥先进典型的示范作用和重点项目的带动作用。广电总局积极宣传推广 2019 年度、2020 年度广电媒体融合发展先导单位、典型案例、成长项目，编辑出版《广电媒体融合发展进行时》，在新媒体宣传矩阵集中展示宣传，同时为各地搭建交流合作平台，在推进会、培训班上邀请具有示范意义的机构介绍经验做法。一些省局分别发布媒体融合发展扶持资金申请、管理办法，对典型性、示范性和引领性单位和项目予以扶持奖励，同时，积极利用官网、公众号等渠道展示推广优秀案例。大多数省局积极组织开展各类实操实战和政策解读、经验交流培训班，加快推动全省各级各地媒体加快迭代发展。

三、趋势展望

近年来，全国广电媒体融合发展取得重要进展，初步构建了全媒体传播格局，为打造新型主流媒体打下良好基础，融合发展成果在新冠肺炎疫情期间的大考中交出合格答卷。与此同时，我们要清醒地认识到，媒体融合发展重点在广电、难点也在广电，广电媒体深度融合发展的进程事关战略全局、事关战略成败。当前，广电媒体融合发展不平衡不充分，存在一些关键性的难点堵点，影响融合发展走深走实。比如，用传统媒体的思路运营新媒体，满足于一键全网全平台分发，没有差异化内容生产、没有与用户建立互动，对传播效果关注不够，影响力不强；对数据的生产要素属性认识不到位，不具备"广电＋政用、民用、商用"的精准服务能力，新闻产品和综艺等各类节目版权在互联网渠道没有形成合理公平的交易模式，商业模式创新乏力，无法解决可持续发展问题，竞争力不强；全面深化体制机制改革魄力和能力不够、争取的资源和支持力度不够，发展活力动力不足。此外，部分广电媒体在县级融媒体中心建设和省级技术平台建设中参与不够，将导致进一步建设市级融媒体中心和全面构建省市县三级协同发展格局时陷入被动。这些都需要及时研究，高度重视，拿出对策。

2021 年，广电总局专门成立媒体融合发展领导小组，建立了工作规则，制订了 2021 年推进广电媒体深度融合发展工作方案，同时印发通知要求地市级以上广播电视台要抓紧谋划和制订本机构媒体深度融合发展三年行动计划；各省级广电行政部门要精心组织、分类指导。针对版权价值兑现痛点，广电总局组织搭建的广电视听融合传播基础信息平台，已选取12家广播电视和网络视听机构开始小规模试验。

可以预见，以三年为期，全国广电系统将严格对标对表，上下同欲，共同推动广电媒体深度融合取得扎实成效。一是充分发挥广电的视听特色和专长，广电媒体在各级融媒体中心建设和互联互通、协同发展中发挥主力军作用。二是增强政治自觉和行动自觉，走好全媒体时代群众路线，发挥公信力优势，连接千家万户、千行百业，在提供优质化、个性化、智慧化内容和综合服务上不断突破。三是以全媒体传播工程为引领，项目式推动确保任务逐项落实，构建中央、省、市、县四级广电媒体差异化定位、联动共振的协同发展格局，深度参与和服务国家重大战略。四是把改革放在更加突出位置，在关键环节、重点领域取得整体性突破，全面激发人才队伍的积极性、主动性、创造性，做强新型广电主流媒体。

（执笔人：莫桦、秦煦，国家广播电视总局发展研究中心）

第二节　广播电视新型主流媒体建设改革与创新

提要： 广播电视新型主流媒体建设是一项重大政治任务，也是一个系统工程、生态工程，需要全面深化改革来实现。2020年，全国广播电视系统推进内容生产、传播流程、产业运营、体制机制、人才建设等方面的改革创新，着力巩固信息时代的思想舆论阵地，构建新型的资源聚合平台、综合服务平台，打造具有强大传播力、引导力和强大市场竞争力的新型主流媒体。从全国广播电视媒体融合先导单位、典型案例、成长项目征集评选案例中，可以看到广电新型主流媒体建设的改革实践与路径创新。

建设新型主流媒体是时代发展、技术进步的必然要求，是媒体融合的主要目标。2020年9月，中共中央办公厅、国务院办公厅印发的《关于加快推进媒体深度融合发展的指导意见》指出，推动传统媒体和新兴媒体在体制机制、政策措施、流程管理、人才技术等方面加快融合步伐，尽快建成一批具有强大影响力和竞争力的新型主流媒体，逐步构建网上网下一体、内宣外宣联动的主流舆论格局，建立以内容建设为根本、先进技术为支撑、创新管理为保障的全媒体传播体系。广电是新型主流媒体建设的主力军，为充分发挥先进典型的示范作用和重点项目的带动作用，广电总局于2019年和2020年连续开展全国广播电视媒体融合先导单位、典型案例、成长项目年度征集评选活动。从获奖单位在内容生产、传播流程、运营模式、体制机制、人才队伍建设等方面的创新经验中，可以看到广电新型主流媒体建设的探索实践和基本路径。

一、高新技术和市场相结合，推动内容生产创新

（一）应用高新技术创新视听产品形态

新型主流媒体加大高新视听内容供给，推广运用超高清、虚拟、流媒体等新技术，生产制作全息化、可视化、沉浸式、交互式的视听内容，改善广播电视节目及移动短视频节目制作和播出质量，提升用户视听体验，增强主流媒体内容吸引力。遭遇新冠肺炎疫情的2020年全国两会期间，湖南台、山东台等多家省级媒体通过VR等技术应用，打造720度沉浸式"云会场"，为受众带来耳目一新的感受。日常播出的文化类、综艺类节目中，5G、AR、三维、抠像等技术的使用越来越普遍，国宝、文物开始"活起来""动起来"，艺术与技术的完美融合将电视美学推到新高度。高新视频内容的打造，既给用户提供了视听盛宴，增强了用户黏性，也带动了高新视频产业链的发展。

（二）内容进市场促进舆论阵地建设

广播电视的优势在于视听节目，但是在电视观众向小屏和互联网转移的情况下，品牌节目也存在叫好不叫座的现象，当前各级广电正在探索"线上节目、线下活动、全媒互动、品牌带动、产业营销"的新生态体系，不仅可以作为旁观者进行拍摄，也可以发挥传媒业资源整合的能力与能量，嵌入社会产业分工，成为全产业链上不可分割的一环。各地创办的种类繁多的垂类内容和接地气的民生节目，替百姓督促、解决生产生活中遇到的税务、房产、车辆、护照、社保、医保等问题，既让群众感到来自主流媒体的温暖和社会正能量，也建立起以粉丝群为核心的圈层用户体系，将节目产品化、受众用户化，从而延伸节目的产业价值。以SMG为例，《梦想改造家》栏目深度参与到建筑家装行业当中，具备整合全产业链资源的能

力。节目的产业化延伸,给节目创新和延续带来了无穷动力,避免了以往再火的节目几年之后也后继乏力的状态,同时也为广电新型主流媒体向以内容为核心的产业结构优化奠定了基础。

二、在跨界融合中实现产业结构转型,增强市场竞争力

(一)智慧广电服务创新媒体产业运用

随着媒体融合向纵深推进,广电主流媒体正在快步向"智慧广电"演变,"新闻+政务+服务+商务"已成为普遍应用模式,新型主流媒体在服务政府、服务社会和服务百姓中找到自己的定位和价值。疫情期间,北京、贵州、上海、山东等各地广电机构,利用电视频道直播+IPTV等方式开设"空中课堂",为中小学生提供家庭在线教育服务。湖北、山西、吉林等地农业区的广电机构,着力扶助三农事业,建立三农数据库、三农融媒体平台通联点等,为脱贫攻坚、乡村振兴贡献力量。浙江华数集团开发的"城市大脑"项目、江西台的赣云、陕西广电集团的"秦岭云"、无锡台的"爱无锡"等平台,集百姓问政、政府反馈、评价等功能于一体,使得群众足不出户就可享受政务、民生、文化、教育等便捷服务。通过这些实践探索,广电在与社会各行各业的沟通协作中增强了服务意识,提高了盈利收入,取得了共赢的效果。

通过技术输出与服务,广电主流媒体获得了社会效益和经济效益的双丰收。山东台、广东台、江苏台、苏州台等实力较强的机构积极输出内容管理平台、移动直播平台、广告管理后台、大数据系统、舆情监控系统等系列融媒体技术产品和服务。这些服务一方面方便各行各业和群众的工作生活,另一方面为政府提供用户精准画像,有助于政府科学决策,同时也为媒体自身赢得了更强大的影响力和日益增长的服务收入,改变了盈利模式单一、过度依赖广告的现象。

(二)广电MCN拓展新兴业态

新型主流媒体具有较高的知名度和公信力优势,背靠强大的媒体资

源,拥有丰富的内容资源和自带流量的主持人,能够稳定持续地产出内容,在布局 MCN 上有着天然的资源优势。因此,近年来以短视频、直播、网红孵化为主要业务的广电 MCN 机构逆势而上,与社交平台、电商平台建立多类型合作,为广电内容资源变现搭建新路径,大大拓展了产业边界。济南台"鹊华 MCN"联合黑龙江广电、快手开展直播带货活动,联合济南市商务局等机构开展云上交易会,取得了良好的经济效益。广东广电 MCN 与台内的广告经营、广电文旅、媒体零售和教育培训等经营公司联动,并与互联网头部电商平台、广告平台合作,通过电商带货、广告经营等方式实现商业化变现。与商业 MCN 相比,广电 MCN 更加注重政媒互动和社会责任,纷纷推出"政府领导带货"等线上线下活动,助力当地经济发展的同时也为广电媒体带来两个效益的双丰收。

三、打造新型传播平台,实现全媒体传播

(一)多渠道智能化传播

广电新型主流媒体建设在传播方面坚持一体化发展,跨媒体、跨区域、跨行业、跨层级展开合作,新闻、信息等资源互通,扩大传播范围和影响力;坚持移动先行、移动优先,实现小屏带大屏,并与今日头条、抖音、快手等互联网商业平台合作,实现电视、广播、各新媒体平台、户外大小屏、移动电视等全媒体、多渠道传播。配合主题主线宣传,以北京台为代表的广电机构推出"壮丽70年 我们都知道"等全媒体宣传栏目,通过新媒体联动、跨平台合作等方式,使优质内容在全网传播;广东台、济南台等多家省市级播出机构从自有平台到外部平台形成全媒体传播矩阵,打通、拓展内容传播渠道,掌握主流舆论场的主动权和主导权,将主流声音直达用户。广电新型主流媒体的全媒体传播,构建起网上网下一体、内宣外宣联动的主流舆论格局,壮大了主流媒体的舆论引导功能。

(二)打造自主可控、具有强大聚合力和引领力的新型传播平台

广电主流媒体发挥整体优势和视听特长,逐步加大技术研发投入,组

建自己的技术研发团队,加快打造技术先进、特色突出、用户众多、自主可控的新型传播平台,力求在媒体融合中掌控技术主动权。以山东海看公司为例,近年来平均研发费用投入强度为 4.11%,拥有技术研发人员 110 余名,数量占职工总数超过 40%,自建了海看大数据平台,自主研发了海看用户中心、海看智能搜索引擎、媒资管理分发平台、海看智能审核平台、章鱼 TV 等。广东触电传媒公司也建立起完备的技术团队,构建起完整的融媒技术产品体系,获得超 200 项知识产权。自有技术支撑下的传播平台打造,有效解决了"有爆款,没用户"的发展瓶颈,为广电主流媒体在全媒体环境中,依然能够拥有强大舆论引导力、影响力,奠定了扎实基础。同时,这个平台也是资源聚合型的平台,不仅服务于自身,更服务于党和政府、服务于全社会,促使广电新型主流媒体加快向主流舆论阵地、综合服务平台和社区信息枢纽转变。

四、创新体制机制,激发内部活力

(一)优化媒体组织架构和工作流程

新型主流媒体坚持 体发展理念,深化体制机制改革,科学布局、精简机构、裁撤冗员、优化流程,实现各种媒介资源、生产要素有效整合,保障内部的高效运作,适应市场的万千变化。

一是打破台内部门限制,推进资源共享。广电主流媒体加强对全台人力、资金、版权媒资等资源的统筹调度,开展跨部门资源使用的成本核算和内部市场化结算,形成发展合力。在资源分配上向新媒体端倾斜,让有限的人财物发挥出最大的效力。

二是优化内部组织架构和工作流程。内部组织设置由中心制、频道制,逐步转向项目部制或者产品事业部制,精办频率频道、优化节目栏目、整合平台账号,制定准入退出机制。业务流程打通,有的广电机构全台人员从频道频率中分离出来,组建不同的经营中心,与各行业深度融合联通,充分链接政府和社会各类资源,全面、精准服务用户,拓展媒体功能和价值。

(二)建立健全工作室制度

工作室制度正在新型主流媒体内部逐渐推广。湖南、上海、安徽等广电主流媒体充分发挥人才优势,独自或与外部资源合作成立了工作室,这些工作室在属性上基本可分为部门工作室和个人工作室,在资金支配、资源使用、人员招募、绩效分配、业务经营上有较大自主权,同时在宣传管理、安全播出上又受到台或集团的严格管控。有的台为其提供启动资金,有的利用频道资源对接、引导各工作室开展内容创作、树立品牌、扩大推广,有的对工作室成员进行定期技能培训。工作室制度给有能力有魄力想干事的广电人提供了在体制内创业的机会,激发了人才队伍的创新创造活力,一定程度上解决了"人才结构性缺失"的问题,也锻炼了队伍的商务运作和成本控制意识,能够快速适应市场需求。

五、推进人才管理创新,激发干事创业热情

一是优化人才引进和晋升机制。广电新型主流媒体一方面加大高端人才引进力度,将融媒体内容生产、技术开发、经营管理等紧缺高端人才纳入本地紧缺专业人才引进计划,面向全省甚至全国招聘优秀高层次人才,尤其是各级领导干部,使其在团队中起到领头羊作用。另一方面,实施岗位竞聘制,苏州、昆山等地广电机构对于业务能力较强的人员,出台特殊人才年金制和首席人员待遇制度,使员工拥有双晋升通道,激发员工干事创业热情。

二是改革绩效考核体系。考核方式由原来的收入为主调整为利润指标和经营指标双重考核,并在分类考核的基础上增加新媒体业务的权重系数,将绩效与个人薪酬挂钩,匹配相应的奖罚激励制度,激发从业人员向新媒体转型的积极性。江苏、深圳等地广电媒体加大对新媒体发稿及业务的考核占比,鼓励优秀内容人才在新媒体领域创建个人品牌及内容IP。上海台、济南台、温州台等机构对优秀团队、重点项目和先进个人及时奖励;昆山

市融媒体中心将新媒体业务的创收扣除成本后，纳入员工的二次分配，激发了员工参与新媒体业务的热情。

三是大力推进薪酬制度改革。广电新型主流媒体实施身份薪酬管理向岗位薪酬管理转变，岗位工资和档案工资分离；员工薪酬实行双轨制，以岗位绩效工资为主，重点向业务一线、重点岗位和突出贡献的人员倾斜，实现业绩、利润与薪酬奖励挂钩；推出节目项目化和活动项目化，项目负责人全权负责节目和活动的策划、执行和团队的组建，建立健全节目质量和活动成效评估考核体系。

四是根据新业务定制化培养新型人才。广电新型主流媒体通过"走出去""请进来"、集中培训和个人学习相结合的方式，强化媒体融合政策与融媒体技术培训、节目创作人员培训，培养更多适应新业务需求的融合型、全媒型、专家型媒体人才，为广电加快向新型主流媒体转型提供源源不断的动力。

所当乘者势也，不可失者时也。习近平总书记高度重视新型主流媒体建设，多次作出指示提出要求。新型主流媒体建设对广电来讲是大势所趋，经过多方探索实践，已经取得了显著成效，但是仍然存在诸多问题，比如，广电机构媒体融合的进程不一；视听内容的创新性和互动性还需要增强；媒体内部的体制机制改革尚显缓慢；新技术应用自主研发不足；重点领域、关键环节的突破不多，等等。解决这些问题，只有全面深化改革，要用足用好改革在新型主流媒体建设中的关键作用，实现媒体的迭代升级，加快增强新型主流媒体强大的影响力和竞争力。

（执笔人：于秀娟、丁琪，国家广播电视总局发展研究中心）

第五章

科技创新与发展

课题指导：

国家广播电视总局科技司副司长　　　　　　　　孙苏川

第一节 智慧广电建设

提要： 目前，"智慧广电"工程深入实施，已有16个省（区、市）制定发布省级智慧广电建设实施方案，广电媒体智能化水平不断提高，有19个省级云平台为本省县级融媒体中心提供云服务。广电网络向云化、IP化、智慧化升级，全国有线电视高清和超高清用户突破1亿户，智能终端用户2985万户，TVOS已在18个省份有线电视网络的1600万台机顶盒上部署。智慧广电生态建设持续推进，多场景全业务全链条服务效能不断增强，全媒体智慧化监测监管能力不断提升。

近年来，广电总局制定出台一系列推进"智慧广电"建设的发展政策、规划、标准，发挥了政策指引、科技支撑、服务保障作用。"智慧广电"建设工程的实施增强了公共服务效能，不断完善"政用＋民用＋商用"业务模式，智慧政务、智慧城市、智慧社区、智慧教育等应用场景逐步开拓，"智慧广电＋"生态初步构建。2020年，在新冠肺炎疫情阻击战中，广播电视加快破解智慧广电瓶颈问题和技术难题，取得重要进展。

一、抓住关键环节实施"智慧广电"战略

2020年，广电总局科学研判、统筹实施，加快推动"实验室＋项目＋规范＋示范＋推广"的科技创新体系发展，不断强化智慧广电的技术支撑，

人工智能、区块链、商用密码等新技术融合应用,取得明显成效。

加强典型示范。2020年,广电总局面向全国广播电视和网络视听机构,部署开展"智慧广电示范案例征集评选"工作,总结、提炼和推广全国各地智慧广电建设工程的探索实践、典型做法、成功经验和路径模式,对组织管理、生产制播、传播分发、运行监管、生态建设等5类优秀案例进行展示、评选和推广,着力发挥示范带动效应,激发各地智慧广电建设的紧迫感和主动性。在杭州举办智慧广电建设发展和高新技术高级研修班,参与第三届数字中国建设峰会、广东超高清大会、深圳文博会,搭建智慧广电展馆展区,宣介推广建设成果,引领智慧广电建设拓展。

制定修订相关技术标准和规范。实施"智慧广电"战略,行业标准和技术标准要先行。2020年以来,广电总局制定发布《应急广播平台工程建设技术标准》《4K超高清视频图像质量主观评价用测试图像》《互联网互动视频数据格式规范》《互联网电视总体技术要求》等行业标准、技术标准,对高清超高清内容制播、智慧内容生产、智能终端等领域的标准进行了制修订,为"智慧广电"建设提供技术规范。梳理区块链与广电领域融合应用的5种典型场景,编制发布区块链技术应用系列白皮书,为应用区块链技术解决行业发展痛点难点问题提供技术指导。

推动人工智能与商用密码等关键技术攻关与应用。在人工智能方面,积极推进深度伪造防范与治理相关技术和支撑系统研究,组织自主研发了深度伪造内容鉴别资源库,开发了深度伪造视频安全防控试验系统,并开展了小范围试点应用和技术验证。在商用密码方面,进一步充实和健全商用密码应用试点的工作机制,组织自主研发应急广播、数字版权保护、数字电视条件接收等方面的核心芯片、基础软件模块和关键装备,建立广播电视和网络视听行业商用密码应用相关技术标准体系,初步形成广播电视与商用密码协同发展的格局。在智能电视操作系统(TVOS)方面,加快研发智能电视操作系统,2020年12月,TVOS 4.0发布,支持8K、VR和云游戏等高新视频应用场景,大小屏多终端联动交互能力提高。

二、"智慧广电"建设的新亮点

2020年,广电总局评选出优秀、先进、入围三个等级的141个智慧广电示范案例,集中体现了科技创新和场景应用在智慧广电建设中发挥的支撑性作用,呈现新亮点,展示新经验。

(一)组织管理:强化政策规划和技术指引,协同推进"智慧广电"建设

2020年,全国各地通过部门协同、政策扶持、资金支持等方式不断增强政策的落地效应、辐射效应、示范效应,推动"智慧广电"建设再上新台阶。截至2021年6月,北京、河北、内蒙古、黑龙江、江苏、浙江、福建、河南、广东、广西、四川、贵州、甘肃、青海、湖南、吉林等16个省区市制定发布了省级智慧广电建设实施方案。

加强跨部门协同合作。一些省局注重强化部门间横向协同、层级间纵向协同,加强统筹联动,打破条块分割、地域分隔,增强智慧广电建设的协同性、衔接性、互动性。如贵州省建立了省政府、省委宣传部、省直28个单位和各市(州)政府、宣传部的试验区建设联席会议,统筹推进试验区建设工作,形成良好的综合推进优势。江苏局协同江苏省委网信办、省发改委、省工信厅等多个相关部门,共同提供政策和资金扶持。

强化政策引领和专项资金支持。部分省级广电行政部门注重推动各类生产要素、资金资源优先配置"智慧广电"建设,通过政策支持推动产业合作和技术研发,引导全行业创新发展。2020年,北京局设立推动智慧广电发展专项资金3000万元,奖励具有代表性、示范性和推广性的"智慧广电"建设重点项目和重大项目。四川省计划在5年时间内至少投入1.9亿元资金,支持建设1个智慧广电综合实验区(成都市)和不少于60个县级实验区。

发挥重点项目拉动作用。一些省级广电部门不断推进智慧广电试验区认定与建设、智慧广电重点实验室评审、5G视听创新应用先导区建设等

重点任务。加大 5G 高新视频技术和新一代信息技术在广电领域的研发与应用。发挥重点项目和视听产业园区的牵引驱动作用，为全国"智慧广电"建设提供可借鉴经验。建立管理部门、业务部门、科研机构、高校、企事业单位间科研力量、科技利益和研究成果共享机制，解决跨行业跨领域重点技术问题。

（二）生产制播：聚焦云化、智能化、互动技术应用，推动内容生产和制播体系提质升级

目前，生产制播类典型应用场景主要分为智慧内容生产类和节目制作体系类。前者注重引入新技术转变内容生产方式，创新节目形态，提升内容质量；后者则侧重于通过云化、IP 化手段重构生产体系架构，构建智慧广电节目制播体系。

打造智慧媒体云平台，推动内容生产向云架构升级。通过建设智慧广电云平台，广电媒体初步实现数据资源、内容资源、媒体资源的配置共享，为高清超高清内容制播、交互性内容生产、全媒体协同制播、用户精准推送、多元场景应用提供了平台基础。如央视新闻云基于混合云架构，构建了全球多数据中心媒体网络的新闻制作平台，实现"全球电视和新媒体一体化新闻生产协同，全球素材资源共享，电视和新媒体一体化制作"。

推进制播生产全流程智能化。2020 年，在新闻采集、生产、审核、分发、接收、反馈的智慧化方面，新一代信息技术应用加快，广电行业生产制播数据处理量和处理能力大幅提升，人工智能（AI）视听内容处理能力大幅提高，突破了传统广电内容单向传播、用户画像模糊的瓶颈，形成人工智能编辑部、媒体内容智能生产支撑平台、AI 智能创作短视频、人工智能内容审核等创新业务流程和传播内容与形态。苏州广电"媒体云"建成以技术中台和数据中台为核心的架构体系，实现多媒体内容智能标签化和统一管理、内容的多渠道统一发布，实时监测全网发布内容的传播情况，辅助内容运营优化。

视听内容交互性、沉浸性、移动性进一步提高。在制播建设方面，交互应用弥补了视听内容单线程、缺乏互动的短板，有效满足了观众的个性化、多样化的需求。广播电视台应用可视化智能交互技术，实现了节目制作形态的革新，有力推动了电视媒体与新兴媒体的融合发展。中央广播电视总台央视《中国舆论场》节目基于对"云、网、端"资源要素的有效整合，形成了具有用户数据管理、评论信息管理、大数据分析、新媒体移动端直播等多样化功能的智能融合互动。芒果TV开发利用互动视频制作平台，推出互动综艺节目，实现用户的深度交互体验。

（三）传输分发：聚焦IP化业务平台和网络建设，推进全场景全终端覆盖

2020年，在智慧广电网络方面，加快推进广电5G核心网、承载网、城市试验网建设和商用步伐，全国有线电视网络整合和广电5G建设一体化发展加快推进。5G的应用有力推动有线电视网络云化、IP化、融合化、智慧化改造升级。

打造IP化综合业务传输分发平台。各地积极探索智慧广电网络的业务发展模式，建设承载内容、数据、服务等的IP化综合业务平台。山东广电网络自主研发了"享TV"综合业务IP化平台，可承载4K超高清和VR、大数据、物联网、人工智能等业务的运营发展，实现"多网多屏多业务，可管可控可运营"的建设目标。陕西广电网络进行架构体系创新，支持云化部署，可实现大规模商用部署及平滑扩容，支持基于各类形态网络资源的视频承载，支持多形态终端覆盖及多屏互动。

推动终端智能化和多终端覆盖建设。2020年，各级广电机构注重推动智能终端的普及应用，高质量视听内容和综合服务场景全面拓展，实现终端形态多样化，在家庭用户智能终端之外，面向手机、电脑、平板、行业等终端提供广播电视服务。推动传感器的研发与应用覆盖，智慧广电物联网逐步建设。TVOS在IPTV终端、互联网电视终端以及智能电视机中部署应用持续推进。截至2020年年底，已在18个省份有线电视网络的1600万台机顶盒上部署TVOS，在30个省（区、市）部署了基于TVOS的新

一代直播卫星机顶盒40万户。

（四）生态建设：聚焦政用、民用、商用需求，增强全业务全链条服务效能

2020年，智慧广电生态建设持续推进，加快构建全场景全终端产业链，逐步发挥战略性新兴产业重要引擎作用。

探索全业务融合发展，不断完善生态链条建设。2020年，广电行业不断探索跨行业融合、跨平台资源整合，逐步形成以视听业务为主体、兼具媒体特色和综合信息服务的新型事业产业体系。广电电商、在线政务、在线教育、在线医养健康、在线文博、在线旅游等服务模式逐步落地，市场空间得到拓展，全平台、全渠道、全业务产业链逐步构建，"智慧广电+"产业生态正在形成，实现对接智慧城市、智慧社区、智慧乡镇的多场景应用的业态。陕西广电在安康落地"5G+智能电网"垂直行业试点，完成核心网部署、基础网覆盖、5G信号开通，实现了对电力生产保障网络供服指挥系统的支撑。

"广电云"赋能政务服务效果明显，推动社会治理能力提升。在新一代信息技术和平台的支持下，"广电云"和"政务云"不断融合推进，广播电视成为推动数字政务一体化重要力量。贵州广电建设承载全省政务数据和应用的云上贵州省级政务云平台，构建政用、民用、商用"一主三用"的"智慧广电"生态链，相继推出雪亮工程、新时代学习大讲堂、智慧城市等融合创新型业态，率先实现电子政务外网行政村全覆盖，建成窄带物联网基站1000多座，推动智慧广电建设与社会治理的融合。浙江广电以"移动互联网+人脸活体识别技术"搭建在线政务平台，提供"最多跑一次"自助服务。

技术创新拓展公共服务领域，创新公共服务形式。一是助力高质量的数字化信息服务均等化不断下沉。推动高质量的文化资源与数字化、网络化、智能化的信息技术深度融合，缩小地域之间信息资源、教育资源的落差。新冠肺炎疫情期间，中国教育台开设"同上一堂课"融媒体直播课堂，为全国1.8亿中小学生提供优质教育资源，疫情防控取得阶段性胜利后，这个直播课堂成为常态化教育平台，以空中课堂缩小城乡和地区教育资源差异，夯实脱贫攻坚成果。广西充分发挥广播电视行业内容资源和多屏传输等优势，提供百万册数字图书资源，将全区15143个实体农家书屋升级为"数字农家书屋"，助力乡村振兴战略实施。二是电视应急预警技术取得重要突破。智慧广电在安全服务方面的能力不断增强。四川省电视地震预警可根据用户位置信息在家庭双向机顶盒上实现地震预警信息精准推送、强制接收、弹窗并语音播报预警信息功能，成功预警多次破坏性地震。这项创新技术成果，使我国成为全世界第三个实现电视地震预警服务的国家。

（五）监测监管：聚焦融合化云平台和智能运维体系建设，不断提升全媒体监测监管能力

安全是广播电视工作生命线。2020年，智慧广电监测监管体系建设持续发力，积极采用新信息技术实现智能化安全态势感知、研判分析、风险预警、处置调度，推动从海量信息监测监管向精准式、靶向性监测监管的转变。监测监管系统的网格化、智能化、协同化水平不断提升，有力促进跨业务、跨网络、跨平台、跨终端的全方位、全覆盖、全天候智慧化监测监管。广电总局监管中心部署建设广播电视内容监管云平台，综合应用人脸识别、特定目标识别、音视频检索、图像识别、语音识别等基于深度学习的智能处理技术，采用云计算和分布式存储架构，实现对1800个全国地级及以上城市广播电视频率频道内容采集的集中存储、快速分析处理、靶向抓取、综合研判和多样化信息可视化展现，极大提高了内容质量监管效能。

三、"智慧广电"建设存在的不足与下阶段着力点

当前，全国广电机构积极探索"智慧广电"建设的路径，取得明显成效，但"智慧广电"建设仍处于初始阶段。总体来看，对"智慧广电"建

设的重要意义认识不够，理念相对滞后，适应新一代信息技术深度融合的智能视听内容供给不足，全国一网建设和运营规范欠缺，智慧广电建设和系统设计的安全性有待加强，监管体制和运行机制需进一步创新，生态建设定位不够精准、模式不够完善、应用场景拓展不够，智慧广电人才十分匮乏，等等，这些问题的瓶颈制约日益突出。

2021年3月通过的《中华人民共和国国民经济和社会发展第十四个五年规划和2035年远景目标纲要》明确提出"推进媒体深度融合，做强新型主流媒体。完善应急广播体系，实施智慧广电固边工程和乡村工程"等任务要求。"十四五"开局之年，各级广电机构将持续把"智慧广电"建设作为行业高质量发展的牵引性工程，落实好"十四五"规划重点任务，进一步强化科技战略支撑，在打造升级"智慧广电"媒体上进一步发力，增强主流价值舆论引导能力。在培育壮大"智慧广电"产业生态上进一步发力，培育打造5G条件下的高新视频新业态，形成多元化商业模式，推动广电行业转型升级。持续推进智慧广电固边工程，不断加强边境地区广播电视基础设施建设，提高广播电视应急信息预警和发布能力，巩固边境地区意识形态安全。持续推进智慧广电乡村工程，推动智慧广电乡村便民文化服务进一步丰富，乡村治理现代化水平不断提高。

（执笔人：张苗苗、张庆男，国家广播电视总局发展研究中心）

第二节　广电 5G 媒体应用报告

提要： 2020 年，广电行业一手抓 5G 高新视频，一手抓 5G 广播电视，推动 5G 媒体应用加快从理论走向实践，逐步应用到大视听全产业链各个环节，驱动超高清、多视角、强互动、智能化的视听新场景新业态不断拓展延伸，给用户带来更多全场景沉浸式体验，为广播电视高质量创新性发展提供可持续发展动能。

一、广电 5G 媒体应用迎来广阔空间

2020 年以来，中央和行业行政部门出台一系列政策，5G 成为促进新消费，催生新需求，激发新动能，服务新发展格局的重要支点和强大引擎，为广电 5G 媒体应用拓展了广阔空间。

广电 5G 网络成为国家新基建重要内容。2020 年，中宣部等九部委联合印发《全国有线电视网络整合发展实施方案》（中宣发〔2020〕4 号），以中国广电网络股份有限公司的成立为标志，全国有线电视网络整合和广电 5G 建设一体化发展进入快车道。《关于促进消费扩容提质加快形成强大国内市场的实施意见》（发改就业〔2020〕293 号）等一系列中央文件，把广电 5G 网络和超高清视频作为促进消费提质升级、构建新发展格局的重要驱动力和经济新增长点增长极，首次把"构建新时代大视听全产业链市

场发展格局"纳入战略性新兴产业领域,并把广电 5G 网络和 5G 媒体应用作为服务数字乡村建设、公共服务的重要手段和载体,为广电 5G 媒体应用提供了强大政策支持。2020 年 5 月,中国广电与中国移动签署 5G 共建共享合作框架协议,共同投资建设 700MHz 5G 无线网络。2021 年,中国广电与中国移动共建的 700M 基站将达 40 万个。

广电 5G 技术研发应用进程加快。广电总局积极对接融入国家新基建战略等重大工作部署,出台《关于推动新时代广播电视播出机构做强做优的意见》(广电发〔2020〕66 号)《广播电视技术迭代实施方案(2020—2022 年)》等文件,把 5G 作为驱动广播电视迭代升级、重塑广电媒体新生态、构建现代传播新格局的重要载体和核心推动力。一是推进广电 5G 标准化研发进程。牵头编制广电 5G 技术标准体系,推动 3GPP 在 R17 NR 多播广播服务项目中支持 NR 广播服务,明确 5G NR 广播的应用场景,成功开发 5G NR 广播试验演示系统并进行场外测试,为后续标准推进和产业成熟奠定了基础。二是明确广电 5G 总体技术构架和 5G 广播电视发展策略,实现 5G 蜂窝基站与现有广播电视塔混合覆盖。三是大力发展高新视频新业态。组织编制互动视频、沉浸式视频、VR 视频和云游戏等 5G 高新视频系列技术白皮书以及相关标准规范,设立 5G 高新视频多场景应用重点实验室和 5G 高新视频体育融合创新应用实验室,批准建设长沙、青岛、成都高新视频产业园区,聚力打造科创与文创深度融合的广电 5G 内容供给新高地,构建涵盖 5G 高新视频生产、传播和服务的端到端产业链和生态圈。中国广电也推动广电 5G 网络频率、码号、试验网建设等基础工作,加速建设广电 5G 网络业务运营支撑系统和网络运维支撑系统,拓展"手机+电视+宽带+内容+体验"固移融合业务,大力开展 5G NR 广播、5G 应用平台、5G 频道等创新业务服务,合作推进广电 5G 垂直行业应用,构建有线无线融合、广播交互协同、大屏小屏联动的高速、泛在、智慧、安全的新型国家信息化基础设施和综合信息服务网。

广电 5G 成为行业促进发展的主要政策议题。湖南、江苏、湖北、安徽等省相继出台文件,联合产业链上下游企业,推动广电 5G+ 超高清视频等应用场景的研发应用,探索面向 5G 的智慧广电业务模式和运营体系。川渝、京津冀、长三角等地广电行政部门还相继签署区域战略合作协议,把广电 5G 作为推动区域一体化发展的重要路径。

二、广电 5G 媒体应用赋能广播电视高质量创新性发展

2020 年,5G 技术与物联网传感器、新型终端、虚拟现实(VR)/增强现实(AR)、4K/8K 视频等技术的深度融合加快推进,深刻改变视听行业的创作、生产、传播、消费等环节,成为助力广播电视公共服务、助推媒体深度融合的关键性因素和重要推动力。

(一)助力疫情防控和复工复产,智慧广电公共服务初显身手

5G 技术为广播电视和网络视听开展疫情防控宣传和复工复产助学发挥了重要民生保障作用,加速了 5G 媒体应用从测试验证到实际落地的进程,推动广电媒体思维模式和生产方式、运营模式创新,助力广电公共服务迈上新台阶。

广电 5G 网络提供抗疫科技支撑。中国广电优先在疫情严重和重点地区布局 5G 网络建设。2020 年 2 月,全球首例 700M+4.9G 广电 5G 应用落地湖北。中国广电还与歌华有线、贵广网络分别启动北京小汤山医院和贵州将军山医院广电 5G 建设,提供远程会诊、远程手术、远程指挥和高清视频等 5G+ 医疗类业务应用服务。

5G 媒体应用推动广播电视服务升级。云直播、云演出、云游戏等"云生活"媒体应用落地加速,给用户带来更好的互动化、沉浸式、高清化视听体验,促进视听内容生产与消费需求的极大释放。如央视频等广电机构推出"两神山直播建医院"等 5G"云监工""云守护""云观赏",吸引网民参与抗疫,丰富网民居家生活。远程制作、远程教育、远程会议、远程签约、远程招聘、远程运维等"云生产"5G 创新业务保证了隔离期间的高效工作和学习,生活侧、生产侧的广电 5G 媒体应用还在远程医疗、远

程指挥、应急广播、主题宣传、公共安全、扶贫攻坚等领域发力,重新定义媒体与生产生活的关系,为广电公共服务提质升级开辟了新路径。

(二)5G变革新闻生产传播,促进媒体深度融合

5G技术应用在智慧制作和内容呈现形态场景等方面,拓展"5G云采编""5G+4K新闻直播""5G+VR+AI"等创新应用,改变媒体生产传播的方式和路径,大幅提升了媒体传播效率效果,媒体深度融合的技术支撑更加坚实。

超高清直播成为新闻直播新标准。5G网络高带宽、低延时特点促使新闻媒体在直播报道过程中广泛采用"5G+4K"技术,"5G背包"可同时支持多路视频源的画面采集输入,实时拍摄画面快速、清晰地回传至演播中心,还可在云平台实时进行节目内容制作,大幅提高媒体直播报道的速度、广度、深度和精度。2020年,主流媒体纷纷采用5G网络传输和云化制作、超高清视频直播服务来进行全国两会报道,为主题主线宣传提供更好的技术条件。

"5G+VR+AI"变革新闻生产方式。5G+4K+多机位超高清视频丰富了新闻内容的信息含量,5G+VR提供了全景沉浸式新闻体验,5G还能实现新闻演播室高质量互动连线,让观众不仅看到听到故事,而且"亲历"故事,创新新闻节目制作和呈现方式。如新华社客户端应用5G网络传输和全息成像技术,推出5G全息异地同屏系列访谈,让相隔千里的全国人大代表与记者跨越时空"相见"。

5G成为推动媒体深度融合的基础性技术。5G技术推动传统媒体与新兴媒体深度融合,不断催生多元化媒体融合产品,极大提升新闻生产力,重构媒体传播生态。各种5G融媒业务也成为广播电视转换新赛道、实现新发展的新抉择。例如,总台打造"云听""央视频"一体两翼的国家级5G新媒体平台。湖南台研发"5G智慧电台",累计为全国177家县级融媒体中心提供广播制作播出服务。浙江华数集团积极探索广电5G+8K、5G云游戏等各种应用,促进视听业务、内容、平台、网络、终端互融互通。

（三）5G创新内容生产方式，推动高新视频应用

5G与人工智能、物联网、云计算、大数据等各种技术相互衔接融合，为视听业务提供强大的数据分发、智能计算和沉浸交互式服务，赋能媒体内容生产，促进大视听产业业态创新与生态蜕变。

5G网络+云技术创新内容制作生产。5G高带宽、高速率的特性为云切换、转码、存储、编辑、发布等提供技术支撑，可实现移动内容生产编辑、无线直播连线、随时随地的同步直播等场景应用，显著降低内容创作生产成本，增强内容生产时效性、丰富性和交互性。视听机构通过搭建"5G+4K+AI+云"免接触录制平台，依托智能剪辑、视频关键帧提取等新技术，可对回传内容实现快速剪辑、编辑和拼接，2020年创新推出数十档云录制作品。湖南台"5G芒果超视"提供超高清视频内容的生产、制作到分发的整体解决方案，实现随时随地拍摄、剪辑、存储、审核、分发的视频制作生产流程，依托其智影平台，可在1小时内对7万条素材进行筛选分类与制作，相当于平常10个人的工作量。

5G催生高新视频新业态。5G融合超高清视频、人工智能、人机交互等核心技术，推动VR视频、沉浸式视频、互动视频、云游戏等高新视频应用和云课堂、云直播、电商直播等泛视听应用快速发展，丰富各类基于5G的媒体应用场景，给用户带来身临其境的沉浸感、交互性，为传统业务注入新活力。2021年除夕之夜，总台采用"5G＋交互制作模式（VNIS）＋VR"技术，首次对春晚进行VR全景直播和全球8K超高清电视直播，为用户带来多元、全新的视听体验。爱奇艺研发"5G+8K VR端到端直播系统"，联合新华社对2020珠峰高程测量打造"VR视角全景云端游珠峰"直播，并将互动视频技术应用于影视内容、综艺节目、视频广告等多个内容领域。

（四）拓展5G媒体应用，构建跨行业多元融合发展格局

5G正在改变大视听产业链条的每个环节，并逐步应用于智慧医疗、智慧教育、智慧电力、智慧家庭、智慧城市、智慧农文旅等垂直行业，成

为推动广电产业体系和商业模式变革的破局利器。

超高清视频成为重要应用领域。5G 不断丰富高新视频内容产品数量与种类，持续为用户带来移动化、场景化、交互性、沉浸式的视听体验。总台开展 5G 技术在 4K/8K 超高清、VR、全息和自由视角拍摄创新、视频边缘云服务、大屏小屏互动式观看等方面关键技术的研究和实践，8K 超高清电视频道实现全球首次 8K 电视直播和 5G 传输播出，赋能 5G+4K/8K+AI 的产业化发展。

垂直应用成为发力方向。5G 带来的万物互联使广电网络能够更好地参与智慧广电建设和本地服务，中国广电已在 18 个试验网建设区域开展了智慧矿山、智慧县城、智慧石油、应急广播、智慧教育、5G+4K/8K/VR 融合媒体直播等应用的实践探索。湖南有线"广电 5G 智慧云"已为政务、党建、企业、教育、旅游、医疗等量身打造 5G 本地化定制方案，在湖南 41 家市县落地 490 个项目。陕西广电电力行业 5G 多场景应用落地安康，在国内首家实现 700M 网络支撑电力生产保障网络供服指挥系统。

5G 移动端产品成为布局重点。总台打造国家级 5G 声音新媒体平台"云听"，对优质音频、视频内容进行音频化再生产，形成继"央视频"上线之后总台又一个基于移动端发力的新媒体平台。湖南有线推出 5G 视界新品牌"蜗牛 TV"，采用传统专网、虚拟专网、5G 专网并行的网络架构，布局文教娱乐、医疗健康、智慧旅游等多场景 5G 垂直应用。江苏有线运用"5G+4K+AI"技术上线"视界观"客户端，实现短视频、电商、社交、用户服务等功能。

三、广电 5G 媒体应用发展展望

进入新发展阶段，5G 媒体应用将在适应、引领、创造新需求，催生新产业、新业态、新模式，构建新发展格局中发挥放大叠加倍增作用，推动视听行业转型升级。

（一）5G 成为巩固壮大文化宣传阵地的"倍增器"

顺应人民群众信息获取渠道向移动互联网转移这一变化，推动广播电视进入移动终端，提升用户对广播电视服务的体验，这是广电 5G 媒体应用的优先选择。在 2020 年抗疫宣传和全国两会等重大主题主线报道过程中，主流媒体应用 5G 技术展现出来的大众化、实时化、互动化、高清化等特点，初步显露了 5G 在助力巩固壮大舆论阵地方面的技术支撑作用。随着 5G 技术在视听宣传应用的拓展，新闻宣传将出现更多体现 5G 特性的新服务和新产品，不断增强新闻宣传的实时性、互动性和观众参与性，提升新闻节目吸引力和传播有效性。

（二）5G 促进媒体深度融合发展进入新阶段

5G 将促进广电媒体与电信运营商在 5G 广播、4K/8K 超高清电视业务、家庭宽带业务、5G 综合业务以及用户服务、资源共享等方面的融通合作不断深化，共同打造新平台、新应用、新业态、新生态。5G 融合应用将全面覆盖媒体内容采集、生产、运营、编辑、分发等各环节，催生全新的内容智慧化生产和创新应用，为媒体行业的采编发流程再造和融媒体创新发展提供前所未有的机遇。随着广电 5G 网络建成完善，还将进一步拓展包括交互广播电视、移动通信、高新视频、万物互联和公共服务在内的多种业务，开发更多应用领域，嵌入更多全媒体服务，实现新形态的广播电视"人人通""移动通""终端通"。

（三）5G 引发媒体传播新变革新机遇

传播形态更加多元化，视频业务云化成为大趋势，端云融合、端云协同推动视听业务体验产生新变化，实现高清晰度多视角的视频实时传输分发，加速媒体传播形态向超高清视频演进升级。传播体验更加沉浸化，5G 媒体融合应用将改变整个视听内容生产和分发方式，云存储、云终端、云制作、个人云等新业务不断催生，5G 网络下的沉浸式视频等业务场景不断产生和演进，推动视听媒介迭代升级。传播渠道更加立体化，5G 时代更多物体将成为信息收集端和输出端，从智能穿戴到万物皆屏，人们感知世界的模式将发生颠覆式变化，或将我们带入"触觉互联网"时代，万物皆媒体，一切皆平台。

（四）5G 推动形成大视听产业生态新格局

5G 促进了超高清、VR/AR/XR、AI、区块链、云计算、大数据等技术的融合应用，提供了更好的载体和更多的场景，并产生了协同效应和规模化应用，推动大视听业务全面升级。促进业务向真实性、个性化和强交互方向发展，促进基于 5G 网络的各类高清视频直播＋制播系统在娱乐、教育、医疗、安防等领域有更广泛的应用，将不断贯通内容生产传播价值链和电子信息设备产业链，助力高新视频成为文化消费主流，形成消费新的增长极。

（执笔人：陈林、姜慧，国家广播电视总局发展研究中心）

第三节　视听新技术的发展与应用

提要： 科技创新是广播电视全媒体发展的关键变量。2020年以来，广电总局深度嵌入和服务数字中国和文化强国建设，以推动媒体深度融合和智慧广电建设为主线，强化科技支撑、保障和引领作用，推动视听媒体迭代升级，重塑内容生产、传播传输与消费，更好适配用户需求，促进行业高质量发展。

一、技术政策引导扎实有力

先进技术的应用推广需要行政部门的积极引导。广电总局聚焦技术应用前沿，对接国家战略部署，逐步形成涵盖发展规划、行动计划、实施方案、指导意见、实施指南、标准规范的技术政策体系，以及产业基地（园区）支撑、实验园区（实验室）孵化、评优竞先示范相联动的技术创新机制，为视听新技术的发展应用提供了良好条件。据不完全统计，2020年广电总局累计发布49项行业标准和技术文件，主要围绕超高清视频、高新视频、区块链、大数据等视听新技术领域。

坚持需求牵引，加强技术应用示范引领。一是立足长远，系统性、针对性完善行业科技发展的顶层设计。一方面，广电总局通过制定《广播电视技术迭代实施方案（2020—2022年）》、广播电视和网络视听"十四五"

科技发展规划等文件，加强广电行业总体性技术规划；另一方面，对智慧广电、超高清视频产业、广电媒体深度融合发展等重点领域出台专门政策性文件，明确中长期目标，加强和细化技术规划。截至2021年6月，北京、河北等16个省（区、市）制定了省级智慧广电建设实施方案，北京、湖南等16个省（区、市）制定了超高清视频行动计划。①二是坚持目标导向和问题导向，加强新技术应用的实践指导和规范引领。持续跟踪视听新技术应用进展，尤其是其中的痛点堵点，分领域、按年度推出指导性文件，强化技术路径指引。2020年，推出5G高新视频系列技术白皮书，广播电视和网络视听区块链技术应用系列、大数据标准化等白皮书，4K超高清电视节目制作技术、有线电视网络升级改造技术等实施指南，超高清视频标准体系建设指南以及互联网电视、IPTV、DRM、TVOS等领域重要标准规范文件。

坚持协同推进，完善技术创新机制。一是发挥各地积极性，通过产业基地（园区）、实验室等，推进视听新技术协同发展。比如，广东省、四川省聚焦其在超高清视频终端、前端技术方面的优势，加强超高清视频产业发展试验区、创新应用产业基地建设，2020年进一步出台行动计划、任务清单等政策文件；湖南省、山东省聚焦各自在文创产业发展、影视工业化体系优势，加强5G高新视频实验园区、多场景应用重点实验室建设，推动实验成果在湖南马栏山、青岛西海岸落地和应用示范。二是先后举办北京国际广播电影电视展览会（BIRTV2020）、青岛国际影视博览会、中国网络视听大会、世界超高清视频产业发展大会、中国（北京）国际视听大会（CIAC）、中国新媒体大会等行业会展，聚焦行业技术创新前沿，持续推动产业链协同创新。三是以评优为抓手，陆续开展智慧广电示范案例征集评选，媒体融合先导单位、典型案例、成长项目征集和评选，高新视频创新应用大赛，人工智能（AI）应用创新大赛（MediaAIAC），实验室大

---

① 作者根据公开资料统计。

比武等系列评优竞先活动，激活全行业技术创新应用氛围。

二、新一代信息技术赋能视听传媒加快迭代

2020年以来，视听新技术在内容生产、媒体建设、用户体验、融合服务、安全发展等各方面创新应用、亮点频出，持续赋能行业高质量发展。

（一）重大活动、晚会、体育赛事成为视听新技术应用的竞技场和试验场

"云端"成为两会制播常态。中央广播电视总台、北京台、河南台多档栏目实现多路同屏互动云直播两会报道，总台还采用"AI+云计算"对实时收录的多路信号AI剪辑实时成片；江苏、湖南、广东、陕西等省级广电媒体通过自主研发的媒体云平台，实现北京同本台内容远程资源共享，完成全国两会内容在全省县级融媒体中心的高效分发；长江云等16家媒体联合利用"区块链+云计算"，成立全国区块链新闻编辑部。新华社、黑龙江台等融合运用5G+AI+MR技术，隔空全息互动，完成远程跨屏访谈。

虚拟现实等技术打造沉浸式节目。2021年，总台央视春晚首次采用AI+VR裸眼3D演播室技术推出《牛起来》《山水霓裳》等节目，首次实现"VR+三维声"新媒体直播；河南卫视春晚《唐宫夜宴》将唐宫少女歌舞融入博物馆场景，现实舞台叠加《捣练图》和"妇好鸮尊"等虚拟历史文物影像，大唐盛景栩栩展开；湖南卫视《舞蹈风暴》创新性研发4K时空凝结技术，运用90台摄像机实时抓拍舞者表演的精彩瞬间，定格并360度立体呈现舞者的"风暴时刻"，丰富了电视的观赏性。此外，bilibili、爱奇艺、百度、知乎、抖音等互联网平台的主题晚会也融合运用AR、MR、XR等技术，创新舞台、灯光和视效设计，推出《夜航星》《我门》《千百度》《答案》《大鱼的天堂》等沉浸式节目。

新技术集成应用推动科技冬奥。2020年，聚焦科技冬奥国际云转播、"超级现场"沉浸式互动等新技术在赛事中的集成创新应用，广电总局广科院联合相关单位先后完成了丝路冰球超级联赛、国家跳水队赛事等赛事

的云转播测试活动，构建了三维声和 VR 球幕呈现环境；成功开展国内首次基于有线电视网的 8K 超高清转播试验，实现了中国足球协会超级联赛 2020 赛季决赛 8K 实况转播。

（二）大数据、人工智能赋能内容制播和监测监管

在内容制播方面，总台 AI 编辑部、人民日报社 AI 智能编辑部、新华社智能化编辑部不断优化多模态智能检索、智能拆条、智能播报、智能撰稿制图、智能审核等 AI 行业应用。央视网"小 C"、黑龙江台"小光"、广西台"小晴"等 AI 虚拟主播的运用大面积推广，提升了新闻报道新鲜感和科技感。湖南广电 AI 手语播报系统在长沙、襄阳台电视新闻直播中启用，推动构建无障碍传播的媒介环境；截至 2021 年 2 月底，"5G 智慧电台"累计为全国 286 家以县级融媒体中心为主的单位提供服务，助力传统电台智慧化转型。快手、抖音等短视频平台在新冠肺炎疫情期间综合运用智能推荐算法、识别模型定向传递疫情动态，实现智能辟谣。

在监测监管方面，智能技术越来越多地应用在广播电视的监测和监管之中。广电总局加快推进深度伪造视频鉴别和安全防控系统建设，对"换脸""AI 假新闻"等深度伪造技术的监管能力不断提高。广电总局监管中心和部分省局的监管中心已使用人工智能辅助监管工作。越来越多的无线台站逐步运用 AI 等技术提升智慧运维能力。其中，广西整省（区）877 座无线发射台站形成"一张网"智慧化管理新格局，每年可节省 1 亿多元运维资金。广电和网络视听节目传播平台在机器预审和人工审核基础上，不断提升图像、视频、音频、文字等多模态内容审核能力，研发人机协同审核管理平台，快速适配最新业务审核规则，平均降低 30% 人力消耗，大幅提升单人审核效率。

在数据引导方面，"中国视听大数据"（CVB）采用大数据技术的收视分析方法，突破传统入户抽样调查的技术限制，有效汇聚全国近 2 亿用户的海量收视数据，实现精确到户、精准到秒的收视数据统计，对内容制播的价值引领作用不断凸显。截至 2020 年 3 月，CVB 分析指标体系扩充至

80项，累计面向社会和公众发布各类收视分析报告200余期，向全国广电主管部门、35家省级及以上电视台提供分析日报服务和CVB分析查询系统。CVB持续推动系统扩容优化，加速直播卫星和互联网视听数据规模性接入，推进制片人界、广告界等领域的数据应用，完善节目综合评价体系。此外，广播电视节目收视大数据统计调查制度的落地实施，为依法开展广播电视节目收视大数据统计调查提供体制机制性保障。

（三）云计算推动广电数字化、智能化、融合化发展

提升云服务水平，助力行业数字化、智能化转型。各级广电媒体以私有云+公有云的模式加速推动整体数字化、智能化转型，在云端集成多种应用工具，已覆盖视频智能审核、多模态媒资检索、视频版权保护、云直播、云点播等多种应用场景。各地有线电视网络积极加速云化改造，推动网络和数据资源整合协同，提升智慧化服务水平。同时，在有线网络基础上搭建国家文化专网，为国家文化大数据提供云端支撑。23个省（区、市）有线网络公司加入国家文化大数据产业联盟，浙江华数集团和吉林、江苏、湖北等地有线网络公司正在积极推进全国和区域数据中心建设。

助力打破终端、虚实区隔，构建跨屏融合生态。广电媒体基于融媒体云平台的资源汇聚能力，聚焦"新闻+政务服务商务"，实现"台网微端"跨屏内容分发和综合服务，推动传统广电媒体从大屏电视端向小屏移动端挺进。上海台、湖南台聚焦"内容+服务"，运用区块链技术，建立统一用户入口和数字身份，实现跨屏统一服务。依托云计算尤其边缘计算，腾讯START等云游戏平台纷纷上线电视版，致力于提供低延迟、高稳定、高画质的云游戏体验。"云观演""云课堂""云会展"等线上线下融合的新业态层出不穷，为用户带来更好视听体验。

（四）超高清视频全产业链升级带动效应显著

超高清视频产业具有产业链长、涉及范围广、跨领域综合性强等特性，正在推动广电全产业链系统性升级。

广播电视和网络视听步入高清超高清快速发展轨道。截至2021年3

月底，全国各级播出机构经批准开办高清电视和超高清电视频道 845 个（含高清电视频道 838 个，4K 超高清电视频道 7 个），高清、超高清频道占比超过 50%；①27 套高清同播频道通过直播卫星平台开播，直播卫星进入高清时代。②歌华等有线电视平台、南方新媒体等 IPTV 平台、中国国际广播电视网络台（CIBN）等互联网电视平台纷纷开设 4K 专区。截至 2020 年年底，全国有线电视高清和超高清用户突破 1 亿，约占用户总数 50%。视听新媒体平台陆续上线帧享、臻彩视听、帧绮映画等 4K 超清音画体验。无论从频道内容供给还是用户终端呈现，高清超高清都已占主导。

超高清视频 4K 产业生态日益完善，8K 关键技术产品研发和产业化取得突破，形成一批具有国际竞争力的企业。内容供给方面，4K 电视剧、纪录片、体育赛事等内容日益普遍，《喜粤之味》《两个人的上海》等 8K 内容也相继推出。2021 年总台央视春晚实现全球首次 8K 制播呈现全链路直播试验。终端显示方面，中国大陆显示面板产能占据全球产能的一半以上，跻身世界第一梯队，在 AMOLED 柔性显示和 Mini/Micro LED 等新型显示赛道具备领跑潜能。③2020 年 1 月至 9 月国内市场销售 4K 超高清电视 2079 万台，占国内市场电视销量近 70%；④龙头企业均推出 8K 电视终端产品。前端设备方面，国产 4K/8K 摄影机、摄像机和 8K 采编播系统、非线性编辑系统等前端设备逐步实现产业化，国内主导设计、集成建造的全球首台"5G+8K"超高清视频转播车投入使用。标准建设方面，第二代音视频国家标准 AVS2 已在总台和各地 4K 超高清频道使用，第三代 AVS 标准面向 8K 及 5G 应用，已取得突破性进展。

---

① 国家广播电视总局官网，"全国电视频道高清化发展态势良好"，http://www.nrta.gov.cn/art/2021/4/13/art_114_55767.html，2021 年 4 月 13 日。

② 国家广播电视总局官网，"直播卫星集成播出平台新增传输内蒙古卫视、江苏卫视高清频道"，http://www.nrta.gov.cn/art/2021/4/6/art_114_55672.html，2021 年 4 月 6 日。

③ 王伟：《欧阳钟灿院士：我国显示产业跻身世界第一梯队》，《中国电子报》，2021 年 3 月 9 日。

④ 周頔：《工信部：4K 电视占销量近 7 成，将推动超高清视频与 5G 融合》，澎湃新闻，https://www.thepaper.cn/newsDetail_forward_9814761，2020 年 11 月 2 日。

（五）"以人为本"让技术更有温度

越来越多行业主体担当社会责任，通过技术创新应用精准服务细分人群、持续优化用户体验。

聚焦重点人群，提供特别关爱。疫情期间，广电总局组织"湖北人民免费看"网络视听公益展播活动，7家互联网电视平台、6家重点网络视听平台和湖北IPTV分平台基于位置识别等技术，向在湖北地区人民提供专区内节目免费观看权限。网络视听平台为帮助色弱、色盲、视障人群享受优质文化服务，加强自研算法，陆续推出优化功能插件、无障碍版本等产品和服务。针对青少年重点人群，延续"青少年模式"等做法基础上，多家平台推出儿童版APP，并提供控制使用时间、观看姿势自动识别提醒、护眼模式等服务。

技术持续迭代，优化使用体验。在电视大屏端，语音交互、多屏互动、投屏分屏、视频通话等新功能接踵推出，瀑布流界面呈现方式无限延展大屏界面，"长辈模式""儿童模式"等优化设计贴心上线。智能电视操作系统TVOS于2020年年底推出升级迭代4.0版本，支持8K、VR和云游戏等高新视听新业态和多屏互动新模式。截至2020年年底，TVOS已在18个省（区、市）1600万台机顶盒上应用。各类移动端不断优化观看体验，包括通过重力感应、摄像头测距等技术智能化提醒观看姿势和用眼距离，自动切换全屏、竖屏播放，缩短弹幕操作路径，提高发送效率等。

三、趋势和展望

国家"十四五"规划作出擘画，坚持创新在我国现代化建设全局中的核心地位，把科技自立自强作为国家发展的战略支撑，制定科技强国行动纲要，提升企业技术创新能力，完善科技创新体制机制，加快推进制造强国、质量强国建设，推进网络强国建设。就广播电视和网络视听来说，主要方向是推进包括5G、人工智能、区块链、VR/AR/MR、量子技术等新一代信息技术在内容制作生产、节目传输传播、服务和产业运营、行业监管等方面的融合。

视听新技术发展和应用要牢牢把握新机遇。一是在国家战略推动下,视听领域"卡脖子"关键技术将以项目形式集中攻关,有望取得重要突破,加快构建新时代大视听全产业新发展格局。二是随着广电 5G 端到端产业链全面成熟,5G 建设加速推进,基础支撑能力得到快速提升,超高清视频、沉浸视频、互动视频、VR 视频、云游戏等典型 5G 应用场景将实现跨越式发展。三是伴随系列政策性文件的出台,以及"互联网应用适老化及无障碍改造专项行动"的实施,聚焦老年人、残疾人等重点群体,将会有更多技术惠民便民的功能和产品推出。

视听技术发展和应用要保持敏锐性直面新挑战。坚持社会效益优先,用好法治和技术两个重要手段,一是对利用开屏页面发布欺诈、诱导性广告,或是打着算法中立的幌子把流量倾斜给一些大流量但无营养内容等问题将不断加强协同治理,营造正能量充盈、清朗的网络空间。二是加强视听版权保护法治保障和公共服务平台建设,创新区块链、大数据与 AI 等技术在作品原创认证和侵权监测处置方面的应用。三是在网络安全、数据安全、个人隐私保护、建立统一规范的数据管理制度、加强权威数据汇聚发布等方面继续发力,加强引导行业从数据脱敏、共建共用、区块链底层支撑等维度推动技术创新、建立行业技术标准,为广电行业开好局起好步提供有力科技支撑。

(执笔人:沈雅婷、莫桦,国家广播电视总局发展研究中心)

第六章

产业建设与发展

课题指导：

国家广播电视总局传媒机构管理司司长　　　　袁同楠
国家广播电视总局网络视听节目管理司司长　　魏党军
国家广播电视总局规划财务司司长　　　　　　余爱群

第一节 广播电视和网络视听产业发展

提要："十三五"期间，全国广播电视行业总收入由2015年的4634.56亿元增长至2020年的9214.60亿元，增长98.82%，与"十二五"期间101.34%的涨幅基本持平，但产业结构发生了重大变化。广告收入占行业总收入比重由2010年的40.84%、2015年的33.00%，降到2020年的21.05%；有线电视网络收入占行业总收入比重由2010年的21.18%、2015年的18.69%，降到2020年的8.22%。传统广播电视产业收入持续减少，网络视听等新媒体产业蓬勃发展，2020年网络视听收入在全国广播电视行业总收入中的比重达到31.95%，成为产业发展新的增长极。

2020年，全国广播电视和网络视听机构坚持把社会效益放在首位、社会效益和经济效益相统一，积极克服新冠肺炎疫情影响，勇于应对风险挑战，产业总体保持高速增长势头，呈现资源深度整合、业务深度融合、格局深度调整态势，加快向大视听产业转型。2020年，全国广播电视行业总收入9214.60亿元，同比增长13.66%；广播电视和网络视听业务实际创收收入7711.76亿元，同比增长13.96%，占全国广播电视行业总收入的比重为83.69%。

一、内容生产经营加速转型升级

2020年，传统广播电视节目的销售收入为411.82亿元，同比下降17.25%，降幅较2019年有所回落，但总体仍呈持续下降趋势。网络视听内容收入持续增长，广播电视机构网络视听收入为245.53亿元，同比增长60.67%；573家持证及70家网络视听备案机构的用户付费、节目版权等收入达830.80亿元，同比增长36.36%，增长势头迅猛。盘点内容生产经营，主要有以下几个特点。

（一）商业模式与盈利渠道趋于多元，版权产业走向成熟

一是版权或内容销售模式多样化。电视剧、纪录片、动画片等视听内容除了向传统广播电视台出售版权外，同时大量向网络视听平台出售。网络视听平台推出了一系列举措吸引会员订阅和为优质内容付费，会员付费、超前点播、单期付费等盈利模式日渐增多。目前，超前点播等模式已经从网络独播剧延伸到台网联播剧，其模式日趋成熟，会员服务收入已成为网络视听平台营收的支柱。比如，爱奇艺会员服务收入连续多年保持快速增长态势，2020年会员服务收入占其营业收入的比重为55.51%。[①] 二是以IP为核心的授权及衍生品开发种类增多。或是以IP为核心打造"全场景深度消费内容"模式，线上内容衍生至线下实体进行经营；或是由热门IP衍生出对线下实体商业授权；或是不断开发音像制品、游戏等周边产品。三是节目版权交易管理平台不断增多，在创新中发展。比如，南京台建成并启用国内首个全IP高清融媒播控系统，自主研发媒体内容存证交易平台，实现图、文、视音频内容版权的存证、确权、管理和交易。

（二）内容产业加速转型升级

一是内容制作机构数量持续增长。截至2020年年底，全国开展广播电视和网络视听业务的机构约4.8万家。其中，广播电台、电视台、广播电视台等播出机构2543家，持证及备案网络视听机构643家，近千家县

[①] 数据来源：爱奇艺。

级融媒体中心取得网络视听节目许可证。从事广播电视节目制作经营机构约 3.7 万家，同比增长约 12%。二是全媒体内容产品生产加速增长。传统广播电视台以"大屏+小屏"的"融屏"转型为目标，从生产传统电视产品向全媒体内容产品转型，改变原有线性内容生产方式，以用户思维、产品思维为导向，创新转型，有效延伸服务，拓展传统广播电视内容生产的新链条。三是电视剧、综艺益智类节目创作生产呈减量增质态势，动画片、纪录片、网络剧等呈增长趋势。2020 年全国制作发行电视剧 202 部、7450 集，[①] 制作发行部数同比减少 20.47%，制作影视剧类电视节目时间 9.54 万小时，同比下降 20.70%；全国制作综艺益智类广播节目时间 197.78 万小时，同比下降 0.87%，制作综艺益智类电视节目时间 34.19 万小时，同比下降 14.48%；电视动画片制作发行总量达到 374 部、11.67 万分钟，制作时间同比增长 23.23%；纪录片制作 8.70 万小时，同比增长 2.96%；全国互联网音视频节目增量 2.2 亿小时（见图 1）。

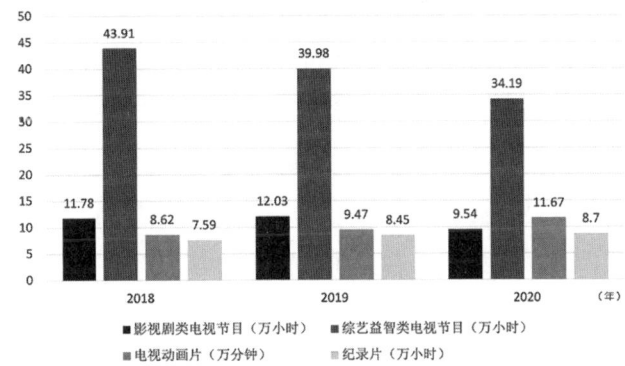

图 1　2018—2020 年全国视听节目（部分）制作时长

数据来源：广电总局规划财务司。

（三）视听内容海外销售总体平稳，新媒体海外发行成为出口增长点

近年来，中国视听内容海外销量稳步增长。2020 年，受新冠肺炎疫情

---

① 数据来源：广电总局电视剧司。

等冲击，中国视听内容海外销售受到一定的影响，视听节目出口金额共计9761万美元，同比下降24%。传统海外发行机构仍是出口主力军，但互联网已成重要播出渠道，越来越多的视听内容通过商业运营在Netflix、Viki、YouTube等海外平台上线播出，赢得市场回报。

二、广告经营向多元化创新发展转型

2020年广播电视和网络视听广告产业稳步发展，但受新冠肺炎疫情影响，广播电视和网络视听机构的广告业务均出现不同程度的下滑。中央级媒体与地方媒体、头部卫视与其他卫视的广告收入两极分化继续加大。技术变革、融合创新、大数据推动的广告营销持续升级，形成新的模式。

（一）广告规模与结构不断调整

2020年全国广播电视和网络视听广告收入1940.06亿元，同比下降6.52%（见图2）。其中，传统广播电视广告收入789.58亿元，同比下降20.95%；广播电视和网络视听机构通过互联网取得新媒体广告收入889.96亿元，同比增长7.38%，广播电视机构自办新媒体广告收入204.96亿元，同比增长5.48%；广播电视和网络视听机构通过楼宇广告、户外广告等取得的其他广告收入260.52亿元，同比增长5.19%。传统广播电视广告收入下降，新媒体广告收入较快增长，所占比重进一步增加，移动端广告收入不断增长，随着互联网电视及智能硬件设备的普及，智能终端广告收入进一步提升。

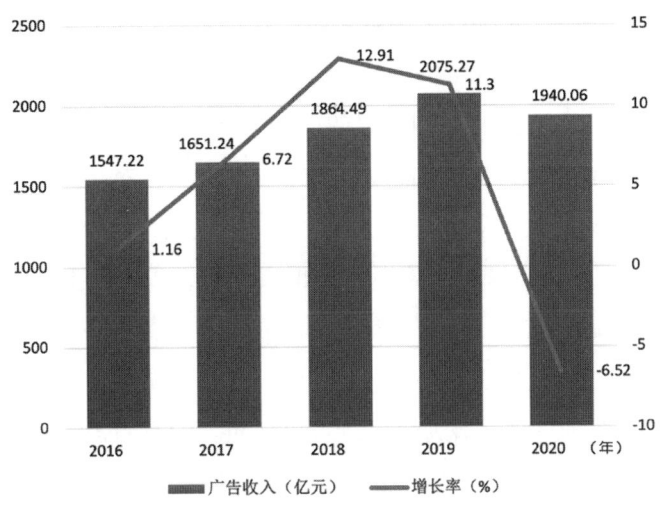

图2 2016—2020年全国广播电视行业广告收入情况

数据来源：广电总局规划财务司。

（二）广告经营不断创新

2020年，广告经营致力于构建新型媒体经营模式，运用全网平台，线上线下相结合，为用户提供全新服务，拓展了收入来源，实现了可持续发展。

商业广告运营模式日渐多元。随着视听与消费模式的不断变化，除了传统的以长视频为核心衍生出的广告冠名等模式之外，依托短视频、Vlog等新型视听内容的场景沉浸型、主题创作型等社交型广告模式日渐增多。电视剧、纪录片、综艺节目等多采用广告品牌冠名等直接营销，另外，在节目中融入品牌元素等软性广告方式得到较多采用。

开展全媒体广告经营。一些广播电视机构成立新媒体广告运营中心，建立集用户、电商、数据运营和公关宣传等为一体的商业运营体系；一些头部卫视探索"内容+"营销模式，大小屏联动，为客户提供全域整合营销服务，实现多元商业变现；不少广播电视机构从单一的电视广告创收转变为"电视广告+互联网广告+会员+IPTV+OTT"的经营模式。一些广播电视机构秉持线上带动线下运营思路，积极整合广告与电商，实行平台带货、节目带货、主持人带货等经营方式。山东台依托电视端节目，将产品融入内容，探索出具有不同特色的广电与电商融合、TV端跨界互联网的T2O项目，打造出全国首档助力脱贫攻坚的融媒直播节目，开创出"政府＋媒体＋企业＋电商平台"的新型融媒直播模式，推介全国各地的"名优好货"。云南台开发"鲜到家"公益助农项目，以"线上＋线下＋新媒体云南绿色产品生态圈"模式，有效带动农产品的销售。以网络直播带货助力广告投放，线上和线下全面配合，实现广告营销的多点触达，助推广告成为消费行为的一种强有力引导，2020年可谓"直播带货年"。

深化品牌广告经营。品牌广告经营始终是各级广播电视机构的聚焦点，中央与地方广播电视媒体根据各自不同的定位，积极塑造知名品牌，发挥品牌引领作用，增强品牌价值正向转化，与优质企业展开跨领域深层次品牌战略合作，进一步提升平台价值，构建涵盖内容和服务的全业务链品牌矩阵，实现社会效益和经济效益相统一。

强化活动经济，大力开展活动和会展业务。各级广播电视媒体特别是地市级广电媒体，发挥地域优势，深度融入城市发展和群众生活，开发运营接地气的城市活动经济和会展经济，创新展会服务模式，搭建云上交易、云上展售、云上互动平台，在线提供一对一洽谈、IP授权等系列服务，成为所在地市文化宣传、媒体推广及运营的综合供应商和活动总代理。

探索综合型产业经营。部分有实力的广播电视媒体，根据新媒体传播特点，向全产业链实施拓展和延伸。湖南广电以芒果TV新媒体平台为主导，全力打造"小芒"垂直电商平台。也有一些广播电视媒体，瞄准细分领域，实施垂类专项市场运营，不断优化产业布局，构建以广告经营、内容经济为主业，广电技术服务及相关多元化经营为补充的综合性产业体系与结构。

三、基本网络服务收入稳中有进

（一）有线电视网络业务收入略有增长

2020年，有线电视网络业务收入略有增长，增值业务收入持续增加，收视维护费等传统业务收入降幅较大。有线电视网络收入756.98亿元，同比增长0.48%（见图3），但其中收视维护费、付费数字电视、落地费等传统有线电视网络业务收入520.61亿元，同比下降18.30%。有线电视网络宽带、集团客户等增值业务收入236.37亿元，同比增长12.67%，三网融合业务收入持续增长。

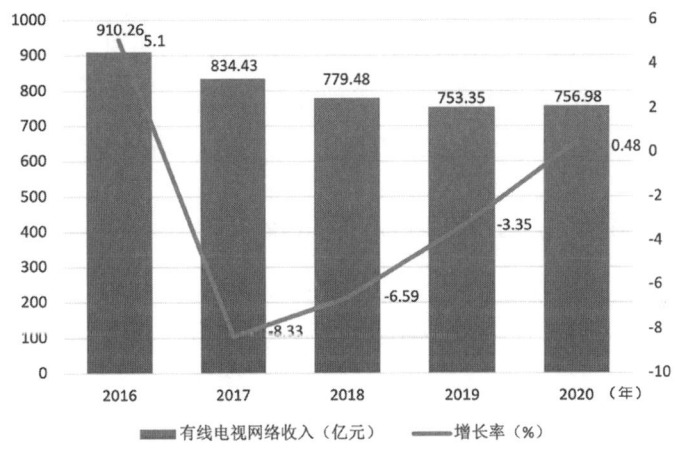

图3　2016—2020年全国有线电视网络收入情况

数据来源：广电总局规划财务司。

智慧广电建设、全国有线电视网络整合和广电5G建设一体化发展推动了有线网络产业发展。一是加快技术应用。各地完善智慧广电网络、推动智慧广电业态，连接融合各类资源，与政府部门、企业事业单位开展战略合作，并积极推进超高清视听产业的发展。二是积极推进"智慧广电+公共服务"等业务。全国不少地区有线网络服务商积极提供"视频+宽带+智慧家居+生活服务"等综合服务，进政府、进企业、进社区、进乡村，在政用、民用、商用等多领域形成产业发展合力。三是加快全国一网整合。中国广电网络股份有限公司推动 700MHz 5G 网络基站等广电 5G 网络基础设施建设与全国有线电视网络互联互通平台建设，北京、深圳、河北等 18 个省市 5G 测试基站已启动试验网建设，进一步推进广电 5G 应用平台等业务应用。

（二）IPTV 与 OTT 的用户规模及收入不断增长

2020 年统计数据显示，全国交互式网络电视（IPTV）用户超过 3 亿，互联网电视（OTT）用户 9.55 亿，同比增长 16.32%，呈现蓬勃发展态势。广播电视机构通过 IPTV、OTT 业务取得的收入呈增长趋势，IPTV 平台分成收入 135.82 亿元，同比增长 12.03%；OTT 集成服务业务收入 71.10 亿元，同比增长 13.71%，通过 IPTV、OTT 业务取得的收入占广播电视机构智慧广电及融合业务收入的 23.15%，发展态势良好且潜力较大。

四、网络视听产业发展进入新阶段

（一）用户规模持续增长

截至 2020 年 12 月，我国网络视频（含短视频）用户规模达 9.27 亿，较 2020 年 3 月增长 7633 万，占到网民整体的 93.7%。其中短视频用户规模为 8.73 亿，短视频上传用户超过 5 亿，呈现用户互动多、增长迅速、规模庞大的特点。网络直播用户规模达 6.17 亿，其中电商直播用户规模为 3.88 亿，较 2020 年 3 月增长 1.23 亿，[①] 实现高速增长。据统计，平均每个网民每天观看互联网视频节目（含短视频）约 100 分钟，收听互联网音频节目约 20 分钟，构成网络视听产业蓬勃发展的基础。

（二）业务收入实现快速增长

2020 年，573 家持证及 70 家备案机构网络视听收入 2943.93 亿元，同比增长 69.37%，发展迅猛。短视频、电商直播等其他收入为 2113.13 亿元，

---

① 数据来源：中国互联网络信息中心（CNNIC），第 47 次《中国互联网络发展状况统计报告》，2021 年 2 月 3 日；短视频上传用户数据来源：2020 年全国广播电视行业统计公报。

同比增长 87.18%，成为视听产业发展的新亮点和新的增长极。

（三）网络视听产业生态日趋完善

一是生产制作呈现交互式发展，网络视听节目内容生产质量不断提升。网络剧、网络综艺、网络电影等网络视听节目在推进互动剧、深入垂直用户、实现盈利分账等方面取得积极进展。短视频等产品占领流量制高点，播放量过亿的单条短视频大量出现，在广告等方面实现商业变现。广播电视机构挺进互联网，深入推进工作室制、项目制等制度，推行公司化、市场化的运行机制，以产品为中心垂直深耕，开发产业链条。如芒果TV等建立工作室，实施市场化的激励机制，充分激发内容生产活力。抖音、快手两大短视频平台上，2020年中央级广电媒体的账号数量为294个，省级广电媒体账号数量5716个，同比分别增长164.86%和745.56%。[1] 一些广电机构推出视频类APP，挖掘电视台优质视听内容，实现二次加工传播，抢占互联网内容创作生产高地，并与电视大屏联动。网络视听平台在长短视频领域相互渗透，协同发展，不仅长视频平台发展短视频业务，短视频平台也涉足综合视频业务，长视频+IP短剧的新模式不断涌现。二是网络视听加大创新力度，新模式新业态不断涌现。2020年重点监测电商平台累计直播场次超2400万场，在线教育销售额同比增长超过140%。[2] 从阿里巴巴等电子商务平台的直播发展态势看，直播电商向垂直产业链发展。众多传统广播电视机构挺进互联网，在MCN等领域拓展业务，布局网络直播、电子商务生态，实现从内容生产到流量传播再到商业盈利，为产业发展注入新动能。湖南广电推出的小芒APP以"内容+电商"的模式进入电商领域，并通过进军汉服等垂类市场实现新突破；东方购物推出1850场电视直播购物，打造"五五购物节"直播基地，为视听产业发展培育了新增长点。网络视听平台也围绕用户、流量、IP等积极布局，通过网络直播、

---

[1] 数据来源：广电总局监管中心。

[2] 数据来源：商务部电子商务司。

短视频等方式实现商业变现,努力构建良好的产业生态格局,并积极助力打赢疫情防控战与全面脱贫攻坚战。

五、广播电视和网络视听产业发展展望

加快培育发展视听产业主体,深化改革、突破瓶颈,充分激发主体发展活力,是繁荣发展大视听产业的一项重要战略任务。广播电视和网络视听产业总的发展趋势是,传统广播电视产业与视听新媒体服务加快深度融合,由"你中有我、我中有你"加快形成一体化的"你就是我、我就是你"。在向大视听产业整体转型的态势下,其主要呈现以下新趋势。

一是科技支撑与引领将日益强化。2020年,广播电视与网络视听领域的先进技术不断迭代,大数据、云计算、人工智能、5G、VR、AR、4K/8K等新一代信息技术在制作播出和传输覆盖中的应用作用愈发凸显,大中小屏互动的全媒体传播格局和用户服务体系快速建立。国家发展改革委等四部门联合印发的《关于扩大战略性新兴产业投资 培育壮大新增长点增长极的指导意见》(发改高技〔2020〕1409号),明确将"构建新时代大视听全产业链市场发展格局"纳入战略性新兴产业投资领域。从科技发展进程与大视听产业有机结合来看,大数据是基础、物联网是架构、云计算是中心、人工智能是产出,彼此依附协同共生。可以看出,在5G、人工智能、大数据中心、云计算、物联网等"新基建"加持赋能之下,以"网络视听+"为中心的大视听产业生态圈中的社会价值、人文价值、生态价值获得更多维度开发,形成了全新的生态产业链。

二是产业融合与产业整合将纵深推进。广播电视与网络视听在内容生产制作、节目资源、市场业务、生产主体等方面深度整合融合,以及超高清视频、高新视频和相关行业应用的深度融合和联合创新,成为大视听产业发展的新常态。2020年,大视听全产业链协同推进、联动发展,初步实现了多屏互动、矩阵传播、平台与网络并用、内容与服务并重。融合中形成全新的共享传播与跨终端节目生产播出机制,加大全渠道+全终端的全

覆盖,不同属性媒介建立起相互渗透、深度融合的关系,深刻改变内容生产流程、改进传播方式,构建全新的共享传播与跨终端生产制作、播出机制,不但培育了一系列视听新主体,也最大限度地拓展了用户群。产业融合不仅将强化内容对制造业的牵引作用,也将带动文化旅游和农村经济的发展。

三是视听产品业态方面的升级与创新将进一步强化。在智慧广电生态体系建设的进程中,信息传输、内容制播、视听体验等技术不断迭代更新,不断涌现出 5G 条件下更高技术格式、更新应用场景,更美、更便捷、更具视听新体验的高新视频新业态,形成更加多元化的商业模式。随着各类文化资源的数字化、视听化、集聚化进程不断加速,媒介、资源、要素等整合,丰富的"网络视听+"获得有效呈现,纵向打通了视听内容生产链条。

下阶段,广播电视和网络视听产业应紧紧聚焦"十四五"规划擘画的蓝图,加强现代产业体系和市场体系建设。各级主管部门以及各市场主体要加快推动视听领域产业各门类的专业化与融合化,加快推进传统广播电视产业转型升级,支持和推动新兴视听产业的有序发展,构建大视听产业新的发展格局。

(执笔人:李秋红、索东汇,国家广播电视总局发展研究中心)

第二节 新兴业态发展报告

提要： 近年来，广播电视和网络视听新业态蓬勃发展，2020年短视频、电商直播等其他收入达2113.13亿元，同比增长87.18%。短视频呈爆发式增长，用户规模达8.73亿，网络直播形成行业风口，电商直播市场规模破万亿，5G视频应用展示广阔前景，融合业态垂直布局，行业迎来新一轮产业变革。

一、广播电视产业新业态发展情况

近年来，科技与广播电视的融合不断深入，不断催生新的业态，一些新业态逐渐走向成熟，成为广播电视产业新生力量。2020年突如其来的新冠肺炎疫情极大地改变了人们的生活，也改变了视听内容服务提供方式，推动以短视频、中视频、网络直播、超高清视频、5G应用为代表的视听新兴业态蓬勃发展。

（一）短视频迎来爆发式增长

2020年，短视频市场规模达到2051.3亿，同比增长57.5%，在网络视听行业的市场占比为34.1%。截至2021年3月，短视频用户的人均单日使用时长达到 125 分钟,以显著优势位列第一,成为互联网的底层应用。①广电机构纷纷加大短视频领域布局力度,省级以上广电机构全面入驻短视频平台。与此同时,短视频平台头部效应突出,短视频从增量扩张阶段进入存量竞争阶段。

短视频用户规模持续高速增长。截至 2020 年 12 月,我国短视频用户规模达 8.73 亿,与同年 3 月相比增长 1.00 亿,短视频用户占网民整体的 88.3%,使用率达到 88.3%。②20~39 岁用户仍为主体,40 岁及以上用户数量增长明显,③"银发用户"数量攀升。

深耕多元、垂类、专业内容,多场景渗透加快。短视频向各垂直领域深度拓展,泛知识、泛生活、泛娱乐等多元内容需求旺盛。短视频专业化、垂直化、社交化趋势不断加强,其功能已不止于娱乐而是深入生活方方面面,短视频+资讯、短视频+电商、短视频+直播、短视频+教育、短视频+营销、短视频+社交等多种应用场景不断拓展。

商业模式日趋成熟,内容变现能力显著提升。短视频行业市场增长、用户付费潜力、内容付费热度都保持在高位,数据显示,40.9% 的用户对短视频广告持积极态度,56.2% 的用户通过短视频平台购买过商品或服务。④

(二)微短剧、中视频等新业态兴起

短视频在承载有思想有深度的内容方面显露不足,因而,时长在 1~30 分钟不等的微短剧、中视频应运而生,承担起塑造内容品牌、留存用户、满足用户高品质消费需求等方面的任务。

微短剧发展势头渐强,开启网生内容新赛道。微短剧是指网络影视剧中单集时长不足 10 分钟的剧集作品,内容贴近生活,多以爱情、搞笑、

---

① 中国网络视听节目服务协会,《2021 中国网络视听发展研究报告》,2021 年 6 月 4 日。

② 中国互联网络信息中心(CNNIC),第 47 次《中国互联网络发展状况统计报告》,2021 年 2 月 3 日。

③ 中国广视索福瑞媒介研究(CSM),《2020 短视频用户价值研究报告》,https://www.sgpjbg.com/baogao/24306.html,2021 年 3 月 4 日。

④ 同上。

悬疑为主，具有体量小、节奏快、反转多的特征。2020年，微短剧成为长、短视频平台集体进军的新风口。在盈利模式上，大部分平台采用了"分账+买断（投资）"的模式，同时在内容创作、IP资源、流量扶持、联合营销、商业化变现等方面提供服务。2020年10月广电总局网络司印发《关于促进网络微短剧规范健康发展的通知》，明确和细化了微短剧备案审核流程，截至2020年12月，共有140余部网络微短剧取得规划备案号，微短剧发展规范逐步形成。

中视频成为热门，各平台加速入局。随着用户对精品化和专业化内容需求的提升，特别是知识性内容的兴起，让时长在1~30分钟、横屏、PGC内容为主的中视频有了更多市场需求，渐成逐鹿之地。bilibili围绕音乐、舞蹈、知识、生活、时尚等深度垂直领域积累了一大批中视频内容创作者和年轻受众。西瓜视频也成为中视频赛道上的重要选手，截至2020年8月，月活创作人数量达320万，比同年年初增长175%。2020年10月，西瓜视频提出20亿元补贴计划扶持中视频创作者。① 长视频平台爱奇艺、优酷、腾讯视频以及微博、微信、百度等平台也相继布局中视频。

（三）互动视频逐步拓展

互动视频是具有分支剧情选择、视角切换、画面交互等交互能力，能够为用户带来互动观看体验的视频业务，② 兼具传统剧目和游戏的双重属性，以沉浸感、趣味性、多线性和互动性提升观众参与度和体验感。2020年，广电总局发布《互联网互动视频数据格式规范》（GY/T 332-2020）等文件，推动互动视频制作和播放技术标准化。行业各方在互动视频领域加大探索力度，创新内容品类，推动更多互动内容走进大众视野。

互动视频节目数量上升、品类拓展。2020年全网共上线13部互动剧、

---

① 光明网，《西瓜视频任利锋：中视频创作人的黄金时代正在到来》，https://it.gmw.cn/2020-10/20/content_34288966.htm，2020年10月20日。

② 国家广播电视总局官网，《互联网互动视频数据格式规范》，http://www.nrta.gov.cn/art/2020/11/12/art_3715_53794.html，2020年11月12日。

1部互动网络电影，①剧情以悬疑、探险、探案为主，并注重 IP 联动。《龙岭迷窟之最后的搬山道人》联动了《龙岭迷窟》的前作《怒晴湘西》，加入分支选项、动作模拟等多种互动选择，开发出 6 个支线结局。芒果 TV 推出《明星大侦探》的衍生互动微剧《目标人物》。综艺节目《我加》《魔熙先生（第三季）》等采用互动模式，可由观众通过互动选择参与节目制作。2020 年还推出了国内首部互动纪录片《古墓派 互动季：地下惊情》，让观众身临考古现场，通过主动抉择揭开未知真相。

互动视频应用前景广阔但面临制约性问题。互动视频有着较为广阔的想象空间及较强的应用价值，在公众科普、展览、互动博物馆、互动反馈式教学、视频广告营销、电商等都可产生创新应用。当前互动视频商业模式还不清晰，用户观看习惯尚未养成，内容同质化、制作简单粗糙、互动模式与剧情内容割裂等问题制约着产业发展。

（四）网络直播成为行业发展新热点

2020 年受新冠肺炎疫情影响，直播服务需求得到爆发式增长，网络直播快速发展。第 47 次《中国互联网络发展状况统计报告》显示，截至 2020 年 12 月，我国网络直播用户规模达 6.17 亿，占网民整体的 62.4%。其中，电商直播用户 3.88 亿、真人秀直播用户 2.39 亿、游戏直播用户 1.91 亿、演唱会直播用户 1.90 亿、体育直播用户 1.38 亿。②

电商直播成为新的增长极。截至 2020 年 12 月，我国电商直播用户规模为 3.88 亿，较 2020 年 3 月增长 1.23 亿。毕马威联合阿里研究院发布的《迈向万亿市场的直播电商》报告称，2020 年直播电商整体规模将达 10500 亿

---

① 国家广电智库公众号，《【文艺评论】与时代同频共振为观众奉献精品》，作者：吉京，https://mp.weixin.qq.com/s?__biz=MzI3MjUzMDU2Mg==&mid=2247516876&idx=4&sn=3517af325b6eb10393c7211ed2a20412&chksm=eb33ef21dc446637d08dfa6f8e5a0f71a2cc526dc588bbc3498e05ad55e9c7c1b9477a252cb8&token=519059692&lang=zh_CN#rd，2021 年 3 月 25 日。

② CNNIC：第 47 次《中国互联网络发展状况统计报告》，http://cnnic.cn/hlwfzyj/hlwxzbg/hlwtjbg/202102/P020210203334633480104.pdf，2021 年 2 月 3 日。

元,直播电商从此进入万亿规模时代。① 直播带货还在助力决战脱贫攻坚中凸显独特价值,跨界助农,实现了社会效益与经济效益的统一。

真人秀直播寻求转型。真人秀直播是传统网络直播形式,随着短视频、直播带货等新风口崛起,真人秀直播近年来面临着发展模式固定、市场渐趋饱和、用户规模下降等问题,逼近业务增长天花板。真人秀直播平台已开始积极转型,在多元化战略中寻求新的发展机会。2020年11月17日,百度公司宣布收购YY直播,② 将直播业务嵌入其生态体系,使其释放更大价值。

游戏直播优化内容服务。2020年下半年,游戏直播用户规模减少约7800万③。但据财报数据显示,相比2019年同期,头部游戏直播平台虎牙、斗鱼在2020年第四季度的直播收入分别获得了20%、9.4%的增长,这些增长得益于付费用户规模及用户平均花费的增加,以及内容、产品、服务等方面的丰富和优化。游戏直播平台通过直播版权电竞赛事、签约职业战队、自制赛事IP、云游戏互动直播等手段进一步深入布局电竞产业链,提升多元化营收能力。

演出直播在量与质上均有突破。2020年线上演出需求爆发,促进演出直播实现量变发展和质变突破。网易云音乐的云村卧室音乐节、bilibili的摩登天空"宅草莓音乐节"、五大平台共同发起的"相信未来"在线义演等在线音乐演出受到热捧,在线音乐演出的专业化与内容的高品质助力行业成功开启付费模式的探索。全国各地剧院开启云音乐会、线上歌舞剧等直播新模式,并引入多视角直播切换、VR技术,增强互动性和观赏性,

---

① 毕马威微信公众号:《【重磅】毕马威、阿里研究院联合发布〈迈向万亿市场的直播电商〉》,https://mp.weixin.qq.com/s?src=11&timestamp=1620629456&ver=3059&signature=edgZVFXWAIRnewuwMVjgw892rb3RJiEp**YfKzsbPyBd2rx9P3cCs6zA*R4Sra*a4yGNZarPmcXmt3ceLzbJsJQ2mOl0NiF5QTmIUH*OB8ejaloNTlxAqUgHSvMNQut0&new=1,2020年10月12日。

② 东方财富网:《36亿美元!百度收购YY直播》,http://finance.eastmoney.com/a/202011171703453030.html,2020年11月17日。

③ 由CNNIC第46次及第47次《中国互联网络发展状况统计报告》公布数据计算所得,http://www.cnnic.net.cn/hlwfzyj/,分别于2020年9月29日及2021年2月3日发布。

国家大剧院策划系列线上演出，并推出全球首次舞台艺术的"8K+5G"直播。[1] 线上云演唱会在内容与科技融合方面取得创新突破，爱奇艺搭建虚拟制作基地打造THE9"虚实之城"沉浸式虚拟演唱会，通过XR虚拟制作技术、创新互动模式打造沉浸式视听效果。[2]

直播营销互动升级。直播营销升级创意互动方式，运用大数据、人工智能等技术建立用户标签体系精准营销，融入红包、口令、优惠券等互动营销方式增强用户参与，并利用直播平台泛娱乐化属性，融入多元营销场景，综合电商、网综、节目、赛事、明星等资源跨越圈层扩大影响，以多维高效的互动性获得复合营销效果。

强化"直播+"布局。直播平台整合优势资源，以优质内容、多元化娱乐功能、技术创新应用为发展方向，发力"直播+"带动产业链延伸，与视频、电商、社交、数字娱乐、文化旅游、垂直品类社区等互融发展，构建多元业务生态、融入泛在化场景，加速价值赋能。主流媒体开办的网络直播活动更加致力于本地化服务，推广应用慢直播、访谈直播等业态，向全媒体综合服务商转型，在下沉服务中寻找商机。

（五）5G视听创新应用加速落地

5G作为"新基建"的领头羊，也是人工智能、大数据中心等领域的信息联接平台，5G商用带来超高清、多视角、强互动、虚拟现实、智能化的视听体验。工信部于2021年4月19日提出，我国初步建成全球最大规模的5G移动网络，5G手机终端连接数达2.6亿。[3] 广播电视和网络视听行业正在通过5G高新视频多场景应用，从千亿级内容互联网走向万亿

---

[1] 国家大剧院官网：《四季留声·云相伴 | 2020 国家大剧院线上系列演出回顾》，http://www.chncpa.org/zxdtxlm/rdjjjhlm/rdjj_wx/202012/t20201228_224867.shtml，2020 年 12 月 27 日。

[2] VR 设计云课堂公众号：《THE9"虚实之城"沉浸式虚拟演唱会》，https://mp.weixin.qq.com/s?src=11&timestamp=1620718722&ver=3061&signature=iTfyqL0jb3aVoz-Sp4P2*cWFQI1FwGcFm8iXzIHts-QeD8S4bS0vqvZrUTYtIePJr0Y1CXs6Vls*D2r26fy2BBY3reDE6HSFAFPLTXhqucyteYcYKghWAO58lQPW9TPd&new=1，2021 年 3 月 29 日。

[3] 光明网，《权威快报|我国建成全球规模最大的5G移动网络》，https://m.gmw.cn/baijia/2021-04/19/1302240851.html，2021 年 4 月 19 日。

级产业互联网。

2020年广电5G成功实现实战应用。中国广电完成了5G试验网建设和测试，面对新冠肺炎疫情，中国广电5G网络在抗疫一线快速部署，成功实现广电5G的首次实战应用，为政府部门无接触新闻发布会提供直播支持，为远程医疗、远程教育等5G应用提供网络支撑。

推动5G高新视频示范应用落地。为更好地推动互动视频、沉浸式视频、VR视频和云游戏等高新视频业务发展，引导、规范行业应用，广电总局印发了5G高新视频系列技术白皮书，加快推动青岛、长沙、成都等地5G高新视频实验园区和产业园区的建设发展，成立5G高新视频多场景应用广电总局重点实验室，培育打造更多更高技术格式、更新应用场景、更美视听体验的5G高新视频新产品、新服务、新业态。

5G+8K超高清视听创新应用场景广泛。2020年9月，北京市广电局发布5G+视听创新应用十大场景：5G+8K超高清云转播、5G+视听内容云生产、5G广播应用、5G+视听云服务、5G+云游戏、5G+云直播、5G+超高清内容展示、5G+视频监控、5G+全息投影、5G+分布式智慧监管。[①]陕西广电700MHz 5G网络在安康电力行业多场景应用，实现了基于广电5G的多媒体调度指挥、VR全景视频等系统。依托广电700MHz网络覆盖的优势，广电网络在国内首家实现了700MHz网络支撑电力生产保障网络供服指挥系统，迈出了广电5G行业商用的有力一步。

二、融合业态创新发展

（一）"内容+产业"打通行业内循环

广播电视和网络视听产业融合深化，推动多元产业布局，打通大屏和小屏、线上和线下，以内容+文娱生活服务，打造"内容+产业"生态闭环。

用户付费、节目版权成为内容收入重要来源。2020年网络视听机构用

---

① DVBCN，《视听盛宴！北京广电发布5G+视听创新应用十大场景》，https://baijiahao.baidu.com/s?id=1677413411520016981&wfr=spider&for=pc，2020年9月10日。

户付费、节目版权收入大幅增长，达 830.80 亿元，同比增长 36.36%。付费内容，特别是独播影视剧、自制综艺等聚焦垂直圈层，具有一定用户黏性，成为吸引会员付费的主要动力，付费用户体验和内容品质不断提升。多家平台围绕视频价值链拓展服务，推出联合会员，打通视频、电影、音乐等文化服务功能，并与外卖、电商等跨界权益相融合。

围绕内容 IP 打造产品矩阵。内容、平台和品牌不断探索 IP 生态开发新路径，线上线下联动案例日渐增多，推动视听内容商业模式创新。2020 年 8 月 24 日，人民网人民视频和陕视新闻联手呈现了 24 小时城市秀活动——十二时辰长安秀，借助网络剧《长安十二时辰》的 IP 原型，融合文旅、脱贫、商业、美食、消费等主题，通过全息直播间开展各类主题活动。① 优酷围绕《这！就是街舞》拓展节目 IP，联动发力电商、线下培训、比赛、衍生节目等，探索文娱 IP 多种衍生新空间。

以内容为核心开拓全景化营销。一方面内容"带货"与线下宣传融合创新，将产品和服务进行深度植入、节目环节融入，提供创意广告、产品使用等场景化展示方案。另一方面内容与相关产品、服务的营销交叉互动，内容带货与线下产品、服务带动内容推广相互促进。芒果 TV 在自有电商平台联动营销，通过内容种草，提供包括大数据优选、创作种草素材、开展品牌直播、品牌打卡、长尾体验传播等全链路营销。MCN 进入创新发展期。MCN 机构汇聚上游优质内容制作、连接中游内容平台、辐射下游用户，已成为视听产业链上的重要一环。截至 2021 年 4 月，全国广电已开办约 30 家 MCN 机构。② 广电机构一方面盘活既有优质资源，强化优质内容 MCN 孵化；另一方面积极与外部机构合资或合作成立 MCN 机构，推动传统广电内容、平台、人才等优势与市场资源快速对接。湖南广电旗下芒果 MCN 依托独家内容在全网各平台创建常态化内容矩阵，共开设 730

---

① 人民网，《这场 24 小时城市大秀，流量超 5 亿》，https://baijiahao.baidu.com/s?id=1676429130153342195&wfr=spider&for=pc，2020 年 8 月 30 日。

② 作者根据公开报道统计。

多个账号，布局明星娱乐、母婴、萌宠等内容，全网粉丝超 4.35 亿，视频总播放量达 1340 亿次。①

（二）"融媒 + 服务"实现价值链重造

政务服务、数字治理、远程办公、在线医疗、在线教育等"融媒 + 服务"跨界融合推动产业价值链再造。

深入拓展智慧应用，打造聚合型综合服务平台。行业各方主动对接智慧城市、智慧社区、智慧旅游、乡村振兴建设，推进视听与文旅、政务、教育、健康、商务等的融合，打造"媒体 + 服务"聚合平台，推动视听与医疗、车联网、培训等行业的跨界合作，一系列创新应用不断推进。浙江广电在海洋经济、美丽城镇、未来社区、工业互联网等场景应用进一步拓展，规划了一批需求明确效益显著的示范项目。② 湖南广电围绕 5G+FM+北斗 +AI 环境感知算法形成了"广电 5G 时空基准地理信息服务系统"，并生成了以马栏山为基础的第一套高精度动态地图，用于智能车联应用。③ 贵州省广电网络建设远程问诊系统，服务覆盖当地 1500 个乡村卫生室。未来随着视听 + 智慧平台的布局加快，广电视听媒体的"+ 政务服务商务"体系将不断健全。

5G 拓展视听教育产业前景。2020 年，广电总局指导有条件的网络视听平台开展在线教育业务，为疫情防控期间"停课不停学"提供支持。北京歌华有线、上海百视通、浙江华数、湖北广电、芒果 TV、腾讯视频、爱奇艺等纷纷推出在线教育课程。中国广电通过 5G 网络在北京部分学校开展视频教育采编回传，利用互联互通平台和前端业务平台，开展远程互动教学。视听 + 教育服务的推广为广电行业提高用户黏性、创造未来视听

---

① 腾讯新闻，《第一明星娱乐 MCN——芒果 MCN，携旗下达人玩转长沙抖 incity》，https://hea.china.com/article/20210426/042021_763376.html，2021 年 4 月 26 日。

② 浙江省广电局官网，《浙江省广播电视局关于印发〈浙江省智慧广电建设行动计划〉的通知》，http://gdj.zj.gov.cn/art/2020/11/19/art_1229271379_2120269.html，2020 年 11 月 19 日。

③ 湖南 24 小时，《湖南局全方位推动 5G 广电应用》，https://baijiahao.baidu.com/s?id=1693105487398108671&wfr=spider&for=pc，2021 年 3 月 2 日。

教育产业商机创造了条件。

视听＋政务服务打开增长空间。广电媒体面向智慧社区，整合各类政务、公共资源，为政府提供基层治理服务，为公众提供民生服务。一是广电平台等依托大数据、可视化平台为各级政府、办事处、居委会等整合各类政务服务资源，建立集党建、综合治理、网格化管理、民生服务、城市管理等于一体的智慧化管理服务。广西、贵州等地推动基层服务平台建设，建立了"一村一屏"乡村电子政务网等服务基层社会治理。二是拓展物联终端，服务环境、水利、交通等公共事业，视听＋智能物联快速发展。部分广电机构与水利、环境等政府部门合作，建设环境资源监控点、水质监测站、空气质量监测站等公共资源管理终端，搭建智能物联公共安全平台。浙江华数接入物联网基站，烟感、用电、用气等各类物联网终端，提供物联网数据感知、处理服务，打造了集环保、水利、消防、电网、城市管理、应急管理、安防等于一体的公共安全服务系统。

当前，广播电视和网络视听媒体新业态仍处于培育发展阶段，产业价值还没有充分实现。一是新业态中有的规模不大、实力不强，有的还处于起步阶段，没形成清晰的商业模式，有的站在风口但盈利能力不稳定、产业链条不畅，造血能力弱。二是新兴业态边界模糊，容易失序，相关监管难以及时落地。三是新业态的技术底座不够稳固，存在核心技术缺失、技术应用不足以及专业人才和管理人才缺乏的短板，这些都制约了新业态发展潜力的释放。

下一步，一是将强化顶层设计，加强政策支持、产业规划和引导，不断完善新兴业态的配套监管制度，加强制度与政策供给。二是进一步突破体制机制改革瓶颈制约，优化资源配置，加强平台建设，加强行业内外统筹协调，加快行业内流程再造，推动新业态创新与激发传统业态发展新活力相结合。三是以加强内容产业创新应用为核心开展跨界合作，秉持开放思维、利用自身优势，建设文化＋科技背景下的大视听产业入口，开门办产业、合作谋发展。四是加强行业监管和自律,遏制盲目追求流量、爆款而折损媒体公信力影响力的现象,追求有价值引领的发展,在新业态发展中切实落实把社会效益放在首位、实现社会效益和经济效益相统一原则。

(执笔人:周菁、王小溪,国家广播电视总局发展研究中心)

第三节　产业基地（园区）建设

提要：近年来，我国视听产业快速发展，市场体系不断健全，视听产业基地（园区）加快崛起。截至2020年年底，由国家广播电视总局批复成立的广电视听产业基地（园区）（以下简称园区）共27家，涵盖了视听产业全链条全领域，聚集了6246家广电视听企业，实际投资额319.55亿元，就业人数超17万，营业收入881.53亿元，营业利润87.13亿元。这些园区资源、人才、技术集聚优势逐渐形成，产业规模实力日益增强，成为新阶段推动视听产业高质量创新性发展的引擎。

一、政策力度加大

（一）顶层设计强力指引

2020年9月，习近平总书记考察马栏山视频文创产业园时指出，文化和科技融合，既催生了新的文化业态，延伸了文化产业链，又集聚了大量创新人才，是朝阳产业，大有前途。这一论断既总结了视听文创产业发展规律，又指明了发展方向。2021年《国民经济和社会发展第十四个五年规划和2035年远景目标纲要》（以下简称《纲要》）提出，要培育骨干文化企业，规范发展文化产业园区，推动区域文化产业带建设。《纲要》从战略和全局高度对文化产业园区创新发展作出顶层设计和规划。同时，中央多次对影视业改革和媒体融合发展作出具体部署，明确视听产业高质量发展的目标任务、路径方向，各地将建设视听产业园区作为文化产业高质量发展的重要撬点。视听产业园区建设已纳入国家政策议题，成为现代文化产业体系和市场体系建设的重要一环。

（二）行业政策切实管用

为加快推动视听产业园区做大做优做强，广电总局推出一系列管理扶持政策，不断鼓励、支持、规范园区发展。近年来，广电总局紧抓《关于推动国家广播电视和网络视听产业基地（园区）建设发展的通知》（广电发〔2020〕61号）的落实落地，培育挂牌了一批具有示范引领和辐射带动作用的视听产业园区，有力集聚了大量特色产业高端要素。发布了《关于建立广播电视和网络视听产业发展项目库的通知》（广电发〔2019〕60号），提出将"高新技术创新开发与应用推广类"等5大类作为项目库申报范围，这5大类均是视听产业园区主要项目类型，一方面园区正成为各视听企业重点项目孵化培育的"摇篮"，另一方面园区自身也是极具竞争力的视听产业发展项目。截至2021年4月，广电总局已开展了两批项目库申报遴选工作。一系列行业政策，为视听产业崛起营造了良好的政策环境和发展空间。

（三）地方扶持深入推进

各地相关管理机构着力推动视听产业园区建设，科学谋划，打造优势，推出一系列针对性强的政策措施，推动园区不断发展规范。江苏省广电局发布《2021年度江苏省省级现代服务业（广播电视）发展专项资金项目申报指南》，明确通过项目补贴、贷款贴息和奖励方式，重点扶持省级以上重点产业基地（园区）培育项目。山西省广电局出台了《山西省广播电视和网络视听产业示范基地（园区）管理办法》，在项目发展、资金支持、资源配置、行政审批、评优推优、宣传推广、队伍建设等方面，对产业示范园区予以扶持。为推动新冠肺炎疫情后园区企业复工复产，多地政府和园区管委会陆续出台一揽子惠企政策，如中国（上海）网络视听产业基地为入驻企业免除房租超过 600 万元，中国（长沙）马栏山视频文创产业园疫情期间兑现政策奖励 2342 万元，浙江横店影视城为复工剧组免除拍摄费用、减半房费等，切实解决园区企业实际困难，为园区复苏发展加油。

二、产业园区成为大视听产业发展重要载体

视听产业园区是视听产业蓬勃发展的载体，从单一业务到多元生态，从粗放生长到精准发力，视听产业园区展现出勃勃生机，正成为推动大视听产业发展的强劲引擎。

（一）产业园区发展格局初步形成

区域集聚。视听产业园区在各地均有较大发展，尤其在各区域中心城市，正以前所未有的速度迅速崛起，产业集群化分布进一步显现。以广州、北京、上海等地为代表的珠三角、环渤海和长三角等东部地区正成为国内视听产业园区发展的三极。此外，中部地区的湖南、湖北，西部地区的四川、广西也具备良好的发展条件和产业基础。尤其是湖南马栏山视频文创产业园，表现出强劲发展势头，园区企业总数达 3010 家，2020 年实现营收 431.98 亿元，同比增长 13.5%，有力带动了中部地区大视听产业发展。值得注意的是，区域集聚趋势日益明显，但各集群发展水平并不平衡，长三角地区广播电视和网络视听入驻机构等多项指标排名靠前，但有些地区园区依旧处于规划和发展初期。

特色初显。我国大部分视听产业园区多以关联性产业集聚为特色，由核心产业向边缘拓展，呈垂直化集聚态势，初步体现出园区的特色化布局和差异化发展。以广电总局正式批复挂牌的 27 家园区为例，各园区都有各具特色的定位，如以"内容+科技"为特色的马栏山视频文创产业园，以网络视听为特色的"中国（成都）网络视听产业基地"，以超高清视频为特色的"中国（广州）超高清视频创新产业示范区"，以国际传播为特色的"中国（浙江）影视产业国际合作实验区"等，这些园区围绕产业链相关环节，集聚了大量关联性企业和人才，搭建出丰富的视听业态，但支

撑特色的核心竞争力仍需不断加强夯实。

（二）产业园区发展新态势

关键企业关键项目龙头带动效应显著。国内知名视听产业园区发展多是以几个核心企业为基础，再吸纳产业链上其他企业聚拢，形成产业群落，在园区发展过程中，始终保持着几个核心企业的主导地位，带动形成产业链和产业生态圈。比如，中国（长沙）马栏山视频文创产业园，以湖南广电为龙头，吸附相关企业达 3010 家，推出 5G 高新视频多场景应用重点实验室项目，带动园区文化科技深度融合。中国（成都）网络视听产业基地，汇聚了网易成都数字产业基地、字节跳动创新业务中心、腾讯新文创总部、阿里巴巴数字经济产业生态基地等重大项目，累计引入机构 218 个，投资额 1974 亿元。这些园区依托产业龙头企业和关键项目，构建起强大的产业集群，不断吸附产业资源，形成强有力的竞争优势。

科技创新成为基地（园区）重要支撑。各视听产业园区日益重视科技创新，以文化与科技融合为引领，着力推动新技术研发应用，大力推出一系列新产品、新应用、新服务。如中国（北京）星光视听产业基地，依托 4K/8K 超高清、5G、AI 等关键性技术，构建以超高清、IP 化、云制作为核心应用场景的面向服务领域的关键共性技术平台，打造出专注于超高清视听内容创新生产的智能型文化创新服务体系，其装备集成研发平台也已累计获得发明和专利 263 项。浙江横店影视产业实验区利用"互联网+"、云计算、5G 等信息技术，引导影视企业与数字技术、互联网融合发展，通过数字技术重塑产业链条。中国广电·青岛 5G 高新视频实验园区、合肥国家广播影视科技创新实验基地（安徽），则以技术为引擎，引进和培育一批影视高新技术企业，推动科技成果转化，抢占产业科技发展高地。

多元化布局不断拓展园区产业生态。视听产业园区将业务向多领域拓展，不断做长做优产业链，探索"视听+旅游""文创+休闲""视听+会展"等多元化业态。如浙江横店影视产业实验区，借助秦王宫、清明上河图等 30 多个大型实景基地，打造集影视旅游、度假休闲、观光体验于一体的综合旅游区。中国（怀柔）影视产业示范区，引入音乐、电竞、游戏等时尚潮玩文化消费体验，推进铜牛影视小镇、老爷车博物馆、鹿世界亲子园等项目，逐步向文创休闲领域拓展。中国（成都）网络视听产业基地，以"展会引领"为发展路径，将网络视听产业与相关展会相融合，建立起"展会活动＋信息获取＋项目促进"的特色模式。产业园区在主营业务基础上，纷纷向外拓展跨界融合，不断延伸产业链，做大产业生态。

构建各具特色的视听产业发展平台。当前，视听产业园区建设打造自身特色。一方面，园区纷纷投资建设以技术、服务、运营等为特色的多样化发展平台，以资源共享、硬件共用、生态共建为着力点，为相关企业及行业发展提供更便捷高效的新型服务。如中国（北京）星光视听产业基地正在建设"星光影视园北区视听服务平台"，主要帮助MCN机构解决专业场景服务、专业技术服务、专业创业辅导服务、资本对接服务等方面的需求，为企业创业创新提供支撑。中国（上海）网络视听产业基地打造了内容丰富的公共服务平台，包括云计算中心、高清编辑与音效合成系统、节目交易中心、影视产权服务平台、集群渲染平台等。另一方面，通过建平台，连通线上线下资源，构建实体与虚拟相结合的产业连接，建设视听云平台。中国（长沙）马栏山视频文创产业园构建的"马栏山高新视频产业云"，实时动态显示企业数量、生产情况，将企业集聚在云端，及时发布共享各类信息，成为园区发展的重要服务品牌。

三、视听产业园区发展的薄弱环节与未来前景

（一）视听园区尚在打基础的关键阶段

视听产业园区作为广电产业十分活跃的力量，有力推动了广电产业发展，但是，大部分园区仍在培育阶段，虽兴办积极性高，目标定位高远，但薄弱环节较多。在区域产业布局上，不少园区特色化不强、集聚性不足；园区业态结构性短板较为突出，传统业务较多、新兴业务较少，新媒体新技术新业态板块成长慢；园区内产业要素协同不足，科技、金融、产品、

市场、人才等关键要素难以高效匹配,产业生态不健全;园区中小微企业占比较高,各类投入不够,总体竞争实力不强,抵御风险的能力有限;配套支撑体系和扶持政策有待完善。如各类公共服务信息平台有效落地不足,影视金融创新体制滞后,政策供给精准化程度有待提升,人才引聚激励机制亟待创新等。

(二)文化与科技融合是未来视听产业园区发展的动力源

文化和科技融合、文化与旅游等产业融合,视听产业与终端融合,融合成为视听产业园区发展的突出特色和主题。当前,视听产业园区对文化与科技融合较为重视,纷纷在视听技术创新、实践应用等环节探索,涌现出一系列新业态新服务。下一步,应进一步拓展文化与科技融合的广度与深度,使科技从支撑角色变为视听文化业态的组成部分,推动"科技文化化"和"文化科技化",依托5G、大数据、人工智能、"3R"①、区块链等视听相关高新技术,推动科技在高新视频、全场景视听、公共文化服务等重点领域的应用,使园区成为文化与科技融合的孵化池和产业化平台。

(三)要素聚合和实虚并用成为视听产业园区发展新突破口

当前,一些视听产业园区内产业要素不全、关联度不大,尚未形成要素互补的状态。未来,园区应补全和加强主要产业核心要素的聚合,如相关技术、创意、载体、信息、资本、人才等,在技术研发、营销宣传、文创金融、人才服务等方面强化布局,引导园区各类资源相互配合、相互支撑,打破业务、业态、企业之间的壁垒,开放资源空间,实现上下游业务和横向业务协同发展,形成大企业带动中小企业、核心企业带动周边企业、优势业务带动辅助业务、主营板块带动外延板块的协同发展态势和良性生态循环。同时,着力发挥互联网平台对视听产业的赋能和效益倍增作用,探索建设基于数字供应链的虚拟园区,推动订单、渠道、制作、配套服务等云端聚集。

---

① "3R"一般指 VR、AR、MR 技术。

（四）打造特色、区域协同，探索构建大视听产业集群

园区的功能定位和发展方向要在政策和市场引领下，更加注重差异化、特色化。只有紧密结合本地实际，结合区域视听产业发展特点推进园区建设，才能打出"一手好牌"，增强园区的核心竞争力。目前来看，各视听产业园区类型化发展的意识增强，但亟待深耕，要加快聚焦到特色上来，并以此集聚相关类型企业和资源，构建新的发展格局。"十四五"期间，区域文化产业带建设将加快，这是视听产业园区开展区域集聚、构建大视听产业格局的重要机遇。亟需在深耕特色的基础上，做好区域协同这篇文章，立足区域发展实际，明确园区在区域协同中的功能定位，形成相互支撑、互为补益的大视听产业发展集群。

（五）完善保障、创新机制，加快推动视听产业园区发展

下一阶段应积极发挥各项政策和保障措施的落地引导作用，不断完善各类平台和服务机制。一方面，加大政策供给和政策引导，积极对接园区企业实际政策需求，增强政策供给精准性和落地性，提高政策实效。进一步发挥政府扶持资金作用，转变一般性、普惠性奖励扶持的传统做法，发挥政府资金的引导、激励作用，撬动社会资本广泛参与园区发展。另一方面，作好平台建设和机制创新，如健全产业公共服务平台，为行业提供包括政务、投融资、共用技术、交易、数据资源共享等在内的一体化管理和一体化服务。创新招商运营新机制、人才引进培养机制、抗风险应急保障机制等，为企业发展、项目孵化、业态创新提供一揽子有效保障。

（执笔人：王羽、高翔，国家广播电视总局发展研究中心）

第七章

国际传播与交流

课题指导：

国家广播电视总局国际合作司司长　　　　闫成胜

/ 第七章 国际传播与交流

第一节 对外交流合作

提要： 广播电视和网络视听对外交流合作紧密围绕国内国际两个大局和国家对外战略，积极落实中央部署，以实施"视听中国"播映工程为抓手，线上线下结合，创新思路举措，对外交流合作取得新进展新突破。

一、对外交流合作活动不断创新

广播电视对外交流合作在中国特色大国外交的总体框架下，围绕中心、服务大局，不断展现新作为，开创新境界。

（一）中国—东盟电视周国际文化交流效应明显

中国—东盟电视周是在中国—东盟博览会框架下创设的常态化、机制性交流合作平台。2020年11月，第二届中国—东盟电视周在广西桂林成功举办。电视周创新采用"线上+线下"的方式，创造了"三个第一"：第一次采用线上展播、线上展台；第一次发布反映中国和东盟国家视听领域节目传播的智库报告，该报告由广电总局发展研究中心撰写；第一次对中国和东盟国家视听领域对外交流的活动和项目进行征集和评选。电视周期间举行了6个项目的签约仪式。电视周的成功举办进一步促进了中国与东盟文化相亲、民心相通，形成了良好的国际文化交流品牌效应。中国—东盟短视频大赛由广电总局主办，中国移动咪咕文化科技有限公司承办，已连续举办两届。2020年,第二届大赛以"爱·守望"为主题,突出中外"守望相助共同抗疫"的主旋律,得到中国和东盟各国年轻人和影视制作机构的积极响应,共有800多个作品进入终评,在网络空间搭建起了交流互鉴、相互尊重、民心相通的桥梁。

（二）"中俄优秀视听作品互译互播"活动助力政府间合作

由国家广电总局和俄罗斯数字发展与通讯传媒部共同支持的"2020中俄优秀视听作品互译互播"活动在线上举办。活动期间,6家中俄媒体在两国电视频道及网站集中展播29部优秀视听作品。其中,全俄广播电视公司推出纪录片《索尔仁尼琴的前线日记》,黑龙江台制作专题片《中俄贸易路上的追梦人》,布里亚特世界电视台开辟《你好,黑龙江》专栏。俄罗斯媒体界积极评价此次互译互播活动在促进两国民众互相了解,推动双方媒体产业、文化及旅游业发展与融合等方面的重要作用。

（三）"澜湄电视周—缅甸主题日"系列活动开创澜湄国家媒体合作新品牌

2020年11月,"澜湄电视周—缅甸主题日"系列活动在云南昆明成功举办。活动期间,澜湄国家电视台、视听平台开展优秀电视作品互播展映,其中中国抗疫题材电视剧《在一起》由云南澜湄国际卫视译制为5国语言在柬埔寨、老挝、缅甸、泰国和越南播出。发布了中缅合拍纪录片《光阴的故事》《新南方丝绸之路》等中缅媒体合作成果。本次活动开创了"澜湄电视周"这一澜沧江—湄公河流域国家媒体合作新品牌,对于推动澜湄文明交流互鉴和构建澜湄国家命运共同体具有重要意义。

（四）多部纪录片在中东欧国家主流电视台播出,增进人文交流和民心相通

为配合中国—中东欧国家合作机制,促进与中东欧国家人文交流和民心相通,国家广电总局举办中国纪录片在中东欧国家展播活动,将《江湖菜馆》《即将消逝的文化印记》《一江清水向东流》《小康路上》《你所不知道的中国》等一批国产纪录片进行本土化译配,并推动实现在希腊国家电

视台、匈牙利亚视电视台、克罗地亚卡纳瑞电视台、斯洛伐克斯维卡电视台等中东欧国家多个主流电视台播出,取得良好播出效果。

（五）中非媒体对话会探索后疫情时代中非媒体合作

2020年10月,由国家广电总局、非洲广播联盟合作主办的中非媒体对话会以视频连线形式召开。与会代表围绕"后疫情时代的中非媒体合作"主题进行交流探讨,并呼吁中非双方应继续秉持"共商、共建、共享"原则,加强新闻合作,维护国际社会公平正义;深化内容合作,讲好中非友好、中非命运共同体的生动故事;推动项目合作,共谋发展。

（六）进一步创新国际传媒研修新模式

国家广电总局积极应对全球疫情挑战,创新线上国际传媒研修新模式。完成广播电视和网络视听国际传媒研修云平台的搭建工作,并首次实现以线上跨境远程方式,成功举办"缅甸媒体融合与创新发展线上研修班""柬埔寨广播电视节目创新与创作线上研修班",实现广电总局系统国际传媒研修线上项目"零突破"。

（七）以评奖和论坛为抓手推进国际交流

2020年8月,在第26届上海电视节闭幕式暨颁奖典礼上,网络剧《长安十二时辰》和电视剧《都挺好》荣获白玉兰组委会特别奖"国际传播奖",演员刘涛被授予"中国电视剧海外推广大使"荣誉称号。

2020年11月,四川电视节暨"金熊猫"国际传播高峰论坛在四川成都举办。本次论坛以"中国故事·国际传播"为主题,从作品创作、国际合作、宣传推广、播出上映、海外获奖及国际影响力等方面进行深入交流研讨。作为论坛配套活动的金熊猫展播展映周,推出了以色列主题日、法国主题日、丹麦主题日,展映了这些国家的优秀影片,进一步扩大"金熊猫"国际传播品牌影响力。

二、深入实施"视听中国"播映工程

2020年"视听中国"播映工程全面升级、全新启航,重点聚焦"一带一路"、百年奋斗、全面小康、联合抗疫、人类命运共同体等五大主题，译制一批优秀电视剧、动画片、纪录片、长短视频等，通过"电视中国剧场""中国联合展台"，联合相关国家主流电视和网络视听媒体，全方位开展线上线下节目播映和推介。

（一）"视听中国走进缅甸"系列活动，加深两国间的文化交流

在2020年中缅建交70周年之际，国家主席习近平于1月17日至18日对缅甸进行国事访问。国家广电总局精心组织"视听中国走进缅甸"系列活动，系列活动于1月15日至17日在缅甸仰光、内比都等地举行，包括中缅合拍纪录片《睦邻缅甸》缅语版开播仪式，《欢乐颂》缅甸观众见面会、主创大学生交流会和公益活动，纪录片《习近平治国方略》缅语版展播启动仪式等。中方还向缅方赠送了纪录片《舌尖上的中国》《味道云南》、电视剧《木府风云》等多部中国优秀电视节目。本次活动进一步夯实了中国与缅甸广播电视领域交流与合作，为促进中缅胞波情谊、增进双方文明互鉴、密切人文交流发挥了积极作用。

（二）"中国联合展台"带动影视节目走出去取得突破

"中国联合展台"为对外树立中国影视品牌形象，提升中国广播影视和网络视听机构海外营销能力发挥了重要作用。2020年3月26日，"中国联合展台"微信公众号开通，为国内视听机构及时了解中外影视行业交流合作动态，开展对外合作搭建了平台；6月15日，"中国联合展台"中英文双语网站上线，目前共为国内外20多个国际影视节展设立了专区。受疫情影响，2020年多个国际影视节展在线上举办。利用线上展会的特点和优势，2020年"中国联合展台"招展工作取得较大突破，几大国际展会参展企业、参展作品以及活动场次数量均创历史新高。

北美国际电视节（NATPE）。2020年1月，北美国际电视节在美国迈阿密举行。江苏台旗下江苏广电国际传播有限公司连续4年负责牵头组展和承办"视听中国走进北美"中国节目推介酒会。4年来，已组织国内30余家影视机构前往参展，参展作品种类广泛、题材多样。

法国昂纳西国际动画节线上展会。2020年6月，第44届法国昂纳西国际动画节举办线上节展。昂纳西国际动画节素有"动画界奥斯卡""动画界戛纳"的盛誉。中国（浙江）影视产业国际合作实验区牵头组展，共有24家机构参展，举办了"中国优秀动画作品和杭州中国国际动漫节线上推介会""国际动画创意合作论坛：世界与中国"等系列活动。

法国阳光国际纪录片节线上展会。2020年6月，第31届法国阳光国际纪录片节举办线上展会，五洲传播中心牵头组展。"中国联合展台"在阳光节官网设立了专区，点击量超过10万次。利用互联网平台不受时间空间限制这一优势，"中国联合展台"还策划推出为期6个月的"百部优秀中国纪录片"展映季活动。

戛纳秋季电视节线上展会（MIPCOM）。2020年10—11月，第36届戛纳秋季电视节以线上展会"MIPCOM Online+"的形式举办，上海尚世影业有限公司、上海五岸传播有限公司牵头组展。共举办7场中国内容系列推介活动，展示作品超过200部，参展机构共33家，创历史新高。"中国联合展台"活动时长占电视节整体活动的14%，对内容市场新兴国家产生了重要示范效应。

莫斯科春季世界内容市场线上展会（WCM）。2020年9—12月，莫斯科春季世界内容市场线上展会举办，上海尚世影业有限公司、上海五岸传播有限公司牵头组展。共有14家中国企业参展，"中国联合展台"在国家/地方馆里规模最大（其中英国馆13家公司、巴西馆5家公司）。

新加坡亚洲电视论坛及内容市场线上展会（ATF）。2020年恰逢中新两国建交30周年庆，"中国联合展台"以"聚焦中国"冠名2020年新加坡ATF线上展会（ATF Online+）。本次参展的企业多达40余家，参展作品超过300部，举行了6场形式多样的线上活动。

（三）持续实施重点"走出去"工程项目，培育拓展国际市场

实施丝绸之路影视桥工程。国家广电总局对"丝绸之路影视桥工程"加强统筹协调，不断优化项目结构，逐渐形成统分结合、资源共享、协调

推进、精准传播的工作格局,已策划实施了 600 多个项目,培育壮大了一批走出去主体,储备了丰富的节目资源,搭建了一批品牌、渠道和平台。2020 年,工程将支持重点向技术产业合作及融合传播倾斜,行业影响力和引领作用不断提升。

实施中非影视合作创新提升工程。到 2020 年"中非影视合作创新提升工程"已实施 3 期,已把 200 多部中国优秀影视节目译制成 7 种语言,在非洲 40 多个国家落地播出。经过多年的辛勤耕耘,非洲电视市场基本形成,网络视听市场正在开发中,非洲观众对中国影视节目的需求不断增长。

实施走出去内容扶持计划。国家广电总局从 2019 年起开始实施"走出去内容扶持计划",计划用 5 年时间,精选出 100 部体现习近平总书记思想和风范、反映中国当代价值观念、传承中华优秀文化精神、具有国际影响力的优秀作品,推动在海外落地播出。2020 年,为充分发挥优秀作品走出去的引领示范作用,项目调整了工作思路,将事前创作扶持调整为事后补助,共优选出 20 部优秀海外传播作品,予以扶持补助。

三、多方参与健全对外交流合作体系

地方广电媒体和网络视听媒体发挥各自优势,创新思路举措,为构建立体、多维度对外交流合作体系作出重要贡献。

(一)地方媒体机构成为"走出去"工程重要力量

湖南台谭盾《敦煌·慈悲颂》系列音乐工程入选"丝绸之路影视桥工程",《功夫学徒之走读中国》入选中宣部、中国外文局"对外传播十大优秀案例"。福建省广播影视集团大型人文纪实类通栏《福建时间》入选"丝绸之路影视桥工程"、中宣部"中华文化走出去工程"重点项目库。江苏台《逆行者——江苏援湖北医疗队战疫纪实》和《你所不知道的中国(第二季)》入选"视听中国—美丽中国"海外播映项目;苏州欧瑞动漫有限公司的中国与新加坡合拍片《多多的童话》、中国与沙特阿拉伯合拍片《孔小西与哈基姆2》入选"亚洲影视交流合作计划"项目。康巴卫视《岗日杂塘》融媒体国际传播项目入选"丝绸之路影视桥工程"。新疆台依托"丝绸之路影视桥工程",实现本土化译配影视剧《嘿,老头》在乌兹别克斯坦、哈萨克斯坦等国家播出。

(二)打造地方对外活动品牌

北京优秀影视剧海外展播季先后在英国、希腊等数十个国家和地区成功举办,展映推介优秀影视剧数百部。南宁台与多家境内外媒体共同打造的《春天的旋律》跨国春节晚会已成功举办14届,成为很有影响力的对外文化交流品牌。云南台《跨国春晚》已成为中国与南亚、东南亚国家文化交流的品牌活动。湖南卫视成功举办首轮"全球飙计划"线上模式大赛,《"四海同春"全球华侨华人春节大联欢》《歌手》等节目品牌海外影响力进一步扩大。江苏省广电局连续多年培育"新鲜提案·黎里真实影像大会"品牌,与阿姆斯特丹国际纪录片节新媒体实验室等国际纪录片平台合作举办多项活动。腾讯视频 WeTV 在海外举办线下粉丝见面会,热播剧《致我们暖暖的小时光》《陈情令》《全职高手》在泰国举办主演见面会,受到当地用户热捧;《外星女生柴小七》在印尼举办粉丝见面会,这是16年来中国艺人首次在印尼举办粉丝会。

(三)中外合作合拍推动精品影视节目出口

由上海台出品、尚世五岸发行的大型历史系列纪录片《东京审判》成功落地德国、俄罗斯、希腊、印尼等国家主流电视台和新媒体平台。东方卫视自主研发的综艺《我们的歌》原创模式与索尼影视德国公司签署了节目模式授权协议。江苏动画公司海外版权交易稳步上升,《超级小熊布迷》《奇奇与努娜》等动画片海外发行势头良好。浙江电视剧和动画片出口实现逆势增长,《在远方》登陆韩国 OTVN 和中华 TV。腾讯视频已向海外输出了80余部影视剧、20余部综艺节目以及多部纪录片与动画片。优酷已有50余部影视剧、10余部综艺节目、20余部纪录片发行到海外。河南台与荷兰国家电视台合作拍摄真人秀节目《Who is the mole?》,在荷兰国家电视台播出后,创下20年来收视纪录。广西台与东盟国家媒体机构开展了《南溪河畔》《光阴的故事——切水不断》《一个医院的战疫》《陆海新通道》等4部纪录片的合拍。

(四)积极搭建和布局海外传播平台

芒果TV推出国际版APP,覆盖全球超过195个国家和地区,海外用户数超过3000万;与YouTube、Facebook、Twitter、中东广播中心(MBC)达成战略合作,开设芒果TV专区。腾讯视频实现平台国际化,直接面向海外用户输出大量优质的视听内容,推出海外版APP WeTV,陆续在东南亚国家落地,海外用户数超过5000万。此外,爱奇艺和bilibili也上线国际版APP,登陆东南亚市场。江苏台与国广东方网络(北京)有限公司(CIBN运营公司)合作建设"一带一路影视桥"海外宣播总平台,提供视频汇聚、内容审核、版权保护、海外宣发、版权分账等服务。云南台积极向海外推广中国地面数字电视标准(DTMB),已在老挝、柬埔寨建成2市5省地面数字电视覆盖网络,实现了中国电视节目在老挝、柬埔寨广泛落地传播。

(五)引入境外优质节目促进中外文化双向交流

芒果TV不仅对外输出节目,同时也引进了大量的境外优质节目,以优质内容架起文化交流的桥梁。目前,芒果TV国际版APP已有超过2万小时的视频资源,实现7种语言界面应用,多语种字幕涵盖18种语言。腾讯视频和国际视听产业之间形成了良性循环的"内容圈",实现"引进—输出"双向协同的内容资源环流链条。未来,WeTV有望成为国际精品内容枢纽,不仅输出优质中国节目,还连接来自全球各地的优质视听内容,推动优质内容的全球共享。爱奇艺国际版计划提供日本、韩国、泰国等亚洲文化内容,将在泰国、马来西亚、菲律宾和印尼等地设立办事处,在韩国、日本、中东等地区设立本地化团队。

(执笔人:顾芳,国家广播电视总局发展研究中心)

第二节　讲好中国故事　做好对外宣传

提要： 在纷繁复杂的国际环境下，广播电视和网络视听着力构建融通中外的话语体系，统筹推进内容产品及传播渠道平台建设，着力讲好中国故事，创新推进国际传播，在面向世界讲好中国故事方面取得明显进展，取得重要突破。

2020年，广播电视与网络视听深入贯彻落实中央决策和国家广电总局部署，以讲好中国故事为着力点，创新叙事表达，不断优化国际传播流程机制，逐步构建国际传播大格局，为世界了解真实、立体、全面的中国打开了一扇生动鲜活的视听窗口。

一、着力重塑外宣内容形态，讲好新时代中国故事

广电视听行业不断创新视听语言与叙事策略，把"自塑"与"他塑"相融合，把"自己讲"和"别人讲"相结合，面向世界讲好决胜全面小康、决战脱贫攻坚故事、中国抗疫与中外联合抗疫故事，充分展现当代中国价值观念和中华文化自信。

（一）抢占第一落点、主动发声，掌握"自塑"话语权

1. 及时发布权威资讯，还原事实真相

面对新冠肺炎疫情等全球热点焦点，广播电视媒体坚持用事实说话，

抢占第一落点，真实、立体、全面地报道好世界瞩目的中国故事、中国作为。作为外宣旗舰媒体，中央广播电视总台（以下简称总台）统筹国际传播采编平台、全球全媒体传播平台与国际视频发稿平台力量，面向世界及时报道中国抗疫真实情况。在疫情开始之初，中国国际电视台（CGTN）一个月即发布相关报道7000多条，全球阅读量5.4亿次，视频观看量1.3亿次。央视国际视频通讯社（以下简称国际视通）多语种、多渠道、全天候发布疫情防控报道，截至2020年2月中旬，相关新闻素材及直播信号共计被128个国家和地区的1919家电视频道和新媒体平台采用。省级台外语频率、国际频道加强全媒体多语种新闻播报力度，介绍中国各地人民抗击疫情实际情况。通过这些快速有力的"硬核"报道，广电主流媒体第一时间澄清事实真相，批驳西方政客与媒体谬误，阐明中国行动与中国担当。

2. 主动发声，有理有力有节正向引导国际舆论

广播电视和网络视听舆论战线发挥视听语言优势，把握议程设置主动权，把"陈情"和"说理"结合起来，积极回应国际社会关切，做到声声入耳，有效地消除疑虑、增进理解、赢得支持。总台敢于发声、善于发声，持续做大做强《国际锐评》、CGTN评论矩阵、《海峡时评》《大湾区之声热评》等评论品牌，涌现"外交家"型驻外记者与新闻主播，在媒体辩论与交锋间主动回应舆论热点，有力有效地传递中国声音。

（二）客观理性、人人参与，创新"他塑"方式

各外宣机构主动引入"他者"思维，聚焦疫情防控、脱贫攻坚、科技创新、粮食安全、环境保护、中国制造等多元主题，以饱满鲜活的人物故事与真实精彩的实践记录，客观理性地向世界讲述中国。

策划体验式报道与节目，通过外国人真听、真看、真体验、真感受，增强讲述的客观性与真实感。广电媒体广泛邀请"他者"深入中国社会，如芒果TV短视频《闪耀的平凡》，未来电视纪录片《你好，中国》等，让外国人现场体验新兴行业普通劳动者岗位、感受脱贫攻坚成果、探访疫情防控与复工复产一线，与世界分享可敬可亲的中国力量、中国精神。

奏响外宣"交响乐",让人人可以成为讲述中国故事、传播中国形象的主体力量。越来越多真正了解中国的外国专业创作者带着客观、公正的镜头深入这片热土,如日本导演竹内亮推出了《南京抗疫现场》《后疫情时代》,汇聚世界的目光。李子柒、郭杰瑞等中外社交媒体红人通过个人视角的短视频创作,成为中国文化与美好生活的义务讲解员。这些自发式、"众筹"性内容,正在重塑中国的国际认知环境和人文氛围。

(三)绵绵用力、久久为功,深耕好感传播

广电外宣报道着力创新运用易于理解、接受的话语体系和表述方式,培育美食、熊猫、航天等"强"中国元素优质IP,打造充满现代时尚感的网红内容产品,不断增强传播的亲和力、感染力。如总台开办的"iPanda熊猫频道"面向全球网民成功传递和平、友爱的国家形象,《风味人间》《什刹海》等精品内容通过社交化碎片化传播成为中华美食与传统文化的名片,这些具有故事性与好感度的内容,潜移默化地塑造着中国形象、传播着中国文化。

二、着力重整外宣流程,让世界更好地读懂中国

广播电视和网络视听机构守正创新,重整外宣流程,多维度展示中国共产党领导下的中国和中国人民为全球减贫、全球抗疫、构建更加紧密的人类命运共同体作出的不懈努力。

(一)整合资源、共享视听,形成外宣合力

面对疫情带来的挑战,广电总局带领制播机构全方位开展线上线下各类主题节目播映和推介,携手提升国际传播力。

加强规划引导,重点扶持中国优秀视听作品走出去。广电总局组织2020年度优秀海外传播作品征集评选,推广走出去有效做法。一批围绕全面建成小康社会、决战脱贫攻坚、庆祝中国共产党成立100周年、共建人类命运共同体、抗击新冠肺炎疫情、中国梦、"一带一路"建设等重大主题的电视剧、动画片、纪录片和网络视听节目获得重点扶持。

整合内容资源，组织协调重大主题外宣报道。广电总局联动海内外资源，发起"共享视听 共克时艰"中外影视合作传播计划，制作"守望相助，共同战'疫'"中外联合抗疫系列短视频，推动亚洲—太平洋广播联盟开设抗疫视听节目专区，并指导各机构精选抗疫节目在海外多渠道播出，传达中国抗疫决心。省级台外语频率与国际频道推出新闻、纪录片、公益广告、宣传片、MV等多类型多语种抗疫节目，并在新媒体平台开设专区，进行首页24小时轮播，联合讲好中国抗疫故事。

发挥品牌项目优势，积极推动中国视听抱团出海。广电总局以"视听中国"播映工程为抓手，深入实施"电视中国剧场""中国联合展台""中国专区""中国专栏"等品牌项目，推动数百部精品在100多个国家的电视和新媒体播出。积极搭建"中国联合展台在线平台"，提供国际合作与交易服务，目前共入驻100多家影视机构，有力提振复工复产信心。众多影视机构以"中国联合展台"整体形象，组团线上参加国际节展，通过版权"云交易"、国际合拍"云洽谈"、海外平台运营"云合作"等创新方式，助推中国视听走出去。

（二）融通中外、合作传播，有效扩大国际"朋友圈"

面对复杂的国际形势，在广电总局统筹协调下，广播电视和网络视听行业广泛加强国际合作，赋能国际传播内容供给与海外落地，扩大中国视听国际影响力。

加强新闻合作传播，增强传播力与影响力。总台持续提升全球供稿能力，加强国际新闻合作，通过定制报道、连线报道、植入播出等方式，借嘴说话、借筒传声。截至2021年2月，国际视通已与140个国家和地区的540家媒体机构建立了合作关系，发起成立了"一带一路"沿线国家、欧洲、拉美、非洲和太平洋岛国等5个重点区域的媒体伙伴机制。各省级播出机构积极向国际视通供稿，大量生动展示习近平总书记重要思想，充分反映中国各地改革发展成就、百姓安居乐业生活的视频报道被外媒广泛采用。

加强内容创作合作，增强可信度与说服力。一是全面加强联制合拍力度，如中英联合制作了系列短视频《消除贫困：扶贫改变生活》、纪录片《行进中的中国》，中美联合出品了纪录片《星空瞰华夏》等，让世界共同见证中国。二是在疫情挑战下，创新创作合作模式、融通中外话语体系，如纪录片《一个医院的战疫》由广西台与柬埔寨、泰国、老挝等东盟国家电视台采取"云"工作方式联合制作播出，《高考2020》由多名外国导演在中国各地拍摄疫情防控下的中国高考，均在海外播出时取得良好效果。

（三）对接需求、融合传播，触达国际传播"最后一公里"

融合传播已成为广播电视与网络视听机构讲好中国故事、最大范围触达海外受众的最优路径。

一是策划制作阶段即主动对接海外市场，内容形式贴合国际化表达与融合传播要求。制作发行机构统筹国内国际两个市场，在创作生产阶段兼顾中外话语体系与表述方式，根据传统媒体与新媒体平台差异化需求，提供长、中、短视频版本，充分匹配传统媒体、新媒体、移动端、电视盒子等多种渠道，促进海外融合传播效果最大化。

二是创新融合联动的海外发行模式，适配海外不同受众群体需求。外宣机构主动适应媒体融合趋势与疫情防控常态化形势，一方面创新跨平台、跨渠道、跨终端联动，如融媒体产品通常在YouTube等综合视频网站首发，通过垂直平台获得目标群体关注，再经过Facebook等社交平台发酵，最后联合视听新媒体机构的海外平台进行重点推荐，撬动海外传统媒体发行。另一方面突出移动化传播、视频化表达和社交化运营。据央视市场研究统计，截至2020年年底，国内主流媒体在海外新媒体平台共有超过500个官方账号持续运营。总台社交平台账号覆盖全部44个语种，全球粉丝量3.7亿。省级台纷纷拿出品牌内容，成立专门团队，海外融媒体传播同样表现出色。

三、着力重构外宣格局，传播好中国声音

广播电视和网络视听机构密切配合党和国家外交工作大局，全局意识、

协同作战能力不断提升，形成有力的外宣内容声势，逐步构建起层次清晰、点面结合、精准施策、辐射全球的传播格局。

（一）"一国一策"精准传播，增强重点地区传播能力

广电外宣媒体全面优化国际传播机制与布局，形成驻外报道机构合理布局、周边传播协同并进的总体局面。总台持续提升全球新闻采集能力，CGTN在亚太、非洲、中东等地区的影响力、公信力已取得局部优势，在北美、欧洲等重点地区取得突破。相关省级台国际频道加强邻国时事新闻报道力度，发挥民心沟通桥梁作用。

制播机构开展国别差异化运营，加快内容迭代、丰富题材类型供给，进一步推动精准化国际传播。在蒙古国，通过中国国际电视总公司、内蒙古台的长期深耕，中国电视剧在当地国家电视台持续热播，2020年依然保持较高市场份额与观众喜爱度。在南亚，康巴卫视《岗日杂塘》栏目落地印度、尼泊尔电视媒体，讲好雪域高原经济社会文化故事。在非洲，最新的家庭剧通过四达时代自建频道全天候播出，中国演员成为当地家喻户晓的明星。在欧洲，《鸡毛飞上天》《江湖菜馆》等在葡萄牙、希腊、匈牙利等国家主流电视台播出，反响良好。在南美，《楚乔传》《温州一家人》在哥伦比亚、古巴热播。在中东，青春剧在视频网站点击量连创新高。

（二）深耕本土化译配，突破语言文化瓶颈

近年来，广电总局以实施"丝绸之路视听工程""中国当代作品翻译工程""中非影视合作创新提升工程""喀尔喀蒙古语译配项目"等系列重点工程项目为抓手，已推动1600多部、6万多小时、36个语种的中国优秀译制作品在全球100多个国家播出。

制播与发行机构主动把握不同国家需求与受众习惯，推动《山海情》《冰糖炖雪梨》等一大批展现中国价值观念和文化魅力的精品佳作进行本土化译配，并通过海外平台、账号提供多种语言应用界面与字幕服务，力争海内外同步上线国产最新剧集与综艺，为世界打开了解中国的重要窗口。特别是加班加点完成《在一起》《生命缘》等抗疫节目的多语种译制，及

时分享中国抗疫决心与经验。

（三）地方外宣积极作为，助力国际传播布局持续优化

省级外宣机构充分发挥地缘、语言与资源优势，成为国际传播新格局重要一环。一是建设运营融媒体国际传播平台。四川台、广西台、北京台、海南台等分别搭建了各具特色的国际传播平台，实现多语种内容的融媒体采集、聚合、译制与发布。其中，湖南台芒果TV国际APP成效显著，截至2021年年初，下载量超过3800万，海外用户超过3100万，已覆盖195个国家和地区。二是探索视听内容与特色产品服务协同走出去。云数传媒通过商业投资运营方式，将中国地面数字电视多媒体广播技术标准DTMB、广电设备、影视译制内容与互联网视听节目服务打包，实现"产业链"带动视听内容走出去。江苏局与国广东方合作建设"一带一路"影视桥海外宣播总平台，提供内容汇聚出口服务。

（四）市场主体活力增强，网络视听成为走出去主力军

2020年，受疫情和全球经济低迷影响，中国广播电视和网络视听节目出口金额共计9761万美元，较2019年有较大幅度的下降。面对国际市场不利因素，一批具有竞争力的市场主体仍积极进取，把经营活动与对外宣传结合起来，在走出去中有所作为。一是推动走出去题材类型更加丰富，发行范围从亚洲走向欧洲、美洲、非洲等国家和地区。2020年，国产剧在很多国家掀起"中国风"：《三十而已》《平凡的荣耀》等现实题材剧、都市题材剧在海外热销，《流金岁月》《下一站是幸福》翻拍版权出口至韩国、泰国等多个国家；《以家人之名》等青春爱情题材剧广受海外年轻受众欢迎，形成粉丝效应；《斗罗大陆》《赘婿》等古装剧产生一定国际竞争力，受到东南亚市场认可；《隐秘的角落》《沉默的真相》等悬疑剧加速走向海外。此外，纪录片发行拓展至南美、中东欧，动画片跻身欧美主流专业频道。二是加大YouTube等平台多语种频道建设运营与版权销售力度，打造中国视听内容全球分账体系，新媒体海外发行克服疫情影响，贡献了2020年全年出口增长点。

网络视听机构加强自有海外平台建设，推动优质自制内容与 IP 出口，取得市场回报。腾讯视频海外版 WeTV 成功在东南亚、南亚多国市场落地，《风味人间（第二季）》英文版实现海内外同步播出，系列 IP 发行至多个国家地区；《致我们单纯的小美好》已被韩国翻拍并在 Kakao Talk 平台播出。爱奇艺国际版上线多语种服务，面向海外同步播出最新自制内容。优酷《这！就是街舞（第三季）》取得了较好的国际发行收入。网络视听已成为中国视听走出去的主力军。

2021 年，广播电视与网络视听外宣战线将全面把握"两个大局"，加强外宣内容建设，精心策划品牌活动，巩固拓展走出去平台，完善全方位走出去格局，创新国际传播手段，增强走出去实效，为建党百年营造良好的国际舆论氛围。

（执笔人：黄田园，国家广播电视总局发展研究中心）

第八章

广播电视公共服务与行业治理

课题指导：

国家广播电视总局政策法规司副司长　　　　戴振宇
国家广播电视总局安全传输保障司司长　　　谢东晖
国家广播电视总局公共服务司司长　　　　　邓慧文

第一节　广播电视公共服务

提要：全国广电系统进一步强化公共服务政策落实力度，切实实施各项重点惠民工程，提升广电公共服务质量效能。截至2020年年底，全国广播节目综合人口覆盖率达到99.38%，电视节目综合人口覆盖率达到99.59%，广播电视公共节目制作小幅增长，农村广播电视节目同比分别增长8.02%、5.59%，广播电视公益广告播出时长同比分别增长42.76%和42.65%。

2020年，全国广电系统加快推进广播电视公共服务提质升级，取得显著成效。截至2020年年底，全国共批准设立广播电视播出机构2547个，其中电台31个，电视台38个，教育电视台36个，广播电视台2442个；全国共批准开办广播电视频率频道4656个（不含数字付费广播电视频道），其中广播频率3056个，电视频道1600个（含各级教育电视台开办的39个教育教学类频道）；全国各级播出机构经批准开办高清电视和超高清电视频道共756个，其中高清电视频道750个（开路696个、付费54个），4K超高清电视频道6个（开路4个、付费2个）。

一、完善顶层设计，强化政策指引

2020年以来，广电总局进一步深入贯彻实施《中华人民共和国公共文化服务保障法》《关于建立健全基本公共标准体系建设的指导意见》等法律法规和政策文件精神，以政策落实为动力，进一步推动公共服务体系建设。

（一）强化政策指引

2020年1月，广电总局印发《关于加强广播电视公共服务体系建设的指导意见》（广电发〔2020〕1号）。这是机构改革后广电总局出台的首个聚焦公共服务工作的规范性文件，提出了今后一个时期广播电视公共服务体系建设的主要目标和任务：力争到2025年，全面建立基本公共服务标准体系，总体实现基本公共服务均等；基本建成全国应急广播体系，显著提高公共服务覆盖面和适用性；智慧广电得到普遍应用，转型升级取得实质进展。一年来，广播电视公共服务标准化建设、均等化推进、提高覆盖面和适用性、推动转型升级等取得良好效果。

（二）推进标准体系建设

广电总局积极配合国家发改委修订完善《国家基本公共服务标准》，进一步完善了与广播电视公共服务相关的收听广播、观看电视等相关标准内容，以标准化促进基本公共服务均等化。开展广播电视基本公共服务标准化试点工作，批准浙江、四川、云南三省六地开展县级标准化试点，以完善直接面向群众的服务网络为重点，探索完善设施设备布局和建设、人员配备、服务管理的行业标准规范，以标准化促进均等化、普惠化、便捷化。广电总局加快推进电视高清化发展，中央广播电视总台及部分省台在直播卫星平台实现高标清节目同播。黑龙江共有9个市（地）和17个县申请地方政府债券3亿元，推进市、县高清电视频道建设。四川通过智慧广电试验区建设加大高质量节目供给，贫困地区节目全部实现了高清化。[①]

（三）各地落实落细相关政策

各地认真贯彻落实中央和广电总局文件精神，出台了相应的政策措施。

[①] 国家广播电视总局官网，《全面助力脱贫攻坚时代大业智慧广电专项扶贫成果丰硕》，http://www.nrta.gov.cn/art/2021/2/23/art_3605_55177.html，2021年2月23日。

山东、甘肃等省制定印发了关于加强广播电视公共服务体系建设的实施意见。内蒙古自治区出台了智慧广电固边工程专项规划，明确了实施广播电视和网络视听精品工程、推进广播电视基础设施建设、创新"智慧广电"示范项目等六大重点内容，补齐了边境地区广播电视公共服务覆盖短板、供给短板、服务短板。四川省在全国率先试点建成省本级应急广播平台，全省88个贫困县应急广播播控平台全面建设完成，实现了应急广播省市县乡村五级贯通。重庆市完成应急广播电视预警信息发布系统平台、来点和P60数字电视机顶盒终端应急广播应用、应急广播数字电视消息中间件开发及测试。新疆维吾尔自治区启动建设15个县级应急广播平台。全国应急广播体系建设总体规划出台后，应急广播已从试点工作上升为全行业战略。

二、加快重点惠民工程建设

2020年，广电系统克服新冠肺炎疫情不利影响，采取多种措施加大广播电视重点惠民工程建设推进力度，各项工程整体进展有序、良好。

（一）完善项目建设督导工作机制

广电总局围绕推进"十三五"期间广播电视重点惠民工程项目进度，并考虑到新冠肺炎疫情影响，2020年先后印发《关于加快推进重点工程建设的通知》《关于加快推进广播电视重点惠民工程项目进度及有关事项的通知》，制定并完善了报表、台账、督查、通报、约谈等一系列工作举措，并以深度贫困县应急广播体系建设为重点，进一步健全了贫困地区县级广播电视播出机构制播能力建设、发射台站基础设施建设等重点惠民工程的督导机制，以每月或每季度为周期，加强对各省重点工程项目的推动。培育深度贫困县应急广播建设典型，推广贵州等地工程建设的好经验好做法。赴四川、云南、西藏、青海等深度贫困县应急广播体系建设省份进行实地督查，推动当地工程建设。实现电话督查常态化，紧盯工程建设较慢、资金执行率较低的省份，及时协助解决工程建设中存在的问题。抓紧抓住资金盘子较大、自然气候比较恶劣的西部省份，以及东部沿海较发达省份，按照树典型抓难点促整体的思路，督促指导各地加快工程推进。截至2020年年底，深度贫困县应急广播体系建设工程预算执行率81.3%；贫困地区县级广播电视播出机构制播能力建设工程整体预算执行率98.7%；广播电视无线发射台站基础设施建设工程整体预算执行率93.3%；中央广播电视节目无线数字化覆盖工程已基本建设完成；民族自治县、边境县综合文化服务中心工程整体预算执行率86.9%。

（二）深入推进深度贫困县应急广播体系建设

广电总局实施深度贫困县应急广播体系建设工程通报制度，按月向各省份通报资金执行率及排名，根据深度贫困县应急广播体系建设等重点惠民工程进展情况，结合疫情防控工作要求，对部分工程进度滞后的省份进行了视频约谈、电话约谈，严格明确建设进度要求。各省局切实承担主体责任，进一步明确工作措施，形成多部门联动的推进合力。据不完全统计，疫情防控期间，全国各省（区、市）第一时间调动6182个乡镇、近10.5万个行政村使用127.2万只农村应急广播终端设备，用群众听得懂、好理解的"村民村言"，将疫情防控政策和知识宣传下沉到"最后一公里"，将党和政府的关心关怀以及疫情防控信息覆盖到2亿多农村人口，为农村疫情防控织密了"安全网"，为做好疫情防控工作提供了强大思想支撑和舆论支持。①

（三）直播卫星用户推广和管理创新取得新成效

持续加大直播卫星有效覆盖，户户通用户数稳步提升。2020年新发展直播卫星户户通用户304.8万户，总用户超过1.46亿户，超过全国广播电视用户总数的三分之一；服务区域覆盖全国60万个行政村，占全国行政村总数的75%。上星播出电视节目100套、广播节目76套，其中通过直播卫星平台传输覆盖11套电视、10套广播少数民族语言节目，新疆、宁夏、

---

① 国家广播电视总局官网，《全面助力脱贫攻坚时代大业智慧广电专项扶贫成果丰硕》，http://www.nrta.gov.cn/art/2021/2/23/art_3605_55177.html，2021年2月23日。

内蒙古、四川、海南三沙、西藏拉萨等实现本省（区）或地市节目上星传输、定向覆盖，农村地区广播电视公共服务得到充分保障。

积极推进高清节目上星同播工作，公共服务实现提质增效。坚持边播出边建设，完成直播卫星平台高清同播系统建设，实现直播平台上星传输28套高清节目（含中央广播电视总台18套央视高清节目全链路测试），已对用户开放24套高清节目。直播卫星在满足人民群众对美好视听生活新期待方面发挥了独特作用。新一代高清终端设备部署应用稳步推进，安装完成180万台搭载TVOS2.0智能操作系统、采用国产商用密码、具备北斗定位功能的高清机顶盒，保证用户能够直接收视直播卫星高清节目。

不断提高卫星直播公共服务管理水平，用户满意度不断提升。加强直播卫星全国呼叫中心建设，完成四川远端坐席接入测试部署和客服人员的远程视频培训，开通国家广电总局卫星直播中心官方微信公众号，发布新一代户户通设备的开户、开通、重发授权、移机、中止移机、移机自助服务功能结果查询、扫码上传、位置获取等的视频培训教程，极大提高了用户解决问题的便捷性，受到了广大用户和安装服务人员的好评。直播卫星用户数据分析系统实现与广电总局收视大数据联网，为直播卫星公共服务精准化提供了技术基础。

（四）开展少数民族语电视节目译制片源捐赠工作

2020年，广电总局落实项目资金795万元，完成当年少数民族语电视剧译制片源捐赠项目，向新疆、西藏、四川康巴、青海安多藏区、吉林延边等5个少数民族地区捐赠包括《西京故事》《欢喜盈门》《遇见幸福》等在内的约1700集电视剧、18000分钟电视动画片供译制播出，有力地缓解了新疆、西藏等少数民族地区的少数民族语电视节目译制片源短缺的问题，丰富了民族地区人民群众的精神文化生活。

三、发挥行业优势决战决胜脱贫攻坚

全国广电系统发挥行业优势，积极打造扶贫新模式，创新定点扶贫机制,加大节目内容供给,提供多样化服务,交出了一份让党中央放心、让人民满意的广电答卷。

(一)创新政策扶持和精准脱贫模式

广电总局加强行业精准扶贫的顶层设计和组织领导,与国务院扶贫办联合印发《关于进一步做好广播电视和网络视听精准扶贫工作的通知》(广电发〔2019〕78号),发布了《关于开展智慧广电专项扶贫行动的通知》(广电发〔2020〕21号);制定实施国家广电总局《2019年精准扶贫工作方案》《2020年扶贫日工作方案》等政策文件,为决胜脱贫攻坚贡献了广电智慧和广电方案。创新打造"媒体+精准扶贫""短视频、直播+扶贫"等行业扶贫新模式,助力贫困地区产业发展,促进贫困群众增收,成为国家消费扶贫新模式新亮点,带动销售农产品63亿余元,有效解决了受疫情影响的农产品滞销难题。智慧广电消费扶贫案例被评选为2020年全国消费扶贫优秀典型案例。在山西平顺引入阿里巴巴集团、在四川德格县引入北京字节跳动科技有限公司,形成"国家部委+地方政府+科技企业+本地资源"合力驱动定点扶贫高质量发展的工作机制和经验。广电系统多个单位、多名同志荣获全国脱贫先进集体、先进个人。湖南卫视打造主流媒体参与扶贫的"湖南样本",携手芒果超媒建立"芒果扶贫云超市",获得全国脱贫攻坚奖组织创新奖。

(二)加大和创新疫情防控节目与服务供给

为抗击疫情、稳定民心、增强信心、鼓舞士气,广电总局协调多个版权方向湖北省各级电视台免费捐赠《急诊室故事》《产科医生》《琅琊榜》《鸡毛飞上天》等25部优秀电视剧。为助力贫困地区扶志扶智,广电总局协调中广天择公司向全国52个脱贫攻坚挂牌督战县和吉林等6省20个贫困县(市、区)免费提供了一批脱贫攻坚主题主线的优质电视剧、节目及短视频。通过直播卫星、有线网络,采取网络直播、点播回看和录播等方式,为全国1.8亿中小学生实现"停课不停学"提供内容和技术支持,逐步形成"海量优质教育内容+公共服务平台+全终端覆盖+全媒体服务"

的新型基础教育公共服务模式，为打造教育行业融媒体矩阵，实现应急教学以及促进教育均等化、普惠化，为教育扶贫提供平台。广泛收集各地推进智慧广电专项扶贫行动的典型经验，形成《全面助力脱贫攻坚时代大业·智慧广电专项扶贫成果丰硕》，在多平台转发推广。

（三）加强贫困地区广播电视人才培训

紧密结合面向乡村、面向基层加强公共文化服务体系建设，举办广播电视"脱贫攻坚"工作专题研讨班、全国广播电视公共服务培训班、西部和边疆民族地区广播电视采编业务研修班等专项班次；指导全行业充分利用广播电视和网络视听台网资源、线上线下培训资源大力推动教育扶贫，持续开展对贫困地区广播电视专业人才教育培训；响应发展电商新兴业态、推动网络经济向乡村延伸这一国家战略，出台专门文件要求发掘乡村创业者，打造扶贫"网红"，指导阿里巴巴、字节跳动、快手等网络视听机构培养10万名农民主播、3.4万人次新媒体人才和乡村创业者。

2021年是"十四五"开局之年，广电系统将深入贯彻落实党的十九届五中全会"推进城乡公共文化服务体系一体建设"的要求和国家"十四五"规划的公共文化服务部署，坚持内容供给和基础建设并重，加快补齐欠发达地区公共服务短板，推进农村地区公共服务整体水平提升，完善公共服务长效机制，稳步提高广播电视公共服务均等化水平。进一步继续加快应急广播体系、智慧广电工程、智慧广电固边工程和智慧广电乡村工程建设，完善乡村广播电视基础设施和抵边乡村广电普遍覆盖设施，加大电视频道高清化改造和基本公共服务标准化建设力度，推进广播电视公共服务实现新跨越，定点帮扶迈向新阶段。

（执笔人：刘继生，国家广播电视总局发展研究中心）

第二节　政策与法治建设

提要：全面依法治国是"四个全面"战略布局的重要内容。广播电视系统以习近平法治思想为指导，全面推进广播电视网络视听立法、依法行政和执法、普法工作，取得显著成效。广播电视重点立法取得突破，依法行政和执法的制度机制不断完善，广电法治政府建设纵深推进，广电普法成效日益彰显，法治文化阵地不断壮大。

2020年，广播电视和网络视听行业深入推进全面依法治国，坚持依法治国、依法执政、依法行政共同推进，法治国家、法治政府、法治社会一体建设，广播电视和网络视听立法、依法行政和执法、普法工作取得新突破、新进展。

一、加强立法修法工作，为广电高质量发展提供法治保障

广播电视网络视听行业已进入高质量创新性发展阶段，对法律制度的改革和发展提出更高要求。为此，全国广播电视和网络视听行政部门加快推进相关法律法规的"立改废释"工作，提高立法与改革衔接的精准度，不断提高立法质量和效率，逐步实现"以良法善治保障新业态新模式健康发展"。

（一）加强广电领域立法，健全广播电视和网络视听法治体系

《广播电视法》立法工作取得重大进展。2020年，广电总局全力推进广播电视法研究起草工作，在《广播电视管理条例》等现行法规基础上，深入开展调研和座谈，广泛征求意见，形成了《中华人民共和国广播电视法（征求意见稿）》。征求意见稿对广播电视各方面、全领域进行了系统规定，设定了广播电视和网络视听的主要制度和法律措施，将有力推动实现广播电视领域加强党的领导和全面依法治国融为一体，为构建全媒体传播体系、提升广电领域依法行政能力、更好满足人民群众精神文化需求提供法治支撑和制度保障。2021年3月16日，广电总局就《广播电视法（征求意见稿）》向社会公开征求意见，标志着我国广播电视法立法进入新阶段。

推进部门规章制定和修订工作。根据全面深化改革、全面依法治国要求和经济社会发展需求，以及上位法制定、修改、废止情况，广电总局制定完成《广播电视行业统计管理规定》等3个规章，并对部门规章进行了集中修改。2020年10月，发布《关于第一批废止和修改的部门规章的决定》（广电总局令第7号），"一揽子"废止和修改广电总局规章，其中废止2个规章，修改4个规章的部分条款，并对3个规章的部分内容进行修改。2021年3月，制定《国家广播电视总局关于第二批修改的部门规章的决定》（广电总局令第8号），对《广播电视无线传输覆盖网管理办法》《广播电视安全播出管理规定》《有线广播电视运营服务管理暂行规定》和《专网及定向传播视听节目服务管理规定》4部规章进行集中修改，进一步健全和完善广播电视和网络视听的有关制度规定。

广电地方立法取得新成效。2020年，一些地区结合自身实际，在国家立法条件尚不成熟但在实践中又急需的领域进行先行先试，推动广播电视和网络视听地方立法修法工作。北京局起草完成《北京市网络视听节目管理条例》立法草案，江苏局将《江苏省广播电视公共服务实施办法》纳入省政府2021年立法计划正式项目，安徽局启动《安徽省广播电视管理条例》

修订工作。这些广电地方立法很好地发挥了探索性作用，为国家立法积累了有益经验，创造了有利条件。

（二）完善立法相关制度和程序，提高制度建设质量

完善规章制定和规范性文件管理规定。2020年，广电总局制定《国家广播电视总局立法工作规定》（国家广播电视总局第4号令）和《国家广播电视总局行政规范性文件管理规定》（国家广播电视总局第5号令），规范广电总局立法工作，明确广电总局规范性文件的起草、合法性审核、集体审议、发布、清理等事项，对广电总局规章和规范性文件制定工作进行全链条的制度规范，建立广电总局立规、执规的"规矩"。黑龙江、湖南等省广电局也结合实际制定了规范性文件管理办法，严格规范性文件制定程序。

开展规章和规范性文件的后评估工作。广电总局把提高立法质量放在立法修法工作的首位，2020年10月17日，印发《国家广播电视总局规章和规范性文件后评估办法》，规定在规章和规范性文件实施一段时间后，结合上位法要求及规章、规范性文件的具体实施情况，对规章和规范性文件实施后的社会效果、所起作用、制度缺陷等问题进行评估分析，并对制定修订的合规性、必要性进行充分评估论证，以便更好地实施、修改、完善被评估的规章和规范性文件。

（三）参与重点领域立法，筑牢广电改革发展稳定的法治根基

深度参与《著作权法》修订工作，为广电版权产业发展争取制度支持。广电是知识产权密集型行业，《著作权法》的修改对广电版权产业的发展至关重要。2020年，广电总局广泛开展调研和协调工作，通过召开立法座谈会、开展《著作权法》问卷调查等方式，积极为《著作权法》修订提出意见建议。2020年11月11日，全国人大常委会审议通过《关于修改〈中华人民共和国著作权法〉的决定》，其中视听作品、广播组织信息网络传播权、新闻作品保护等新规定对广电行业长远发展产生积极的影响。

积极参与国家重点立法，积极反映行业诉求。立足广电高质量创新性

发展需求，2020年广电总局积极参与制定300多个相关法律法规草案和规范性文件。重点参与《数据安全法》《个人信息保护法》等重点领域、新兴领域立法工作，建立有关数据开发利用、个人信息权益保护和保障数据安全的规则，为智慧广电建设和广电大数据产业发展提供制度支撑；积极参与《突发事件应对法》《传染病防治法》等立法工作，凸显广电在突发事件应对中的舆论主阵地作用；广泛参与《电信法》《公平竞争审查制度实施细则》等相关法律法规和规范性文件制定工作，反映广电行业诉求。

二、强化依法行政和执法，纵深推进法治政府建设

2020年，广电系统深入学习贯彻习近平法治思想，将广电法治政府建设作为全面依法治国的重点任务和主体工程，用法治给行政权力定规矩、划界限，规范行政决策程序，推进严格规范公正文明执法。

（一）完善制度机制，促进广电法治政府建设

加强党对法治工作的领导。"坚持党对全面依法治国的领导"是习近平法治思想的重要内容。2020年广电总局调整了全面推进法治建设领导小组及其办公室成员，完善了工作机制，研究部署督办重点法治工作。各地广电局也不断完善党组领导法治建设的体制机制，履行主要负责人推进法治建设第一责任人责任，落实领导干部学法用法制度。

落实重大决策、重要文件合法性审核机制。2020年，广电总局认真落实《重大行政决策程序暂行条例》，对《广播电视器材入网认定办法》《广电总局重点实验室管理办法》《关于网络秀场直播和电商直播管理的通知》等100余项重大决策、重要文件进行合法性审核，提高了依法决策水平。北京、安徽、福建、广西等地广电局也充分发挥合法性审核在保障依法决策中的作用。浙江、贵州等广电局还制定法律顾问工作办法，增加法律顾问参与决策的频率。

自觉接受监督，规范权力运行。2020年，广电总局自觉接受人大、政协监督，积极答复8件人大代表建议和政协委员提案，包括《关于建立污

点艺人使用和惩戒机制的建议》《关于电磁污染防治立法的建议》《关于完善法律法规促进自媒体健康发展的提案》等。北京局等进一步完善社会监督和舆论监督机制，建立网络舆情监测、收集、研判、处置机制；江苏、青海等广电局通过设立局长信箱、公开监督举报电话等方式，及时受理和办理群众举报投诉；浙江局将行政执法监督纳入系统监督检查计划并组织落实。

（二）深化"放管服"改革，提高改革系统性整体性协同性

2020年以来，全国广电系统认真贯彻落实中央相关工作部署，统筹安排、分类施策，深化"放管服"改革，推动政府职能持续转变，进一步简政放权，加强监管和服务。

1. 加强政务信息公开，促落实、促规范、促服务

广电总局持续加大政务信息公开力度，举措更细、服务更强，发布《2020年政府信息公开工作年度报告》，加大制修订的法规规章、规范性文件信息，以及年度预算、决算，广播电视年度统计等重点信息的公开力度；在广电总局官网增设"媒体声音"专栏，聚合行业发展亮点，提升传播效果；做好依申请公开信息工作，全年共受理政府信息依申请公开33件。

2. 深化证照分离改革，优化准入服务

广电总局加大"证照分离"改革力度，探索将自贸试验区试点的措施在全国推开，并研究在自贸试验区实行告知承诺等进一步深化改革的举措；发布《广播电视设备器材入网认定管理办法实施细则》《广播电视设备器材入网认定品种表》，进一步理顺入网认定流程、明确受理审批条件、规范抽样检测行为、加强检测机构监管，将入网认定品种由203个大幅压减调整至85个，不断减轻企业负担。

3. 深化行政审批制度改革，持续优化营商环境

广电总局深化行政审批制度改革。逐项做好有关行政许可事项的评估论证、完善依据、下放配套制度等工作。一是下放行政许可。将县级广播电台、电视台变更台名、节目设置范围或节目套数审批以及设区的市、县

级地方新闻单位的信息网络传播视听节目许可证核发两项行政许可下放至省广电局。配合司法部修改《广播电视管理条例》相关条款,并下发通知对行政许可实施及事中事后监管提出具体要求。二是优化营商环境。落实《优化营商环境条例》,广电总局发布《关于第一批废止和修改的部门规章的决定》;修改7部规章,废止《城市社区有线电视系统管理暂行办法》《广播电影电视系统内部审计工作规定》2部规章;继续开展"证明事项"清理工作,梳理出法律、行政法规和广电总局规章、规范性文件设定的证明事项清单。贯彻落实国务院政务服务"好差评"制度,总结推广地方广电防疫期间"放管服"改革经验,推进"互联网+政务服务",探索实行容缺受理、告知承诺、优化流程等便民措施。三是持续优化服务方式。不断优化政务大厅行政审批受理流程,修订完善《政务服务大厅工作手册》,提出多项便民措施,全年共接办各类行政事项1500余项,在服务企业、行业、社会和群众方面取得良好效果。

地方广电行政管理部门持续深入推进"放管服"改革。如北京局积极引导企业"网上办事",推进"一站式集中审批",不断提升审批服务的速度和效能,大幅精简申请材料,缩短事项办理时限,整体精简申请材料30%、办理时限28%;江西局加大播出机构频率频道监管,自开办频率频道、违规运营频率频道等违规问题纳入"双随机、一公开"检查事项;安徽局强化网络视听内容监管,加强与其他主管部门的协同配合,理顺联合封堵有害视听网站的工作机制,初步建立"1+1+N"的监管模式,每月出一期IPTV监管报告,每季度出一次《视听评议》,结合重大宣传任务、重要时间节点不定期巡查;广东局进一步压缩行政许可事项办理时限、跑动次数,提升即办程度,行政许可事项压缩率达到85.28%。

广电行政部门统筹疫情防控和复工复产。全国广电部门制定新冠肺炎疫情防控期间优化政务服务工作措施,提倡网上办、邮寄办、现场预约办、许可证到期延后办;北京局等大多数地方广电部门充分发挥行业"服务管家"作用,制定发布优化政务服务、网络视听暖企政策、电视剧复工复产政策文件，举办优惠政策线上培训，推出专属"政策服务包"，推出疫情防控工作指引。

（三）推进规范公正文明执法，维护行业发展秩序

规范广电执法工作。2020年，广电总局积极配合相关部门制定《文化市场综合行政执法管理条例》和《文化市场综合行政执法事项目录》，明确涉及广播电视和网络视听的执法权限和程序。各地广电局积极参与和指导文化市场综合执法工作，加强执法规范化建设，推行行政执法"三项制度"，优化"双随机、一公开"工作机制，完善广播电视行政处罚自由裁量权基准，切实规范行政执法行为。

做好重点领域执法。2020年广电总局严肃查处广播电台、电视台违规行为，抽查数十家地级以上广播电台、电视台，并督促整改。加大广播电视广告监管力度，停播18条违规商业广告，组织约谈违规卫视频道，向省局转交违规线索、投诉信息。开展网络视听领域问题专项清理整治，抽查检查各省IPTV集成播控平台，及时处置违法违规问题。各地广电局也持续做好重点领域执法工作，开展网络视听和非法卫星地面接收设施执法，严厉打击"黑广播"等违法犯罪行为，切实依法维护广播电视领域意识形态安全。

创新执法工作举措。按照长三角广播电视一体化高质量发展联席会议的部署，2020年，江苏、浙江、安徽和上海"三省一市"广电局联合举办了首届长三角地区广播电视行政执法优秀案例评选活动，获奖案件主要集中在擅自从事互联网视听节目服务、链接和集成非法的广播电视频道和视听节目网站内容、未按证载内容接收和使用卫星电视节目等领域。据悉，2021年"三省一市"广电局将继续组织长三角地区广播电视行政执法优秀案例评选活动，推动建立行政执法协作机制，共同探索长三角地区广播电视和网络视听区域化一体化发展路径。

三、发挥广电普法优势，全面推进法治社会建设

法治社会建设是全面依法治国的固本之举。2020年，全国广电系统发

挥广电行业特色和媒体普法优势,积极开展社会普法宣传,不断丰富普法内容,创新普法形式,健全普法机制,推动法治社会建设取得切实成效。

(一)开展媒体公益普法,壮大法治文化阵地

发挥媒体社会普法优势,巩固壮大法治宣传阵地。2020年,全国广电系统积极落实媒体公益普法制度,通过开辟法治宣传节目栏目、开通法治热线、建立法治短视频宣传矩阵等方式,大力宣传习近平法治思想和宪法、民法典及中国特色社会主义法律体系。例如,《湖南村村响"大喇叭"》特别节目开设了《大喇叭法律之声》专栏,联动覆盖湖南省101个县1740个乡镇的27421个村级广播室,把法治报道用通俗易懂、好听易记接地气的语言通过大喇叭"喊"出来;贵州台开办的"阳光946热线",组织领导干部走进直播间,解答政策,接受咨询,受理投诉。

推动法治视听作品创作,繁荣社会主义法治文艺。2020年,各级广电机构加强对法治题材影视剧、法治公益广告、法治动漫和短视频等的创作引导,社会主义法治文艺日渐繁荣。例如,浙江局将法治题材重点电视剧和网络视听作品列入精品创作题材库,并推动各级广播电视视听机构办好法制类节目;天津台联合执法总队共同创作文化执法公益微电影《这里是12318》,引导社会公众自觉抵制盗版等非法文化产品,保护知识产权。

(二)创新普法形式,提高普法实效

开展法治文艺作品征集展播活动。2020年,广电总局积极组织开展"我与宪法"优秀微视频征集展播活动,并向全国普法办推荐13部优秀作品参加展示。全国各级广电局也积极组织各类法治作品征集展播活动。例如,安徽局组织"法润江淮共筑美丽安徽"法治漫画、故事、微视频作品征集大赛,广西局开展"影像万千 纪'疫'有你"——广西战疫纪实影像征集暨防控疫情专项法治宣传行动。

组织网络法律知识答题和在线培训。在疫情防控常态化形势下,广电系统积极运用新媒体新技术开展普法宣传和培训。广电总局举办防控新冠肺炎疫情工作有关法律知识答题活动和全国广播电视系统网络法纪知识竞赛，组织全国广电系统从业人员参加全国百家网站、微信公众号法律知识竞赛活动。北京局在线开展"民法典与影视专题讲座"，利用新媒体平台进行普法宣传交流。湖南局以普法读本和"如法网"网络课程为依据，开展普法学习和学法考试。青海局利用"法宣在线"普法平台，组织各项网络学法和培训活动。云南局组织干部职工网上观看视频庭审活动。

（三）坚持普治并举，推进广电系统普法工作

健全领导干部和国家工作人员学法用法机制。广电系统积极落实国家工作人员学法制度，通过党委理论学习中心组学习、专题讲座、公开课、广电大讲堂、编发《民法典学习宣传简报》等方式开展法治学习培训，重点学习习近平法治思想、宪法、民法典、中国特色社会主义法治体系、广播电视网络视听法律法规等重点内容。山西、安徽、贵州等地广电局还建立年终考核述法制度，以考核促学习，推动"关键少数"带头尊法学法用法。

落实"谁执法谁普法"普法责任制。2020年，广电系统全面落实"谁执法谁普法""谁主管谁普法""谁服务谁普法"的普法责任制，把普法融入各项管理服务中。例如，山东局等实行普法责任清单，明确普法内容、普法对象及责任处室；青海局印发《普法依法治理工作要点》，推动行业普法和社会普法工作；山西局制定《年度普法工作计划》，将普法任务分解到人。

加强普法考核和总结验收。2020年是"七五"普法的收官之年。各省级广电局大都组织了省内"七五"普法总结验收，广电总局也组织开展了全国广播电视系统"七五"普法总结验收工作，并向全国普法办公室报送了《关于全国广播电视系统"七五"普法规划实施报告》。

（执笔人：贺涛、赵京文，国家广播电视总局发展研究中心）

第三节　广播电视和网络视听治理

提要：完备高效的治理是广播电视和网络视听行稳致远的保障。2020年，广播电视和网络视听治理呈现出鲜明的政治性、系统性、协同性、规范性特征，追星炒星、高价片酬、注水剧、违规广告等问题和倾向得到有效遏制，严格电视剧细节把关，强化重点网络影视剧审核和网络综艺节目、网络微短剧内容管理，网络秀场直播和电商直播管理进一步加强。

一、深入把握新时代宣传工作规律，强化视听内容创作引导

（一）加强视听作品创作引导

针对脱贫攻坚、建党百年、优秀传统文化、社会主义核心价值观等重要主题，广电总局加强选题策划，完善电视剧、网络剧、动画片、纪录片和广播电视节目重点选题项目库，确定了一批作品选题，并实行动态管理、跟踪推进。强化电视剧、网络剧、网络视听节目的创作生产引导管理，印发《关于进一步推动电视剧精品生产创作的通知》（广电办发〔2020〕304号），建成并开通"国家广播电视总局网络影视剧IP征集平台"，着力提升视听作品的思想高度、艺术水平、制作质量。针对"注水剧"问题，广电总局在影视剧的前期策划、创作拍摄、内容审核等各环节都提出压紧剧情密度要求，鼓励播出平台以质量为导向，压紧剧情密度，并指导湖南台、

上海台开展周播剧创新探索，推出短篇幅、强情节、高品质的剧作。

（二）着力消除网络视听内容管理死角

针对网络直播行业存在的主体责任缺失、内容生态不良、主播良莠不齐、充值打赏失范、商业营销混乱、青少年权益遭受侵害等问题，广电总局加强与文化、市场监管等有关部门协调，出台《关于加强网络秀场直播和电商直播管理的通知》（广电发〔2020〕78号），明确要求开展登记备案和分类管理等工作，要求平台落实管建同步原则，把平台管理力量与直播间开办能力相匹配的要求精准落实到数到人；国家网信办、国家广电总局等七部门联合发布《网络直播营销管理办法（试行）》，要求直播营销平台建立健全账号及直播营销功能注册注销、信息安全管理、营销行为规范、未成年人保护、消费者权益保护、个人信息保护、网络和数据安全管理等机制、措施。广电总局针对网络微短剧的审核标准、审查细节、备案误区等问题进行规范，印发《关于网络影视剧中微短剧内容审核有关问题的通知》（广电办发〔2020〕293号），明确网络微短剧审核要与传统时长网络影视剧同一标准、同一尺度，均要由广电行政部门、播出平台、制作机构把关。

（三）全面加强广告播出管理

针对违规广告问题，广电总局约谈了相关广播电视台和行政管理部门，印发了《关于停止播出"减肥传奇瘦身贴"等部分版本广告的通知》《关于部分卫视频道医药广告播出严重违规问题的通报》，停播一批违规广告，坚决防止播出存在问题以及内容低俗、品位低下、价值取向和审美取向不符合要求的广告，强化属地管理责任。

二、深化视听生态治理，推进播出机构改革

（一）视听生态治理日渐完备，多部门协同治理不断成熟

2020年，多部门联合制定的《网络音视频信息服务管理规定》《网络安全审查办法》等相继生效，形成网络视听信息服务一整套治理体系和行

业规范。国家网信办制定的《网络信息内容生态治理规定》（国家互联网信息办公室令第5号）明确了政府、企业、社会、网民等主体多元参与协同共治的互联网内容治理模式，突出了网络信息内容生态治理的统筹与协调，将网络信息内容的生态治理正式纳入法治轨道，形成治理合力。

（二）精简精办播出机构

针对极少数频率频道偏离定位、内容导向不正、节目质量低劣、综合效益低下或不具备开办能力等问题，广电总局鼓励支持播出机构精简频率频道数量，建立优胜劣汰机制，通过开展考核评价、强化激励惩戒措施、整合资源、优化结构，提升频率频道质量。2020年年初至2021年3月中旬，共批准撤销13套电视频道和14套广播频率。严肃处理广东广播电视台珠江电影频道严重违规播出非法集资广告问题，予以通报批评，并撤销该频道。

（三）强化平台治理

针对视听平台存在的数据、算法、垄断、盗版与社会责任等问题，广电总局及相关部门坚持发展和规范并重，实施了一系列治理举措。如《数据安全法（草案）》提出国家将对数据实行分级分类保护、开展数据活动必须履行数据安全保护义务承担社会责任等；《个人信息保护法（草案）》和国家网信办等部门联合发布的《常见类型移动互联网应用程序必要个人信息范围规定》明确了平台处理个人信息的规则；国家网信办、国家广电总局等12个部门联合发布的《网络安全审查办法》要求，广播电视等行业领域的重要网络和信息系统运营者在采购网络产品和服务时申报网络安全审查；针对爱奇艺自制网络综艺节目《青春有你（第三季）》存在的诱导消费、选秀链条畸变等问题，北京局约谈平台相关负责人，要求切实履行网络视听平台主体责任，认真核查并整改存在的问题，并责令爱奇艺暂停节目录制。针对算法滥用、文化娱乐乱象等问题，网信办开展2021年"清朗"系列专项行动，指导互联网平台优化信息过滤、排名、推荐机制，整治互联网盲目模仿、低俗恶搞、内容涉黄、浮夸出格等各类低俗化娱乐化炒作乱象，严厉打击引发网络粉丝群体非理性发声应援等行为。

三、规范行业秩序，推动产业高质量发展

（一）净化行业风气

建立健全把社会效益放在首位、社会效益和经济效益相统一的创作生产体制机制。针对"天价片酬""阴阳合同"问题，全国广电系统严格落实电视剧、综艺节目的制作成本配置比例、演员片酬合同备案、片酬比例规定等有关政策规定，加强综合研判，把好节目导向关、内容关、人员关、片酬关、宣传关。针对短视频侵权盗版问题，行政主管部门、行业协会、播出平台、影视制作机构及从业者综合治理，国家版权局严厉打击短视频侵权行为，着力强化对短视频平台企业以及自媒体、公众账号生产运营者的版权监管；中国电视艺术交流协会等行业协会、爱奇艺等网络视听平台以及正午阳光等影视制作机构及文艺工作者联合发布关于影视版权保护声明，呼吁短视频平台推进版权内容合规管理，清理未经授权的内容。

（二）完善数据治理

针对数据造假、统计不规范等问题，广电总局发布《广播电视行业统计管理规定》（广电总局6号令），将习近平总书记关于完善统计体制、提高统计数据真实性的要求落实到相关条款中；针对广电总局重大决策部署和中心工作，健全了确保统计资料真实准确、完整及时的工作机制；为规范市场数据统计、发布和管理工作，开展收视收听率（点击率）统计及打击数据造假行为等提供法律依据。针对收视统计造假乱象，广电总局扎实推进"中国视听大数据"（CVB）系统建设和应用，"中国视听大数据"汇聚全国超2亿用户的收视数据，分析指标扩充至80项，全年累计上报和输出各类数据分析报告2万余份，有力支撑舆论引导和节目播出管理。

（三）规范行业标准

广电总局加快推进标准立项、编制和发布工作，不断适应技术发展趋势和行业发展需求，围绕技术创新、业务创新和服务创新，加快推进超

高清、高新视频、大数据、应急广播、TVOS、卫星信道传输、网络视听等标准的研制进程，进一步推进重点领域技术标准化工作，发布数十项广播电视和网络视听行业标准，明确和细化了广播电视和网络视听技术迭代的主要目标和重点任务，加快完善广播电视和网络视听技术标准体系，加快科技应用转化，提升行业发展话语权，引导促进行业迭代升级、高质量发展。

当今世界正经历百年未有之大变局，信息技术正处于系统创新、深度融合与智能引领的重大变革期，广播电视和网络视听行业的内外发展环境都面临着深刻变化，针对新形势新趋势，应深刻认识到现有广电和网络视听治理体系还存与行业发展不适应的地方，特别是对于新技术、新应用的监管还跟不上形势要求，跨部门融合治理机制还需要进一步完善等。这些问题制约了广播电视和网络视听事业产业的高质量发展。

全国广电系统将进一步丰富和创新治理手段，落实意识形态工作责任制，坚持发展与安全并重，深化协作治理，根据不同视听平台、视听产品、视听服务的应用场景、影响范围、可能产生负面影响等方面的特点，建立健全风险应对处置体系，实施精准监督监管，构建系统完备、科学规范、运行有效的视听综合治理体系。

（执笔人：赵京文，国家广播电视总局发展研究中心）

第四节　安全传输保障建设

提要：广播电视安全传输是国家总体安全体系的重要组成部分。广播电视战线以总体安全观为指导，大力加强安全传播保障建设，安全播出取得显著成效。"十三五"期间，全国广电行业广播电视重大事故发生次数由 2016 年的 244 起下降至 2020 年的 54 起，下降了 77.9%；停播时长由 1688 小时 18 分 51 秒下降至 250 小时 0 分 02 秒，下降了 85.2%。停播次数和停播时长都大幅下降，事故事件发生率再创历史新低。

2020 年，广播电视行业深入实施"六大工程"，特别是"智慧广电""安全播出"和"管理优化"三大工程，高质量推动"传输覆盖""安全播出保障"和"应急广播"等体系建设完善。广播电视安全播出长效机制全面落实，行业治理体系和治理能力现代化水平稳步提升，传输覆盖网加快优化升级，无线广播电视数字化覆盖能力全面提高，卫星广播电视传播格局日益完善，有线电视和广电 5G 一体化进程提速，国家应急广播体系建设取得阶段性成果，广播电视智慧化建设水平迈上新台阶。

一、安全播出取得显著成效

2020 年，全国广电行业深入落实习近平总书记关于统筹疫情防控和经济社会发展的重要指示精神，在做好疫情防控工作的同时，积极开展安全保障工作，圆满完成 2020 年元旦、春节、全国两会、"清明节全国性哀悼活动"、北斗三号全球卫星导航系统建成暨开通仪式、纪念中国人民抗日战争暨世界反法西斯战争胜利 75 周年向抗战烈士敬献花篮仪式、中国国际服务贸易交易会全球贸易峰会、全国抗击新冠肺炎疫情表彰大会、烈士纪念日向人民英雄敬献花篮仪式、纪念中国志愿军出国作战 70 周年纪念大会等重要保障期、敏感日及日常的安全播出工作。

2020 年，据监测监管数据显示，全国广播电视安全播出总体趋势稳中向好。据统计，"十三五"期间，全国广电行业广播电视重大事故发生次数由 2016 年的 244 起下降至 2020 年的 54 起，下降了 77.9%；停播时长由 1688 小时 18 分 51 秒下降至 250 小时 0 分 02 秒，下降了 85.2%。停播次数和停播时长都大幅下降，事故事件发生率再创历史新低，充分体现了安全播出工作的显著成效。从事故发生领域看，电视中心发生 24 起，广播中心 2 起，卫星传输 6 起，光缆传输 2 起，有线分配 8 起，无线发射 12 起。据统计，河北、山西、上海、江苏、浙江、海南、重庆、贵州、甘肃、宁夏等省（区、市）全年未发生重大播出事故。

安全播出长效机制建设取得重要进展。一是建章立制，研究完善相关法规制度。针对当前安全播出管理新情况新任务新要求，积极推动安全播出管理向新媒体延伸，修订出台《广播电视安全播出管理规定》（广电总局 62 号令）和事件事故实施细则、IPTV 管理实施细则等安全播出相关规章。二是强化运行管理，修订印发《广播电视技术系统例行检修和临时停播（停传停机）管理办法》，进一步加强和规范了例行检修和临时停播管理。三是坚持底线思维，强化应急管理，修订更新《广播电视安全播出应急预案》《广播电视安全播出应急协调预案》《中星 6A 卫星转星应急预案》《中星 6B 卫星转星应急预案》《中星 9 号直播卫星故障转星应急预案》和《直播卫星集成播出平台容灾应急预案（2020 年版）》。四是及时调整广电总局安全播出指挥部成员及办公室成员，增补了中国移动、中国电信、中国联通等指挥部成员单位。五是加强全国有线电视网络整合后"全国一网"运营和广电 5G 应用中的安全播出和网络安全保障工作,就全国有线电视网络整合发展实施过程中加强安全播出工作作出部署。六是积极推进广播电视技术系统"智慧运维"。

二、网络安全治理体系和治理能力现代化建设持续深入

2020 年,广播电视网络安全治理体系和治理能力现代化建设取得重要进展,主要体现在以下几方面。

加强顶层设计,完善制度建设。2020 年,广电总局修订印发《广播电视网络安全管理办法》《广播电视网络安全事件应急预案》,编制了《广播电视关键信息基础设施认定规则及设施清单》,成立了广电行业网络安全专家组,为进一步推动广播电视网络安全高质量发展强化管理支撑。中央广播电视总台、广电总局无线局,北京、江苏、浙江、青海等省局按照广电总局网络安全管理办法、应急预案的要求,编制或修订了本单位的网络安全管理办法、应急预案,健全了相关制度。

加强联络协调,健全预警通报机制。2020 年,广电总局构建了信息通达、反应快速、联通全国的广播电视网络安全信息通报机制,全年累计发布黑客组织网络攻击、IE 浏览器远程代码执行等重大网络安全预警通报 44 起,各省广电部门和广电总局直属单位及时响应处置,为国家重大活动期间广播电视网络安全保障发挥了重要作用。

加强安全检测,提升技术保障能力。广电总局监管中心持续加强对行业 256 个重要系统和重点网站的网络安全监测,全年累计发现 23 个高危、557 个中危漏洞,同比 2019 年显著下降,下达整改调度通知 28 份,经复测,整改完成率 100%。北京、浙江等省局还组建了辖区内网络安全专家组和技术支撑队伍;山东、海南等省局坚持"以检查促整改""以整改促提高",对所辖各县级播出机构组织网络安全管理和技术专项检查,督促堵塞漏洞隐患、整改网络安全风险及突出问题;广电总局卫星直播中心积极推动国产密码技术在直播卫星领域落地;中央广播电视总台完成 36 个系统的上线

前网络安全检查，对43个信息系统223台Windows服务器和497台Linux服务器进行安全基线检查；爱上电视对IPTV总平台通过基线核查、漏洞扫描、渗透测试等方式进行风险评估，整改了46个基线威胁、1000余个安全漏洞。

监测监管体系建设明显加强。广电总局统筹部署和大力推进广播电视"智慧监管"工作。一是指导制定《智慧监管总体规划方案》，加强顶层设计，明确"路线图、时间表、任务书"，确定了推进智慧监管的工作设想、总体规划、工作方案和推进计划。二是立项编制广播电视与视听新媒体智慧监管白皮书，开展地方广播电视监测监管工作情况调研，全面深入了解各级监测监管体系的现状，摸清底数。三是推进中央与地方监测监管系统互联互通、数据资源共享试点工作，通过试点工作形成可复制推广的管理体系、业务体系、运行规范、技术标准等。

升级完善卫星广播电视、有线电视、无线广播电视、海外广播、视听新媒体等监测网，不断提高全媒体监测监管能力。一是推动监管中心开展中央广播电视节目无线数字化覆盖工程监测监管工作；二是推进直播卫星监测监管工作，统筹研究并明确地方节目利用直播卫星定向覆盖业务所涉及监测监管费用政策事宜；三是推动北京局、北京监测中心开展全媒体监测监管应用试点工作。

广播电视设施保护进一步加强。2020年，广电总局科学研判设施安全保护工作形势，印发做好全国广播电视设施安全保护工作的通知，全国各省（区、市）广电行政部门及相关单位，按照通知要求，认真贯彻落实《企事业单位内部治安保卫条例》《广播电影电视系统重点单位重要部位的风险等级和安全保护级别》《广播电视设施保护条例》等有关法律法规和规章制度，落实公安部"三电"办工作部署，严格落实主体责任，强化日常安全管理，积极配合公安机关打击盗窃破坏广电设施违法犯罪活动，严密防范自然灾害、外力施工损坏广电设施情况的发生，确保了重大节日和重大活动期间广播电视设施安全。这一年就保护C频段广播电视卫星接收站免受 5G 基站干扰采取了大量措施，进一步完善建立 C 频段广播电视卫星接收站与 5G 基站干扰协调通报机制，建立"一表一单"报送制度，通过填写报送"C 频段广播电视卫星接收站与 5G 基站干扰协调完成情况进度表"，全流程跟踪、督促、落实 C 频段广播电视卫星接收站与 5G 基站干扰协调工作开展。2020 年度，全国各省（区、市）发生盗窃破坏广播电视设施案件 642 起，造成经济损失 498.05 万元；发生因施工等外力损坏案件 4905 起，造成经济损失 3199.15 万元。2020 年全国各省（区、市）和新疆生产建设兵团广电部门以及相关单位深入开展"三电"设施安全保护宣传，组织安全隐患排查整改，制定完善应急预案，落实重点单位、重要部位安全防范措施，加强设施设备、线路路段巡查守护，有力保障了广电设施安全。广电总局无线局、广电总局机关服务局、中国有线、江西省、广东省、四川省、贵州省、云南省广电局设施保护工作创新创优，亮点突出，积累了诸多新经验。

三、广播电视传输覆盖网建设水平不断提升

直播卫星平台高清节目同播工作取得重要进展。起草《直播卫星平台高清节目同播方案》，印发《国家广播电视总局办公厅关于开展直播卫星平台高清节目同播工作的通知》，组织召开全国广播电视直播卫星平台高清节目同播工作动员部署电视电话会议，审核批复《直播卫星平台高清节目同播传输覆盖总体技术方案》《直播卫星平台中央广播电视总台综合频道等 17 套节目同播传输技术方案》等，加快新一代卫星传输标准 DVB-S2/8PSK 应用，推动直播卫星高标清同播工作取得重大突破。首批高清节目如期上星播出，丰富了直播卫星平台节目供给，进一步完善了高清节目卫星传输保障机制和应急备份格局。截至 2020 年年底，已有中央广播电视总台、北京卫视、东方卫视、浙江卫视等 25 套节目实现高标清同播，全国卫星广播电视用户达 1.46 亿户，其中直播卫星户户通 1.3 亿户，村村通 1600 多万户。

地面电视数字化建设加快推进。2020年,广电总局印发实施《全国地面数字电视广播频率规划》(广电发〔2020〕2号),各地加快地面广播电视数字化建设,全面推动无线传输覆盖网数字化转型升级。广电总局印发《关于按规划关停地面模拟电视有关工作安排的通知》《关于加快推进本地节目地面数字电视覆盖网建设的通知》,在全国范围内自2020年6月15日起,启动关停中央、省、市、县地面模拟电视信号工作,广电行政部门制作科普资料在网站发布,积极引导和帮助广大用户完成数字化过渡。到2020年年底,全国范围内中央和绝大多数地方节目已经关停模拟电视信号,我国全面进入地面数字电视时代,人民群众享受到了更多高质量的地面电视公共服务。

有线电视网络升级改造成效突出。各地贯彻落实《有线电视网络升级改造技术指导意见》,以IP化、云化、智慧化、融合化为目标,加快技术改造、体系重构、流程再造。广电总局组织编制《有线电视网络升级改造技术实施指南》,紧盯任务目标,统筹做好需求规划、技术设计等工作,一体化推进广电5G和全国一网建设。2020年各地加快推进网络升级工作,广西实现了1.4万个行政村和5.29万个自然村有线电视光纤村村通。截至2020年年底,全国有线电视用户数达2.1亿户,其中有线数字电视用户2.01亿户。

应急广播体系建设深入推进,作用日益凸显。2020年,广电总局及时完善国家应急广播体系建设推进工作领导小组,制定工作方案,确定任务分工和完成时间表。与应急管理部联合印发《关于进一步发挥应急广播在应急管理中作用的意见》(广电发〔2020〕80号),明确应急广播在国家治理体系中的作用和地位,推动进一步发挥各级应急部门、广电部门的力量,建好管好用好应急广播。与中国地震局联合印发《地震预警信息播发试点工作方案》,与中国气象局联合印发《气象预警信息播发试点工作方案》,推动联合开展预警信息应急广播播发试点。组织编制《应急广播管理暂行办法》,规范应急广播建设、使用和管理工作,为各地应急广播建设提供法规依据。编制《国家应急广播体系建设技术白皮书》，梳理应急广播典型应用场景、基本功能要求、投资规模估算、软硬件要求等，形成建设方案模板，指导各地应急广播体系建设。截至2020年年底，全国应急广播省级平台已建成7个，分别为四川、黑龙江、江苏、安徽、山东、新疆，市级平台已建成82个，县级平台已建成1000多个，部署应急广播终端139万个，播发信息超过150多万条。已建的应急广播系统在基层政策宣传、疫情防控、防灾减灾救灾、社会治理、心理疏导等方面发挥了重要作用，受到社会各界的广泛欢迎。

经过多年建设，目前我国已经建成世界上覆盖人口最多，有线、无线、卫星、移动、应急广播多种手段并用的广播电视传输覆盖网。2020年，全国广播节目综合人口覆盖率为99.38%，电视节目综合人口覆盖率99.59%，广播电视综合覆盖能力进一步增强，党的思想文化宣传阵地进一步巩固。

（执笔人：陈秀敏，国家广播电视总局发展研究中心）

第九章

党的建设与人才队伍建设

课题指导：

国家广播电视总局人事司司长　　　　　　　　桂本东
国家广播电视总局机关党委副书记　　　　　　杨国瑞

第一节 以高质量党建推动广播电视工作高质量发展

提要：2020年以来，全国广电系统坚持党建引领，形成了以高质量党建推动广播电视工作高质量发展的新局面。突出表现在：党的领导更加坚强有力、理论学习更加入脑入心、信仰信念信心不断增强、基层党组织战斗力显著提升、行业政治生态持续向上向好。

一、党的政治建设坚实有力

党的政治建设是党的根本性建设。2020年以来，全国广电系统始终把党的政治建设摆在首位，以党的政治建设为统领，不断提高政治站位、压实政治责任、强化政治担当。

提高政治站位。旗帜鲜明讲政治，增强"四个意识"、坚定"四个自信"、做到"两个维护"、当好"三个表率"，不断提高政治判断力、政治领悟力、政治执行力，自觉同以习近平同志为核心的党中央保持高度一致。牢记"广电姓党、绝对忠诚"，强化党的初心宗旨，积极开展党史学习教育，坚持以人民为中心的发展思想，扎实开展"我为群众办实事"实践活动。开展强化政治机关意识教育，牢牢把握"广电总局是政治机关，广电工作是政治工作"的定位，把"字字千钧、秒秒政治、天天考试"贯穿广播电视和网络视听工作全过程、各方面，积极创建让党中央放心、让人民群众满意的模范政治机关。广电总局科技司、设计院等部门单位在业务工作中始终秉持"技术里面有政治""政治领航技术，技术保障政治"的工作理念，广电总局监管中心坚持用政治标准统领广播电视和网络视听技术监测和内容监管，均取得重要经验。

压实政治责任。始终坚持党管宣传、党管意识形态、党管媒体的原则，严格落实意识形态工作责任制。始终坚持党要管党、全面从严治党，深化"年初定责、年中督责、年底述责"和"一书双卡"工作机制，压紧压实全面从严治党主体责任、监督责任和意识形态工作责任。坚持问题导向、目标导向，认真开展"灯下黑"问题专项整治，加强党的领导、夯实党建工作、强化责任落实。完善事业企业单位决策管理机制，确保党的全面领导。

强化政治担当。全国广电系统始终胸怀"两个大局"，心系"国之大者"，深入实施舆论引导能力提升、新时代精品、智慧广电建设、视听中国播映、安全播出、管理优化六大工程，着力构建"一五一"工作格局，大力推进智慧广电和媒体融合工作，大力推进脱贫攻坚和建党100周年重大主题作品创作展播、全国有线电视网络整合和广电5G建设一体化发展等重点任务，认真履职尽责，将广电所有工作都体现党的意志、反映党的主张。在党史学习教育宣传方面，突出广播电视在政治引领中的作用，加强宣传报道，组织创作展播，全力服务全党全社会党史学习教育安排部署。

二、政治理论学习成效显著

广电行业是重要的宣传思想阵地和意识形态阵地，全体党员干部始终坚持以习近平新时代中国特色社会主义思想为指导，在学懂弄通做实上走在前、作表率，坚持学习宣传相结合，建立学习长效机制，创新学习方式方法，筑牢理想信念之基。

理论学习和宣传相互联动。一方面，以深入学习贯彻习近平新时代中国特色社会主义思想为主线，重点围绕习近平《论中国共产党历史》《习近平新时代中国特色社会主义思想学习问答》等党史学习内容，党的十九届五中全会精神、《习近平谈治国理政》第三卷、《民法典》《中国共产党支部工作条例（试行）》等重点内容开展学习，培根铸魂。另一方面，充分发挥广播电视和网络视听独特优势，在深入学习基础上开展深入宣传，认真组织好党史主题宣传，统筹网上网下，深入宣传习近平总书记在庆祝中国共产党成立100周年大会、党史学习教育动员大会等会议上的重要讲话以及关于党史的重要论述、重要指示精神等，认真组织好党史题材重点项目创作展播，持续推出《觉醒年代》《绝密使命》《啊摇篮》《理想照耀中国》《百炼成钢》《大浪淘沙》等一批高质量党史题材视听作品；陆续推出《思想的田野》（第二季）（第三季）、《这就是中国》《一起学习》等理论节目，开辟"辉煌十三五跨步新征程"等专栏，《总书记问策"十四五"》《习近平谋划中国大棋局》等短视频、《好好学习民法典》等电视节目，凝聚全党全国全社会思想基础，同心奋进"十四五"。

长效学习机制得以建立完善。一是理论学习中心组"头雁效应"日益显著。广电总局党组理论学习中心组树立以理论学习促业务工作的鲜明导向，2020年累计开展17次集体学习。党史学习教育期间，举办4期党史学习教育专题读书班暨理论学习中心组专题学习会，进行8次集体研讨。广电总局无线局、河南局、黑龙江局分别建立起"两带头、两跟进、三结合""连带联学"、四级联学联动等中心组学习带动机制。二是党支部学习实效不断提升。各党支部是学习教育的主阵地，通过举办理论知识竞赛、专家辅导会、形势报告会、理论研讨会，设立共享图书角，开设微党课、微课堂，撰写微信公众号文章、拍摄短视频等方式，持续推动理论学习入脑入心。广电总局办公厅党委利用"书香办公厅"微信群学习平台每日推送党史学习小故事，带动党员干部学在日常、学在实处。广电总局发展研究中心加强红色广电历史研究，在微信公众号"国家广电智库"推出"红色广电"专栏，激发广电人接续奋斗的信心和力量。三是青年理论学习小组学习机制逐步完善。广电总局高度重视青年党史学习教育，2021

年"五四"前后集中开展"学党史、强信念、跟党走"主题团日系列活动。把党史学习教育和广电总局青年干部"根在基层"调研实践活动结合起来，用活用好红色资源，深入学习"两弹一星"精神、抗震救灾精神。广电总局机关党委、宁夏台机关党委、黑龙江局党组通过定期提示学习重点、精心安排中国共产党人精神谱系学习、建立"青年理论学习小组学习强国挑战答题群"，开展"跟着总书记读好书"活动等方式，建立常态化学习机制，提高青年干部政治素养与履职效能。

学习教育方式方法不断创新。一是打造出一批党建品牌活动。如广电总局无线电台管理局"先进事迹报告会"党建品牌，通过说身边人、讲身边事，已经成为无线局弘扬先进、学习先进、争做先进和赶超先进的重要平台。广电总局监管中心"微党课"活动品牌，以普通党员轮流讲微党课的方式，提高党员学习自觉性主动性，形成良好示范效应。二是持续创新学习组织方式。尤其在党史学习教育期间，全国广电系统各党组织切实用活用好红色资源，以专题学习、专题培训、主题党日、实践活动等多种形式，在革命文物史料学习中汲取伟大精神力量。如广电总局党校、中广联合会通过开展"重走长征路"场景体验主题党日活动、启动"畅行中国·庆祝建党100周年——追寻红色记忆"主题融媒传播暨"党性教育基地"揭牌系列活动，传承好红色基因，赓续共产党人精神血脉。甘肃局利用应急广播精准高效、覆盖面广、直面群众等独特优势，使党史学习教育"声"入人心。三是建好用好一批学习交流平台。全国广电系统积极用好学习强国、共产党员网等学习平台和支部工作APP，强化党员日常教育和综合管理。广电总局通过搭建"广电大讲堂""视听云课堂""智慧广电学院"等学习平台，办好"广电党建"微信公众号、杂志等交流平台，推动党员学习交流分享。

三、基层组织力量更加稳固

基层是党的执政之基，力量之源。欲筑室者，先治其基。2020年以来，全国广电系统高度重视党支部建设，大抓基层、大抓支部的鲜明导向已经形成，基层党组织的战斗堡垒作用更加凸显。

党支部标准化、规范化建设不断加强。一方面，开展党支部自查整改和先进评选。以提升基层党组织建设质量为重点，开展党支部标准化规范化建设自查评估和对标整改，开展"政治功能强、支部班子强、党员队伍强、作用发挥强"的"四强"党支部创建活动，评选"红旗党支部"。另一方面，完善基层党组织制度建设。2020年以来，广电总局出台总局所属事业单位、主管社会组织党的建设的系列实施意见，加强党建工作分类指导；制定基层党组织党费管理、谈心谈话、发展党员、换届提醒等规范性文件，印发机关党委、机关纪委工作规则，健全基层党组织的组织工作规程。

党建工作和业务工作深度融合。一是建立融合抓手。广电总局无线电台管理局、四川局把创建"双优机房"（党建工作优、业务工作优）、创建"六型机关"（政治型、学习型、服务型、落实型、法治型、廉洁型）作为党建和业务深度融合的着力点。各地方广电局、台将党建工作纳入工作目标考核和领导干部考核，发挥考核"指挥棒"作用。二是创新融合活动。各地方广电局、台的党支部将主题党日活动同公益实践活动、广电业务结合起来，实现"主题党日+"。边疆民族地区的广电局台以党建统领脱贫攻坚、乡村振兴建设，形成"党建+合作社+牧户"工作格局。

在疫情大考中基层作用突出。一方面，基层党组织统筹推进疫情防控和行业复工复产。广电总局宣传司、电视剧司党支部和网络视听节目管理司党总支强化阵地管理，加强"头条"建设和"首页首屏首条"建设，开展节目内容版权捐赠和公益展播，指导防疫宣传。湖北、黑龙江省广电局党组完善《宣传提示》《监管动态》等日报机制，加强宣传战"疫"内容调控和监管。安徽、福建省广电局党组统筹协调，扩大防疫期间荧屏免费优质内容供给。北京市、河北省广电局党组紧急制定行业支持政策，推行行政审批流程"网上办""邮寄办"，服务行业复工复产。另一方面，基层党员发挥先锋模范作用。湖南台、河南台、安徽台2000多名新闻工作者坚守在战"疫"报道一线,湖北、福建省广电局和河南台700名党员干部下沉社区防控一线,开展疫情信息摸排、体温监测和消毒防控等志愿服务,以"我是党员我先上"的政治自觉,真正做到让党旗在战"疫"一线高高飘扬。党组织在战"疫"中也考察识别出一批优秀党员干部,一批业务骨干在抗疫一线递交入党申请书、发展入党。

四、全面从严治党持续深入

2020年以来,全国广电系统把"严"的主基调贯穿始终,突出严管厚爱结合、激励约束并重,持续正风肃纪反腐,打造忠诚干净担当的干部队伍,营造风清气正的行业政治生态。

严肃党内政治生活。严格执行新形势下党内政治生活若干准则,落实党内政治生活各项制度举措,认真执行"三会一课"、民主生活会、领导干部双重组织生活、民主评议党员等规定。严明纪律规矩,开展"严明党的政治纪律和政治规矩"主题学习教育月和"规范党内政治生活我来说"主题党日活动。

持续强化党内监督。从严从实抓好中央巡视整改落实,深入开展内部巡视工作,制修订巡视工作实施办法、协作配合机制等16项制度。加强对权力运行的监督制约,健全"一书双卡"工作机制,强化日常监督,严禁党员领导干部插手干预重大事项、规范廉政档案管理。用好"四种形态",做好监督执纪工作,认真受理信访举报、研判问题线索、严格案件核查,注重抓早抓小,开展提醒谈话、约谈函询、诫勉谈话,对违纪党员依规依纪给予党纪处分等。

持之以恒加强作风建设。锲而不舍落实中央八项规定及其实施细则精神,坚持纠"四风"和树新风并举,持之以恒做好元旦春节、"五一"端午、中秋国庆等重要节点纠"四风"工作,倡导文明新风、廉洁家风。开展经常性纪律教育特别是警示教育,开展酒驾醉驾问题专项整治和专题警示教育活动、"厉行勤俭节约、反对餐饮浪费"专题组织生活会。此外，通过创办"清风广电"微信公众号等方式，加强宣传教育，推动化风成俗。

2021年是乘势而上开启全面建设社会主义现代化国家新征程、向第二个百年奋斗目标进军的第一年。全国广电系统将以庆祝建党100周年为契机，学懂弄通做实党的创新理论，全面贯彻新时代党的建设总要求，聚精会神抓好党的建设，立足主责主业，展现新担当、新作为。

（执笔人：沈雅婷，国家广播电视总局发展研究中心）

第二节 人才队伍建设

提要： 2020年以来，广播电视和网络视听行业落实中央部署，紧跟发展要求，高度重视人才队伍建设，大力实施人才选拔和培养活动，深化用人和分配机制改革，队伍结构日益优化，新兴人才建设成效显著，在高素质人才队伍建设方面迈上新台阶。

一、广播电视和网络视听人才队伍规模与结构

2020年，全国广播电视和网络视听（以下简称广播电视）从业人员合计101.10万人，比2019年增加1.66万人，同比增长1.67%。

从人才队伍岗位结构来看，2020年广播电视管理人员17.15万人，以编辑、记者、播音员、主持人、工程技术人员、艺术人员及经营人员为主体的专业人员达52.39万人，其他人员31.55万人，占比分别为16.96%、51.82%、31.21%。

从人才队伍整体学历水平来看，2020年广播电视从业人员大专及以上学历人员总占比84.13%。其中，具有本科及大专学历的占78.00%，具有研究生及以上学历的占6.13%。

从年龄结构看，2020年广播电视从业人员中，35岁及以下的占44.16%，36岁至50岁的占43.01%，51岁及以上的占12.83%。人才梯队

的年龄结构逐年趋于合理，高学历、年轻化的人才队伍成为广播电视高质量发展的重要支撑。

二、大力增强人才队伍政治思想素质

（一）守好人才队伍培育建设阵地

2020年，广播电视和网络视听行业强化思想教育，聚焦专题培训，坚持将意识形态工作作为全年教育实践工作的重要内容贯穿人才队伍建设的各方面全过程。

广电总局人事司制定《干部教育培训管理办法》《在干部教育培训中进一步加强学员管理的规定》《广电总局2020—2021年文艺业务骨干培训工作方案》等文件，不断强化人才培育意识形态阵地的制度保障。2020年年初，举办了机构改革以来首期面向全国广电局长、台长的培训班次，围绕全年广播电视工作主题主线、使命任务再部署再动员，加强各级广电机构对新冠肺炎疫情、对美舆论斗争等当前意识形态领域重点问题的学习研判；在人才选拔工作中，始终突出政治标准，确保选人用人政治素质和政治表现过关。地方广电创新开展意识形态管理培训工作，青海局推行"集中培训＋网络培训＋实践锻炼"的培训模式，推动党员干部深入学习宣传习近平新时代中国特色社会主义思想；山东局全年共开展针对意识形态工作责任制集体学习研讨13次，举办专题培训班2个。这是全国广电强化人才队伍意识形态工作素质的典型案例，抓住人这个关键因素，切实做到守土有责、守土负责、守土尽责。

（二）深入开展思想政治理论和党性修养培训

2020年，全国广电战线始终坚持把学习贯彻习近平新时代中国特色社会主义思想摆在教育培训首要位置，不断提高党的基本理论教育和党性教育的比重，有力提升了从业人员的政治理论素养与履职尽责能力。

广电总局明确要求必须把旗帜鲜明讲政治作为干部教育培训工作的根本要求，共举办了6期深入学习贯彻习近平新时代中国特色社会主义思想培训班，6期广电总局系统深入学习宣传贯彻党的十九届五中全会精神培训班，青年干部理想信念教育培训班等主题班次，参训干部达到近1600人次，实现了系统全覆盖。广电总局党校新增"四史"学习课程，党性教育熔炉增效扩容，加强行业党建政治统领作用得到进一步发挥。各级广电机构采用线上线下开展"品红色经典、悟初心使命"读书会、观看影视党课、先进事迹报告会等丰富多彩的主题教育活动，建立起领学领读等学习制度和主题教育常态化机制。

三、充分发挥高端人才引领示范作用

（一）首次实施行业人才工程

2020年1月，广电总局印发了《关于开展2020年全国广播电视和网络视听行业领军人才工程、青年创新人才工程推荐选拔工作的通知》，围绕行业发展重点领域急需的各类高层次人才，开展首批人选推荐选拔工作。31个省（区、市）和新疆生产建设兵团、4家中央媒体单位、2家传媒高等院校、广电总局机关和直属单位共推荐领军人才995名、青年创新人才1698名。2021年6月确定2020年度"两个人才"工程入选名单，其中领军人才437人，青年创新人才740人。各省纷纷推广广电总局人才工程，创立本省（区、市）广播电视和网络视听行业人才工程，以此为抓手，加大人才培养力度，推动高端人才建设。各级广电机构充分用好当地政府"英才计划""百万人才"等人才工程资源，拿出具体配套落实措施，激励更多勇于担当、干事创业的高素质优秀人才。湖南、江西、山东等纷纷部署建立"媒体融合发展专家库"，汇聚各方智慧力量，有效带动广电人才整体队伍素质提升。

（二）人才推荐选拔工作效果明显

广电总局积极稳妥开展2020年"百千万人才工程"国家级人选、享受国务院政府特殊津贴人员、科技部"创新人才推进计划"等高层次人才选拔推荐工作，配合中宣部做好文化名家暨"四个一批"人才等工作，加大广播电视领域高层次人才在国家级人才工程中的推荐选拔力度,对人才建设产生了良好的引导作用。广电总局全面贯彻习近平总书记对技能人才工作的重要指示精神,持续组织全国广播电视技术能手竞赛,2020年累计参加人次将近1万,举办第四届全国有线广播电视机线员职业技能竞赛,30名选手获得"全国广播电视行业技术能手"称号,职业技能竞赛对培养选拔高技能人才的促进作用日益凸显。

(三)构建人才教育培训和联系服务新平台

为配合好全国广播电视和网络视听行业领军人才工程、青年创新人才工程的实施,广电总局举办了6期全国广播电视和网络视听行业领军人才、青年创新人才示范研讨班,搭建领军人才、青年创新人才研修培养和联系服务平台,营造关心爱护人才的良好氛围。

面对疫情带来的影响,各级广电机构积极开展培训模式创新,将各个关键环节向线上迁移,在教学理念和方式方法上实现了面授和远程的融合,培训班次和人员较往年有大幅提升。广电总局探索建设"智慧广电学院"网络平台,建立培训项目信息化管理模式,实现培训项目执行的可视化、数据化、档案化,优化培训资源配置,提高规范化管理水平,一站式集成培训管理、流程审批、在线培训、证书查验、数据维护等功能,较好完成了疫情防控常态化下的培训项目组织管理工作。2020年全年新增上线党政及业务类课程44门共计77学时,近17万人次参与智慧广电学院的网络专题培训,促进了优质培训资源覆盖市县基层,更好地满足了一线的培训需求。

四、加强新兴人才培养

(一)加快建设全媒体人才队伍

广电行业积极落实中央关于媒体融合的战略部署,大力组织全媒体采编播、制播技术等各专业高素质人才的培训,建立职业分类动态调整机制,加快职业标准开发工作,2020年2月25日,广电总局推动申报的"全媒体运营师"和"互联网信息审核员"纳入国家职业分类大典目录,为全媒体建设和智慧广电强化了人才配套和支撑。

为夯实媒体融合的人才基础,广电总局先后举办2020年全国广播电视媒体融合发展网络培训和智慧广电建设发展高级研修班,后者成为人社部专业技术人才知识更新工程首个广电科技主题班次。智慧广电建设发展高级研修班采用"课堂—实践—推广"精准对接的培训方式,系统强化示范引领作用。在广播电视公共服务培训班、西部地区广电人才新闻宣传培训班中,也将媒体融合、5G技术、互联网新业态等重点前沿内容融入其中。广电总局与北京局、河北局合作建立"京津冀新视听媒体融合学院",成为行业内首家区域协同媒体融合人才培养基地。各级广电机构逐步推动建立健全全媒体人才成长的项目机制。

(二)加强创作人才队伍建设

2020年,广电总局以习近平总书记关于文艺工作的重要论述和党的文艺方针政策为重点内容,开展2期增强"四力"教育实践工作专题培训,着力提高打造精品力作、引领社会风尚的能力。线上线下重点实施了广播电视文艺节目精品示范班、纪录片创作人员培训班、电视剧高端策划暨编导培训班、网络视听文艺节目审核管理人员培训班等成体系、成规模的培训项目,完成中宣部下达的《2019—2020年全国文艺业务骨干培训工作计划》11期培训。根据中宣部《2020年全国文艺业务骨干线上培训工作方案》,完成"脱贫攻坚奔小康"、广播电视和网络视听文艺创作、动画创意创作等共计12个班次的培训内容;各省级广电机构也组织开展广播电视文艺骨干培训班、纪录片创作人才培训班,加强创作人才队伍建设。

(三)扎实推进国际传播人才队伍建设

加强国际传播能力建设是适应国际形势深刻变化、国际传媒格局深度调整的必然要求。广电总局以"视听中国"工程为抓手,积极应对全球疫情严峻形势对国际传播工作带来的挑战,创新开发了线上国际传媒研修新模式。广电总局研修学院完成广播电视和网络视听国际传媒研修云平台搭建,创新性组织"缅甸媒体融合与创新发展线上研修班"项目,用"互联网+"技术提供国内外智能化交流的广电"云平台",在特殊时期为人员"走出去"提供有力支撑。

五、完善人才评价和用人机制

(一)强化职业资格准入

各级广电管理部门严格执行广播电视播音员主持人职业资格制度,切实加强广播电视关键岗位的人员准入管理。2021年年初,广电总局印发《关于深化播音主持专业人员职称制度改革的指导意见》,明确将播音员主持人资格作为播音主持系列职称评审的必要条件;开创性对二级播音员主持人职称实行"以考代评",促进了职业资格制度与职称制度的有效衔接。努力克服新冠肺炎疫情带来的不利影响,扎实做好2020年全国广播电视编辑记者、播音员主持人资格考试工作。2020年共有26009名考生报名参加考试,其中报考编辑记者资格的18431人,报考播音员主持人资格的7578人;在考试大纲中坚持把党的最新要求贯穿始终,突出党对宣传文化思想单位和从业人员的各项要求;升级改造资格考试报名系统,充分运用大数据手段,做到学历信息自动比对,实现报名信息化和服务便民化。

(二)深化职称制度改革

广电总局深入贯彻落实中办、国办《关于深化职称制度改革的意见》,牵头开展深化播音系列职称制度改革工作。2021年1月,人社部和广电总局联合印发《关于深化播音主持专业人员职称制度改革的指导意见》,围绕播音主持专业人员职称评价,从健全制度体系、完善评价标准、创新评价机制等方面提出了针对性的改革措施,推动建立符合播音主持专业人员职业特点的职称评价制度。许多媒体机构推进人事制度改革,或采用岗位聘用与岗位等级相分离、人岗相适、以岗定责等制度,有效调动员工的积极性;或采取竞聘上岗、双向选择等机制,给予中青年优秀人才更多平台与机会。一些媒体融合领先单位推行企业化管理,实现从身份管理向岗位管理转变，增设首席、资深岗位晋升通道，开展中层干部竞聘上岗工作，开发用好人才存量，有效激发出人才队伍内生动力。

（三）"工作室制"有力促进人才发展

2020年，广播电视深化创新"工作室制"，大量垂类工作室创新创优提质升级，"聚才"机制效应显现。一是能上能下，能进能出，青年人才机会增多，选人用人灵活性增强；二是内容创作建立新型"生产关系"，创作型、融合型人才得到更多专业锻炼培养；三是以业务跨界倒逼多元技能的提升，内容、运营和技术"三位一体"的复合型人才增多，全媒体人才实战性转型加快。湖北台实施了"员工创客"服务计划，"电波兄妹"等团队运用创客政策，有效整合内外资源，形成良性竞争，激活队伍学习创作热情；湖南台推出年轻人才创新计划和样片生产、试播制度，鼓励工作室制作人担任其他团队项目的监制，实行传帮带，推动制作人梯队培养。

不断创新激励性分配机制。部分广播电视台的工作室成为专业人才"内部创业"的绝佳平台。员工与单位成为"合伙人"，实现个人与组织的利益共赢，人才外流大量减少。越来越多机构同步制定公平合理的分配考核方案，对接市场薪酬标准，以岗定薪、量化考核、多劳多得，提高了对人才的吸引力。与此同时，在考核和分配上加大对新媒体的倾斜力度，融媒体人才发展空间扩大。济南台推行"频道+公司"和工作室、事业部模式，实施"台长嘉奖令"，对优质重点项目进行及时奖励。江苏台融媒体新闻中心对点击量高以及被全网推送的稿件给予相应奖励，并特别设置"融合传播杰出员工"等奖项，发挥考核评价的引导作用；安徽台规定个人融媒体工作室在第一年培育期内所有净收益归个人，通过考核正式运营后，利润与台里五五分成，这些改革措施有效调动了各类人才的创新创业积极性。

随着新一代信息技术革命的不断演进，广播电视和网络视听正在深刻变革，行业快速发展和媒体迭代对各类型人才的需求不断加大。目前广播电视和网络视听人才队伍依然存在年龄结构不合理，高层次人才比重小，人才储备培养不足，创新型人才不够，复合型、全媒体人才极度缺乏，人才体制机制改革不够深入等许多障碍，人才队伍结构亟需进一步优化，人才体制机制改革亟待进一步深化等诸多问题。解决这些问题，应坚持以习近平新时代中国特色社会主义思想为指导，全面加强党对人才工作的领导，立足新发展阶段，制定着眼当下、放眼未来的人才发展战略，不断提升队伍建设的规划性、系统性、前瞻性与有效性，以人才体制机制改革为抓手，健全人才激励与约束机制，激发人才发展活力，做到"留才""引才""育才"同步进行，培养和造就一大批守正创新的人才，为广播电视高质量发展提供坚实人才保障。

（执笔人：吉京，国家广播电视总局发展研究中心）

第十章

发展亮点报告

第一节　中央广播电视总台：坚持守正创新深化"三个转变"　向着国际一流新型主流媒体加速奋进

中央广播电视总台

2020年是极不平凡的一年。百年不遇的新冠肺炎疫情，日益复杂的外部环境，为中央广播电视总台（以下简称总台）带来许多新的挑战，也提出了更高要求，正是在迎难而上的奋力搏击中，总台向着国际一流新型主流媒体的战略目标加速迈进。

这一年，总台深入宣传贯彻习近平新时代中国特色社会主义思想，增强"四个意识"、坚定"四个自信"、做到"两个维护"，全台上下乘风破浪、攻坚克难、不辱使命，在一场场大考中交出了让党中央放心、让人民满意的精彩答卷。

这一年，总台坚持守正创新，以攻为守。"守正"是根本，要旗帜鲜明坚持正确政治方向、舆论导向、价值取向；"守"就是要守初心、守使命、守职责，守好党的意识形态阵地；"攻"就是要主动出击、敢于斗争，永葆干事创业的奋斗激情，不断巩固壮大舆论阵地。"守正"的基础上必须"创新"，要深刻把握主基调主旋律，不断提升各项工作质量和效果。

这一年，总台紧紧围绕习近平总书记提出的"打造具有强大引领力、传播力、影响力的国际一流新型主流媒体"的奋斗目标，提出了加快推动从传统广播电视媒体向国际一流原创视音频制作发布的全媒体机构转变、从传统节目制播模式向深化内容生产供给侧结构性改革转变、从传统技术布局向"5G+4K/8K+AI"战略格局转变的工作思路。实践证明，加快实现"三个转变"是推动总台高质量发展、打造国际一流新型主流媒体的有效途径，是符合媒体变革趋势、推动深度融合的有力抓手，是有效应对国内外环境变化、加快提升国际引领力传播力影响力的可行之策。

2020年，总台各项工作稳中有进，发展态势持续向好，综合实力显著提升。

一、高举旗帜、引领导向，用心用情用功做好领袖报道

总台深入宣传阐释党的创新理论，推动习近平新时代中国特色社会主义思想和领袖魅力风采"飞入寻常百姓家"。

聚力提升"头条工程"。2020年以绝对领先的发稿时效、覆盖全球的传播优势、锐利深刻的评论言论和生动鲜活的"爆款"之作，奋力提升领袖宣传报道效果。《新闻联播》全年播发习近平总书记时政新闻490条，全网置顶时政特稿1073篇、时政微视频290条，在中央媒体中居于绝对领先位置。

深入生动阐释新思想。进一步擦亮《央视快评》《国际锐评》《玉渊谭天》《海峡时评》《大湾区之声热评》和CGTN评论矩阵等总台评论言论品牌，《主播说联播》《联播+》《时政新闻眼》等精品节目产品突出年轻态、生动化表达，《主播说联播》全年播放量近47亿，阅读量超70亿。央视网全年时政稿件全网置顶通发1019条，连续4年稳居全国新闻单位首位。

对外传播大国领袖风采魅力。国际视频通讯社全年对外发布习近平总书记重要时政新闻素材924条、总时长47小时、多语种文稿4420篇，被128个国家和地区的2004家电视台/频道和新媒体平台引用播出12.6万次，其中G7、G20国家媒体占比分别达65%、74%，再创新高。

二、闻令而动、逆行出征，为打赢新冠肺炎疫情防控阻击战提供强大舆论支持

面对突如其来的疫情，总台走在前、作表率，以实际行动践行初心使命、展现媒体担当。

营造万众一心、众志成城的浓厚舆论氛围。总台前后方共投入5500多人的采编播力量，先后派出216人的报道团队深入湖北防控一线，全面深入开展疫情防控宣传引导，精心打造《总书记指挥这场人民战争》《同心战"疫"》等一大批精品力作，多平台发布疫情报道超110万篇次，超过2200家国际主流媒体持续引用转发总台疫情防控报道，多项数据刷新海内外传播纪录。

以我为主讲好中国抗疫故事。2020年4月中旬《新闻联播》连发36篇《国际锐评》回击美西方政客污蔑攻击和"甩锅"言行，美联社、CNN、FOX等纷纷转发。通过全球独家采访霍顿、本庶佑、福斯特等国际知名人士，用事实说话、用科学说理，反击美西方攻击抹黑，获海外媒体广泛转发。

创新开展"媒体外交"。践行人类命运共同体理念，致函各国际媒体倡导携手合作、共克时艰。路透社、法新社、全俄电视广播公司、日本NHK等媒体同行积极回应，肯定中国在抗击疫情中的大国担当，赞赏总台作为国际主流媒体的责任担当。

三、围绕中心、服务大局，深化内容生产供给侧结构性改革

总台充分发挥宣传报道主力军压舱石的重要作用，精心做好重大主题宣传报道，牢牢把握"创新"这一主基调主旋律，形成精品纷呈、佳作迭出的崭新局面，积极营造讴歌、礼赞伟大时代的浓厚氛围。

唱响决胜全面小康、决战脱贫攻坚的昂扬旋律。精心策划制作《为了总书记的嘱托——习近平总书记调研指导过的贫困村脱贫纪实》《决战

脱贫在今朝》《遍地英雄下夕烟——致敬脱贫攻坚的人们》等节目，开展"走向我们的小康生活""坐着高铁看中国"等主题采访，引发广泛反响。《习近平总书记指挥谋划"十四五"》等精品节目报道全方位阐释解读党的十九届五中全会精神，总触达52.7亿人次，创近年来单一主题报道传播新纪录。

浓墨重彩做好纪念中国人民志愿军抗美援朝出国作战70周年宣传报道。纪念大会直播在总台自有平台跨媒体传播总触达6.5亿人次，习近平总书记重要讲话微视频全网刷屏，总阅读量超20亿。连续推出《英雄儿女》《为了和平》《抗美援朝保家卫国》3部总台原创纪录片和《英雄儿女——纪念中国人民志愿军抗美援朝出国作战70周年文艺晚会》，触达受众超19亿人次。战争史诗剧《跨过鸭绿江》引发热烈反响，受到中央领导同志的充分肯定。

高质量改版提质升级成效显著。2021年总台央视春晚受众总规模达12.72亿人，新媒体累计观看次数达49.75亿次，网络总体美誉度达96.17%，实现全球首次8K电视频道直播。200余档创新节目产品陆续上线，打造晚七点到十二点黄金时段，创新推出《故事里的中国（第二季）》《开学第一课》《国家宝藏（第三季）》等精品节目，精心制作《金色索玛花》《最美逆行者》《装台》《大秦赋》等精品电视剧和《而立浦东》《航拍中国（第三季）》等优质纪录片。成功主办北京国际电影节、上海国际电影节、长春电影节、海南岛国际电影节，持续擦亮总台品牌。

创新开展媒体公益行动。启动总额为31亿元的总台"品牌强国工程"援鄂抗疫公益行动；大型线上"云招聘"活动"国聘行动"累计吸引超过3万家企事业单位参与，提供职位260多万个；启动"搭把手、拉一把""谢谢你为湖北拼单""消费季""消费年"等系列活动，"直播带货"公益活动累计销售额近百亿；"广告精准扶贫"播出106个扶贫产品广告，已惠及387万贫困户、1478万贫困人口。

四、敢于斗争、善于斗争,以攻为守提升国际传播能力

总台紧跟国家外交战略,积极服务于国家大局,充分发挥国家媒体的重要作用,有效引导对内对外舆论,形成有效衔接、协同发力的整体运行机制,国际传播力骤升。

对美舆论斗争正面交锋亮剑。《国际锐评》全年发布评论近 400 篇,针对美国疫情防控疑点及抗疫不力进行揭批,被美西方媒体频频转发。针对台海局势,《海峡时评》播发 44 篇评论,被 1647 家海内外媒体和自媒体关注、转载或引用,形成强大舆论声势。

在涉港舆论引导中凸显媒体权威性。《大湾区之声热评》44 天内连发 34 篇评论,有力批驳反中乱港分子和美西方政客险恶用心,跨媒体总触达人次超 4.5 亿。专题片《另一个香港》揭露"港独"分子和反华势力险恶用心,新媒体阅读量达 2.3 亿。《感动中国情满香江》用感人细节塑造爱国爱港人士群像,总台自有平台跨媒体总触达人次 4.1 亿,被海外媒体广泛转发。

多视角展现新时代新疆、西藏风貌。纪录片《巍巍天山——中国新疆反恐记忆》覆盖全球 213 个国家和地区受众,全球播放量 5.63 亿,引发国际社会广泛共鸣。《雪域路书——网红背包客西藏行》以网红视角讲述西藏故事,触达 153 个国家和地区超 5.29 亿海外受众。

深入开展国际媒体合作。总台"网红工作室"与全球 160 多个国家和地区的 1000 多家媒体开展了规模空前的合作传播。国际视频通讯社全年多语种对外发稿 6.5 万条,提供重大活动直播信号 369 场,149 个国家和地区的 2800 多家电视台 / 频道和新媒体平台使用 347 万次,核心传播指标大幅增长。

五、不断突破、深度融合,新媒体新平台影响力持续提升

总台着力构建"5G+4K/8K+AI"的战略格局,加快推动从传统广播电

视媒体向国际一流原创视音频制作发布的全媒体机构转变。

推动新媒体新平台改版升级。央视频全年累计下载量2.5亿次，累计激活用户6250万人，单日活跃用户数最高近千万。央视新闻注册用户1.25亿，全年日均新增用户数3万。云听客户端正式上线，用户规模达3000万。

打造系列新媒体爆款产品。"主播说联播""联播+""云直播""云守望""云招聘""云端艺术季"等"爆款"产品，推动了传统广播电视金牌栏目内容优势向新媒体延伸，进一步提升了总台在新媒体领域的影响力。

占领新媒体新技术高地。引领超高清视频产业发展潮流，8K超高清频道试验开播，实现全球首次5G网络下的8K电视播出，推出8K纪录片《美丽中国说》，成功实现国内首次5G+8K实时传输和快速编辑集成制作。国家重点实验室、5G超高清视音频传播中心、国家（杭州）短视频基地等重点项目落地实施。

六、迎难而上、以变应变，开拓事业产业发展新局面

面对多重因素带来的不利影响，总台逆势突破，切实提高经营支撑能力水平，放大一体效能，为高质量发展提供强大动力和有效保障。

广告营销创新升级。启动"品牌强国工程"，整合精品节目和品牌栏目，加大活动推广和沟通宣传力度，实现签约企业数量额度双增长。春晚、秋晚广告收入创新高；深入挖掘万米深潜等重大主题宣传报道的营销机会；《上线吧，华彩少年》《启航2021》《中秋诗会》等季播节目和重大项目实现创收新突破。

开拓经营创收新蓝海。以直播带货、IP化节目和重大事件的新媒体经营开发等形式，开辟了营收新蓝海，新媒体经营签约金额达4.08亿元。深入挖掘版权资源价值，2020年版权开发经营收入是2019年的近3倍。《故事里的中国》《经典咏流传》新媒体版权销售超2000万元，《朗读者》系列图书销售累计超300万册，《加油科学课》作为符合教育部课标的科学课面向157所小学试点推广。

台属机构稳中有进。音像资料馆打造以先进技术为依托的全媒体内容资源管理服务平台。影视翻译制作中心向海外译制和推广优秀影视作品。电视剧中心集中力量拍摄重大主题重点剧目。国际电视总公司连续12届荣获"全国文化企业30强"。中央新影集团抓好改革发展和清理整顿，推出一系列精品节目。卫传中心统筹推进IPTV有关签约收费工作。央视网加快向全媒体综合服务商转型升级，市场竞争力不断提升。环球公司推进海外站点布局，有效提升传播能力。央广传媒产业结构持续优化。中国国际广播出版社快速推出抗疫主题图书《2020武汉日记》，成为同题材图书全国销量冠军。

打造过硬人才队伍，推动形成大师闪耀、新人辈出的生动局面。建立总台高端人才培养体系，开展总台首届"十佳"人物评选，研究建立"国际传播人才库"，建立优秀年轻干部和青年业务骨干人才库。优化薪酬奖金激励机制，研究制定容错纠错机制工作办法，进一步形成建功新时代、争创新业绩的生动局面。

2021年是"十四五"的开局之年，总台将更加紧密团结在以习近平同志为核心的党中央周围，立足"两个大局"、心怀"国之大者"，以更大担当、更大作为开创事业发展新局面，持续提升舆论引领力、扩大精品影响力、深化媒体融合力、壮大经济发展力、加强队伍凝聚力，以更昂扬的精神状态和优异的工作成绩献礼党的百年华诞！

第二节　2020年全国各省（区、市）管理与发展亮点

一、以"四个贯通"倾力打造北京新视听

北京市广播电视局党组书记、局长　杨烁

2020年，北京市广播电视局以习近平新时代中国特色社会主义思想为指导，深入贯彻落实习近平总书记对北京工作和宣传思想工作重要讲话及指示批示精神，在融合贯通上下功夫，主动担当、奋发进取，高质量打造"北京新视听"。

（一）贯通广播电视和网络视听

习近平总书记强调，要扩大主流价值影响力版图，让党的声音传得更开、传得更广、传得更深入。北京共有爱奇艺、优酷等《信息网络传播视听节目许可证》持证机构123家，约占全国五分之一；备案制管理平台50家，包括字节跳动、快手、新浪微博等互联网头部企业，约占全国一半；广播电视节目制作经营许可证持证机构共13871家，约占全国三分之一；网络原创视听节目产量占全国60%以上，正在努力建设国际影视高地和全球视听产业中心。北京局着力打破广播电视和网络视听壁垒，注重管理贯通，积极探索建立网台联动宣传管理机制，研发广播电视和网络视听新媒

体综合监管平台,京东直播、小米智造等平台纳入备案制管理。注重内容贯通,内容创作和作品审查网上网下统一标准,定期召开资源对接会、"大宣传+"研讨会和精品创作推进会,将北京广播电视网络视听头部制作公司、播出平台资源与市属各单位需求精准对接,为打造视听精品力作提供高效优质服务。注重宣传贯通,统筹指导北京广播电视网络视听系统,建立健全上下互通、左右联动、统筹资源、快速响应、凝聚合力的"大宣传"工作机制。紧扣节点,围绕主题,完成各类重大专项活动的宣传引导工作。

(二)贯通内容生产和科技创新

精品创作"北京模式"持续发力,2020年共扶持项目152个。电视剧《我们的新时代》《温暖的土地》列入中宣部拟支持项目,《觉醒年代》《香山叶正红》等20部作品入选国家广电总局重点电视剧选题,《毛驴上树》《乐队的夏天》等20部作品入选国家广电总局年度优秀网络视听作品。《最美的青春》获精神文明建设"五个一工程"奖,《最美的青春》《情满四合院》获"飞天奖",《上新了·故宫》等3部作品获"星光奖",《破冰行动》获金鹰奖。《英雄》等2部纪录片获国家广电总局重大理论文献片立项,32部作品入选国家广电总局季度推优,30部公益广告入选全国优秀广播电视公益广告库,11个项目获国家广电总局扶持,数量均居各省市之首,网络剧《约定》《那一天》、网络电影《中国飞侠》《我来自北京之玛尼堆的秋天》等12部作品入选国家广电总局网络视听精品工程。媒体融合建设步伐加快,"北京云·融媒体"正式上线实现与区融媒体中心的对接,"1+4+17+N"的全媒体传播格局初步确立。京津冀三地签署《京津冀新视听战略合作协议》,创建中国(京津冀)广播电视媒体融合发展创新中心,成立京津冀新视听媒体融合学院。推出"媒体融合优秀创新技术"和"应用服务遴选计划和区融媒体中心能力提升工程",支持多项技术在区融媒体中心落地。智慧广电创新实践不断突破,在全国首设推动智慧广电发展专项资金,首批奖励推广创新项目30个,北京智慧广电建设工作被国家广电总局评为全国智慧广电示范案例。5G视听创新应用场景建设积极推进,编制发布《北京市 5G+ 视听创新应用场景（1.0 版）》，明确 5G 技术条件下视听领域创新应用十大典型场景。面向全市广泛征集 85 个支撑场景建设的重点项目，引导对接社会资本，吸引市场化资金融资。发布《北京 5G+8K 新视听产业地图•2020》。以 5G+ 视听创新应用十大典型场景为牵引，贯通新视听产业内容链、技术链、服务链，全景展示视听产业布局和实验室、头部企业、园区基地分布情况，更好地指导新视听产业发展。

（三）贯通广播电视网络视听事业和产业

习近平总书记强调，要加快文化事业和文化产业发展。事业产业相互贯通的良性循环，能够有力推动媒体深度融合和大视听的高质量发展。坚持节节对接、会会相融，创办中国（北京）国际视听大会、中国广电媒体融合发展大会，举办北京国际公益广告大会、北京电视节目交易会、北京纪实影像周等大型活动。坚持搭建平台、打组合拳，"北京优秀影视剧海外展播季""视听中国·北京之夜""全球组团联展"三大"走出去"品牌显著提升，对外交流合作日益扩大，国际传播能力明显增强。"北京广播电视网络视听节目走出去服务体系"被商务部评为北京市服务业扩大开放综合试点最佳实践案例。坚持产业提质、行业升级，广播电视和网络视听"十四五"规划首次列入市级专项规划。实施《北京市智慧广电发展行动方案（2019 年—2022 年）》《关于支持北京纪录片业高质量发展的若干政策》等系列政策文件，引领行业高质量发展。产业集聚效应不断凸显，中国（北京）星光视听产业基地更名升级，筹建中国（北京）高新视听产业园，推进南城视听产业集群发展，探索京津冀视听走廊建设。

（四）贯通疫情防控和长远发展

面对突如其来的新冠肺炎疫情，北京局坚持"三严一到底"，即严字当头、一切从严、严深细实、一抓到底。充分发挥行业"服务管家"作用，制定发布《北京市广播电视局贯彻落实京政办发〔2020〕5 号和 7 号文的实施细则》《关于应对新冠肺炎疫情影响促进文化企业健康发展的若干措施》、网络视听暖企 8 条、电视剧复工复产 12 条等政策文件，从优化政务审批服务、减轻中小微企业负担、加大金融支持力度、服务企业正常生产经营、优先扶持视听园区发展等方面提出具体实施措施，推进行业企业健康稳定发展，举办优惠政策线上培训，推出疫情防控8个工作指引，按下推动行业复工复产的"快进键"。全力打好疫情宣传主动仗，持续报道中央和北京市委市政府决策部署，市区两级媒体累计开设专题专栏节目60余个，发布防控信息25万多条，300条防疫公益广告播出14亿余次，"北京健康 一起行动"网络视听专区浏览量突破14亿次，全市2000余个行政村应急广播"大喇叭"筑牢群防群治防疫宣传网。针对市民居家文化消费需求，加强大屏节目编播调控和内容排播，丰富广播电视和网络视听优质内容供给，开展"北京新视听"免费看活动，浏览量7.69亿次。

2021年，北京市广播电视局将紧扣庆祝中国共产党成立100周年这一主题主线，围绕制订实施"十四五"规划、组织冬奥城市文化活动、落实"两区"建设等三项重点任务，做好主题宣传、精品创作、安全播出、智慧广电、媒体融合等方面工作，全力推进北京广播电视和网络视听高质量发展。

二、稳中求进　担当作为　积极推动天津广电事业新发展

天津市广播电视局局长　游庆波

2020年，紧密围绕学习宣传贯彻习近平新时代中国特色社会主义思想，牢牢抓住广播电视和网络视听意识形态、安全传输、行业发展主责主业，稳中求进，守正创新，积极迈出广播电视高质量发展新步伐。

（一）始终坚持正确政治方向，牢牢把握正确舆论导向

紧密围绕习近平总书记以人民为中心的重要思想，引导全市各级广播电视播出机构和网络视听节目服务机构，以高度的政治责任感弘扬主旋律、传播正能量，积极开展正面宣传报道。一年来，全市广电系统通过广播电视、IPTV、网站专区、首页首屏、移动APP、短视频、H5产品等多种传播形式，圆满完成决胜全面建成小康社会、决战脱贫攻坚、抗击新冠肺炎疫情、推动经济社会高质量发展、全国两会、纪念中国人民抗日战争暨世界反法西斯战争胜利75周年、党的十九届五中全会等重大主题和重要活动宣传任务，全方位、多角度、立体化地发挥正面引导作用，营造了积极健康的社会舆论氛围。

（二）坚持"二为"文艺方向，扎实推进精品内容创作

聚焦实现中华民族伟大复兴中国梦主题，扎实做好重大题材生产创作。积极推进重大革命历史题材电视剧《我们的队伍向太阳》《太阳出来了》等作品的创作引导，确保项目进展顺利。《我们的队伍向太阳》及《浣溪沙》入选国家广电总局第三批2018—2022年百部重点电视剧选题片单；重大革命历史题材电视连续剧《换了人间》获第32届"飞天奖"优秀电视剧奖；女性励志题材电视剧《南洋女儿情》获广电总局2020年度电视剧引导扶持专项资金剧本扶持；网络电影《天虎突击队》入选首批国家重大题材网络影视剧项目库和网络视听节目精品创作传播工程。

聚焦主题主线宣传，积极引导优秀广播电视和网络视听节目生产创作。天津广播电视台电视节目《锋狂实验室》入围"星光奖"少儿电视节目奖；广播节目《童年童话》和电视节目《课本里的艺术》分获2019年度少儿精品发展专项资金广播节目和精品电视节目奖励扶持；广播专题节目《非洲医生和他的12位中国朋友》入选广电总局2020年第二季度优秀广播电视新闻作品。《走过世纪》和《曙光》入选广电总局第一批2021—2025年"十四五"重点纪录片选题规划。天津津云新媒体集团《人民战"疫"系列短视频》、天津市公安局《刑警重案队（第一季）》等作品被评选为全国优秀网络视听作品。

（三）切实增强责任意识，确保广播电视播出安全

全市广电系统高度重视安全播出工作，及时修订安全播出应急预案，适时开展应急演练，圆满完成元旦、春节、全国哀悼日、全国两会、"十一"等重要保障期和全国抗疫表彰大会、浦东开发开放30周年庆祝大会、深圳经济特区建立40周年庆祝大会、纪念抗美援朝出国作战70周年大会等重要时段的安全播出任务。特别是在抗击新冠肺炎疫情期间，坚持非常时期非常措施原则，因时因势制定各项有针对性的安全保障举措，出色完成了重要时段、重要节目的安全保障任务。

（四）扎实落实意识形态工作责任制，推进主流媒体阵地建设

加强全市广播电视和网络视听播出调控和传播内容管理。组织广播电视机构负责人及业务人员通过国家广播电视总局宣传管理工作例会等平台及时学习领会中央舆论导向监管要求，交流节目制作播出经验，维护意识形态安全；做好天津广播电视台春节晚会和相声春晚等内容审查工作，严格卫视频道节目备案管理。组织各《信息网络传播视听节目许可证》持证机构开展月度和年度视听节目编播计划报备工作，将网络影视剧、网络综艺、短视频等纳入调控管理；开展网络直播、网络文艺晚会等专项治理，通过加强导向管理、严控片酬、优化嘉宾结构等措施，对属地网络视听企业开展网络直播、网络文艺晚会等加强监督监管。

（五）推进媒体深度融合，积极开创事业发展新局面

按照建立"四全媒体"的要求，扎实推进媒体深度融合发展。在广电总局指导下，京津冀三地联合创建了中国（京津冀）广播电视媒体融合发展创新中心，共同签署了《京津冀新视听战略合作协议》，积极推动京津冀媒体融合向纵深发展，全力构建全媒体传播格局。在此基础上，按照广电总局工作部署，全面开展区级融媒体中心《信息网络传播视听节目许可证》审批核发工作，将区级融媒体中心开设的网站、客户端全部纳入管理范畴。

积极推进天津本地节目地面数字电视覆盖网建设。印发了《关于加快推进我市本地地面数字电视覆盖网建设的通知》和《天津市关停地面模拟电视工作实施方案》，组织开展了对中央广播电视无线数字化覆盖节目发射条件的摸底调研，于2020年8月底全部完成中央和市级无线模拟电视信号的关停工作。

三、深入推进"三个广电"建设 加快河北广播电视高质量创新性发展

河北省广播电视局党组书记、局长 王离湘

2020年,河北省广播电视局坚持以习近平新时代中国特色社会主义思想为指导,围绕夺取新冠肺炎疫情防控和经济社会发展"双胜利",深入开展"三创四建"活动和"六稳""六保"工作,继续正本清源、坚持守正创新,深入推进"智慧广电、法治广电、魅力广电"建设,深化战线凝聚力,拓展行业影响力,提升队伍执行力,加快广播电视和网络视听高质量创新性发展,为新时代全面建设经济强省、美丽河北提供了有力舆论支持和强大精神动力。

(一)"舆论引导能力提升"工程

集中开设了300个广播电视专题专栏,推出210个网络视听专题。开展了首届河北网络视听(脱贫攻坚)精品征集活动,共征集作品150部和剧本1397部。开展了第六届广播电视公益广告优秀作品征集和展播活动,5部作品获得广电总局扶持。开展了广播电视节目征集推优活动,21件优秀新闻作品在全省系统进行通报表彰和宣传推介。河北局荣获国家广电总局、中央广播电视总台举办的"歌唱祖国·一首歌一座城"活动最佳组织奖。

(二)"新时代精品"工程

精心部署"理想照耀中国——国家广播电视总局庆祝中国共产党成立100周年主题作品创作展播活动",确定了《初心李大钊》《光明在前》等纪录片为献礼节目。成功承办第32届电视剧"飞天奖"和第26届电视文艺"星光奖"颁奖典礼。在第32届电视剧"飞天奖"评选中,河北省摄制出品或联合摄制出品的电视剧有6部获奖,其中《最美的青春》荣获优

秀电视剧奖，获奖数量在全国各省市中位居前列。《谁与争锋》《中华好诗词》《邻家诗话》三档节目入选第26届电视文艺"星光奖"。电视剧《最美的乡村》在中央广播电视总台综合频道黄金时段热播，省委书记4次作出批示并在省委常委会上2次推介，广电总局组织召开了研讨会。

（三）"智慧广电"建设工程

组织开展了全省地面数字电视700兆赫频率迁移和"全国一网"整合等工作，编制印发了《地面数字电视700兆赫频率迁移工作方案》，关停地面模拟电视发射机363部，关停率超过80%，共11个任务县全部完成应急广播体系建设任务。在2020年8月底前完成了冬奥项目全部建设任务。在河北省冬奥领导小组组织的冬奥筹办重点任务完成情况考核中，河北省广播电视局被评为年度优秀等次。

（四）"安全播出"工程

全力确保重要保障期安全播出，未发生重大安全播出事故和责任事故。开展环京地区调频广播传输秩序和广播电视播出秩序专项整治。加强对非法设备的监测打击，组织各地广电行政管理部门配合公安机关查扣非法发射设备16套；配合做好"清朗·燕赵净网2020"网络生态治理专项行动、"扫黄打非·正道""扫黄打非·新风"等集中行动、打击侵犯知识产权和制售假冒伪劣商品、建立一流营商环境加强市场监管等，积极安排部署各市各单位落实相关要求，对相关违规机构、内容进行责任管辖。协调关闭欧呐呐、VIP影院、美剧好等5家违规网站。

（五）"管理优化"工程

制定了《关于做好新冠肺炎疫情防控期间广播电视行政审批工作的意见》《关于支持河北自贸试验区建设发展的若干举措》《2020年"双随机、一公开"监管工作实施方案》等6项规定，充分发挥了政策引领带动效应。助力脱贫攻坚，确保了330个易地搬迁安置区广播信号全覆盖，帮扶的承德市围场县八顷村、盖子沟村贫困户发生率降至零，实现贫困户全部脱贫，八顷村驻村帮扶案例入选国务院扶贫典型案例。同时，积极推进广播电视播出机构综合评价体系研究项目落地，委托国创河北大数据研究有限公司对广播电视播出机构（频道）综合评价项目进行了总体设计，对四级频率频道进行了为期一个月的节目监测和数据分析，与广电总局规划院签订了《战略合作框架协议》，争取广播电视收视评价大数据系统尽快得到应用。

四、守正创新　服务大局　山西广电工作取得新进展新成效

山西省广播电视局党组书记、局长　赵晓春

2020年，山西省广电行业坚持以习近平新时代中国特色社会主义思想为指导，围绕中心、服务大局，担当作为，各方面工作取得新进展新成绩。

（一）主题主线宣传不断强化，营造了转型发展蹚新路的浓厚氛围

充分发挥广播电视和网络视听主阵地主战场主力军作用，深化广播电视媒体"头条"建设和视听新媒体"首页首屏首条"建设，通过重点报道、新闻评论等多种方式开展理论普及宣传，推动党的创新理论家喻户晓、深入人心。组织开展统筹新冠肺炎疫情防控和经济社会发展新闻宣传，开设上百个专题专栏，大幅度、整时段报道疫情防控形势、举措、进展、成效，及时推送发布疫情信息，讲述感人战"疫"故事；扎实做好复工复产宣传报道。大力宣传党中央和山西省委关于脱贫攻坚的决策部署、政策举措，全方位多层次立体化呈现，讲好山西人民的小康故事、脱贫故事、奋斗故事。大力宣传山西转型发展的重大意义和显著成就，全媒体新闻评论节目《转型进行时》受到省委主要领导批示肯定。习近平总书记视察山西、抗击疫情、开学复课、民法典等相关宣传报道和专栏受到广电总局表扬。

（二）"新时代精品"工程深入实施，人民群众精神文化需求不断满足

完成电视剧3部，备案14部；完成电视动画片3部、备案4部；完成网络影视剧上线备案4部、规划备案20部。电视剧《右玉和她的县委书记们》荣获第32届电视剧"飞天奖"。脱贫攻坚主题纪录片《这一年》登陆优酷平台播映；纪录片《三矿》荣获全国国产纪录片优秀长片奖和2020年亚广联电视特别奖；讲述太行吕梁脱贫攻坚故事的3部纪录片在总台央视纪录频道和全国卫视展播；《赵城金藏》《这一年》2部纪录片荣获广电总局季度优秀国产纪录片。按季度开展全省优秀新闻作品和网络视听作品

推优工作，共推选出 61 个优秀广播电视新闻作品、41 个优秀网络视听作品；开展全省创新创优节目评选扶持工作，《对联中国》等 14 个节目入选。《大河奔流新时代——黄河流域九省（区）迎新春文艺演出》获评全国创新创优特别节目，非新闻类短视频《咱村的侯书记》《太钢"手撕钢"——0.02 毫米的厚度》被评为全国年度网络视听优秀作品，短视频《我的脱贫攻坚》被评为全国季度优秀作品，《暖冬》等 16 条短视频在全国短视频平台展播。开展年度全省电视剧优秀剧本征集工作，《太行奶娘》等 6 部优秀剧本入选。电视动画片《叽哩与咕噜（第一季）》登陆总台央视少儿频道首播并多次重播，实现北美、英国和东南亚版权输出。

（三）广电公共服务水平持续提升，农村广电基础设施网络进一步完善

已完成 26 个县应急广播体系建设工程，启动实施 11 个广播电视无线发射台站基础设施改造工程。截至 2020 年年底，全省已有 15000 多个应急广播大喇叭，成为农村地区重要的宣传阵地，特别是在疫情防控政策和科学知识宣传中发挥了重要作用。推动广播电视户户通服务提质增效，为群众提供更高质量的收看体验，全省农村地区卫星高清节目达到 23 套，标清节目 60 套，直播卫星公共服务用户已达 380 多万户。支持公益广告发展，发布年度宣传指南，全年制作公益广告 3411 条共 2958.68 分钟，累计播出 270.6 万条次共 250.06 万分钟。开展智慧广电扶贫行动，开设"决战决胜脱贫攻坚"专栏，探索"媒体＋精准扶贫""直播＋扶贫"等扶贫新模式，助力脱贫攻坚。

（四）智慧广电建设加快推进，事业产业创新发展取得新进展

推动山西广电信息网络集团参与"全国一网"整合，正式纳入全国有线电视网络一体化发展范畴。全省 105 个县级融媒体中心挂牌组建。朔州市广播电视台"朔州新三农融媒公益服务平台"成长案例入选"2020 年全国广播电视媒体融合成长项目"。推动广播电视频道频率精简精办，批准山西广播电视台终止开办 3 个频道，调整 2 个频道定位。有序推进 700MHz

频率迁移工作，按计划关停地面无线发射模拟电视信号，全省48个无线发射台站已关停37套省市县地面模拟电视信号，108个无线发射台站完成本地节目数字化覆盖工作。推动产业高质量发展出实招，出台推进全省广播电视和网络视听产业高质量发展实施意见；建立产业发展项目库储备机制，6个重点产业项目入库；命名产业示范基地3个。加快高清电视发展，省台所有频道及90%以上市级广播电视台主要频道完成高清化改造并获得批准试播。

（五）意识形态工作责任制有效落实，广电宣传阵地不断巩固强化

坚持网上网下统一导向、统一标准，健全广播电视宣传例会、广播电视通气会、网络视听宣传工作通气会机制，坚持按季度开展意识形态分析研判。建立网上"扫黄打非"工作多方联动应急处置机制，查处下架违规节目30个，注销违规涉黄网站6个；严肃查处广播电视节目和播出违规问题5个；开展网络视听节目违规广告集中整治工作，下线问题广告75条；查处违法违规广播电视广告投诉共19起，涉及80余条，下发整改通知19份，停播3500余条次。规范广播电视传输秩序，完成省级境外电视传播秩序专项整治工作联席会议制度的调整工作，完善考核机制。紧盯重要保障期，圆满完成全年广播电视重要直播转播活动或重要保障期的安全播出保障工作任务。

五、内蒙古广电：守正创新谋发展　奋楫扬帆谱新篇

时任内蒙古自治区党委宣传部副部长，自治区广播电视局党组
书记、局长　姜伯彦

2020年，内蒙古自治区广播电视局坚持以习近平新时代中国特色社会主义思想为指导，以内蒙古"智慧广电"建设为载体，守正创新、奋楫扬帆，全面拓展广播电视应用广度深度，有力服务发展大局和人民群众。

（一）宣传引导走深走实，广播电视服务内容丰富完善

紧紧围绕深入宣传贯彻习近平新时代中国特色社会主义思想这个首要政治任务，牢牢把握政治方向、舆论导向和价值取向，组织开展广播电视和网络视听重大主题专题宣传75项。制定实施广播电视和网络视听节目栏目创新创优三年行动计划，9部作品获国家级奖励扶持，电视剧《鸿雁》列入广电总局建党100周年献礼重点项目，举办全区第二届广播电视公益广告大赛。深度融入"一带一路"倡议，扎实推进丝绸之路影视桥工程、喀尔喀蒙古语影视译制推广等国家重点外宣项目，中国影视剧在蒙古国所占市场份额从2014年的7%提升至23%。

（二）网络建设提质增效，广播电视服务范围不断拓展

立足提高广播电视公共服务的覆盖面和适用性，构建有线、无线、卫星智能协同覆盖的广播电视传输覆盖网络，全区广播电视综合人口覆盖率达99.67%，超过自治区"十三五"规划99.50%的目标。实施"智慧广电"网络服务进村入户工程，发展农村广电网络用户55.24万户、智能终端用户178.16万户，建成全国最长的微波线路8776.3公里、广电光纤网络11万公里，乡镇苏木光纤覆盖率达85%。累计建成广播电视村村通、户户通285万户，四级维修机构4139个，广大农牧民免费收看电视节目68套、收听广播节目54套。在全国率先实施广播电视固边工程，推进20个边境

旗市广播电视公共服务全覆盖，建设固边试点和"智慧边防"，得到北部战区陆军首长高度认可，率先实现广播电视军民融合发展。

（三）阵地管理严实到位，广播电视服务环境明显优化

围绕筑牢祖国北疆安全稳定屏障和意识形态安全屏障，严格落实意识形态工作责任制，推动阵地管理向超前引导、过程控制、"疏堵"并重转变。实施台站标准化建设，推进运维管理精准化智慧化，发射台播出总体合格率99.99%，卫星地球站播出总体合格率100%，实现重要保障期零秒停播。建设高清内蒙古卫星传输和监测监管平台，推进蒙汉语卫视高清上星传输，建设覆盖多媒体多终端的广播电视和视听新媒体监测监管系统。持续深化"放管服"改革，严格各类广播电视和网络视听节目栏目审核报批，有效净化广播电视和网络视听环境，有力整治违规节目栏目和非法境外卫星地面接收设施，广播电视广告严重违法率从"十二五"期间广播6.01%、电视5.06%降为零。

（四）基层基础巩固夯实，广播电视服务短板有效补齐

围绕脱贫攻坚，对接乡村振兴战略，全面强化农村牧区广播电视基础设施建设，全力打通广播电视服务群众"最后一公里"。实施牧区"智慧广电"宽带网络覆盖与服务工程，在33个牧区旗县建设广播电视有线无线融合宽带网络，搭建政用、商用、民用公共服务平台，建成后可实现嘎查（行政村）以下牧户全部接入智慧广电宽带网络，免费收看100套电视节目。建成覆盖所有嘎查村的应急广播村村响体系，与自治区市场监管、文旅、网信、公安等部门签订框架协议，实现与自治区突发事件预警信息发布系统互联互通、共建共享。在新冠肺炎疫情防控、脱贫攻坚等工作中，全区12762个村村响终端及时响、精准响，中央广播电视总台、人民网、学习强国等主流媒体给予肯定报道。

（五）科技应用创新推进，广播电视服务质量提档升级

聚焦改革创新，积极应对广播电视行业发展的机遇与挑战，强化资源整合共享，不断满足人民群众对美好生活的需要。内蒙古"智慧广电"建设和固边工程、台站标准化建设、安全播出监管体系、智慧科普公共服务平台等 5 个项目入选全国"智慧广电"示范案例。实施高清内蒙古工程，自治区本级电视频道全部实现高清化，盟市级以上电视频道高清化率达88.09%，超全国平均水平。推进"看电视"向"用电视"转变，建设电视图书馆等服务应用模块 16 个、各盟市魅力分平台 101 个。加快媒体深度融合，实施"宽带广电"建设，全面推进 IPTV 规范对接，发展广电宽带用户 100 万户、IPTV 用户 300 余万，编制发布地方标准《IPTV 传输系统技术要求》。

（六）党的建设坚强有力，广播电视服务保障全面提升

认真落实新时代党的建设总要求，坚持以党的政治建设为统领，深度融合推进党建与业务工作，创新构建精准监督机制，推动全面从严治党向纵深发展、向基层延伸，打造风清气正的政治生态，全面焕发干事创业的精气神。内蒙古局所属东乌 732 台荣获第八届全国服务农民、服务基层文化建设基层广播电视传输覆盖机构先进集体称号。

六、守正创新　砥砺奋进　辽宁广播电视圆满收官"十三五"

辽宁省广播电视局党组书记、局长　刘向阳

2020年,辽宁省广播电视行业坚持以习近平新时代中国特色社会主义思想为指导,紧紧围绕统筹推进新冠肺炎疫情防控和经济社会发展,紧密结合广电工作实际,以"七抓七强"工作部署为抓手,全面完成各项工作任务,实现"十三五"圆满收官。

(一)高举旗帜,重大主题宣传深入人心

全省广电行业各部门各单位坚持把学习宣传贯彻习近平新时代中国特色社会主义思想作为首要政治任务,精心策划新闻报道、专题节目,省直广电主要媒体播发报道720余篇。深入宣传党的十九届五中全会精神,推出《五中全会精神在基层》等专题专栏。围绕"决胜全面小康、决战脱贫攻坚"主题宣传,推出《我和我的小康》等专题报道。在纪念中国人民抗日战争暨世界反法西斯战争胜利75周年、抗美援朝出国作战70周年等主题宣传中,全省各级广电和网络视听媒体,全方位、多层次开展宣传,形成强大的舆论宣传声势。

(二)主动作为,疫情防控宣传有力有效

面对疫情,全省广电行业建立了省、市、县三级宣传联动工作机制,及时有力组织开展信息发布、舆论引导和科普宣传。全省疫情防控Ⅰ级响应期间,各级各类播出机构推出330多档新闻专题专栏,开设科普专栏260多档,制作公益广告1.18万条,新媒体上传公益广告1200余条。组织开展以抗疫防疫、复工复产为主题的广播剧、广播歌曲、电视歌曲、科普动漫短视频征集展播活动,推出各类优秀作品260件。深度贫困县应急广播示范系统在基层疫情防控中发挥了重要作用。

(三)严守阵地,意识形态工作责任制落实落细

进一步完善制度建设,出台《辽宁省广播电视意识形态分析研判制度》。运用意识形态管理"四牌"制度,加大对各类违规问题查处力度,累计下发红、黄、白违规警告牌13次,绿牌表扬9次。加强重点领域专项整治,组织开展广播电视节目"两排查"活动,开展非法销售、安装境外卫星电视接收设施专项检查,严肃查处违规广告问题。圆满完成疫情期间、全国两会等重要节点和重大活动安全播出保障工作。创新开展五星级广播电视台站(无线转播台站)创建活动,首批确定26个五星级台站,有力推进全省广播电视机构规范化、标准化建设与管理。

(四)推优出新,精品创作生产持续繁荣

组织实施全省广播电视和网络视听提质创优工程,开展全省电视纪录片、广播歌曲、广播剧、公益广告、播音主持、少儿节目和网络视听短视频7项大赛,评选推出各类优秀作品近200件。组织开展全省优秀电视剧剧本征集活动。加强广播电视剧目重点选题规划。各节目剧目制作机构推出了一批优秀作品,其中,纪录片《不朽的丰碑》被中宣部和国家广电总局列为重点作品,《烟火乡国》等3部作品获中国新闻奖,广播新闻专题《保持通话》获中国广播电视大奖,少儿电视节目《远山的呼唤》获全国电视文艺"星光奖"提名。

(五)锐意攻坚,行业高质量发展步伐加快

加快有线电视网络整合工作,全省市级有线电视网络实现统一运营,北方广电网络公司成为国网公司子公司。推进智慧广电建设和媒体融合发展,制定《辽宁省智慧广电建设实施意见》,创建北方融媒体创新中心。启动建设辽宁广电5G网络视听产业园区。支持县级融媒体中心建设,向全省38家县级融媒体中心核发网络视听节目许可证。加大走出去工作力度,组建中国·辽宁东北亚语言交流译配中心。组织制定全省"十四五"广播电视和网络视听行业发展规划。

（六）提质升级，广播电视基础建设成效显著

组织推进全省应急广播体系建设工程，启动建设省级应急广播平台一期工程，完成凌源、喀左、建平、西丰4个深度贫困县应急广播系统建设任务。扎实推进省本级广播电视节目无线数字化覆盖工程，覆盖全省76座无线发射台站、总长3000多公里的数字微波传输覆盖网全面建成。推进广播电视科学技术创新，组织全省广播电视科技创新成果和广播电视节目技术质量奖评比活动，评出科技创新成果64项、技术质量奖263项。积极开展智慧广电扶贫行动，助力脱贫攻坚。

（七）强基固本，党的建设和队伍建设持续发力

全行业各部门各单位坚持以政治建设为统领，理论武装、党的建设和全面从严治党工作不断深化。深入开展"红旗党支部"创建工作，推进强化基层党组织建设。加强人才队伍教育培训，与国家广电总局研修学院、渤海大学开展人才教育培训战略合作，共建人才教育培训基地。在北京成功举办全省广播电视局（台）长培训班。创新开展全省广电系统好记者、好编辑、好编导、好主持、好工匠"五好人才"争创活动，大力培树行业榜样标杆。

七、奋进新时代 展现新作为 推动吉林省广播电视和网络视听高质量创新性发展

吉林省广播电视局党组书记、局长 马少红

2020年,吉林省广电系统深入学习宣传贯彻习近平新时代中国特色社会主义思想和习近平总书记视察吉林重要讲话重要指示精神,围绕中心、服务大局,各方面工作呈现新亮点、取得新成效。

（一）把握导向,彰显主流媒体作用和价值

旗帜鲜明讲政治,统筹指导省内广播电视和网络视听媒体深化"头条"建设和"首页首屏首条"建设,开设专题专栏24个、播发报道2000余条,开展全方位、多层次、高频率的宣传报道,让习近平新时代中国特色社会主义思想深入人心;围绕新冠肺炎疫情防控、脱贫攻坚等开展主题宣传,播发抗击疫情新闻报道20余万条、滚动字幕信息21.4万余次,开设"决胜小康奋斗有我""吉林脱贫攻坚进行时"等48个专栏,推出1.2万余条报道;严格落实意识形态工作责任制,全面贯彻"字字千钧、秒秒政治、天天考试"的要求,建立吉林省广播电视宣传工作例会制度,严肃宣传纪律和工作纪律,加强常态化专项督导检查,为吉林振兴发展营造良好的舆论环境。

（二）打造精品,用优秀作品讴歌赞美新时代

按照国家广电总局的部署,召开庆祝建党100周年主题作品创作推进会议,以作品征集、季度推优、节目展播等活动为载体,统筹推进广播电视新闻作品、纪录片、动画片、电视剧、公益广告、网络视听等节目创作。电视剧《绝境铸剑》荣获第32届"飞天奖"优秀电视剧奖,电视剧《黄大年》获优秀电视剧提名;纪录片《我的扶贫年》登陆总台央视纪录频道,纪录片《海兰江畔稻花香》荣获第26届"星光奖"电视纪录片奖;公益广告《全

民运动健康中国》首次获得黄河奖；短视频"瓦列里的词典"等3个项目入选国家广电总局"丝绸之路影视桥工程"重点项目库和"视听中国"海外播映活动。

（三）瞄准前沿，强化广播电视科技支撑

把"智慧广电"作为促进体制机制创新和行业优化升级的新引擎，推动《国家广播电视总局吉林省人民政府长春市人民政府广电5G创新应用战略合作备忘录》正式签署；吉林广播电视台、吉视传媒公司、临江市融媒体中心等7个项目入选国家广电总局"智慧广电"示范案例，指导吉视传媒公司完成中国广电首批5G试点城市700MHz试验网技术研究和测试验证；全面把握媒体融合发展的趋势和规律，实现信息内容、技术应用、平台终端、人才队伍、管理手段的共融互通，推动吉林广播电视台9个自办频道全部实现高清化播出，为吉林省43家县级融媒体中心发放《信息网络传播视听节目许可证》，形成传统媒体和新兴媒体融为一体的传播体系。

（四）服务民生，提高广播电视公共服务水平

以"放管服"改革为牵引，持续深化"双随机、一公开""只跑一次""一网通办"，梳理形成办事指南和目录清单，政务服务实现标准化、规范化；大力实施广播电视无线覆盖等惠民工程，完成3.02万户直播卫星户户通升级改造，打通服务群众"最后一公里"，村村响"大喇叭"在疫情防控中发挥重要作用并多次受到吉林省领导表扬；积极争取国家广电总局、中广联合会等有关部门的支持，协调捐赠电视剧17部，向9个县级台免费捐赠1000集电视剧和1095期电视节目，丰富了基层优质广播电视节目内容供给。

（五）精心谋划，科学编制"十四五"规划

深入学习贯彻党的十九届五中全会精神，充分发挥规划的战略引领作用，对标对表国家广电总局"十四五"规划，着眼于吉林振兴发展大局和广播电视、网络视听发展趋势，立足当前、着眼长远，制定实施方案、列

出目标任务、排出时间进度、明确工作要求，高起点、高标准、高质量谋划具有吉林地域特色和广电行业特点的"十四五"规划。

（六）坚守底线，确保广播电视安全播出

坚持"安全第一"的原则，严格落实安全生产责任制，进一步细化、分解安全生产目标任务、落实举措和工作要求，以"五化"方式持续用力抓落实，形成广播电视安全管理闭环；树立底线思维，直面风险挑战，全力以赴迎战"巴威""美莎克""海神"三场台风和历史罕见雨雪冰冻等极端天气，第一时间启动应急响应、发布预警信息，优质高效完成安全播出和安全传输任务，连续七年获得吉林省安全生产目标责任制考核优秀等次；加强行业监管，加大执法力度，组织开展广播电视行业整治专项行动，全省停播违规广告375条、整改违规广告313条，清理非法卫星地面接收设施6.2万套，有效净化广播电视发展环境和传播秩序。

八、黑龙江广电:"六项工程"深入推进　高质量发展再谱新篇

时任黑龙江省广播电视局党组书记、局长　李己华

2020年,黑龙江广电局带领全省广播电视行业紧紧围绕省委省政府工作大局,统筹推进新冠肺炎疫情防控和行业发展,稳步实施宣传引导、精品创作、智慧广电、安全播出、改革赋能、管理优化"六项工程",各项目标任务全面完成,实现了"十三五"的圆满收官。

(一)积极投身疫情防控,讲好全省人民的战"疫"故事

组织全省各级播出机构连续81天并机直播省台新闻法治频道4档防疫特别节目和2档科技助农节目,充分发挥全省"应急广播+村村响+大喇叭"的农村宣传工作机制作用。为市、县播出机构提供优秀广播影视作品49个,开放优质节目资源近500部,各网络视听平台扩充万余小时节目内容。印发3个指导性文件,促进全行业复工复产。

(二)聚焦主题主线,主旋律宣传激扬奋进

深化"头条"建设,突出习近平新时代中国特色社会主义思想这一主题,围绕决战脱贫攻坚、决胜全面小康、贯彻落实党的十九届五中全会精神等主线,精心组织开展了形式多样、内容丰富的重点宣传,开设专题专栏专区1000余个,播发宣传报道10万余条,累计访问量超1600万次。《思想的田野(第二季)》《新青年新思想》《一路有你》《好好学习民法典》等节目栏目多次获得国家广电总局奖励。

(三)狠抓意识形态责任制落实,守住守牢主流媒体阵地

建立省市县三级意识形态工作责任制,梳理化解风险点,完善应急处置预案,压实行业意识形态工作主管主办和属地管理责任。面向全系统通报了广播电视意识形态工作情况,组织开展规范广播电视编播流程专项检查,开展各类节目专项监测11次,核查处理各类违规广告135条次,整

改违规频率 14 个，纠正了 15 个县级台台标使用不规范问题。

（四）着力推进内容生产，精品力作不断涌现

加强选题策划和引导扶持，对 10 个重点项目给予扶持资金 80 万元，对 40 个公益广告项目给予扶持资金 30 万元。承办全国知名影视制作机构负责人赴黑龙江省调研采风活动并取得圆满成功。纪录片《乌苏里新歌》被广电总局确定为重点纪录片，重点项目《醉美331》获得国家和省扶持资金 180 万元。电视剧《青山不墨》入选广电总局重点电视剧规划选题，《远方的山楂树》获得总台央视电视剧频道年度收视第一名。4 部网络影视剧上线播出，2 部作品获评广电总局优秀网络视听节目。

（五）加快推动智慧广电建设，公共服务水平不断提升

智慧广电建设纳入省委省政府重点工作，以省政府办公厅文件形式印发了《黑龙江省推动智慧广电建设实施方案》，确定了 5 个方面 23 项具体任务和 24 个项目指导清单。有序推进全省地面数字电视 700MHz 频率迁移工作。组织开展"两江"及沿边、省界地区无线广播电视信号收测工作。落实并下达中央广播电视节目无线覆盖专项资金 11656 万元、省台广播电视节目无线覆盖资金 3000 万元，确保了各级发射台站"三满"播出。黑龙江局 514 台荣获"第八届全国服务农民服务基层文化建设广播电视传输覆盖机构先进集体"荣誉称号。

（六）加强应急值守，安全播出平稳有序

全省各级安全播出责任单位全力做好值班值守、应急处置、技术保障等工作，积极应对台风暴雪等极端天气，圆满完成疫情期间以及 6 个重保期、9 个重要播出活动的安全播出保障任务。黑龙江局在广电总局安全播出工作会议上作典型发言。完成全省 114 面卫星接收天线的防干扰技术改造，切实保障广播电视 C 频段卫星频率使用安全。

（七）推进媒体深度融合，改革发展步伐加快

指导 65 个市、县播出机构接入省级融媒体平台，编印《2020 年黑龙江省广播电视媒体融合典型材料选编》，发挥先进典型的示范引领作用。

出台《关于扶持民营广播电视节目制作经营机构发展的意见》，新批准设立制作机构52家，确定重点制作机构15家。与广东、吉林两省的对口合作进一步深化。

（八）全面提升治理能力，行业秩序持续优化

为63家县级融媒体中心、8家市（地）级广播电视台、6家报社发放了网络视听节目许可证。全面完成了63家县级台变更台名、65家县级机构开办综合频率、66家县级机构开办综合频道的审批。制定印发了关于加强广播电视频道频率、网络视听节目、有线电视"小片网"管理等指导性文件。深入开展整治非法安装使用卫星接收设施专项行动，专项整治成果明显。

（九）全面加强党的建设，政治生态持续向好

坚持用习近平新时代中国特色社会主义思想武装头脑、指导实践，认真学习党的十九届五中全会和省委十二届七次、八次全会精神，积极开展党性教育和机关文化建设。全面实施党建提升工程和党支部标准化规范化建设三年攻坚行动。全省广电系统4个单位、6名个人被授予全国新闻出版广播影视系统先进集体、先进工作者、劳动模范称号。

九、上海广电：稳中求进　守正创新　加快推动广播电视和网络视听高质量发展

上海市文化和旅游局（上海市广播电视局、上海市文物局）党组书记、
局长　方世忠

2020年，上海广播电视系统牢牢把握正确的政治方向、舆论导向和价值取向，坚持稳中求进、守正创新，聚焦主题主线，全力打响上海"文化品牌"，统筹推进疫情防控和改革发展工作，加快推动广播电视和网络视听高质量发展。

（一）聚焦主题主线，唱响新时代主旋律最强音

一是统筹引导，全面展开新冠肺炎疫情防控宣传。做好防疫宣传的权威发布者。上海广播电视台于2019年12月31日率先刊发关于武汉疫情的稿件，打响全国疫情报道第一枪。东方卫视防控疫情特别直播节目日均播出时长近6小时，成为省级卫视中时长最长的防疫抗疫版面。做好正能量节目的供给者。bilibili赠予湖北广播电视台《但是还有书籍》《未至之境》等一批优秀纪录片，聚力PP体育、咪咕视讯开放版权，免费提供CBA、NBA等体育赛事节目。做好对外传播的发声者。遴选29部抗疫纪录片和歌曲MV推广至东南亚、欧洲、北美和南美地区的7家传统电视平台、7个新媒体平台播出，获得广泛好评。做好在线教学服务的保障者。上海广播电视台开通12个"空中课堂"直播电视频道及重点课程点播、回看特色专区，为全市中小学生提供在线教学服务，各播出终端播放总次数超过8200万次，播放总用户数超过196万户，播放总时长超过1亿3千万小时，打造全国领先的在线教育品牌上海"空中课堂"。

二是精心策划，全方位多层次立体化做好主题宣传。继续深化广播电视媒体"头条"建设和视听新媒体"首页首屏首条"建设。使新闻节目的

"头条工程"成为学习、宣传、传播习近平新时代中国特色社会主义思想的最主要平台之一。深入实施"舆论引导能力提升"工程，做强主题主线宣传。持续推出《脱贫之战——走向我们的小康生活》《上海温度》全媒体行动、"精准扶贫""城市四章"等重点融媒体报道。开展上海网络视听"凝心聚力共筑梦脱贫攻坚奔小康"活动。落实"宣传工作创新年"工作部署，积极推动业务与技术深度融合。上海广播电视台在第三届中国国际进口博览会上首次推出虚拟主播、AR、5G、全息直播等前沿科技，为新媒体传播赋能。发挥媒体传播覆盖、平台整合和品牌影响优势，通过"媒体＋精准扶贫""短视频、直播＋消费扶贫"模式，推动贫困地区产业发展。

（二）聚焦打响品牌，打造新时代精品力作

一是重点项目创作引导有成效。配合重大节点，做好项目储备和创作规划，精心打造各类精品优品。如献礼脱贫攻坚重大题材网络剧《暖冬》和动画片《幸福路上——醉乡蜜甜》，建党100周年主题纪录片《诞生地》《红之里》《信仰之源》《起点摇篮》和动画片《犟驴2：百岁少年请回答》《火星计划：哈哈地球人》等。

二是电视剧精品不断涌现。围绕建党百年、全面小康等重要时间节点，抓好重大现实题材电视剧的创作生产。《大江大河》《老酒馆》《小欢喜》《少年派》《特赦1959》多部优秀沪产电视剧获得重要奖项。

三是网络视听内容品质有提升。推出网络剧《庆余年》《你好，对方辩友》《爱情公寓5》、网络综艺《极限青春》、网络纪录片《守护解放西》《璀璨薪火》《在武汉》、网络动画片《万国志》、短视频《大国大桥》等一大批优秀网络视听作品。

（三）聚焦阵地管理，全面落实导向管理全覆盖

一是完善广播电视和网络视听宣传协调例会机制。重点完善重大宣传报道一体化统筹机制，进一步推动广播电视和网络视听内容制作机构建立健全编审制度。

二是制定上海电视剧重点项目统筹推进机制。建构"一一四三"推进

机制,其中一是成立重点项目推进小组,加强组织引导;二是建立重点项目库,实施分级管理和配套服务;三是健全"选题孵化推进平台""拍摄服务保障平台""片单基金申报平台""宣传推介展示平台"四大功能平台,充分发挥作用;四是落实工作责任制,确保重点项目实施进度。

三是建立安全保障机制。制定下发《上海市广播电视安全播出事件事故报告、通知和通报规定》。深入实施"安全播出"工程,对上海广播电视台网络信息系统进行安全检测。加强网络安全监测系统建设。

(四)聚焦转型升级,助推广电媒体深度融合发展

一是构建全媒体传播体系。上海广播电视台通过以全媒体为主、频道为辅的创作思路,深入开展存量内容的二次创作。重点打造看看新闻Knews、第一财经全媒体矩阵、阿基米德、外宣产品矩阵等垂直类融媒体视听产品,进一步形成体现互补性、差异化发展的融媒产品体系。

二是推动频道专业化特色化建设。2020年,上海整合组建纪实人文频道、东方影视频道和长三角之声广播,频道数量从原有25个减至22个,整合力度之大、速度之快,在全国首屈一指。"欢笑剧场"频道调整为4K超高清。于2020年7月对外开播,系全国首个获批的4K付费频道。

三是推动BesTV+视频流媒体平台型产品建设。上海广播电视台明确将把BesTV+打造为SMG唯一全媒体平台型产品。以四个"打通",即打通渠道和内容生产、打通大屏和小屏、打通专网和移动互联网、打通线上和线下的全渠道文娱生活服务的策略入手,以"内容+服务"双核驱动,打造5G时代整体转型的应用平台。

(五)聚焦产业发展,深化广电供给侧改革

一是加强政策引导和行业指导。针对疫情期间停止拍摄的项目,通过"不见面"审批压缩时间、加强政企精准对接等方式有效推动复工复产。

二是探索创新监管,助力"在线新经济"。上海市网络视听行业协会成立国内首个MCN专业委员会,探索创新监管,鼓励规范发展。推动上海建设"直播第一城",持续推进喜马拉雅"在线文旅"合作。

三是推动"两张网"建设。推动"一网通办"不断取得新进展。完成广播电视视频点播业务许可证（乙种）、国产电视剧发行许可证等 5 类电子证照归集，归集数量 3128164 个。抓好"一网统管"建设。推动上海市应急广播预警信息制作审核发布平台建设。

十、江苏广电：推进广播电视强省建设迈上新台阶

江苏省广播电视局党组书记、局长　缪志红

2020年，面对错综复杂的宏观环境、突如其来的新冠肺炎疫情和繁重艰巨的改革发展任务，江苏广电始终以习近平新时代中国特色社会主义思想为指导，坚持围绕中心、服务大局，坚持守正创新、开拓进取，各方面工作取得来之不易的新进展新成效。

（一）主题宣传浓墨重彩

坚持把核心宣传作为首要政治任务，深入宣传习近平新时代中国特色社会主义思想、党的十九届五中全会精神和习近平总书记视察江苏重要讲话指示精神。围绕决胜全面小康、决战脱贫攻坚等主题主线，统筹网上网下，持续深化主题宣传。加强疫情防控宣传引导，先后开设600多个专栏，播发新闻资讯、公益宣传200多万条次，网络视听媒体发稿近30万篇，为坚持"两手抓"、夺取"双胜利"作出广电贡献。

（二）精品生产成果丰硕

推出电视剧《石头开花》、纪录片《小康江南》、动画片《大王日记》、专题节目《从长江的尽头出发》等一大批精品。先后举办电视剧剧本创意大赛、百人纪录片扶持计划、南京（国际）动漫创投大会、新鲜提案·真实影像大会、长三角白暨豚原创网络视频大赛等活动，发现、储备一批精品、项目和人才。14件作品获中国新闻奖，位居全国广电系统第一，一批优秀作品入选广电总局重点扶持和推优项目。

（三）公共服务成效明显

前期已建成的8281个行政村8.5万组应急广播终端在疫情期间全部投入使用，总台央视《新闻联播》作相关报道。累计建成15360个行政村120366组应急广播终端，实现应急广播终端行政村全覆盖。县级广播电

视节目共享平台累计聚集节目时长超 38 万分钟，广电总局在江苏召开会议总结推广。建成高清电视频道 55 套，高清化率 81%，居全国前列。疫情期间，免费开放"电影院线"、升级名师空中课堂，为满足群众视听生活需求、"停课不停学"提供有力保障。开展"主播进百村、带你购好物"联合直播活动 141 场，助销特色农产品超千万元。同时，向经济薄弱地区 25 万户农村低保户提供收看有线电视专项补贴约 1200 万元。

（四）融合创新持续深入

"荔枝新闻""我苏""荔直播"等省级新媒体和"在南京""智慧无锡""看苏州"等市级新媒体品牌影响力持续扩大。"荔枝新闻"客户端下载用户超 3200 万，居全国省级广电新闻客户端首位；"我苏"客户端下载用户超 500 万；"荔直播"点击量近 200 亿，进入省级广电移动直播全国前三强。中国（江苏）、中国（苏州）广播电视媒体融合创新中心获批建设，参与全国有线电视网络整合和 5G 建设一体化发展取得新进展。全省 64 家县级融媒体中心全部完成规范建设并通过省级验收，为首批 32 家县级融媒体中心颁发《信息网络传播视听节目许可证》。举办全省广电媒体融合创新案例评选，在全国广电媒体融合案例评选中荣获 6 个大奖，获奖数量居全国第一。

（五）转型升级实现突破

江苏省政府办公厅转发《江苏智慧广电建设行动计划》，该计划获评广电总局智慧广电组织管理类优秀案例。全省有 5 个项目在全国"智慧广电示范案例"评选中获评优秀，居全国第一。出台省级广播电视和网络视听产业基地管理办法，首批认定省级基地 6 家。牵头沪苏浙皖三省一市广电局，创办首届长三角高新视听博览会，签署《长三角地区广播电视和网络视听一体化高质量发展战略合作框架协议》，举办各类全国性论坛和"长三角"系列主题活动 20 多场次，荣获全省宣传思想文化工作创新奖。

（六）阵地管理有力有效

开展境外卫星电视传播秩序专项整治，协助查办案件 10 起。深入开展行业安全大检查、"网安2020"专项行动,统筹推进安全播出、网络安全、设施保护工作,圆满完成重要宣传期安全保障任务。建成网络视听新媒体监测监管系统,查处违规网站25家。推进法治广电建设、信用监管示范创建和信用监管平台建设。深化"放管服"改革,承接广电总局下放的行政许可事项,优化行政许可事项办理流程,当场办结率提升至85%以上,居省级部门前列。

(七)党的建设不断深化

以省委第八轮巡视为契机,进一步压紧压实党建、党风廉政建设和意识形态"三个责任",推动全面从严治党和学习教育、班子建设、队伍建设、作风建设质量再上台阶。深入开展"五抓五促"提效能、全力夺取"双胜利"专项行动,制定实施应对疫情促进广电行业健康发展五条举措。加强高层次人才队伍建设,首批入选全国、全省行业领军人才、青年创新人才近200名。

十一、浙江广电：服务大局 开拓进取 高质量建设广播电视强省

浙江省广播电视局党组书记、局长 张伟斌

2020年，浙江省广电系统深入学习贯彻习近平总书记考察浙江重要讲话精神，统筹推进新冠肺炎疫情防控和行业高质量发展工作，持续推进忠诚广电、智慧广电、实力广电、惠民广电和清廉广电建设，打造出一批具有浙江鲜明特色的标志性成果。

（一）聚焦主线、主动有为，服务大局有新成效

面对疫情，及时制定应对方案，在全国最早出台了支持广播电视和网络视听企业复工复产的政策文件，一手抓疫情防控、一手抓复工复产。全省广电机构迅速行动，积极做好舆论引导，宣传防护知识，丰富群众生活，紧扣主题主线推出了一批浓墨重彩的主题宣传和有思想深度的优秀节目，为全省打赢疫情防控阻击战营造了浓厚氛围。中宣部副部长，国家广电总局局长、党组书记聂辰席和副局长、党组成员高建民在浙江局上报的材料上作出批示，高度肯定浙江广电疫情防控和复工复产工作。浙江广电集团上送总台央视《新闻联播》创下播出数量历史新高，《思想的田野》《中国共产党为什么能》《还有诗和远方》等节目深受观众欢迎。11件广播电视作品获第30届中国新闻奖和2020中国广播电视大奖·广播电视节目奖。

（二）力推精品、勇攀高峰，内容创作有新突破

持续推进精品创作"六个一"工程，电视剧、动画片、网络影视剧产量名列全国前茅，并涌现出一批高峰之作。全年共生产电视剧21部858集，动画片77部29676分钟，网络影视剧186部。其中动画片产量和获广电总局推优数量均居全国第一。30多部浙产剧在总台央视、一线省级卫视和头部网络平台热播。在年度电视剧"飞天奖""金鹰奖"评选中，19部浙

产剧入围,其中《外交风云》《急诊科医生》获"飞天奖"优秀电视剧奖,《外交风云》获金鹰奖最佳电视剧奖,《长安十二时辰》《知否知否应是绿肥红瘦》《都挺好》获金鹰奖优秀电视剧奖,获奖数量和质量均创历史最好成绩。国家广电总局主要领导和分管领导分别作出批示予以充分肯定。

(三)规划引导、稳扎稳打,智慧广电有新进展

制定实施《浙江省智慧广电建设行动计划》,进一步增强智慧广电建设组织化程度。浙江广电 5G 网络规划编制工作初步完成,杭州、丽水等地开通广电 5G 试验基站并进行 700M+4.9G 组网试验。中国广电联合华数集团等单位在全球首次应用 5G 中低频段开展 8K 超高清直播。全省广电媒体深度融合步伐加快,浙江广电集团重组挂牌融媒体新闻中心,温州台、宁波台、杭州台和华数传媒等 4 家单位及相关项目入选全国广电媒体融合先导单位、典型案例和成长项目。浙江局"智慧广电"监管平台二期建成运行,新媒体监管系统和广播电视监测监管指挥舱正式启用。"学习强国"学习平台电视端在全国首个上线。

(四)改革创新、锐意进取,产业发展有新局面

制定出台《关于推动我省广播电视网络视听业高质量发展的实施意见》,绘就科学发展新蓝图。"中国(之江)视听创新创业基地"落户杭州,宁波影视文化产业区、浙江(金华)网络视听产业基地等 12 家单位入选首批省级基地(园区)名单。浙江视听产业园区在已投入使用面积、入驻机构数量、从业人员数量、营业利润、应交税金等五个方面位居全国各省(区、市)第一。成功举办第十六届中国国际动漫节、2020 戛纳电视节中国杭州高峰论坛和中国电视艺术创新峰会,树立了疫情防控常态化下大型文化会展的新标杆。大力推动频率频道高质量发展,杭州求索 4K 频道试播,成为全国首家超高清付费频道,省级电视频道和 11 个市级台主频道全部实现高清化播出,67% 的县级台主频道实现了高清化改造。出台加强专业电视频道建设管理的实施意见,鼓励精简精办频率频道,浙江广电集团影视娱乐频道和教育科技频道整合为教科影视频道,终止开办留学世界付费电视频道，浙江新闻频道 ZTV NEWS 全新亮相，"中国蓝新闻"客户端英文频道同时上线，杭州市广播电视台少儿频道调整为青少·体育频道（亚运频道）。

（五）协调联动、履职尽责，行业监管有新加强

压紧压实广播电视意识形态工作主体责任，做到守土有责、守土尽责。加强和改进全省广播电视舆情季度研判和视听评议工作，全年浙江局刊发广电媒体舆情分析报告 4 期，评议期刊和舆情报告 256 期，督促相关问题整改到位。组织开展全省广播电视安全播出和网络安全大练兵、大考核，圆满完成了重要保障期安全播出和网络安全保障任务。省、市、县三级联动开展境外卫星电视监管和非法卫星电视设施专项整治，组织执法 4000 余次，取缔非法销售网点 264 个，拆除非法设施设备 5 万余座。开展网络视听单位管理，向全省 73 家县级融媒体中心核发了《信息网络传播视听节目许可证》。加强网络秀场直播和电视直播管理，对从事网络秀场直播、电商直播等业务的视听机构进行备案登记。

（六）提质增效、开拓探索，公共服务有新推进

制定浙江省全国广播电视基本公共文化服务标准化试点工作实施方案，确定湖州市（三县两区）、嘉兴市秀洲区为试点单位。启动新一轮应急广播体系建设，率先建成运行省级应急广播调度控制平台。深度参与全省美丽城镇建设，实现 3500 台"最多跑一次"办事服务云平台进乡镇（街道），50 万台以上 4K 超高清机顶盒进家庭。继续深化广电领域"最多跑一次"改革，推进政府数字化转型，完成政务服务 2.0 平台升级。深化"三服务"活动，协助解决温州台与中央台频率有关历史遗留问题，妥善处理温州、绍兴、东阳、仙居等地中波转播台迁建事宜。

十二、安徽广电跑出高质量发展"加速度"

安徽省广播电视局党组书记、局长　陈烨

2020年,安徽省广电系统深入学习贯彻习近平新时代中国特色社会主义思想,特别是习近平总书记考察安徽重要讲话指示精神,大力提升舆论引导、精品创作、公共服务、创新发展、行业治理等"五个能力",较好地克服了新冠肺炎疫情和汛情双重叠加影响,凝心聚力,开拓创新,各项工作取得了新的成效,跑出了安徽广电高质量发展新征程上的加速度。

(一)围绕主题主线,舆论引导实现新作为

坚持把学习宣传贯彻习近平新时代中国特色社会主义思想,特别是习近平总书记考察安徽重要讲话指示精神作为首要政治任务,深化拓展广播电视"头条"建设和视听新媒体"首页首屏首条"建设,精心组织"决胜全面小康,决战脱贫攻坚"重大主题宣传,4件新闻作品荣获第30届中国新闻奖。全省7.8万余个应急广播发布新冠肺炎疫情防控宣传信息近亿条,网络视听服务机构发稿近10万条次,圆满完成疫情防控期间中小学生线上教学保障和优质广电节目资源有效调度供给任务,扎实推进"脱贫攻坚""防疫抗疫""防汛抗洪"等公益广告制播宣传,出台20条举措助力行业复苏,为奋力夺取疫情防控、抗洪救灾和经济社会发展双胜利作出了安徽广电的积极贡献。

(二)彰显徽风皖韵,精品创作展现新气象

电视剧《外交风云》以排名第一的优异成绩获得第32届中国电视剧"飞天奖"优秀电视剧奖,并获得最佳编剧奖。电视动画片《大禹治水》获得第26届中国电视文艺"星光奖"优秀电视动画节目奖,电视纪录片《长江之恋》获得第26届中国电视文艺"星光奖"优秀电视纪录片奖,安徽省历史上首次囊括电视领域三大国家级重要奖项。电视作品《留住长江的

微笑》和广播作品《周家班,从安徽菠林村到世界》《"责任状"岂能满天飞》荣获首届中国广播电视大奖。

(三)坚持为民惠民,公共服务取得新成效

应急广播扎实推进,结合脱贫攻坚全面完成32个贫困县区应急广播体系建设任务,省级平台三期工程通过初步验收,与省气象局联合印发《安徽省突发公共事件预警信息发布系统与应急广播系统对接管理办法(试行)》。全省广播、电视综合人口覆盖率分别为99.93%、99.90%。对接乡村振兴战略,召开大别山革命老区广播电视脱贫攻坚和公共服务座谈会,开展"抗疫消费扶贫 助力脱贫攻坚行动"等5项系列活动,2个县级单位荣获第八届全国服务农民、服务基层文化建设先进集体称号。定点帮扶舒城县汪湾村完成最后6户、17人脱贫任务。

(四)推动融合升级,改革发展焕发新活力

积极推进《安徽省广播电视管理条例》修订工作,着力提升政务审批服务水平。拟制安徽省智慧广电实施方案,打造智慧广电服务新模式,签发首张电子"广播电视节目制作经营许可证"。"海豚听听"APP等项目入选全国广播电视媒体融合典型案例,支持举办2020长三角高新视听博览会,签订《长三角地区广播电视和网络视听一体化高质量发展战略合作框架协议》,组织召开长三角一体化纪录片高质量创作研讨会。扎实推动一网整合工作,组织参股中国广电网络股份有限公司,关停63个县区的中央节目地面模拟电视信号。

(五)着眼依法依规,阵地管理迈上新台阶

出台《安徽省广播电视局防范化解意识形态和网络意识形态领域重大风险隐患应对处置工作实施细则(试行)》,将广播电视安全播出、非法卫星地面接收设施整治等5项工作纳入省委巡视意识形态工作责任制落实情况督查范围,定期开展意识形态风险研判和排查。制定电视剧内容审查委员会工作规程,开展"注水剧"专项清理整治。制定《安徽省广播电视安全播出管理办法》,依法关停12个违规广播调频频率,协助公安、经信等

部门停播整改违规广告76条、违规医疗养生类节目和购物节目36档，没收拆除置换非法卫星地面接收设施4590套，全省471个"小片网"全部实现联网整合。

十三、福建广电:"五个广电"结硕果 砥砺奋进新征程

福建省广播电视局党组书记、局长 李强

2020年,福建省广播电视系统以习近平新时代中国特色社会主义思想为指导,坚持稳中求进、守正创新,持续打造主流广电、精品广电、智慧广电、惠民广电、高效广电,推动广播电视和网络视听高质量发展取得新成效。

(一)舆论引导有力

深化广播电视媒体"头条"建设和视听新媒体"首页首屏首条"建设,指导制作电视理论节目《思想的田野·福建篇》等,组织开展"共圆小康梦·我说新福建"主题宣传、"我们的小康·福建故事"短视频征集推选展播、"共筑中国梦·小康新福建"公益广告征集评选展播、全省广播"村村美·喜迎全面小康年"活动等。在国家广电总局、中央广播电视总台举办的"歌唱祖国·一首歌一座城"总结表彰活动中,福建获6个奖项。

(二)抗疫宣传有效

开展"众志成城 共同战疫"全省广播大联播活动,发挥农村有线广播"村村响"大喇叭作用。组织网络视听平台开设抗疫主题宣传专区,统筹安排36部广播电视精品、10部电影公益播出。开展征集"众志成城 共同战疫"短纪录片活动,9部广播电视作品纳入广电总局公益展播节目。协调捐赠电视剧《那片花那片海》在湖北省宜昌市电视台公益播出,向菲律宾新闻部捐赠10部英文译配电视剧、纪录片、动画片等。福建局宣传管理处荣获福建省抗击新冠肺炎疫情先进集体称号。

(三)精品创作出彩

福建省立项及参与制作的5部电视剧在总台央视黄金时段首播,《绝境铸剑》《可爱的中国》获中国电视剧"飞天奖"。9部纪录片在总台央视

播出,《最后的集体生活》获评广电总局优秀短片。网络影视剧获批规划备案、上线播出的作品数量分别增长89%、600%。累计刊播公益广告120多万条次,5部作品入选广电总局公益广告作品库。动画片获批备案、获批发行作品数量分别增长33.3%、83.3%。89部优秀微广播剧在"学习强国"福建学习平台、海博TV和省内各级广播电台同步推出。举办首届电视制片大会,发布《拍在福建——福建省电视剧拍摄服务指南2020》,开通电视剧拍摄云勘景平台,开展全国电视剧名家福建故事采风行活动等。

(四)产业发展提速

深入实施"智慧广电"建设工程,"国家广电总局智慧广电馆"首次亮相第三届数字中国建设峰会成果展,在第十三届海峡两岸(厦门)文博会设立福建广播电视和网络视听展馆。举办2020短视频大会,中国(厦门)智能视听产业基地获批设立。参与全国有线电视网络整合和广电5G建设一体化发展,完成全部地面模拟电视节目信号关停及接收地面数字电视节目信号工作任务。福建电视台所属10个电视频道和设区市、平潭广播电视台主频道全部完成高清化改造。

(五)交流合作拓展

实施"视听中国·福建时间"海外播映工程,在阿拉伯国家开办人文纪实类电视栏目《福建时间》等,"视听中国·福建时间"海外播映交流合作系列活动、泉州市与菲律宾菲中电视台中文电视频道平台共建项目入选广电总局"丝绸之路影视桥工程"。第十二届海峡论坛·海峡影视季晚会全网直播实时总观看人次约2500万,相关视频总播放量超1.1亿次。第五届两岸青年网络视听作品展征集作品数量创历史新高。

(六)公共服务优化

完成15座广播电视无线发射台站基础设施建设任务。推进200个智慧广电乡村工程试点建设,组织维修"村村响"设备3258台。省政府办公厅印发推进应急广播体系建设工作的通知,省级应急广播平台由省发改委立项并获资金支持。组织开展"畅行中国·福建村村美——2020融媒助农行动"采访活动,助力农特产品销售。

(七)行业管理到位

完成重点时段、重要活动安全播出重点保障任务,福建局获评全国广播电视系统国庆 70 周年广播电视行业安全保障工作先进集体。深化"放管服"改革,对《广播电视节目制作经营许可证》审批事项实行"一表两级"审批改革,行政审批服务事项网上可办率、"一趟不用跑""最多跑一趟"事项占比、群众满意度等均达 100%,全年新增广播电视节目制作经营机构 371 家,增长 68%,市场主体活力有效激发。

十四、聚焦主责主业　践行守正创新　江西广电高质量发展谱新篇

江西省委宣传部副部长，江西省广播电视局党组书记、局长　杨六华

2020年，江西广播电视行业坚持以习近平新时代中国特色社会主义思想为指导，统筹常态化疫情防控和广播电视工作，各方面工作取得了来之不易的新进展新成绩。

（一）主题主线宣传有声势

根据国家广电总局和江西省委宣传部的统一部署，全省各级广播电视和网络视听媒体用心用情用功做好习近平新时代中国特色社会主义思想、习近平总书记再次视察江西一周年、脱贫攻坚、全面建成小康社会、新冠肺炎疫情防控、"六稳""六保"、党的十九届五中全会、省委十四届十二次全会等重大主题宣传，多次得到国家广电总局和江西省委省政府的肯定。在第三十届中国新闻奖和第十六届长江韬奋奖评选中，江西广电系统有3件作品分获一、二、三等奖，1人获长江韬奋奖，打破了江西广电系统多年来没有中国新闻奖一等奖的局面。

（二）服务大战大考有贡献

面对突如其来的新冠肺炎疫情和百年一遇的特大洪水，全省广电行业以高度的政治责任感、使命感冲锋在前，及时有力开展信息发布、舆论引导和公益广告宣传，开设专栏专区，推出直播节目和特别报道，制作公益广告和短视频，捐赠广播电视节目，基层应急广播"村村响"大喇叭在基层疫情防控、防汛救灾中大显身手，广电网络在线教学深受社会好评。《广电时评》《监管日报》和国家广电智库先后8次刊发稿件对江西广电行业抗疫抗洪宣传予以表扬。江西省委书记刘奇、省长易炼红，省委常委、秘书长赵力平，省委常委、宣传部部长施小琳等对广播电视抗疫抗洪宣传报

道给予了高度评价。

(三) 文艺创作生产有突破

电视剧《可爱的中国》获得第 32 届中国电视剧"飞天奖"优秀电视剧奖、第 30 届中国电视金鹰奖最佳导演提名和优秀电视剧作品提名。电视文艺节目《跨越时空的回信》获"星光奖"电视综艺节目奖、电视动画片《可爱的中国》获"星光奖"提名,《跨越时空的回信》入选 2019 年度全国广播电视创新创优节目,江西是同时获得"飞天奖""星光奖"正式奖的 5 个省份之一。电视剧《像我们这样奋斗》制作完成,《抬头望见北斗星》(现更名《大道薪火》)《井冈山儿女》《糍粑黏黏日子甜甜》入选广电总局第三批百部重点电视剧规划选题,电视动画片《红色起点——从井冈山到瑞金》《红游记》入选广电总局重点电视动画片项目,广播节目《芝麻开门》、电视节目《少年演说家(第五季)》入选全国少儿节目精品发展专项资金扶持项目精品节目。网络电影《法医宋慈》获第 23 届上海国际电影节年度精品网络电影和 2020 年第二届中国网络电影周年度影响力影片。

(四) 重点领域改革有进展

在江西省委省政府的高位推动和省委宣传部的强有力领导下,江西认真贯彻落实中宣部等九部委《全国有线电视网络整合发展实施方案》,高质量推进"全国一网"整合和广电 5G 一体化发展,成为在全国率先完成"全国一网"网络整合阶段性工作的 5 个省份之一。同步谋划广电 5G 一体化发展工作,700 兆赫频率迁移工作有序推进,中国广电(中部)云数据中心项目落户中国(南昌)数字经济港,中国广电宽带电视业务试商用在全国率先破冰,探索实践"智慧广电+应急广播+雪亮工程+智慧小区+智慧交通+新时代文明实践中心"等场景应用取得成效。

(五) 重点问题破解有政策

认真落实《江西省人民政府办公厅关于印发推动第二轮次破解制约高质量跨越式发展困难问题清单的通知》精神,在深入调研的基础上起草了

《关于支持全省各级广播电视台持续发展的若干意见》，并以省政府办公厅名义印发，为推动全省各级广播电视台持续发展提供了政策支持。各级广电部门认真落实该意见，积极克服疫情不利影响，持续推进"放管服"改革，结合实际出台了统筹疫情防控和促进行业发展、做好"六稳""六保"工作的系列政策措施，保障行业复工复产、持续稳健发展。

（六）各项民生工程有实效

会同江西省财政厅印发《关于切实加强应急广播建设和运行维护保障工作的通知》，加大推进江西应急广播建设力度，全省已有60个县（市、区）开展了应急广播系统建设，覆盖521个乡、6403个行政村，应急广播终端28147个，在疫情防控和抗洪抢险中发挥了重要作用。"智慧广电+教育"得到上级和社会各界的好评，广电总局专门组织专家赴江西调研，总结经验。

（七）舆论阵地管理有加强

加强播出机构管理，坚持三审制度、重播重审制度，严把节目内容和广告导向关。圆满完成重要宣传期安全保障工作，严格境外卫星电视落地、卫星地面接收设施和境外节目引进播出管理，专项整治工作持续位列全国第一方阵。加强对中波台的建设和管理，力促江西省委将中波台问题列入意识形态领域有关情况予以通报，作为意识形态巡视工作的重要内容，中波台整改工作得到广电总局的高度评价和充分肯定。加强对广播电视新媒体的监测监管，统筹推进IPTV监测系统和移动互联网视听节目监测系统建设。

（八）全面从严治党有提升

全省广电行业认真学习贯彻中央发布的《党委（党组）落实全面从严治党主体责任规定》，坚持政治统领，全面从严治党工作不断得到深化。坚持把学习贯彻习近平新时代中国特色社会主义思想作为全面从严治党的首要任务，作为党组会第一议题、中心组学习的首要内容，开展了"书记讲党课""党员讲微党课""青年论坛"活动，"学习强国"学习人均积分居于省直机关前列。江西局党组把落实基层党建工作责任制、党风廉政建设责任制、意识形态责任制等三个责任制统筹谋划、一体推进，以及每季度召开一次全面从严治党专题会议的做法，得到了江西省纪委的充分肯定。

十五、山东广电：聚力改革攻坚　加快高质量发展

山东省委宣传部副部长，省广播电视局党组书记、局长　李昌文

2020年，山东广电局坚持以习近平新时代中国特色社会主义思想为指导，认真贯彻落实广电总局决策部署，强化系统观念，持续改革攻坚，在高质量发展上下力气、做文章，以新思维、新举措推动精品创作、阵地建设、公共服务、产业发展等做优做强，获得"2020年度省直模范机关建设工作表现突出单位"称号，省领导多次作出批示、给予肯定。

（一）重大宣传导向正确、氛围浓厚

组织协调各级广播、电视和网络视听媒体，深化"头条"和"首页首屏首条"建设，深入宣传习近平新时代中国特色社会主义思想，推出"牢记嘱托"系列主题报道、《学习路上》等一批重点节目栏目，彰显真理力量、持续深入人心。聚焦省委、省政府"八大发展战略""九大改革攻坚行动"，推出系列宣传报道，为现代化强省建设营造氛围、汇聚力量。开设"众志成城抗击疫情""战疫情保复产"等一批专栏、节目，制作防疫主题公益广告2.1万余条、播出330万余次，推出防疫特别节目108期，有力服务新冠肺炎疫情防控大局。每周召开广播电视宣传工作例会，每月召开网络视听内容编播会，及时传达广电总局要求，牢牢把握正确导向。

（二）内容创作生产生机蓬勃、成果丰硕

紧紧围绕全面建成小康社会、脱贫攻坚，围绕弘扬优秀传统文化、传承沂蒙精神，加强规划引领、扶持引导，努力出精品、创佳作。共备案公示电视剧22部、768集，6部作品入选全国脱贫攻坚题材重点电视剧，《遍地书香》《绿水青山带笑颜》等5部剧在省级卫视播出，《大运河》《库尔班大叔和他的子们》等10部剧在总台央视和一线卫视排播，《温暖的味道》入选2021年总台央视片单。积极打造"网络鲁剧"品牌，反映习近

平总书记两次回信、指引云南怒江独龙族整体脱贫感人故事的重点网络剧《春来怒江》，列入中宣部宣传思想工作要点，入选广电总局"精品创作传播工程"，在爱奇艺热播；《飞夺泸定桥》《生命摆渡人》《一家人》等3部作品，纳入广电总局网络视听节目重点剧目规划。推进广播电视节目创新创优，6件作品入选第三十届中国新闻奖，3件作品获2017—2018年度中国广播电视大奖广播电视节目奖。

（三）阵地管理严格规范、安全有序

严格落实意识形态工作责任制，严厉打击擅自开办频道频率、违规广告等违规行为，维护良好传播秩序、净化荧屏声频。山东省非法卫星地面接收设施整治工作的综合得分连年位居全国前列。突出抓好网络阵地治理，开展"净网"行动，查处违规网站116家、清理违规节目28部、违规账号79个。深化IPTV规范管理，省级平台通过广电总局验收，获得IPTV集成播控服务牌照，是2017年全国正式验收以来首家。启动全国首个基于云计算的新媒体视听监管平台建设，强化对视听节目的监测监管，推进建立跨行业、跨网络、跨平台、跨终端的综合监管机制。开展安全大检查，圆满完成重要保障期安全播出任务。

（四）公共服务覆盖扩大、提质增效

统筹有线、无线、卫星三种方式，扩大广播电视覆盖，广播综合人口覆盖率达99.44%，电视综合人口覆盖率达99.54%。巩固提升中央及省级节目无线数字化覆盖工程，覆盖全省90%以上地区，为群众免费提供24套以上无线数字电视节目。联合山东省委宣传部、省委组织部、省应急管理厅出台《关于推进山东省应急广播体系建设的实施意见》，省级应急广播云平台投入运行，54套传输适配设备完成安装对接，66个县建成应急广播"村村响"系统。顺利关停地面模拟电视信号，实现从模拟到数字的平稳过渡，为群众提供更优质的数字电视信号。

（五）产业发展结构优化、活力增强

出台《关于加快推动我省广播电视和网络视听产业高质量发展的实施

意见》，推动产业做优做强。"中国广电·青岛 5G 高新视频实验园区"建设扎实推进，列入全省重大产业平台和新旧动能转换重大项目库优选项目，与广电总局联合共建 5G 高新视频应用安全重点实验室、超高清节目技术质量自动评测实验室，引进高新视频产业链重点企业 70 家、行业头部企业 20 余家。积极布局网络视听行业，评定全省网络视听（短视频）基地 10 个，推出重点网络视听项目 11 个。海看网络科技（山东）股份有限公司成功通过上市前置审批。

（六）改革攻坚稳步推进、亮点频出

深入推进"一次办好"改革，18 项行政审批事项实现"全程网办"，占比达 90%。深入推进媒体融合，县级融媒体中心省级技术平台通过国家验收，95 家县级台全部整合到县级融媒体中心。广电总局评选全国广播电视媒体融合评选获奖单位（项目）40 个，山东省入选 4 个、占 1/10。"智慧广电"建设初见成效，5 个项目入选全国智慧广电典型案例。推动广电网络"全国一网"整合，山东省出资额占中国广电网络股份有限公司 4.66% 的股份，在非上市省网公司中位居第二。推进事业单位改革，整合微波、中波台、高山转播台资源、力量，组建新的省广播电视传输保障中心（副厅级）。

（七）党的建设全面加强、深入推进

把政治建设摆在首位，深入学习贯彻习近平新时代中国特色社会主义思想，增强"四个意识"、坚定"四个自信"、做到"两个维护"。实施"党建质量提升计划"，扎实推进"四强"党支部创建活动，积极配合做好省委巡视工作，做到即知即改、立行立改、深入整改。深入开展"作风转变年、能力提升年、工作落实年"活动，深入开展流程再造，制定职责任务清单、各项工作规范，打造扁平化、协同化、贯通化新机制，大力推行"五化""十要"工作法，引导全局上下奋勇攻坚、服务发展，形成担当作为、狠抓落实的浓厚氛围。

十六、创新实施"声频荧屏净化"行动 为河南广电行业高质量发展保驾护航

河南省广播电视局党组书记、局长 李宏伟

河南省广播电视局聚焦加快全省广电行业高质量发展，在全省创新实施"声频荧屏净化"行动，在坚决查处各类违法违规问题的同时，不断提高行业治理体系和治理能力现代化水平，通过"四个'两手抓'"，为全省广电行业高质量发展提供了有力保障。

（一）查处擅增频率频道与优化播出机构设置两手抓

对全省频率频道开办运营情况进行调查摸底，深入开展规范各级广播电视播出机构开办秩序专项整治，严肃查处部分播出机构擅自增设频率频道、有线电视传输机构违规传送电视频道等问题，关停市、县广播电视台擅增频率15个、擅增频道90个。积极稳妥推进全省广播电视播出机构供给侧结构性改革，指导河南广播电视台"新农村频道"整合资源、优化布局，成功更名为"乡村频道"；推动16个省辖市电台、电视台完成两台实质性合并；先后支持14个省辖市广播电视台成功增设或更名"交通广播"频率，实现听众数量和广告收入双攀升。

（二）查处违规广播电视节目与推动创新创优两手抓

全面加强广播电视收听收看工作，建立"点题式"监听监看和"抽样式"集中听评工作机制，及时发现查处节目内容违规问题。严肃处理河南广播电视台民生频道《小莉帮忙》节目暴露未成年人隐私信息、新乡广播电视台官方抖音号转发调侃重庆水灾视频等问题，对信阳广播电视台综合广播《了凡四训》节目涉及宗教教义问题坚决追责问责并进行全省通报批评。同时大力引导扶持节目内容创新创优，全年向国家广电总局推荐优秀广播电视节目58部，争取扶持资金227万元，推荐的电视纪录片《太

行·王屋》和少儿电视节目《童声咏经典》入围第26届电视文艺"星光奖"。2021年河南春晚和元宵奇妙夜打造的精品节目《唐宫夜宴》在全网持续刷屏，点击量超过40亿次，人民日报、新华网、环球时报等媒体发文称赞。

（三）查处违法违规广告与维护主流媒体形象两手抓

坚持人民至上，对侵害群众利益的违法违规广告特别是虚假保健食品广告等问题出重拳，坚决清除顽瘴痼疾。联合省市场监督管理局在全省深入开展违法违规广告专项整治，持续巩固扩大保健食品虚假宣传专项整治战果，全年受理群众投诉205件，办结率100%，查处违法违规广告409条。通过印发《广播电视宣传提示》指导全省广电媒体宣传普及违法违规广告危害，及时澄清谣言，增强群众"免疫力"；安排各级广电媒体播发反虚假保健食品公益广告49.7万余条次，新媒体点击量达690余万次，倡导科学健康的养生理念，切实维护了广电主流媒体的良好形象。

（四）查处违法违规视听网站与优化营商环境两手抓

积极参与全省网络综合治理体系建设，配合实施"净网""未成年人互联网专项保护"等专项行动，集中整治网络视听违规广告和违规节目，关停查处违法违规视听网站37家，向省"扫黄打非"领导小组办公室移交涉黄网站32家，切实维护了风清气朗的网络视听空间。在打击网络视听违法违规行为的同时，注重优化营商环境，孵化培育优秀视听网站和原创网络视听节目。完成104个县级融媒体中心《信息网络传播视听节目许可证》核发工作，有力推动了媒体融合向纵深发展。优化重点网络视听原创节目管理，设立省重点网络视听节目库，加大扶持力度，累计向国家广电总局推荐优秀节目、短视频166部。

"声频荧屏净化"行动实施以来，全省各级广电行政部门坚持依法行政，职能转变更加积极主动，强化行业监管更加扎实深入，推动高质量发展更加务实有效，真正实现了通过监管厘清发展思路，让监管为高质量发展保驾护航。

十七、实施湖北广电"6·18行动措施" 打造"一网一园一中心"工作品牌

湖北省委宣传部副部长，省广播电视局党组书记、局长　陈正祥

2020年是决战决胜全面小康和"十三五"收官之年，也是极不平凡和极不容易的一年。在国家广播电视总局和湖北省委省政府坚强领导下，湖北广播电视系统统筹推进新冠肺炎疫情防控和事业发展，创造性实施湖北广电"6·18行动措施"，聚力打造"一网一园一中心"工作品牌，取得来之不易的新成果新发展。

（一）舆论引导有序有效，正面宣传进一步激"活"

深入学习宣传贯彻习近平新时代中国特色社会主义思想和党的十九届五中全会精神，2020年12月9日总台央视《新闻联播》报道湖北局"村村讲村村响 五中全会在乡村"首场示范宣讲活动。集中开展"决胜全面小康·决战脱贫攻坚"主题采访，合计播发相关消息5200多条、系列报道1900多篇、融媒体传播10000多项、专题片250多个。创建战"疫"工作"五大平台"，统筹全省系统宣传战"疫"，助力打赢湖北保卫战、武汉保卫战，大力宣传中央对湖北支持政策，充分报道湖北疫后重振、灾后重建和高质量发展各项工作举措。

（二）产业发展势头良好，国字品牌进一步擦"亮"

加快推进全省广电网络整合发展，赴39个市、州、县开展3轮50次实地调研督导，为历时10年的网络整合转企改制工作历史性地划上了句号。加速中国（湖北）网络视听产业园建设，产业园营收逆势增长60亿元、达147亿元，艺画开天、尚德机构等企业落户，福禄控股成为疫后湖北互联网企业境外上市第一股。加紧中国（湖北）广播电视媒体融合发展创新中心建设，中宣部副部长，国家广电总局局长、党组书记聂辰席在武汉为

"创新中心"授牌。

（三）技术创新稳步推进，转型升级进一步加"快"

武汉纳入首批广电 5G 建设试点城市，防疫期间全球首例广电 5G 应用在武汉投入实战。争取广电总局"搭把手、拉一把"政策措施 27 项，主动参与国家新基建和省"十大工程"，研究制定"十四五"5G 新基建项目规划，11 个新基建项目、2 个产业园分别纳入省"十大工程"和重点项目库。

（四）公共服务再上台阶，工作质效进一步增"强"

中央无线数字化覆盖工程、应急广播省级平台建成开播使用。新增投入 2223 万元在 11 个深度贫困县实施应急广播体系建设；争取国家投入 2360 万元、地方配套 1040 万元，实施贫困县广电基础设施建设；争取 780 万元专项资金，帮扶"616 工程"对口地区、贫困地区广播电视事业发展；投入 100 万元帮扶驻点潜江市老堤村完善基础设施，提升脱贫攻坚质量，湖北局连续 5 年荣获省脱贫攻坚工作突出支持单位称号。

（五）精品创作日趋繁荣，内容产品进一步带"火"

建成运行全省节目交流共享平台，汇聚节目 1096 个、8000 余分钟；部署推进建党百年主题创作，整合资金 800 万元，扶持优秀广播电视节目 17 个、网络视听节目 75 个、公益广告 144 件。《警惕"指尖上"的形式主义》获第三十届中国新闻奖一等奖，《我爱你中国》《戏码头》获第 26 届电视文艺"星光奖"提名，《本色》等 15 部作品获广电总局 2020 年季度推优，《金银潭实拍 80 天》获 2020"金红棉"中国故事优秀纪录长片奖；《花繁叶茂》等 6 部电视剧在总台央视一套或一线卫视黄金档热播，《红房子》等 3 部电视剧获广电总局和湖北省文艺精品创作扶持 360 万元；《灵笼》获"金龙奖""金海豚奖"最佳动画片奖，入选广电总局"视听中国——美丽中国"海外播映活动并获资金扶持。

（六）行业治理持续优化，管理手段进一步过"硬"

建立健全意识形态工作联席会议、形势分析研判和工作例会制度，处置和关闭有害视听节目网站 51 个,境外卫星电视专项整治工作连续五年荣获全国考评满分。强化安全管理,防疫防汛期间,全省行业投入 10000 余人次开展巡查检修,始终确保广播电视传播安全。创建湖北省广电局、台、网联席会商制度,国家广电总局配发评论予以宣传推介。推动一系列务实管用政策措施出台,广电"双先"表彰历史性列入全省目录,突破性主导行业专技职称评审工作,全省行业 4 家单位和 3 位同志被表彰为全国系统先进集体、先进个人。

十八、湖南广电：聚焦主业主责　聚力创新创优　把"广电湘军"名片擦得更亮

湖南省委宣传部副部长，省广播电视局党组书记、局长　张严

2020年，面对新冠肺炎疫情的严重冲击，全省广播电视行业深入学习贯彻习近平新时代中国特色社会主义思想，特别是习近平总书记在湖南考察时的重要讲话精神，牢牢把握正确舆论导向，勠力同心，砥砺奋进，各方面工作取得来之不易的新进展新成效。

（一）主题宣传有声有色

坚持把核心宣传作为首要政治任务，深入宣传习近平新时代中国特色社会主义思想的湖南新实践，推出了《党史上的今天》《战旗美如画（第二季）》等一批理论创新节目和《走向我们的小康生活》《云端扶贫路》《我的奋斗我的家》等一系列专题专栏。全年总台央视上稿1019条，在《新闻联播》上稿207条，同比增长103%，其中头条21条，创历史新高；总台央广发稿91条；广电宣传工作被中宣部、广电总局表扬107次。同时，积极做好疫情防控宣传，紧急启动全省101个县级"村村响"平台，总台央视2次报道湖南"村村响"做法，省领导先后6次批示肯定湖南省广电局疫情防控宣传工作；做强"青春扬益""一县一品"公益广告创制活动，投入20多亿元广告资源传播公益宣传片，助力打赢疫情防控阻击战、脱贫攻坚收官战。

（二）精品创作成果丰硕

深入实施"记录湖南"精品工程，加强主题主线和重要时间节点献礼作品创作规划和引导，策划推出了一大批讲品位讲格调讲责任的精品力作，获得中国新闻奖、白玉兰奖、黄河奖等全国性奖项，入选广电总局创优推优节目的类型、数量位居全国前列。其中，湖南广电获得中国新闻奖8个，

《祖国知道我·冰河忠魂》获一等奖；获黄河奖9个，《致敬抗疫女性篇》《幸福的模样》获一等奖；纪录片《中国出了个毛泽东》获金鹰奖最佳电视纪录片奖；《舞蹈风暴》《歌手·当打之年》《23号牛乃唐》《青春在大地》《国旗下的讲话》《百年党史"潮"青年》等70多个创新创优节目在全国获奖；《江山如此多娇》等6个剧目入选广电总局第三批百部重点电视剧选题规划，《理想照耀中国》《百炼成钢》等3部剧入选广电总局庆祝中国共产党成立100周年电视剧展播剧目；广播电视公益广告10个项目获得广电总局专项资金扶持，"芒果TV国际APP"入选中国—东盟优秀传播案例。积极打造"芒果季风计划"国内首个台网联动周播短剧新样态，创造破旧立新的行业标准。自2016年起连续举办5届网络原创视听节目大赛和4届全省广播电视公益广告大赛，激发广播电视创新创优内动力。

（三）公共服务扩面提质

统筹推进有线无线卫星融合覆盖，形成大中小屏互动的全媒体公共服务体系和用户服务体系，推动广播电视由传输覆盖型向用户服务型升级；不断完善广电应急监测体系，补齐基层广播电视应急服务短板，突发事件和公共危机应急管理能力有了显著提升；加大对全省中波台、微波台等基础设施、设备的投入，无线发射台站标准化和智慧化建设取得明显成效；如期完成全省10万户户户通建设任务、60座高山台站建设任务和11个深度贫困县应急广播体系建设任务，基本建成覆盖县、乡、村三级应急广播体系，制定省级广播电视基本公共服务实施标准，健全省、市、县三级共同投入的村村通、户户通、村村响等工程运维保障机制，广播电视公共服务水平得到全面提升。

（四）媒体融合稳步推进

广电媒体融合取得阶段性成果，省级台全面挺进互联网主阵地，形成湖南卫视、芒果TV"一云多屏、两翼齐飞"的全媒体发展格局，成为全国省级媒体融合发展排头兵。组建湖南省广播电视媒体融合发展专家库，成功申报中国（湖南）广播电视媒体融合发展创新中心；湖南电广传媒以排名第七的出资份额，顺利融入全国有线电视网络一体化进程；争取到中国广电5G首批试点，开通中国广电5G首个省级核心网用户面；"5G智慧电台"已累计为全国286家以县级融媒体中心为主的单位提供服务，项目已为全国177家县级融媒体中心（广播电台）提供服务；"千博手语"AI手语虚拟主播在《长沙新闻》正式启用，4K超高清新闻演播厅全面实现超高清电视节目的5G网络传输，创全国第一；全力打造内容垂直电商平台"小芒"电商，形成以"视频+内容+电商"为核心的全新视频内容电商模式。

（五）园区建设蓄势发力

部省共建中国（长沙）马栏山视频文创产业园，5G高新视频多场景应用国家广播电视总局重点实验室、中国新媒体大会等项目入驻园区并稳步推进，创建了湖南马栏山广播电视网络视听节目交易中心，"马栏山指数"在全国视频文创行业的标杆作用逐步彰显。截至2020年年底，园区企业实现营收431.98亿元，完成固定投资152.51亿元，实现税收25.1亿元，完成重大项目投资81.49亿元，引进市场主体794家，爱奇艺、快手等31个重点项目签约入驻；累计新注册企业1736家，新增41家规模以上企业、30家高新技术企业，初步形成内容制作、技术研发、软件开发等企业聚集态势。

（六）行业管理规范有序

严格落实意识形态工作责任制，全面加强阵地管理、内容管理和安全管理，强化广告治理，净化荧屏声频、抵制低俗之风。建立每半月召开1次的全省广播电视宣管例会制度，63次约谈违规媒体，问题地图、涉三俗等问题得到有效整治；出台《关于进一步加强广播电视和网络视听宣传管理的通知》和《湖南省广播电视创新创优节目扶持项目评审暂行办法》，协调省政府办公厅印发了《湖南省人民政府办公厅关于加快推进广播电视村村通向户户通升级工作的实施意见》《湖南省促进智慧广电发展实施方案》《关于进一步完善全省应急广播体系建设的通知》，为全省广播电视行业高质量发展提供有力的政策支持。

十九、奋楫争先　砥砺前行　广东广电发展再上新台阶

广东省广播电视局党组书记、局长　刘小毅

2020年，广东省广电战线在波澜壮阔的大战大考中，带头举旗帜、鲜明讲政治、准确把方向，统筹推进新冠肺炎疫情防控和事业产业高质量发展，实现主流价值向上向善、精品佳作出新出彩、行业监管有力有效、意识形态严管严控、产业发展求质求新。

（一）宣传管理和舆论引导工作卓有成效

高举旗帜、紧跟核心，合力实施"舆论引导能力提升工程"，组织行业深化"头条"和"首页首屏首条"建设，围绕主题主线大事要事宣传报道，开展全省行业安全大检查，出色完成深圳经济特区建立40周年安全播出任务，受到国家广电总局表扬。疫情大考中高效快速反应，在全国率先组织启动应急广播，累计上线疫情防控相关视听节目超过80万个，播放量超过700亿次，组织全省广电播出机构播放公益宣传片100万条次、推出新媒体视频35万条次。出台《关于坚决守好意识形态安全"南大门"的实施方案》，梳理3大项68个安全风险点，制定137条防范措施和108条应急预案。建成广东省有线数字电视监测系统和境外电视数字监控系统，全面实现对有线数字电视和境外舆情的智能监测监管。

（二）文艺精品创作呈现蓬勃发展的景象

在深化内涵、提升品质上下功夫，深入实施"新时代精品"工程，推出体现广东优秀历史文化、反映鲜明时代精神、具有一流水准的文化精品力作。2020年，《湾区儿女》《太行之脊》《追梦》3部大剧在总台央视一套黄金档播出并排名前列，为广东省历年罕有；动画片产量质量"双料"位于国内第一梯队，9部获广电总局季度推优；广东局与广西局联合制作的纪录片《同饮一江水》入选广电总局"决胜全面小康决战脱贫攻坚"主

题纪录片展播作品,重大理论文献片《从三河坝到井冈山》获播映许可证,华南教育历史主题纪录片《烽火逆行》连续5晚在凤凰卫视播出。《钟南山》《复工记》《同饮一江水》等9部作品获评广电总局2020年季度优秀国产纪录片,获评数量位于全国第三。重点网络影视剧规划备案通过率和通过总数均排名全国重点省、直辖市前三位,全年网络综艺和直播类节目审查量居全国首位,32部优秀网络视听作品获广电总局专项扶持奖励和各类评优奖项,单平台(腾讯视频)获奖数量全国第一。

(三)电视频道高清化建设走在全国前列

广东省周密部署、大事大抓,组织制定《广东电视频道高清化规划方案》并召开专题会议动员部署,采取通知、通报、约谈等形式"高压"督导工作落实,对工作推进迟缓的播出机构现场指导、解决困难。全省广电行政部门主动作为,积极争取各级党委政府的专项补贴、公共文化服务专项资金、文化产业发展资金等,先后投入15亿元,实现全省地级市以上播出机构71个自办频道全部高清化,成为全国首个地级市以上电视频道全部高清化的省份。

(四)超高清视频产业发展保持领先地位

2020年,全省4K电视用户数达2300万户,占总电视用户70%,用户数全国第一。全省可提供4K节目量时长达2.7万小时,持续领跑全国。国家广电总局科技司正式印发我局编制的《广东4K超高清电视发展研究报告》,供全国广电系统参考借鉴。参与举办2020世界超高清视频(4K/8K)产业发展大会,在第二十二届中国国际高新技术成果交易会、2020世界5G大会上进行8K超高清视频展示,充分展现广东超高清视频产业引领示范作用。出台《2020年广东省4K节目制作引进补助实施方案》,完成3440万元超高清节目制作引进补助发放。推动全国第一家城市台4K超高清频道——广州南国都市4K超高清频道开播。深圳卫视获批4K超高清频道,在全国6个超高清频道中广东占一半,数量全国第一。"一山一港"园区被国家广电总局评为全国首个"中国超高清视频创新产业示范区",

"中国（广州）超高清视频创新产业示范园区"将建设全球超高清视频展示体验中心，预计到2030年产值将达500亿元。

二十、广西广电：解放思想　担当实干　切实推动广播电视服务改革民生

广西壮族自治区党委宣传部副部长，自治区广播电视局党组书记、局长　张虹

2020年以来，在国家广播电视总局和广西壮族自治区党委、政府的坚强领导下，广西壮族自治区广播电视局按照习近平总书记对广西提出的"三大定位"新使命和"五个扎实"新要求，积极履行"监管、服务、指导、协调"等职责，在夯实意识形态阵地建设、服务民生发展、助力新冠肺炎疫情防控等方面取得较大成绩。

（一）实施"壮美广西·智慧广电"工程，全区行政村实现广电光缆全部联网

继续实施"壮美广西·智慧广电"工程，全区所有行政村实现广电光缆"村村通"，高清节目"村村传"，应急广播正加紧实现村村响。"智慧广电"工程累计投资20亿元，新建光缆线路总长9.7万公里，全区行政村总联网率从2019年年初的不足50%提升到100%；完成6.2万个35户以上自然村的光缆联网，联网率从不足38%上升到了65%；"壮美广西·智慧广电"工程启动后仅用13个月的时间就实现了行政村全联网，取得了历史性突破，获得国家广电总局领导的批示肯定。经广电总局推荐，张虹局长荣获"2020年亚广联工程行业杰出贡献奖"，成为第五位获得该奖项的中国人。

同时，切实加强和完善全区应急广播体系建设，累计建成34个县级应急广播体系，覆盖404个乡镇、5118个行政村（社区）。新冠肺炎疫情发生以来，第一时间启动应急广播开展疫情防控宣传，打通疫情防控宣传的"最后一公里"。全区网络视听制作机构制作抗疫网络视听作品9591个，累计点击量超20亿次。在广电网络开设智慧广电"空中课堂"，实现广西

700多万中小学生"停课不停学",此项工作得到了广西壮族自治区党委书记鹿心社的表扬肯定。

(二)全面对接粤港澳大湾区建设,纪录片等精品创作取得较大进步

落实国家战略部署,全面对接粤港澳大湾区建设,在广电总局的指导下,联合广东省广电局创意策划和组织拍摄了两广扶贫协作纪录片《同饮一江水》。纪录片先后两次在总台央视综合频道播出,入选"2020年优秀国产纪录片",获得广电总局70万元扶持资金。在2020中国(广州)国际纪录片节成果发布会上,该纪录片从全球126个国家3227部作品中脱颖而出,荣获"组委会特别推荐优秀纪录片奖"。网络剧《黄文秀》入选国家广电总局重大题材网络影视剧项目库,位列全国12部入选剧目的第一位。累计向广电总局推荐报送广播电视作品89部,较2019年增加10部。网络视听行业获广电总局奖项10部,较2019年增加9部。同时,持续加强民族语译制工作,积极向广电总局申报中央对地方的专项转移支付项目"中央少数民族文化事业补助资金——少数民族语言广播电视节目译制费",累计争取1742万元。

(三)成功承办第二届中国—东盟电视周,获国家广电总局肯定

深入贯彻习近平主席致中国—东盟媒体交流年开幕式贺信精神,积极打造中国—东盟电视周品牌。由广电总局和自治区人民政府主办,由广西局主要承办的第二届中国—东盟电视周在广西桂林市成功举办。电视周聚焦抗疫主题,增加视频连线和演讲、"云合唱""线上展播"等创新方式,通过线上线下结合,充分发挥电视周促进人文交流、民心相通的作用,为构建中国—东盟命运共同体作出了积极贡献。电视周活动获得中宣部副部长,广电总局局长、党组书记聂辰席的批示肯定。中国—东盟电视周列入广电总局广播电视国际传播能力建设2020—2025年发展规划。

(四)自主研发全国第一个整省(区)广播电视无线发射台站远程智能系统,广播电视科技创新走在全国前列

按照习近平总书记关于"抓创新就是抓发展,谋创新就是谋未来"的

要求，攻坚克难，全面推进广播电视技术创新，自主研发广播电视无线发射台站远程智能系统，实现了对全区884座无线发射台站的远程智能化监控管理，全区广播电视监管形成"无线一张网"的格局，实现"有人留守、无人值班"，获得第五届"王选新闻科学技术奖"一等奖。同时，主动开展广电技术研发，指导广西广电网络公司建设智慧广电网络新技术应用国家广播电视总局实验室，争取在广西落地。2020年，4个自主研发项目获授权国家实用新型专利，1个项目获2020年卫星导航定位科学技术奖金奖，1人荣获第二届广西杰出工程师奖。参加2020年全国广播电视技术能手竞赛决赛，5名参赛同志均获奖。

（五）扎实推进安全播出工作，牢牢守住安全发展的广电底线

圆满完成各个阶段安全播出保障任务，2020年全区广播电视总停播率为0.08秒/百小时，较2019年减少0.55秒/百小时，大大低于广电总局安全播出年度运行指标（5秒/百小时）。同时，把广播电视村村通无线覆盖工程列入为民办实事工程，新建109座广播电视村级无线发射台站，努力消除广播电视覆盖盲区，实现广播电视公共服务的均衡发展。2020年，全区广播人口综合覆盖率98.16%，电视人口综合覆盖率99.15%，比2019年分别提高了0.35和0.23个百分点，超过全国平均增速。2020年，全区有线广播电视覆盖用户数达831.67万户，同比增长18.28%。有线数字电视实际用户数743.45万户，同比增长15.73%。

（六）全面加强党的建设，锤炼一支忠诚干净担当的广电队伍

建立广西局领导党建联系点，创新开展"联学共建"，推动新时代文明实践所和智慧广电大讲堂双轨运行，实现了党员教育培训全覆盖。开展"党支部建设加强年"活动，调整广西局机关在职党支部设置，夯实基层党组织建设。探索实施"高山台站党旗红"四级党组织结对共建机制，建优建强党支部。开展广电总局"两个人才工程"推荐工作，推荐领军人才27名，青年创新人才44名。与广西自贸试验区钦州港片区签订了《广西传媒职业技术学院项目合作框架协议》，积极筹设广西传媒职业技术学院。

二十一、海南广电：服务大局　守正创新　为自由贸易港建设贡献力量

海南省旅游和文化广电体育厅党组书记　林光强

2020年，海南省广播电视行业深入学习宣传贯彻习近平新时代中国特色社会主义思想，按照国家广电总局和海南省委省政府的部署要求，牢牢把握正确舆论导向，优化内容生产，推进媒体融合，抓创新、树品牌、打造新型主流媒体等工作取得明显成效，为海南自由贸易港建设积极贡献广电力量。

（一）守正创新，积极推动舆论引导提质增效

海南广电行业认真贯彻落实习近平总书记关于"新闻舆论工作各个方面、各个环节都要坚持正确舆论导向"的重要指示，始终坚持守正创新、强化使命担当，围绕习近平总书记"4·13"重要讲话等重大宣传主题，精心策划推出《南海回响》等80多个全媒专栏专题，推出了200多个专栏专题和特别报道，深入打造宣传热点，持续引导舆论高潮，为海南各项工作顺利开展营造了良好舆论氛围。海南省创办的《脱贫致富电视夜校》作为全国仅有两个受表彰电视栏目之一，荣获"全国脱贫攻坚先进集体"称号；《光荣的追寻》《老乡话小康》获广电总局广播电视创新创优节目；纪录片《解放海南岛战役》《中国喜事》获评广电总局优秀国产纪录片、记录新时代精品工程奖，其中《中国喜事》还获得2020年中美电视节"金天使奖"年度最佳电视纪录片，获第26届电视文艺"星光奖"提名。

（二）夯实基础，广电公共服务体系建设成效显著

实现全省户户通工程全覆盖，建立省、市（县）、乡镇、村四级广播电视公共服务技术维护长效机制；完成全省210个地面数字电视补点建设，实现全省面积覆盖87.61%、人口覆盖94.98%。加快建设全省广播电视安

全播出指挥调度系统，完成县级应急广播统一管理平台建设，全省广播电视安全播出指挥调度能力进一步提升。经国家广电总局批准，海南省创新实施的"通过有线电视网络加密定向传送境外电视频道"项目，被省委深改办（自贸办）公布为"境外电视频道传送审批及监管新模式"制度创新案例。省级新闻节目调频同步广播网升级改造项目获"中国电影电视技术学会科技进步奖"。

（三）抢抓机遇，视听产业蓬勃发展

抢抓自贸港建设释放的政策红利，以成功举办 2020 首届海南电视剧产业高峰论坛为契机，不断优化营商环境，吸引国内外头部影视文化企业和从业者落户海南。目前，海南省广播电视节目制作经营许可证持证机构 309 家，比 2019 年增长 30.38%；网络视听节目许可证持证机构 24 家，比 2019 年增长 140%。精心策划推出了一批有影响力的电视精品。引入的首部重点电视剧《女心理师》获国家广电总局 2020 年度电视剧引导扶持专项资金；联合摄制的献礼建党 100 周年革命历史题材电视剧《绝密使命》杀青。同时，在国家广电总局的大力支持下，积极引入"中国广播电视大奖广播电视节目奖颁奖晚会"和在海南设立"中国（海南）国际视听设备及消费品博览会（暂名）"，与广电总局电视剧司定期联合举办"海南电视剧产业高峰论坛"，打造海南的电视和网络视听产业品牌，蓬勃发展的影视产业为海南自贸港建设提供了新动能。

（四）突出特色，对外交流和国际传播能力不断提升

海南卫视已经覆盖 50 多个国家和地区，覆盖人口 9.66 亿，成为海南自贸港对外传播的重要窗口。三沙卫视境外陆续覆盖中国香港、中国澳门特别行政区和老挝、柬埔寨、泰国等环南海周边国家，境外覆盖人口达 1630 万。海南广播电视台成立"海南广电国际传播融媒体中心"。积极打造融合传播外宣新产品，推出《全球国货之光》《坐着高铁看海南》等节目，覆盖人口超过 9.5 亿。海南广播电视台《海南自贸港》栏目，已覆盖英国、法国、德国等 48 个欧洲国家和地区，以及非洲 43 个国家和地区，成为重要的外宣平台和海南自贸港对外传播的重要窗口。与CNN、塔斯社、朝日电视台等国外媒体开展战略合作，进一步拓宽了传播新途径。

下一步，海南广电行业将以服务海南自贸港建设为中心，聚焦主业，守正创新，着力打造"四个窗口"：将海南建设成为展现中国特色社会主义自贸港标杆的"展示窗口"，中国南海区域高新视听产品最集聚、国内外节目交流最活跃的"国际窗口"，产业融合发展的"示范窗口"，充分赋能智慧海南发展的"服务窗口"。大力推动精品内容建设，持续强化全媒体传播力，巩固宣传思想文化阵地；全面提升公共服务效能，提高安全传输保障能力，健全公共文化服务体系；深入推进广电产业发展，充分发挥产业聚合效力，推动供给侧结构性改革；积极实施智慧广电战略，提升行业智慧服务能力，促进智慧海南基础建设，推动海南广电工作不断开创新局面。

二十二、推动重庆广播电视高质量创新性发展实现新突破取得新成效

重庆市文化和旅游发展委员会党委书记、主任 刘旗

2020年,重庆市广播电视行业坚持以习近平新时代中国特色社会主义思想为指导,深入贯彻习近平总书记对重庆提出的营造良好政治生态,坚持"两点"定位、"两地""两高"目标,发挥"三个作用"和推动成渝地区双城经济圈建设等重要指示要求,按照全国广播电视工作会议部署,围绕中心、服务大局,深入实施广电"六大工程",推动重庆广播电视高质量创新性发展实现新突破、取得新成效。

(一)实施"舆论引导能力提升"工程,主题宣传有声有色

坚持导向为魂,聚焦"决胜全面小康、决战脱贫攻坚"重大主题,统筹做好国家重大战略、重要会议、新冠肺炎疫情防控等主题宣传,精心策划新闻系列报道、广播电视专题专栏,开展全方位多层次立体化宣传,营造更加浓厚的舆论氛围,圆满完成全国全市两会、成渝地区双城经济圈建设、抗击疫情等宣传报道任务,其中2020全国两会报道得到中宣部6次点名表扬。共发布疫情相关报道8872条,制作抗击疫情主题公益广告193个,累计播出83792条次。重庆广电集团(总台)融媒体新闻中心被评为"全国抗击新冠肺炎疫情先进集体"。

(二)实施"新时代精品"工程,精品生产量增质优

坚持以人民为中心的创作导向,抓好重大现实、重大革命、重大历史题材选题规划、创作生产,共备案公示电视剧8部211集,审查发行电视剧5部179集,备案公示动画片16部6185分钟,审查发行动画片5部938分钟。完成重点网络影视剧信息规划备案作品185部、节目规划备案52部、成片审核11部,上线9部。《共产党人刘少奇》《绝境铸剑》荣获"飞

天奖"优秀电视剧大奖，纪录片《城门几丈高》被国家广电总局评为2019年度国产纪录片及创作人才扶持项目"优秀系列片"。《陡崖植树人：森林"长"在肩背上》等2个作品入选中国广播电视大奖。《守护长江清水绿岸》获得国家广电总局2019年度广播电视公益广告扶持项目电视类二类扶持，重庆市文化和旅游发展委员会被评为"优秀组织机构"。

（三）实施"智慧广电"建设工程，推进行业优化升级

坚持创新驱动，以实施智慧广电战略为抓手，推进广播电视媒体融合、资源要素有效整合，实现信息内容、技术应用、平台终端、管理手段共融互通，38个区县挂牌成立融媒体中心，潼南区融媒体建设经验获中宣部《新闻工作专报（第23期）》肯定并向全国推广。推动重庆有线电视网络成功并入"全国一网"股份公司。重庆卫视高清频道登陆全国直播卫星平台，全市50%区县主频道实现高清化。在渝中区、大足石刻景区等区域部署5G网络，建成"大足石刻千手观音5G+4K景点视频实时回传"和"5G+VR重庆景点宣传"等一大批具有重庆及广电特色的5G示范应用试点。建成区县应急广播平台12个，应急广播系统覆盖645个乡镇、6840个行政村，区县、乡镇、村三级全年累计播发140万条次信息。实施全市智慧广电专项扶贫行动，江津区骆崃山广播电视发射台荣获"第八届全国服务农民、服务基层文化建设基层广播电视传输覆盖机构先进集体"称号。

（四）实施"视听中国"播映工程，推动重庆广电对外交流

坚持服务国家外交大局、服务"一带一路"建设，打造媒体交流合作平台、优化走出去项目矩阵，加大广播电视走出去力度，建立电视剧与重点网络影视剧拍摄制作服务办公室，为在渝拍摄电视剧、网络影视剧剧组提供综合性"一站式"服务。稳步推进10个南美国家电视台与重庆影视制作公司签订协议，向哥伦比亚公众播出纪录片《习近平治国方略》、电视剧《推拿》《李小龙传奇》等多部影视作品。《重庆探索之旅Vlog》等3个视听节目入选广电总局"视听中国·美丽中国"优秀节目。

（五）实施"安全播出"工程，导向管理和阵地建设成效明显

坚持底线思维，以重要保障期安全保障工作为主线，强化安全播出管理和监测监管，守牢意识形态阵地，全年全市停播总次数、总时长分别较上年下降 36.36% 和 93.41%，完成 284 个广电卫星接收台站 5G 干扰协调协议签订和技术改造。查处 5 个市级频率违规更改呼号的行为，发布全市广告电视违法违规广告通报 17 次，共责令整改、停播违规广告 264 条、未备案养生类节目 5 档。广播电视节目制作经营许可证、网络文化单位分别新审批 201 家、1239 家持证单位，同比增长 79%、280%，为文化市场引入注册资本金 18.8 亿元。监测网站 1.6 万余家，移送查处违规视听网站 22 家。推进中国视听大数据系统扩容，完成 IPTV 集成播控分平台与电信传输平台对接和 408 万户迁移工作。

（六）实施"管理优化"工程，管理效能持续提升

坚持制度建设与制度执行并重，严格执行《广播电视行业统计管理规定》《广播电视和网络视听统计调查制度》，加强统计全过程质量管理，提升行业管理效能，重庆市文化和旅游发展委员会传媒机构管理处被国家广电总局评为统计工作优秀基层单位。强化专业人才队伍保障，组织 536 人参加 2020 年全国广播电视编辑记者播音员主持人资格考试，市文化旅游委荣获 2019 年国家广电总局广电资格考试组织工作一等奖。重庆获得全国广播电视技术能手竞赛一等奖 2 个，居全国各省区市之首，创下全国广播电视技术能手竞赛举办 25 届以来重庆市最好成绩，重庆市文化和旅游发展委员会在优秀组织奖中排位第一。

二十三、四川广电：危机中育先机　变局中开新局

四川省委宣传部副部长，省广播电视局党组书记、局长　李晓骏

2020年是极不平凡的一年。四川广电系统干部职工在习近平新时代中国特色社会主义思想的指引下，坚决贯彻落实广电总局和四川省委省政府决策部署，保持"守底线、促发展"的战略定力，抢抓机遇，化危为机，取得了极为不易的成绩，全行业呈现出勃勃生机，为"十四五"打下了良好基础。

（一）全局在胸唱响时代主旋律

坚持把核心宣传作为首要政治任务，紧扣抗击新冠肺炎疫情、脱贫攻坚、"六稳""六保"、成渝地区双城经济圈建设、乡镇行政区划和村级建制调整、防汛抗洪、涉藏工作等重大部署，积极组织广电媒体和视听新媒体开展主题宣传，策划了"乡约小康———四川广电融媒体脱贫攻坚新闻行动"和"精彩短视频·记录新时代"等极具影响力的传播活动，切实把党中央和省委的声音传到千家万户。在总台央视《新闻联播》上稿量持续增长，受到省委主要领导肯定。

（二）全心全意打赢防控阻击战

面对疫情，广电人初心如磐、默默奉献。有的奋战在武汉隔离病房前线，有的奋战在新闻采编播一线，有的值守在安全播出保障台站，有的奋战在抢修保通田间。影视机构捐赠片源，视听网站和广电网络开设专区专栏，推出免费作品，减免收视费用，提供免费在线教育，丰富人民群众居家抗疫生活。值得一提的是，这次小广播发挥了大作用，全省46240个广播村村响平台和26万个大喇叭在普及防疫知识、稳定社会人心方面功不可没，总台央视《新闻联播》、"学习强国"、广电总局微信公众号等都对此作了报道。

（三）全力以赴拓宽影视振兴路

振兴影视和支持高科技影视摄影棚建设写入四川省政府工作报告，省领导多次组织召开座谈会、专题会，提出"四出"目标和七项任务，组建成立四川省影视产业联盟。全系统群策群力，探索出路。四川省广电局整合1500万元财政资金用于专项扶持创作，制定年度计划和中长期创作规划。四川产电视剧《金色索玛花》《湾区儿女》《枫叶红了》、纪录片《沉银追踪》、动画片《熊猫博士》《时空龙骑士》在总台央视播出，8K纪录片《俯瞰——岷山深处的天空之湖》在日本NHK电视台播出，电视剧《亲爱的自己》在湖南卫视热播，疫情期间在成都取景拍摄的《紧急公关》在总台央视八套播出。

（四）全神贯注开创事业产业新局面

克服疫情影响，高清四川智慧广电建设深入推进，智慧广电产业发展大会隆重召开，组建成立四川省超高清视频产业联盟，布局"一核多极"现代高科技摄影棚建设，全球单体面积最大的摄影棚群落投入使用。"四川智慧广电实验区"和"电视地震预警"获全国智慧广电优秀案例。建成56个高清频道，省台和21个市州台主频道全部高清化。广电媒体加速融合，县级融媒体中心运行机制进一步规范，四川台被评为全国广播电视媒体融合先导单位，涌现出"四川观察"等爆款融媒体产品。广电网络整合融入"全国一网"改革取得重大成果。完成1000个广播电视公共服务网点建设，全省服务网点达到10000个。实施少数民族语言节目译制和覆盖项目及广播电视进州县学校工程，出台涉藏地区广播电视全覆盖免费看行动方案。首届广电惠民服务月活动成效显著。应急广播等惠民工程扎实推进，县级公共服务标准化试点和全国直播卫星平台高清节目同播试点得到广电总局肯定，四川乡村频道通过直播卫星定向覆盖农村地区实现户户通。成功举办第八届中国网络视听大会和"金熊猫"国际传播高峰论坛。

（五）全面从严管阵地取得新成效

认真落实意识形态工作责任制，坚持导向管理全覆盖、网上网下同标准，定期分析研判形势，着力防范化解重大风险，圆满完成各重要保障期广播电视和网络视听安全播出任务。开展播审制度落实月专项治理，排查风险点 10 余个，完善制度 120 余项。持续开展 IPTV 专项整治，成都地区 IPTV 平台整合至省级平台。深化"放管服"改革，规范做好网络视听节目许可证核发工作，向 145 家符合条件的县级融媒体中心颁发了许可证。开展非卫设施、违规广告、网络视听"净屏"专项整治行动，与四川台进一步理顺了译制中心、传输中心、科研所管理体制，传输台站"三化"建设启动实施，"坚强阵地、美丽台站"工程深入推进，全行业管理体制不断理顺，市场主体逆势增长，传播秩序明显好转。

二十四、贵州广电：牢记嘱托　感恩奋进　推动广播电视和网络视听工作迈上新台阶

贵州省委宣传部副部长，省广播电视局党组书记、局长　耿杰

2020年，面对世纪疫情与百年未有之大变局，贵州广电系统认真学习宣传贯彻习近平新时代中国特色社会主义思想，牢记嘱托、感恩奋进，尽锐出战"两场战役"，坚决贯彻落实上级决策部署，守正创新、开拓进取，奋力推动贵州广播电视和网络视听高质量创新性发展。

（一）高举思想旗帜，唱响时代强音

聚焦学习宣传贯彻习近平新时代中国特色社会主义思想，持续深化拓展"头条"建设和"首页首屏首条"建设，开设专题专栏，强化舆论宣传引导，习近平新时代中国特色社会主义思想成为最强音，牢记嘱托、感恩奋进成为主旋律。

（二）尽锐出战脱贫攻坚，为贵州彻底撕掉绝对贫困标签作出广电贡献

充分发挥行业优势，策划推出《冲刺90天打赢歼灭战》《千年之变》《花繁叶茂》《与梦想合拍》《贵州屋脊上的一场引水攻坚战》等一大批广播电视精品力作，对建档立卡贫困户广播电视基本收视维护费实行兜底，及时将多彩贵州"广电云"信号覆盖至易地扶贫搬迁安置区，为贫困地区人民群众享受优质的广播电视公共服务提供了坚实保障。

（三）加快推进智慧广电综合试验区建设，智慧广电建设取得丰硕成果

智慧广电与政务民生、社会治理、乡村振兴等各行业深度融合，"阳光校园·智慧教育"、雪亮工程、智慧广电物联网规模化应用、电子政务外网延伸覆盖等智慧广电项目业态快速发展。贵州6个案例被国家广电总局评为全国智慧广电示范案例，3个案例分别获评全国媒体融合先导单位、典型案例、成长项目。

（四）抓原创、出精品、攀高峰，广播电视作品实现质的提升

多部作品在全国获奖评优，取得较好的社会效益和经济效益。比如：电视剧《花繁叶茂》获全国重点剧本扶持，获第16届中美电视节中华文化传播力奖，在总台央视播出后引起强烈反响；电视剧《伟大的转折》荣获第32届中国电视剧"飞天奖"；纪录片《绿水青山尽开颜》被中组部评为党员教育电视片优秀作品。

（五）广播电视公共服务提质增效，人民群众获得感、幸福感不断增强

多彩贵州"广电云"户户用、应急广播体系等惠民工程建设不断深化，广播电视公共服务均等化水平全面提升。完成21个深度贫困县应急广播体系建设任务，截至2020年年底，贵州累计建成应急广播终端点位4.6万个，覆盖了71个县9552个行政村1600多万人，在战"疫"战"贫"中发挥了重要宣传作用。

（六）意识形态工作责任制不断强化，阵地管理更加坚决有力有效

广播电视制作、传输、播出机构事前事中事后监管工作不断提升，广告监管、安全播出、网络治理和卫星电视传输秩序整治、重大风险防范化解等工作成效明显，建立广播电视发射传输系统技术巡查制度并扎实开展巡查工作，行业发展更加规范有序。

（七）主动担当作为，充分运用智慧广电助力疫情防控阻击战

新冠肺炎疫情发生后，贵州广电系统快速行动、主动作为，充分应用智慧广电助力各级各部门打好疫情防控阻击战，充分彰显了广电的使命与担当。与贵州省教育厅共同打造"阳光校园·空中黔课"，实现全省中小学生因疫情延迟开学期间"离校不离教，停课不停学"。与省卫健委联合，发挥应急广播优势，广泛宣传疫情防控政策和防护知识。各级广电媒体纷纷开设专题专栏，持续开展宣传报道，凝聚了众志成城、共克时艰的强大正能量。因工作突出，贵州广播电视台融媒体中心党总支获全国抗击新冠肺炎疫情先进集体。

（八）加强党的建设和队伍建设，为新时代实现新作为提供坚强保障

认真贯彻落实新时代党的建设总要求和新时代党的组织路线，以党的政治建设为统领，全面推进党的建设各项工作，全面从严治党责任进一步压紧压实，正风肃纪反腐工作扎实推进，"不忘初心、牢记使命"主题教育成效进一步巩固深化，领导干部理想信念更加坚定，能力素质不断提升。

二十五、云南广电：收好官　开好局　起好步　全力开创广电发展新局面

云南省广播电视局党组书记、局长　盛高举

2020年，云南省广播电视局坚持以习近平新时代中国特色社会主义思想为指导，守正创新、开拓奋进，在宣传引领、精品创作、阵地管理、公共服务、智慧广电等方面取得了明显成效，圆满完成"十三五"规划目标任务，为"十四五"开好局、起好步奠定了坚实基础。

（一）紧扣宣传主题，强化舆论引导力

坚持把核心宣传作为首要政治任务，精心策划新闻报道、特别节目和融合传播作品，深化拓展广播电视"头条"建设和网络视听"首页首屏首条"建设，持续做好脱贫攻坚、扫黑除恶、爱国卫生"7个专项行动"等主题宣传。开设"众志成城 共同战疫"专栏专题专区。充分发挥应急广播在新冠肺炎疫情防控宣传中的作用，做好疫情信息发布、舆论引导和科普宣传。重点聚焦迪庆州、怒江州深度贫困地区及9个国家"挂牌督战县"开展脱贫攻坚宣传。服务外交战略，落实国家主席习近平访缅成果，成功举办2020澜湄电视周"缅甸主题日"活动。2个对外传播案例成功入选2020年中国—东盟优秀传播案例。

（二）聚力精品创作，提升作品传播力

大力实施精品战略，重新调整设立云南广播电视奖，评选出63件优秀作品和7个优秀组织单位。电视剧《一步千年》《盛唐南诏》入选广电总局重点电视剧规划选题；《绝对忠诚之国家利益》网络电影入选广电总局2020年网络视听节目精品创作传播工程，是10部重点扶持作品之一。《落地生根》《激越怒江》脱贫攻坚纪录片被列为广电总局重点项目。《老县长——高德荣》《纳西鹰猎》被广电总局评为优秀国产纪录片。《云南小小

代言人》《爱昆明》被广电总局评为精品广播节目和扶持电视节目。《多样星球》《农民院士朱有勇》等短视频入选广电总局优秀网络视听节目。《睦邻·缅甸》纪录片获广电总局第八届优秀国产纪录片及创作人才推优活动优秀国际传播类表彰。

（三）强化阵地管理，维护行业公信力

认真落实意识形态工作责任制，强化行业治理，出台《关于进一步加强县级播出机构建设管理的意见》《关于加强和规范广播电视事中事后监管》等管理制度。协调关停"野香蕉"等5个违规网站，下发虚假违法违规广告《整改通知书》21份，开展行政约谈9次。加大对广播电视节目、网络视听节目监测监管力度，发现各类疑似问题节目20余个，编发《监听监看》等各类简报130期。

（四）完善公共服务，铸牢基础保障力

完成行业扶贫目标，补齐小康短板。截至2020年年底，全省广播电视综合人口覆盖率分别达到99.26%和99.38%。全省农村地区直播卫星用户突破1100万户。完成131座县级以上发射台省级节目无线数字化覆盖试点，完成57座无线发射台站基础设施建设，完成民族自治州所辖县1414个村综合文化服务中心广播器材配置。建立健全政府主导、社会化发展的公共服务长效机制，推动沧源县、维西县成为全国广播电视基本公共服务标准化试点县，推进"规范化、标准化、智慧化"美丽台站建设取得积极成效。

（五）建设智慧广电，整合系统战斗力

协调推动《云南省"十四五"智慧广电发展规划》纳入"十四五"省级专项规划。积极推动应急广播体系建设、广电大数据中心、融合超高清制播系统等"智慧广电"重点项目列入省级新基建项目清单。推动智慧广电纳入《云南省5G产业发展实施方案》，2个案例被评为全国智慧广电先进案例。修订完善《云南省县级融媒体中心技术系统建设及验收实施细则》，会同省委宣传部、网信办完成104家县级融媒体中心省级综合验收，完成率达 80.62%。推进网络整合，协调成立云南省有线电视网络整合发展领导小组，牵头起草《云南省参与全国有线电视网络整合发展实施方案》，确定云南省参与全国"一网整合"发起人。完成云南广电网络集团有限公司 51% 股权对外投资审批和实缴出资，完成 123 家有线电视网络股东单位国有股权上划审批。

二十六、西藏广电：坚持高质量创新性发展 在守正创新中开拓新局

西藏自治区广播电视局党组副书记、局长 游胜苗

2020年，西藏广播电视战线以习近平新时代中国特色社会主义思想为指导，统筹新冠肺炎疫情防控和行业建设发展，积极应对大战大考，主动担当作为，书写了西藏广播电视事业发展辉煌篇章。

（一）全力做强舆论宣传，打造了舆论新高地

始终把宣传核心作为首要任务，深化广播电视媒体"头条"建设和网络视听媒体"首页首屏首条"建设，开辟《在习近平新时代中国特色社会主义思想指引下——新时代新作为新篇章》《加强民族团结、共创美好未来——中央第七次西藏工作座谈会在我区引发热烈反响》等专栏节目。指导协调广播电视和网络视听节目统筹疫情防控和经济社会发展宣传，制定《西藏自治区广电局2020年脱贫攻坚工作宣传报道方案》，开辟《脱贫攻坚西藏纪事》等专题专栏，推出疫情防控系列节目栏目，编排各类优秀电视剧和文艺节目、纪录片、动画片、综艺节目、公益广告等。开展全区第一届广播电视优秀公益广告作品征集和评选活动。完成季度新闻节目推优、重大题材项目选题申报、2020年优秀国产纪录片推荐播映、广播电视优秀少儿节目推选、2020年网络视听节目精品创作传播工程扶持项目申报。

（二）全面提升服务水平，激活了服务新动力

按照巩固成果、扩大覆盖、提高标准、改善服务的要求，围绕改善民生、凝聚人心，坚持内容供给和基础建设并重，提高服务能力和服务实效，推动公共服务提质升级，更好服务广大人民群众。巩固广播电视村村通成果，推进村村通向户户通升级，完成区、市、县三级广播电视管理部门户户通管理平台工号、密码申请等工作，采购28943套户户通卫星直播接收

设备，对边境小康村、极高海拔集中搬迁点、异地扶贫搬迁地等进行更换升级和补点覆盖。截至 2020 年年底，全区广播电视综合人口覆盖率分别达到 99.07% 和 99.23%。基本完成县级播出机构制播能力建设、无线发射台站基础设施建设、地市级广播电视电影藏语节目制作中心建设等工程，810 个村综合文化服务中心广播器材配备项目进展顺利，中央无线数字化覆盖工程建设完成，免费向全区基层群众提供 16 套数字广播电视节目。

（三）深入推进事业产业，增创了发展新优势

贯彻新发展理念，注重一体统筹事业产业，抓重点、补短板、强弱项，增强广播电视行业整体实力。西藏有线数字电视总前端灾备中心建设土建工程完成终验，完成西藏影视音像资料库建设项目用地选址及前置审批设计工作，中央广播电视节目无线数字化覆盖工程后续项目建设完成，广播电视无线发射台站基础设施建设已完成 82 个台站建设并通过验收，6 座新建实验台顺利运行，27 座中波广播转播台和 11 座实验台基础设施升级改造进展顺利。编制完成《西藏自治区"十四五"时期广播电视和网络视听发展规划（2021—2025）》初稿，编制印发《西藏自治区智慧广电规划》。积极参与全国有线电视网络整合和广电 5G 建设一体化发展，注册成立西藏广电信息网络有限公司，完成全区无线模拟电视信号关停工作，形成地面数字电视 700 兆赫兹频率迁移工作方案。全区持证、备案网络视听节目服务网站 4 家，广播电视节目制作经营机构发展到 213 家。

（四）提高行业管理能力，构建了管理新格局

坚持制度建设与执行并重，坚持每周宣传例会制度，执行广播电视节目、网络视听节目、上星综合频道节目审查制度。完成纪录片《幸福家园》审查备案和大型历史题材电视剧《大唐御使传奇》审查发证。加强广播电视播出机构和频率频道管理。审查各网站视听节目内容。专题调研各网站及部分影视节目制作机构。编印《视听评议》24 期、《监听监看快报》40 期。调整充实境外电视传播秩序专项整治工作厅际联席会议成员并完善制度。全区各级广电部门累计出动执法人员 1767 余人次，开展执法检查 517 次，

发放宣传资料2.6万余份。整改叫停违规广告2条，处理投诉2起。落实安全播出目标管理责任制，做好5G干扰广播电视信号协调防范工作，加强内部管理和监测力度，加强应急演练，安全播出保障能力不断增强。

（五）提高党的建设水平，展现了广电新气象

坚持贯彻新时代党的建设总要求，把旗帜鲜明讲政治贯彻广播电视工作各个方面，制定《2020年党建工作要点》《党建工作责任清单》，西藏自治区广电局党组每月听取班子成员抓党建和党风廉政建设及业务工作情况汇报。制定年度理论学习安排意见，开展局党组理论中心组学习及辅导讲座、交流研讨25次，局系统各级党组织开展集体学习80余次。开展大学习大提升活动，巩固"不忘初心、牢记使命"主题教育成果，开展"当好三个表率、建设模范机关"创建活动，强化"政治机关意识、走好第一方阵"教育，做好做优全区示范党支部033台"联学共建促业务"品牌，积极打造"智慧党建"。举办全区广播电视公共服务管理培训、局系统党建和党风廉政建设工作培训。开展西藏自治区局与广电总局无线局专业技术人员学习交流活动，建立基层中波台站综合情况月报告制度，开展增强"四力"教育实践工作。落实主体责任、监督责任和"一岗双责"。用好监督执纪"四种形态"，驰而不息纠正"四风"。制定《廉政风险点及防控措施》。召开8次党风廉政建设专题会议，修订完善16项党的建设和党风廉政建设制度，建立完善255名科级及中级职称党员干部廉政档案。修改完善机构改革后局系统117项规章制度。

二十七、陕西广电：凝心聚力　砥砺前行　推动高质量发展开新局、创新绩

陕西省广播电视局党组书记、局长　张烨

2020年，陕西广播电视战线深入贯彻落实习近平总书记来陕考察重要讲话精神，守正创新，奋发有为，始终把学习宣传贯彻习近平新时代中国特色社会主义思想作为首要政治任务，围绕决胜全面小康、决战脱贫攻坚、新冠肺炎疫情防控等主题主线，扎实开展各项工作，取得了新突破，开创了新局面。

（一）坚持高举旗帜，唱响新时代主旋律最强音

不断深化媒体"头条"建设和"首页首屏首条"建设，精心策划推出重点报道、特别节目和新媒体作品，巩固壮大主流思想舆论。指导开办《思想的田野》（第三季陕西篇）等理论节目、《只争朝夕真抓实干奋力谱写西安新时代追赶超越新篇章》《在习近平新时代中国特色社会主义思想指引下——新时代新作为新篇章》等专栏，将习近平新时代中国特色社会主义思想宣传引向深入，入脑入心。

（二）坚持导向引领，主题宣传浓墨重彩

围绕决胜全面小康、决战脱贫攻坚等重大主题主线，策划了一系列有特色、有影响的主题宣传活动。融媒体节目《你好我的城》《决战决胜脱贫攻坚》等专栏形成了正面宣传强大声势。全省各级广播电视台共开设脱贫攻坚专栏120余类，播发新闻节目2.1万余条。脱贫攻坚新闻节目《陕甘宁革命老区脱贫致富座谈会召开五周年——行进陕甘宁特别报道》获广电总局优秀新闻作品表彰。

（三）坚持担当作为，全力服务抗击新冠肺炎疫情

全省广播电视行业以高度的政治责任感、使命感，迅速行动，认真做

好疫情防控宣传和舆论引导工作。拍摄了《西安依旧美丽》等70余部疫情防控宣传纪录片、动画片，共制作防控疫情类公益广告4000余条。开展了"战疫情西安在行动"全媒体直播、"众志成城 共同战疫"公益展播活动。发挥应急广播传播优势，建立起快速响应、全面高效的信息传输渠道，基层应急广播大喇叭打通了宣传"最后一公里"，有力服务了疫情防控工作。

（四）坚持创新创优，精品生产亮点纷呈

电视剧《装台》《大秦赋》在总台央视播出，产生广泛影响。《一个都不能少》《绿水青山带笑颜》《寻找北极星》《日头日头照着我》《石头开花》等5部电视剧入选广电总局2020年重点推荐脱贫攻坚剧目。《启鱼成语故事》《漫赏秦腔》等动画片，《西迁纪》《面面大观——丝绸之路上的面食》《从长安到罗马》《天是鹤家乡——中国九种鹤的影像志》《大唐帝陵》《穿越丝路双城记》等纪录片在总台央视播出。《逆行者》《出征》《我们一家人》等35部广播剧在总台主频率播出。

《岁岁年年柿柿红》荣获第32届中国电视剧"飞天奖"优秀电视剧大奖。《记忆延安城》荣获广电总局优秀国产电视动画片，《延安童谣》获广电总局2020年度重点动画项目。《奔向延安》《月儿圆》分别入选广电总局"网络视听节目精品传播工程"和"重大题材网络影视剧项目"。《渭梅女用双手走出精彩人生》《解忧理发店》入选广电总局年度优秀网络视听节目，《无声画室》入选广电总局"中国梦"主题原创优秀网络视听节目。

（五）坚持事业建设，公共服务水平稳步提升

积极开展广播电视公共服务设施建设。投入资金1151万元，完成43个连片扶贫开发县区广播电视户户通建设项目。争取中央资金9919万元，实施全省20个深度贫困县应急广播体系建设项目和5座发射台基础设施建设项目。陕西局投入资金1380万元支持原9个贫困县进行应急广播体系建设，投入资金1336万元进行全省各发射台信号传输链路建设。

积极推动智慧广电和媒体融合建设。在广电基础网络建设、云平台项目和内容建设方面稳步推进，"雪亮工程"建设取得新进展。国家级"中国（陕西）广播电视媒体融合发展创新中心"授牌成立。

积极助力脱贫攻坚。发挥行业优势，组织开展"精准扶贫爱润三秦"扶贫公益广告项目、"星动陕西"大型公益扶贫活动、直播带货等消费扶贫系列活动。陕西局荣获陕西省脱贫攻坚组织创新奖。

坚持积极推动广播电视对外交流工作。"丝绸之路万里行·魅力东盟"活动参加中国—东盟经典案例评选获最佳优秀案例奖。7部广播电视节目参加"中马电视节"展映展播推广活动，3个项目入选广电总局"丝绸之路影视桥"工程。电视剧《爱的烹饪法》入选广电总局首批亚洲影视交流合作项目。广播剧《一代名吏白居易》《一代史圣司马迁》在美国播出，电视剧《共和国血脉》《恋爱先生》《白鹿原》分别在新西兰、哈萨克斯坦、日本播出。

（六）坚持行业监管，阵地管理取得新成效

落实意识形态工作责任制，不断加强行业管理和监管力度，严守意识形态阵地安全。实施"管理优化"工程，推进"互联网＋政务服务"，深化"放管服"改革。非法卫星电视接收设施、非法广告、网络直播、IPTV播控分平台、视频点播平台非法内容等整治工作持续有力。整改节目栏目违规问题76处，查处关闭4家违规网站。全省新批影视制作经营机构299家，影视制作经营机构达1179家。规范执行安全播出运维停播审批报备制度，全省未发生安全播出责任事故和重大网络安全事件。

二十八、甘肃广电：着力实施"六大工程" 推进全省广电事业高质量发展

甘肃省委宣传部副部长，省广播电视局党组书记、局长　彭鸿嘉

2020年，全省广播电视行业认真贯彻落实国家广电总局和甘肃省委省政府的决策部署，统筹推进新冠肺炎疫情防控和广播电视事业发展各项任务，深入实施"六大工程"，主动担当作为，勠力攻坚克难，各项工作取得来之不易的新成绩。

（一）实施"舆论引导能力提升"工程，做优主题宣传

全省广电行业"头条"和"首页首屏首条"建设持续深化，习近平新时代中国特色社会主义思想更加深入人心。重大主题宣传持续推进，省市两级广播电视台播出脱贫攻坚新闻4000余条，开办"决战决胜脱贫攻坚"专栏44个，制作播出公益广告44条、专题片（纪录片）79部、网络视听作品82部，甘肃卫视《扶贫第一线》栏目获广电总局通报表扬并给予资金扶持。指导全省各级广电部门加强疫情防控新闻宣传，精心推出疫情防控专题专栏和公益广告。全省启动应急广播县级平台40个、乡镇平台506个、村级平台6742个，启用音柱10994个、大喇叭28752个，为打赢新冠肺炎疫情防控阻击战发挥了重要作用。

（二）实施"新时代精品"工程，打造优质产品

纪录片《莫高窟与吴哥窟的对话》、电视文艺作品《永远的经典——经典民族舞剧"丝路花雨"创演40年文艺晚会》获第26届"星光奖"提名。纪录片《静静的湿地》《四十城四十年——兰州造》获得首届中国广播电视大奖。《穿越丝路的花雨》等10余部纪录片在总台央视播出。电视剧《陇原英雄传》荣获"创新榜"2020年度广播影视业最受观众青睐节目。《灵草小战士（第一季）》等2部本土动画片获发行许可，填补了近年甘肃省

·369·

动画片制作发行的空白。网络纪录片《西北孔道》被广电总局表彰为2019年度优秀网络视听作品。公益广告《英雄不老薪火相传》《文化自信——我的飞天梦》入围第二届北京国际公益广告大会创意征集大赛，甘肃省荣获广电总局2019年度公益广告5项扶持奖励。

（三）实施"智慧广电"建设工程，加快转型升级

牢固树立局、台、网"一盘棋"思想，积极推进"如意甘肃·智慧广电"工程建设。省广电总台实施了"融合媒体高清、超高清移动制播系统""甘肃省全流程媒体融合飞天云平台"项目。省广电网络公司开发的"甘小果"产品上线运营。各市州、县区广电媒体紧跟时代发展趋势，在移动直播、短视频等方面聚焦发力，融合传播取得良好效果。甘肃卫视和兰州、天水、酒泉、嘉峪关市台电视频道获批高标清同播。积极推进700兆赫频率迁移工作，按期关停全省地面模拟电视信号发射机217部。靖远县融媒体中心"融媒体+网格化"项目入围广电总局广播电视媒体融合成长项目。甘肃局《基于IP数字微波网的智慧广电工程》和甘肃省广电总台《公共应急频道建设项目》入选广电总局智慧广电建设优秀案例。

（四）实施"公共服务提质升级"工程，打牢行业发展基础

制定印发《关于加强全省广播电视公共服务体系建设的实施意见》。争取中央财政1.65亿元，持续推进36个贫困县应急广播工程建设。争取中央广播电视节目无线覆盖和少数民族工程台站运维经费1.26亿元。争取省财政专项资金2453.14万元，全力推动甘肃卫视高清信号上星项目全面开工。争取甘南夏河实验台护坡加固维修资金900万元，有效化解了台站安全隐患。加大脱贫攻坚帮扶力度，全年投入帮扶资金76.8万元。认真贯彻落实《全国有线电视网络整合发展实施方案》和广电总局部署要求，圆满完成了省广电网络公司股权归集划转、发起人确立、出资实缴等工作。持续深化"放管服"改革，42项政务服务事项全部实现"零跑腿"。

（五）实施"管理优化"工程，全面提升治理效能

严格落实意识形态工作责任制，督导全省各级广播电视台、网络视听

节目服务机构和 IPTV 分平台，严格执行节目播前三级审查和重播重审制度。IPTV 规范对接工作取得重大进展，400 多万用户纳入甘肃 IPTV 集成播控分平台集中统一管理。坚持每季召开 1 次安全播出电视电话会，扎实开展风险隐患大排查大整治专项行动和应急演练，确保了重大活动、重点时段、重要节目的播出安全、网络安全和设施安全。为 2 家市级新闻单位、69 家县级融媒体中心核发了《信息网络传播视听节目许可证》。

（六）实施"强基固本"工程，锤炼过硬干部队伍

全省广电系统坚持以党的政治建设为统领，持续巩固深化"不忘初心、牢记使命"主题教育成果，扎实开展省委巡视反馈问题整改。认真落实全面从严治党主体责任，严格落实中央八项规定及其实施细则精神和省委《实施办法》。创新行业教育培训，围绕实施"六大工程"共举办培训班 18 期，累计培训 3845 人次。全省共有 4 家单位荣获"全国新闻出版广播影视系统先进集体"，6 人荣获"全国新闻出版广播影视系统先进个人"，4 人荣获"全国广播电视技术能手"，1 人荣获第七届甘肃省道德模范称号。

二十九、青海省广播电视2020年度工作亮点

青海省广播电视局党组书记、局长 申红兴

（一）舆论引导强劲有力

面对新冠肺炎疫情，青海省广播电视局主动担当作为，指导全省各级广播电视媒体迅速及时开展信息发布、舆论引导和科普宣传，开设专栏专区，推出新闻节目和特别报道、访谈节目，累计播出疫情防控广播电视公益宣传短片（广告）1163万余条（次），播出时长达40万分钟，全省各级网络视听媒体平台先后发布信息1.5万余条，点击阅览量近3500万人次。组织开展"战疫情我们在行动"广播电视和网络视听作品征集展播活动，《风雨同行》《平凡天使》《坚决打赢防控疫情阻击战》等优秀作品很好地凝聚了力量、鼓舞了斗志。全省28000多个应急广播"村村响"大喇叭在基层农牧区疫情防控中大显身手，第一时间发出党和政府疫情防控"最强音"。及时译制藏语版疫情防控宣传片和电影、电视剧、动画片、电教片等，免费赠送全省涉藏州县播出机构播出，为牧区群众科学抗疫提振信心。广播电视户户通、村村通、有线电视同步发声，助力疫情防控宣传，推出有线电视免费看惠民活动，免费开放有线电视频道70多套，为全省广大群众居家抗疫送上优质节目。开设"空中课堂"在线教育，为广大学生"停课不停学"提供保障。青海广电在疫情防控中强信心、暖人心、聚民心，为抗疫斗争作出积极贡献。

（二）精品创作出新出彩

实施广播电视"六个十"精品工程，落实专项资金重点扶持167部优秀影视作品，激发省内广播电视和网络视听制作播出机构创作积极性。借力国内纪录片创作的优势资源，组织创作《青海·我们的国家公园》《跑马溜溜的云上》等纪录片，其中《青海·我们的国家公园》被列入国家广

电总局 2020—2022 年"记录新时代创作传播"重点规划项目和纪录片精品扶持项目,并获最高标准扶持资金奖励。该片 2021 年 3 月在全国 7 家省级卫视上星频道和主流网络视听新媒体平台播出后反响热烈。《跑马溜溜的云上》被总台央视纪录片频道选为"春节特别节目",于 2021 年春节期间播出,首播收视率名列前茅,新华网、人民网、澎湃网等省内外媒体竞相报道,各族干部群众持续热议,热度值达到 39 万。开展庆祝建党 100 周年广播电视和网络视听作品征集展播活动,举办"同步小康路"网络视听优秀节目征集展播和颁奖活动,对 22 件优秀网络视听作品给予资金扶持。纪录片《代号 221》、动画片《在那遥远的地方》等 4 部作品入围第 26 届电视文艺"星光奖"。

(三)公共服务提质增效

制定《青海省智慧广电助力决胜脱贫攻坚专项扶贫行动方案》《2020 年广播电视行业脱贫攻坚补针点睛专项行动方案》,扎实推进行业脱贫攻坚。投资 7706 万元完成 17 个深度贫困县应急广播体系建设,投资 2000 万元实施 10 座广播电视高山无线发射台站基础设施更新改造项目,完成 2.72 万户直播卫星户户通补点,连续第五年实施投资 1900 万元的政府购买直播卫星接收设施维护服务项目,万台收音机进入贫困地区农户家中。加快高清电视发展,省级和西宁市电视频道全面实现高清播出。制定《青海省有线电视网络整合发展工作方案》,顺利推进有线网络整合工作。开展全省地面数字电视 700 兆赫频率迁移工作,推进广电 5G 一体化建设。译制完成各类影视作品 1518 集,为涉藏州县级广播电视播出机构和甘肃、四川等安多藏语地区免费赠送影视译制节目 1300 集,丰富了涉藏地区农牧民群众精神文化生活。

(四)行业治理规范有序

以制度建设为抓手,多措并举在广播电视监测监管上下功夫。建立健全《广播电视监测设备检修维护管理制度》《预警信息发布管理制度》等一系列管理制度,制定《IPTV 节目内容质量监管制度》《网络安全预警监测管理制度》等规章,规范行业治理秩序,确保以制度管人、管事,保障广播电视安全稳定运行,实现了重要保障期、重要播出时段零停播率的任务。建成青海省广播电视综合监管智慧服务大数据平台,对接视听收视数据分析,精准服务频道、栏目,利用大数据技术,实现对网络视听节目、广播电视自办节目内容的监管与分析,走在全国前列。建成广播电视网络安全态势感知监测平台,实现对网络视听实时监测,提高了广播电视设施网络安全防范能力。持续开展 IPTV 专项治理活动,建立 IPTV 违规运营督查约谈机制,确保网络电视安全传输。持续开展违规网络视听服务和非法卫星电视地面接收设施专项整治,依法查缴非法接收设备 654 套。加大违规广告播出监管和整治力度,累计查处虚假违规广告 263 条(次)。建立 5G 干扰应急协调机制,防范化解 5G 基站干扰广播电视卫星接收风险。对全省 6 家市(州)县播出机构擅增广播节目、改变节目呼号等违规问题进行督查整改,规范了广播电视和网络视听传播秩序。

(五)能力素质不断提升

始终把党的政治建设放在首位,巩固拓展"不忘初心、牢记使命"主题教育成果,开展作风突出问题集中整治专项行动。扎实开展"人员大培训、岗位大练兵、环境大整治"活动,举办全国广播电视技术能手竞赛青海赛区培训及选拔赛和全省广播电视节目制作技术技能竞赛,开展"履行职责我带头,奉献岗位我争先"岗位练兵活动,培养岗位能手和标兵。深入实施"干部专业化能力提升计划",承办全国广播电视公共服务培训班和西部地区广电人才新闻宣传培训班,组织播音员主持人参加国家广电总局开设的网上培训班,全年累计培训各类人员 1000 余人次。

三十、宁夏广电：勠力同心　攻坚克难　展现新作为

宁夏回族自治区广播电视局党组书记、局长　高瑞莉

2020年，宁夏广电系统以习近平新时代中国特色社会主义思想为指导，全面贯彻习近平总书记视察宁夏重要讲话精神，聚焦统筹推进新冠肺炎疫情防控和经济社会发展，聚焦决胜全面小康、决战脱贫攻坚，聚焦"守好三条生命线、走出一条高质量发展的新路子"，守正创新，开拓进取，圆满完成了各项目标任务。

（一）抓疫情防控，大力营造同心抗疫氛围

协调指导全区广播电视播出机构和持证网络视听节目服务机构正确引导公众科学认识、理性应对疫情，提高自我防范能力，坚定抗击疫情信心，全年播出抗疫公益广告3万余条。积极与国家广电总局及相关部门沟通，立足自身优势，开设"空中课堂"，确保了全区中小学生"停课不停学、全覆盖不留死角"。加强广播电视和网络视听优质内容调度、供给，协调广电总局为自治区区县级广播电视台捐赠影视节目，丰富了疫情期间群众精神文化生活。

（二）抓舆论宣传，着力凝聚强大精神力量

围绕学习宣传贯彻习近平总书记视察宁夏重要讲话精神，党的十九届四中、五中全会精神，统筹推进疫情防控和经济社会发展，全国全区两会，脱贫攻坚，自治区党委十二届十次、十一次、十二次全会等宣传重点，协调指导全区广播电视播出机构和持证网络视听节目服务机构开展全方位、多层次、多媒体宣传报道，把党中央的声音、自治区党委的部署及时传递到千家万户，不断增强主流舆论的传播力影响力，形成了强大的正面宣传声势，营造了浓厚的舆论氛围。

（三）抓精品创作，不断提升影视作品质量

全力支持和参与电视剧《山海情》创作拍摄，在宁夏卫视等5个卫视频道和爱奇艺、腾讯视频等平台播出，引发社会强烈反响，成为2021年开年第一国产爆剧。精心打磨5集纪录片《塞上江南》，在总台央视科教频道首播、全区三级广播电视台多轮重播，并被写入2021年自治区《政府工作报告》。宁夏卫视开设的《品牌宁夏》《故事》栏目收视率均居同时段电视节目前列，受到广电总局关注。电视纪录片《变迁》获第26届电视文艺"星光奖"提名；少儿节目《童声说法》、纪录电影《重走来时路》分别被广电总局评为优秀奖、纪录片优秀长片奖；大型都市人文纪录片《我的城》（银川集）在中国国际电视台国际纪录频道面向全球播出，并在全网免费推送。公益宣传系列短视频《宁夏故事》、电视理论节目《思想的田野》（宁夏篇）完成了节目策划、公开招标。通过国家广电总局规划备案网络影视剧19部，上线备案申请9部，审核通过8部，其中《那片沙那片海》等在爱奇艺、优酷等网络平台上线播出。成功举办了第五届宁夏公益广告大赛。组织创拍了6支扶贫、安全生产主题公益广告，在全区三级广播电视台展播。自治区广电局被国家广电总局评为广播电视公益广告扶持项目优秀组织机构，盐池县广播电视台被评为优秀传播机构。

（四）抓监督管理，坚决维护意识形态安全

深入开展广播电视领域安全隐患排查和整治，全区未发生重大广播电视安全播出事故。严格执行广播电视三级审查、重播重审、上星综合频道节目备案等制度，全面加强广播电视播出机构、节目制作机构、网络传送机构监督管理，查处违规播出商业广告10期78条，整改6条，停播72条；对宁夏广电传媒集团擅自传输非法频道"广电商城"和"宁夏导视"播放影视剧及广告问题做出停播处理。深入开展境外卫星电视传播秩序专项整治，查处非法销售商96家，查扣、拆除非法卫星接收设施125台（套）。

（五）抓广电惠民，着力增强公共服务能力

县级融媒体中心省级技术支撑平台——宁夏黄河云融媒体中心如期

建成，4家市级、14家县级融媒体中心入驻上线。红寺堡区应急广播体系建设项目顺利完工。泾源县石娃娃山转播站、北山转播站新建铁塔工程建成投用。提请自治区两办印发了《宁夏参与全国有线电视网络整合发展实施方案》，有线电视网络整合有序推进。全面开展广播电视IPTV规范对接，宁夏IPTV集成播控分平台实现与全国IPTV集成播控总平台以及宁夏IPTV内容服务平台规范对接。筹集资金286万元，推动市县新闻节目上传宁夏IPTV集成播控分平台二次传输分发，有效扩大了市县新闻节目收视覆盖面。加快推进高清同播，宁夏广播电视台5个电视频道全部实现高清同播。组织开展了700MHz频率迁移工作，地面模拟电视节目信号全部关停，为广电5G发展腾出了频率空间。争取专项资金1586万元，启动实施了宁夏广播电视监测监管平台升级改造项目。

（六）抓品牌塑造，持续扩大对外宣传影响

协调宁夏卫视与中国纪录片网签署协议，推进纪录片《纪录中国》（海外版）的海外推广工作。协助宁夏卫视在YouTube开设官方频道，上线播映了《武汉抗疫志》等节目。推动宁夏卫视与中阿卫视签订战略合作协议，开设的人文纪实栏目《宁夏时间》在阿联酋落地播出。

三十一、新疆广电：牢记使命　砥砺前行　奋力开创新局面

新疆维吾尔自治区广播电视局党组书记、副局长　徐贵相

在2020年大战大考特殊年份，新疆维吾尔自治区广播电视局党组讲政治顾大局，践行初心使命，勇于担当作为，聚焦新冠肺炎疫情防控、脱贫攻坚、广播电视和网络视听高质量创新性发展，推动各项工作在逆势变局中实现新突破，为服务自治区工作大局提振了精神、凝聚了力量。

（一）举旗帜、聚民心，主旋律唱响最强音

深化广播电视媒体"头条"建设和网络视听新媒体"首页首屏首条"建设，不断把学习宣传贯彻习近平新时代中国特色社会主义思想引向深入。组织引导播出机构围绕党的十九届五中全会、全国两会、抗击疫情、脱贫攻坚、第三次中央新疆工作座谈会、自治区党委"1+3"工作部署、"访惠聚""民族团结一家亲"等重大主题设置专题专栏，加强主题宣传，持续唱响时代主旋律。组织广播电视播出机构和网络视听持证机构开展疫情防控、脱贫攻坚、环境保护等主题公益广告宣传，开展优秀公益广告征集活动，营造浓厚舆论氛围。大力开展广播电视"走出去"工程，讲好中国故事新疆篇章。

（二）亮名片、展形象，精品创作亮点纷呈

策划拍摄的纪录片——《山河新疆（第一季）》入选广电总局2020年度第一季度优秀国产纪录片，入选广电总局"视听中国·美丽中国"海外播映推荐节目。电视剧《幸福，触手可及！》获得新浪文娱"2020风云盛典十大影视剧领跑者"奖项；网络动画片《凡人风起天南》获得微博十大影响力动漫作品奖；《花儿为什么这样红》《沙漠种枣人》《养驴记》等入围广电总局优秀新闻作品、优秀国产纪录片推荐目录；《我家的战"疫"生活》《新疆是个好地方》等入选广电总局广播电视创新创优节目名单；短视

频《新疆医务工作者在武汉方舱医院跳起新疆舞》《疫情无情，让我"手护"你》被广电总局评为第一季度网络视听优秀作品。规划引导的重点网络剧《邻里一家人》获得2020年自治区文化产业发展专项扶持资金。

（三）谋大局、惠民生，公共服务成效显著

巩固行业脱贫攻坚成果，做好挂牌督战、定点扶贫、消费扶贫各项工作。推进应急广播体系建设和贫困县广播电视播出机构制播能力建设，通过全疆应急广播，390万村村通、户户通，5万多套"大喇叭"构筑起农村宣传"声波网"，及时发布权威信息，教育引导全疆各族人民增强脱贫攻坚、疫情防控等方面的信心和决心。发挥宣传文化主阵地的社会作用，疫情期间三次为全疆200多万有线电视用户提供免费服务，开通"空中课堂"电视直播、点播学习功能，实现停课不停学。推进广播电视智慧化融合转型，不断满足各族人民对用好广播电视的新需求。全疆已有44个电视频道实现高标清同播，地级以上电视频道高清率位居全国前列。

（四）抓安播、强阵地、生命线安全线筑牢

严格落实意识形态工作责任制和行业管理各项制度，做到守土有责、守土尽责、守土担责、守土负责、失土追责。与广电总局监管中心签订战略合作协议和资源共享协议，推进与广电总局监测监管互联互通，成为广电总局安全播出数据共享4家试点单位之一，实现内容安全和播出安全监管"两轮驱动"，圆满完成重要保障期安全播出任务。推进新疆IPTV融合监管系统项目和新疆有线数字电视监测系统项目建设，提升广播电视传统媒体与新媒体监测监管水平。依法开展集中整治违规设置使用调频广播电台专项行动，查处5起广播电视台擅自变更呼号、增加频道的违规问题，查缴非法卫星电视接收设施2250套。

三十二、新疆生产建设兵团：落实落细　全力抗疫

新疆生产建设兵团文化体育广电和旅游局党组书记、局长　王子彬

2020年，面对突如其来的新冠肺炎疫情，新疆生产建设兵团（以下称兵团）文化体育广电和旅游局组织兵团各级广播电视和网络视听节目服务机构，切实做到把好导向、守好阵地、管好队伍，坚决打赢疫情防控阻击战。

（一）做好疫情防控宣传引导

兵团各级广播电视台分别成立了抗击疫情宣传领导小组，迅速整合新闻采、编、播、发应急力量，形成了集广播、电视、网站、微信、微博为一体的融媒体宣传矩阵，营造了科学防疫、全民防疫的良好舆论氛围。兵团广播电视台开辟播出"绿色通道"，全天播出有关抗疫节目，占总播出时长的22.5%。各师市广播电视台因地制宜纷纷开设防控疫情专题专栏，多角度播出最新疫情、防疫工作动态和科学防护措施等报道，制作抗击疫情的相关宣传片、公益广告。

（二）深入开展防疫知识科学普及

兵团文化体育广电和旅游局及时安排兵团卫视及各师市广播电视台制作播出了一批公益宣传短片，并在多个时段密集编排、滚动播出。为丰富节日生活、减少群众外出，使在家过节群众收看到精彩的电视节目，兵团各级广播电视网络服务机构全部实施有线电视免费措施，用户无论是否缴费，只要正常接通广电机顶盒，开机即可收看有线电视节目频道，同时利用机顶盒开机画面及时宣传防控疫情知识。

兵团师团连各级广播及"大喇叭"系统在各级党委的统一部署下，针对连队、社区、牧区等防疫薄弱环节，循环播放最新疫情通告、防控工作要求、科学防护知识等内容，打通了防控疫情信息传播的"最后一公里"，

构筑基层防控疫情宣传主阵地。据统计，全兵团有1639个连队建成广播及"大喇叭"系统，开通广播及"大喇叭"14342个终端，全部开展了疫情防控宣传，覆盖人群279万。

（三）切实维护广播电视播出秩序

兵团各级安播责任单位全面加强有线、无线、新媒体等监测和安全保障力度，坚持安全播出每日"零报告"制度，严密监测非法干扰、插播事件的发生。兵团广播电视台文广广电网络有限公司及时增加中国教育电视台（CETV4）频道在有线电视网的传输，保障网内中小学疫情期间"停课不停教、不停学"。

（四）"五张网"确保疫情防控落细落实

新冠肺炎疫情发生以来，兵团文化体育广电和旅游局坚持织牢织密"五张网"，确保疫情防控落细落实。一是织牢织密调度和反馈网。及时传达学习自治区党委、兵团党委防疫工作相关精神和要求，研究推进网格化全覆盖、融媒体宣传发布、旅游企业疫情应对，以及全系统找差距、补短板等工作，在全局实施"周工作调度推进"机制和"一日两报"制度。

二是织牢织密党建工作网。严格落实局党组1张网，5个直属党委5个格、14个党支部14个阵地的"1+5+14"网格化管理责任制。压实压细党组成员包联责任，充分发挥5个直属党委、14个基层党支部的组织功能和战斗堡垒作用，全面强化全系统823人精准管理。

三是织牢织密宣传引导网。积极组织所属文化团体，创作了一批强信心、暖人心、聚民心的短视频，为防控疫情助力加油。以歌曲、秦腔、快板、杂技、舞蹈等多种表现形式，创作疫情防控短视频和公益广告，全媒体阅读量、点击量达351.4万次，兵团杂技团创作发布的《万众一心抗击疫情》抖音阅读量达100万+。公益广告《战"疫"致敬逆行者》，在人民日报新疆客户端、央视网等媒体平台发布，反应强烈。"文旅兵团"微信公众号开办兵团文旅战"疫"在行动、基层连线等主题栏目，集中宣传来自文旅系统防疫一线的典型事迹，多篇文章被"学习强国"、兵团卫视、兵团网、兵团在线、胡杨网、中国旅游报、中国旅游新闻网、西北旅游网等主流媒体关注转发。

四是织牢织密督查督导网。兵团局党组主要负责同志亲自调度和参与督查督导工作，坚持每天对直属单位防控工作进行电话问询、视频督查，对督查督导过程中发现的积极成效、经验做法，以及暴露的突出问题、薄弱环节，形成督查通报在全系统进行公开发布。

五是织牢织密基层服务网。积极帮助旅游企业坚定信心，共同携手完成疫情防控总体目标任务，科学处理好疫情防控与旅游市场恢复之间的关系，全力推进暂退部分旅游服务质量保证金工作，加大兵地旅游统筹力度，加强与自治区文旅系统的协同对接，实现兵地政策一盘棋。

附 录

附录一　2020年广电全媒体发展大事记

1月

1月3日　国家广播电视总局发布《全国广播电视和网络视听行业领军人才工程实施方案》《全国广播电视和网络视听行业青年创新人才工程实施方案》，遴选新闻宣传、文艺创作、国际传播、经营管理、科技与工程技术、理论研究等领域优秀人才。

1月3日　工业和信息化部（以下简称工信部）依申请向中国广播电视网络有限公司颁发4.9GHz频段5G试验频率使用许可，同意其在北京等16个城市部署5G网络。

1月3~4日　2020年全国广播电视工作会议在北京召开。中宣部副部长，广电总局局长、党组书记聂辰席代表广电总局党组在会议上作工作报告。会议提出要深入实施"六大工程"，即舆论引导能力提升工程、新时代精品工程、智慧广电建设工程、视听中国播映工程、安全播出工程、管理优化工程。

1月24日　中宣部、国家广电总局紧急协调向湖北、武汉电视台捐赠电视剧版权。

1月26日~2月24日　广电总局党组连续五次召开会议，传达学习中央关于新型冠状病毒感染的肺炎疫情防控工作的重要批示和会议精神，研究部署广电行业进一步做好疫情防控宣传和加强行业防控工作。

1月30日　广电总局紧急调配100余部优秀动画片、纪录片、广播剧，免费支援湖北广播电视台播出。

2月

2月2日　湖北广播电视台长江云联合全国38家主流媒体40多个端口组建的战"疫"集结号报道联盟，通过中国广电提供的5G信号向全网直播了湖北省抗疫新闻发布会。这标志着700MHz+4.9GHz广电5G在抗击疫情最前线实现全球首次实战应用。

2月6日　广电总局发布《关于进一步加强电视剧网络剧创作生产管理有关工作的通知》，提倡不超过40集，鼓励30集以内的短剧创作。

2月10日　工信部向中国广电颁发无线电频率使用许可证，同意中国广电、中国电信、中国联通三家企业在全国范围共同使用3300-3400MHz频段频率用于5G室内覆盖。

2月14日　广电总局首个抖音号"视听中国"开通。

2月17日　中国广电与歌华有线联合启动的北京小汤山医院广电5G网络和有线电视网络规划建设，完成广电5G网络测试优化，满足了院区内的移动网络覆盖和超大用户容量保障的需求。

2月18日　中国广电委托湖北广电在湖北省建设和运营广电宽带电视业务试点先行先试，打造广播电视的业务新模式。

2月23日　统筹推进新冠肺炎疫情防控和经济社会发展工作部署会议在北京召开。习近平总书记作重要讲话，重点阐述和部署了宣传和舆论引导工作。

3月

3月5日　广电总局组织7家互联网电视平台、6家重点网络视听网站和湖北IPTV分平台开展为期1个月的"湖北人民免费看"网络视听公益展播活动。

3月8日　首部抗疫题材时代报告剧《在一起》正式启动。

3月13日　广电总局发布《关于统筹疫情防控和推动广播电视行业平稳发展有关政策措施的通知》，推出12条举措。

3月17日　广电总局发布《关于做好脱贫攻坚题材电视剧创作播出工作的通知》，要求各级电视台特别是上星综合频道要加大脱贫攻坚题材电视剧购买、排播力度，同时公布了22部脱贫攻坚题材重点电视剧名单。

3月18日　国家广电总局、中央网信办等11部门发布《整治虚假违法广告部际联席会议2020年工作要点》和《整治虚假违法广告部际联席会议工作制度》。

3月18日　广电总局公布2019年度全国广播电视媒体融合先导单位、典型案例、成长项目征集评选结果。

3月18日　广电总局发布《关于开展智慧广电专项扶贫行动的通知》，要求进一步发挥广播电视和网络视听行业在打赢脱贫攻坚战中的重要作用。

3月31日　"5G高新视频多场景应用国家广播电视总局重点实验室"在中国（长沙）马栏山视频文创产业园举行挂牌仪式。

4月

4月13日　《广播电视行业统计管理规定》（广电总局6号令）公布，于2020年5月5日起正式施行。该规定为规范市场数据统计、发布和管理工作，开展收视收听率（点击率）统计及打击数据造假行为等提供法律依据。

4月17日　2019年度中国广播电视行业十大科技关键词评选结果公布，分别为：媒体融合、智慧广电建设、国庆70周年庆祝活动安全播出、广电5G、全国一网、高新视频、中国视听大数据、区块链、人工智能、IPTV。

4月26日　工信部、国家广电总局发布《关于推进互联网电视业务IPv6改造的通知》，进一步推进互联网电视集成服务平台、传输网络和接收设备的IPv6改造。

4月27日　国家互联网信息办公室、国家广电总局等12部门联合制定的《网络安全审查办法》公布，自2020年6月1日起实施。

5月

5月6日　歌华有线在超高清视频（北京）制作技术协同中心使用华为5G宏站、室分及终端，完成全球首例8K直播测试。

5月17日　中国广电联合北京歌华、浙江华数、东方明珠、广科院、规划院基于广电5G+8K技术实现北京、杭州、上海三地联动直播，是首例应用5G中低频段8K超高清直播。

5月20日　中国移动和中国广电签署5G网络共建共享合作框架协议。

5月20日　全国首个区块链新闻编辑部在云端成立。

5月21日　工信部、国家广电总局发布《超高清视频标准体系建设指南（2020版）》。

6月

6月2日　广电总局发布《"理想照耀中国——国家广播电视总局庆祝中国共产党成立100周年主题作品创作展播活动"的通知》。

6月5日　广电总局发布《4K超高清电视节目制作技术实验指南（2020版）》。

6月12日　《中国（长沙）马栏山视频文创产业园产业发展规划》正式发布，这是国内首个视频文创产业园发展规划，由广电总局发展研究中心研究编制。

6月24日　广电总局发布《应急广播平台工程建设技术标准》，自2020年7月1日起实施。

7月

7月6日 人力资源和社会保障部联合国家市场监管总局、国家统计局发布9个新职业，其中"互联网营销师"职业下增设了"直播销售员"，电商主播、带货网红有了正式职业称谓。

7月8日 广电总局发布《2019年全国广播电视行业统计公报》。2019年全国广播电视行业总收入8107.45亿元，同比增长16.62%。

7月16日 广电总局发布《关于做好纪念抗战胜利75周年电视剧播出安排的通知》。

7月22日 中央广播电视总台启动建设国家新基建项目"5G+4K/8K超高清制播示范平台"。

8月

8月4日 2020年上海国际电影电视节互联网影视峰会论坛在上海举办。论坛发布和解读了《视听新媒体蓝皮书（2020）》《2019网络原创节目发展分析报告》《中国网络视频精品报告（2020）》等3大行业报告。

8月6日 第二届中国—东盟网络短视频大赛正式启动。大赛以"爱·守望"为主题，突出国际联合抗疫主旋律，面向中国和东盟国家征集短视频作品。

8月11日 广电总局召开电视剧重点项目创作推进会。中宣部副部长，广电总局局长、党组书记聂辰席对《闽宁镇》《功勋》《光荣与梦想》《大国担当》《在一起》《石头开花》《理想照耀中国》7个重点项目的创作提出指导意见。

8月18日 第二十九届北京国际广播电影电视展览会（BIRTV2020）线上展开幕，广电总局副局长、党组成员孟冬致开幕词。

8月25日 广电总局发布《广播电视和网络视听大数据标准化白皮书（2020版）》，发挥标准在广播电视和网络视听领域大数据体系构建中的引领和规范作用。

8月26日　东方明珠、江苏有线、吉视传媒等多家中国上市公司分别公告，47家发起人共同组建中国广电网络股份有限公司。

8月28日　广电总局发布互动视频、沉浸式视频、VR视频和云游戏等4份5G高新视频系列技术白皮书，培育打造更高技术格式、更新应用场景、更美视听体验的5G高新视频新产品新服务新业态。

9月

9月8日　中国广播电视媒体融合发展大会在北京开幕。大会发布了《广电媒体融合发展进行时——全国广播电视媒体融合先导单位、典型案例、成长项目（2019）》《短视频用户价值研究报告2020》等研究成果。

9月8日　北京广电局、天津广电局、河北广电局共同签署《京津冀新视听战略合作协议》，强化三地在广播电视网络视听领域的全面合作，构建具有京畿特色的新视听发展格局。

9月10日　百集微纪录片《百炼成钢：中国共产党的100年》拍摄启动仪式举行。

9月11日　国家发展改革委、科技部、工信部、财政部联合印发《关于扩大战略性新兴产业投资培育壮大新增长点增长极的指导意见》，首次明确将"构建新时代大视听全产业链市场发展格局"纳入战略性新兴产业投资领域。

9月16~17日　在全国消费扶贫论坛活动上，广电总局报送的智慧广电消费扶贫案例入选2020年全国消费扶贫优秀典型案例。

9月17日　习近平总书记在马栏山视频文创产业园考察时指出，文化和科技融合，既催生了新的文化业态、延伸了文化产业链，又集聚了大量创新人才，是朝阳产业，大有前途。谋划"十四五"时期发展，要高度重视发展文化产业。

9月18日　中国（湖北）广播电视媒体融合发展创新中心授牌仪式在

武汉举行，中宣部副部长，广电总局局长、党组书记聂辰席出席仪式并为创新中心授牌。

9月21日 国务院办公厅发布《关于以新业态新模式引领新型消费加快发展的意见》，提出加快智慧广电生态体系建设，培育打造5G条件下更高技术格式、更新应用场景、更美视听体验的高新视频新业态，形成多元化的商业模式等。

9月22日 广电总局召开全国广电系统庆祝中国共产党成立100周年主题作品创作推进会，围绕庆祝中国共产党成立100周年重大时间节点，部署推进广播电视和网络视听重点文艺作品创作。

9月26日 中共中央办公厅、国务院办公厅发布《关于加快推进媒体深度融合发展的意见》。

9月28日 2020第二届中国国际区块链技术与应用大会在江西南昌开幕。中国广电（中部）云数据中心正式落户中国（南昌）数字经济港。

10月

10月12日 中国广电网络股份有限公司在北京召开成立大会。中宣部副部长、全国有线电视网络整合发展领导小组组长王晓晖和中宣部副部长，广电总局局长、党组书记，全国有线电视网络整合发展领导小组副组长聂辰席出席大会，并共同为中国广电网络股份有限公司揭牌。

10月12日 "国家广播电视总局智慧广电馆"亮相第三届数字中国建设峰会。

10月13日 第八届中国网络视听大会在成都举行。中宣部副部长，广电总局局长、党组书记聂辰席出席开幕式并发表题为《坚持守正创新 赋能美好生活 推动网络视听持续健康发展》的主旨演讲。

10月16日 广电总局召开2021—2025年重点电视剧选题规划推进会，把握2021—2025年将迎来的重要时间节点，部署推进重点电视剧选题规划工作，更好地引领未来5年重点电视剧创作生产。

10月16日　上海广电局、江苏广电局、浙江广电局、安徽广电局在南京签署《长三角地区广播电视和网络视听一体化高质量发展战略合作框架协议》，明确了三省一市广电战略合作目标、合作原则、合作内容和合作机制。

10月20日　国家广电总局与吉林省人民政府、长春市人民政府签署《广电5G创新应用战略合作备忘录》。

10月28日　由国家广电总局和非洲广播联盟合作主办的中非媒体对话会以视频连线形式召开。国家广电总局副局长、党组成员孟冬与赞比亚新闻部、肯尼亚新闻部、非洲广播联盟有关负责人出席会议并发言。

10月30日　"2020澜湄电视周—缅甸主题日"系列活动启动仪式在昆明举办。国家广电总局副局长、党组成员孟冬出席并致辞。

11月

11月2日　2020世界超高清视频（4K/8K）产业发展大会在广州开幕。中宣部副部长，广电总局局长、党组书记聂辰席出席开幕式并致辞。

11月4日　广电总局发布《防范和惩治广播电视和网络视听统计造假、弄虚作假责任制规定》，全面防范和严肃惩治统计造假、弄虚作假，健全落实广播电视和网络视听统计工作责任制。

11月4日　广电总局发布《关于进一步加强专业电视频道建设管理的意见》，推动加强专业电视频道建设管理，突出了加快高清化融合化发展的重点任务和思路举措。

11月5日　广电总局发布《国家广播电视总局关于推动新时代广播电视播出机构做强做优的意见》，支持广播电视媒体与网络视听新媒体在内容创意、制作生产等方面加快深度合作。

11月12日　东盟与中日韩（10+3）网络视听产业论坛在成都召开。论坛以"加强交流互鉴、深化产业合作"为主题，发布了国家广电总局发展研究中心撰写的《10+3网络视听产业发展研究报告》。

11月16~20日 第十六届中国（深圳）国际文化产业博览交易会举办。中共中央政治局委员、中宣部部长黄坤明出席开幕式并视频调研广电总局、省市和部分中央文化企业云展区，参观云上文博会展馆，并与相关负责人进行交流。中宣部副部长，广电总局局长、党组书记聂辰席主持开幕式，广电总局副局长、党组成员孟冬在线汇报了广电总局3D云展区建设情况。

11月19~20日 由广电总局发展研究中心等机构联合编制的中国视频文创产业发展指数（马栏山指数）在中国记协在长沙主办的"2020中国新媒体大会"上发布。

11月19~22日 北京市广播电视局主办的首届中国（北京）国际视听大会（CIAC）在北京举行。

11月23日 广电总局发布《国家广播电视总局关于加强网络秀场直播和电商直播管理的通知》，对直播行业提出九点监管要求。

11月23~29日 第二届中国—东盟电视周在广西桂林举行，广电总局发展研究中心发布了《中国—东盟视听节目传播智库报告》。

11月26日 广电总局发布《关于加快推进广播电视媒体深度融合发展的意见》。

12月

12月1日 国家广电总局、应急管理部发布《关于进一步发挥应急广播在应急管理中作用的意见》，加快推动应急广播建设。

12月7日 广电总局发布《广播电视技术迭代实施方案（2020—2022年）》，推动广播电视和网络视听流程再造、体系重构，实现高质量创新性发展。

12月7日 中共中央发布《法治社会建设实施纲要（2020—2025年）》，提出建立健全网络综合治理体系，加强依法管网、依法办网、依法上网，全面推进网络空间法治化，营造清朗的网络空间。

12月10日 第四届国际数字版权管理创新发展论坛在北京开幕。广电总局副局长、党组成员朱咏雷出席并致辞。

12月15日 2020中国（广州）国际纪录片节在广州开幕。广电总局副局长、党组成员高建民出席开幕式并作主旨演讲。共有来自126个国家与地区的3227部作品参评参展，线上线下同步。纪录片节期间，广电总局发展研究中心发布《中国纪录片发展报告（2020）》。

附录二 2020年全国各省、自治区、直辖市广播电视发展基本数据一览表[①]

地区	2020年发展基本数据
北京市	广播、电视综合人口覆盖率均达100%。持《广播电视节目制作经营许可证》机构13871家，持《信息网络传播视听节目许可证》机构123家。制作发行电视剧43部1802集，制作发行电视动画片26部448集。上线备案网络剧82部，网络电影215部，网络动画片15部。有线电视实际用户606.24万户，有线数字电视实际用户605.08万户，有线电视高清用户392.3万户，超高清用户170.9万户，IPTV用户167.02万户。广播电视总收入3225.06亿元，其中创收收入2910.07亿元。
天津市	广播、电视综合人口覆盖率均达100%。持《广播电视节目制作经营许可证》机构671家，持《信息网络传播视听节目许可证》机构16家。获准发行电视剧3部110集，获准发行电视动画片4部56集。上线备案网络剧10部，网络电影20部，网络动画片3部。有线电视实际用户358.51万户，有线数字电视实际用户353.60万户。广播电视总收入66.6亿元，其中创收收入60.05亿元。
河北省	广播、电视综合人口覆盖率分别达到99.76%、99.83%。制作广播节目446930小时，电视节目127787小时。获准发行电视剧3部。有线电视实际用户616.30万户，有线数字电视实际用户594.81万户。广播电视总收入96.12亿元，其中创收收入57.01亿元。
山西省	广播、电视综合人口覆盖率分别达到99.16%、99.65%。广播电视节目制作经营机构387家，持证网络视听机构8家、备案网络视听机构13家。制作公益广告3411条2958.68分钟，累计播出270.6万条次250.06万分钟。完成电视剧3部、立项14部；完成电视动画片3部、备案4部；完成网络影视剧上线备案2部、规划备案20部。有线电视实际用户412.77万户，有线数字电视实际用户345.01万户，高清电视及交互用户50.96万户，有线宽带接入用户16.60万户，直播卫星用户360万户，IPTV用户550万户。广播电视总收入61.92亿元，其中创收收入23.29亿元。

[①] 本节数据来源于国家广播电视总局规划财务司、全国省级广播电视行政部门及部分播出运营机构所提供的材料。

续表

地区	2020 年发展基本数据
内蒙古自治区	广播、电视综合人口覆盖率分别达到 99.66%、99.68%。广播电视节目制作经营机构 242 家,持证、备案网络视听机构 14 家。制作广播节目 16331.14 分钟,电视节目 151933 分钟。有线电视实际用户与有线数字电视实际用户均为 207.02 万户,高清用户 111.09 万户,有线宽带用户 83.80 万户,IPTV 用户 320 万户,广播电视村村通 68 万户,直播卫星户户通 217 万户。广播电视总收入 47.78 亿元,其中创收收入 18.29 亿元。
辽宁省	广播、电视综合人口覆盖率分别达到 99.44%、99.41%。上线备案网络影视剧 7 部。有线电视实际用户 598.85 万户,有线数字实际用户 575.88 万户,直播卫星户户通 209 万。广播电视总收入 64.38 亿元,其中创收收入 40.12 亿元。
吉林省	广播、电视综合人口覆盖率分别达到 99.42%、99.50%。获准发行电视剧 1 部,获准发行电视动画片 4 部。有线电视实际用户 617.73 万户,有线数字电视实际用户 617.71 万户,有线网络互联网宽带业务用户 125.12 万户,IPTV 用户 310.17 万户。广播电视总收入 53.24 亿元,其中创收收入 33.51 亿元。
黑龙江省	广播、电视综合人口覆盖率分别达到 99.94%、99.86%。广播电视节目制作经营机构 215 家,持证网络视听机构 79 家、备案网络视听机构 2 家。有线电视实际用户 584.95 万户,有线数字电视实际用户 578.81 万户,直播卫星户户通 20.6 万户,IPTV 用户 270.2 万户,OTT 用户 240 万户。广播电视总收入 64.20 亿元,其中创收收入 37.66 亿元。
上海市	广播、电视综合人口覆盖率均达 100%。持《广播电视节目制作经营许可证》机构 3379 家,持《信息网络传播视听节目许可证》机构 48 家。播出公益广告 23 万余条,时长超 5000 小时。获准发行电视剧 26 部 931 集,发行电视动画片 37 部 9950 分钟。完成 12 部 136 期网络纪录片、7 部 52 期网络综艺上线备案。有线电视实际用户 751.44 万户,有线数字电视实际用户 733.19 万户,宽带用户 64.8 万户,高清用户 445.5 万户,IPTV 用户 5786 万户。广播电视总收入 724.80 亿元,其中创收收入 625.54 亿元。
江苏省	广播、电视综合人口覆盖率均达 100%。累计建成 15360 个行政村 120366 组应急广播终端,实现应急广播终端行政村全覆盖。持《广播电视节目制作经营许可证》机构 1327 家,持《信息网络传播视听节目许可证》机构 58 家。获准发行电视剧 11 部 381 集,动画片 33 部 9805 分钟,纪录片 661 部 5383 小时。有线电视实际用户 1528.33 万户,有线数字电视实际用户 1515.34 万户,数字高清电视及交互用户 653 万户,有线网络宽带接入用户 358 万户,IPTV 用户 1161 万户。广播电视总收入 389.65 亿元,其中创收收入 347.01 亿元。
浙江省	广播、电视综合人口覆盖率分别达到 99.77%、99.84%。制作广播节目 52.34 万小时,播出广播节目 77.34 万小时,制作电视节目 16.58 万小时,播出电视节目 70.69 万小时。生产电视剧 21 部 858 集,制作电视动画 77 部 2812 集,上线备案网络视听节目 189 部。有线电视实际用户 1321.40 万户,有线数字电视实际用户 1303.48 万户,IPTV 用户 664.09 万人,OTT 用户 1.29 亿人。广播电视总收入 580.36 亿元,其中创收收入 500.36 亿元。
安徽省	广播、电视综合人口覆盖率分别达到 99.93%、99.90%。39 个县区建成应急广播系统。持《广播电视节目制作经营许可证》机构 769 家,持《信息网络传播视听节目许可证》机构 57 家。获准发行电视剧 4 部 182 集,获准发行电视动画片 10 部 169 集。有线电视实际用户 795.34 万户,有线数字电视实际用户 618.03 万户。广播电视总收入 121.06 亿元,其中创收收入 74.51 亿元。

续表

地区	2020 年发展基本数据
福建省	广播、电视综合人口覆盖率分别达到 99.82%、99.85%。持《广播电视节目制作经营许可证》机构 1000 家，持《信息网络传播视听节目许可证》机构 105 家。制作电视剧 4 部 150 集，制作电视动画 22 部 1631 集。有线电视实际用户与有线数字电视实际用户均为 726.77 万户，IPTV 用户 557.34 万人。广播电视村村通 24.97 万户，村村响村级广播室 1.47 万个，直播卫星户户通 210.92 万户。广播电视总收入 210.50 亿元，其中创收收入 164.24 亿元。
江西省	广播、电视综合人口覆盖率分别达到 99.07%、99.51%。应急广播建设数据终端数量约 1.8 万余个，覆盖约 430 个乡镇、4600 个基层行政村。持《广播电视节目制作经营许可证》机构 294 家。获准发行电视剧 1 部，备案电视动画片 8 部。有线电视实际用户 544.81 万户，有线数字电视实际用户 528.27 万户。广播电视村村通 30 万户，直播卫星户户通 143 万户。广播电视总收入 67.83 亿元，其中创收收入 37.44 亿元。
山东省	广播、电视综合人口覆盖率分别达到 99.45%、99.59%。全省 90% 以上地区实现数字电视节目无线覆盖，免费为全省 87% 以上人口提供 24 套以上无线数字电视节目。获准发行电视剧 6 部，获准发行动画片 8 部 408 集。有线电视实际用户 1570.56 万户，有线数字电视实际用户 1451.27 万户，IPTV 用户 1600 万户。广播电视总收入 174.05 亿元，其中创收收入 123.11 亿元。
河南省	广播、电视综合人口覆盖率分别达到 99.64%、99.58%。广播电视传输覆盖网络光纤覆盖全省 18 个省辖市（示范区）。建成应急广播平台市级 1 个、县（区）级 19 个。广播电视节目制作经营机构 651 家；持证网络视听机构 12 家，备案网络视听机构 8 家。获准发行电视动画片 5 部 176 集。有线电视实际用户 748.42 万户，有线数字电视实际用户 696.07 万户，IPTV 用户 1800 万户。广播电视总收入 77.04 亿元，其中创收收入 43.33 亿元。
湖北省	广播、电视综合人口覆盖率分别达到 99.86%、99.82%。广播电视节目制作经营机构 627 家，持《信息网络传播视听节目许可证》机构 71 家（含县级融媒体中心）。创作生产公益广告 6000 余条，播出时长 32.82 万分钟。获准发行电视剧 3 部 130 集，电视动画片 9 部 182 集。有线电视实际用户 1202.63 万户，有线数字电视实际用户 1174.34 万户，高清实际用户 280.27 万户，互联网宽带业务用户 489.39 万户，IPTV 用户 608 万户。广播电视总收入 190.95 亿元，其中创收收入 147.07 亿元。
湖南省	广播、电视综合人口覆盖率分别达到 99.37%、99.74%。2019 年至 2020 年完成 25 万户直播卫星户户通和 100 座高山台站省级 6 套电视节目无线数字化覆盖建设。持《广播电视节目制作经营许可证》机构 537 家，持《信息网络传播视听节目许可证》机构 13 家。获准发行电视剧 7 部，获准发行动画片 9 部。有线电视实际用户 678.51 万户，有线数字电视实际用户 639.91 万户，有线网络宽带接入用户 115 万户，IPTV 用户 1356 万户。广播电视总收入 347.30 亿元，其中创收收入 322.34 亿元。
广东省	广播、电视综合人口覆盖率均达 99.98%。推进省级应急广播平台和 6 个地级市的应急广播系统建设，建立户户通运行维护服务网点 320 个，为 11.13 万户困难家庭安装有线电视或 IPTV 电视并落实优惠减免服务。广播电视节目制作经营机构 3037 家，持证及备案网络视听机构 90 家。获准发行电视剧 18 部 484 集，获准发行电视动画片 89 部 2812 集。有线电视实际用户 1705.69 万户，有线数字电视实际用户 1639.31 万户，IPTV 用户 1866 万户，OTT 用户 2443 万户。广播电视总收入 963.46 亿元，其中创收收入 874.07 亿元。

续表

地区	2020年发展基本数据
广西壮族自治区	广播、电视综合人口覆盖率分别达到98.16%、99.15%。建成34个县级应急广播体系，覆盖404个乡镇、5118个行政村（社区）。广播电视节目制作机构382家，持证及备案网络视听机构97家。获准发行电视动画片6部74集。有线电视实际用户与有线数字电视实际用户均为734.00万户。广播电视总收入78.66亿元，其中创收收入52.87亿元。
海南省	广播、电视综合人口覆盖率分别达到99.20%、99.23%。应急广播建设覆盖全省44个乡镇、572个行政村（含农场、社区）。持《广播电视节目制作经营许可证》机构309家，持《信息网络传播视听节目许可证》机构24家。获准发行电视剧1部。有线电视实际用户143.48万户，有线数字电视实际用户133.16万户，宽带用户44万户，IPTV用户162万户。广播电视总收入69.46亿元，其中创收收入59.81亿元。
重庆市	广播、电视综合人口覆盖率分别达到99.42%、99.51%。实现6707个行政村光纤到村，16个区县基本建成应急广播系统。持《广播电视节目制作经营许可证》机构721家，持《信息网络传播视听节目许可证》机构10家。获准发行电视剧6部229集，获准发行动画片5部938分钟。有线电视实际用户606.32万户，有线数字电视实际用户548.34万户，高清实际用户200万户，有线互联网宽带业务用户187万户，有线增值业务用户248万户，直播卫星户户通414万户。广播电视总收入69.32亿元，其中创收收入52.27亿元。
四川省	广播、电视综合人口覆盖率分别达到98.87%、99.33%。建成1个省级应急广播平台、4个市级平台、105个县级平台和4.6万个广播村村响。185个区县融媒体中心全部建成挂牌。广播电视节目制作经营机构1391家，持《信息网络传播视听节目许可证》机构133家。获准发行电视剧4部，获准发行电视动画片3部。有线电视实际用户968.87万户，有线数字电视实际用户934.70万户，IPTV用户1500万户，直播卫星用户1041.4万户。广播电视总收入241.58亿元，其中创收收入124.38亿元。
贵州省	广播、电视综合人口覆盖率分别达到95.45%、97.51%。持《广播电视节目制作经营许可证》机构202家，持《信息网络传播视听节目许可证》机构6家。上线备案重点网络影视剧17部。有线电视实际用户与有线数字电视实际用户均为836.90万户，高清用户500万户，广电宽带用户277万户，IPTV用户533.69万户。广播电视总收入112.15亿元，其中创收收入94.34亿元。
云南省	广播、电视综合人口覆盖率分别达到99.26%、99.38%。持《广播电视节目制作经营许可证》机构284家。制作广播电视公益广告9250条，播出429.16万条次。受理国产电视剧和电视动画片15部备案，完成引进电视剧剧本内容审查10部。有线电视实际用户416.99万户，有线数字电视实际用户389.21万户，宽带用户56.5万户，IPTV用户342万户，直播卫星用户1102.2万户，OTT用户超500万户。广播电视总收入73.89亿元，其中创收收入48.49亿元。
西藏自治区	广播、电视综合人口覆盖率分别达到99.07%、99.23%。全区深度贫困县应急广播体系建设项目基本完成。采购28943套户户通型卫星直播接收设备，810个村综合文化服务中心广播器材配备项目进展顺利。中央无线数字化覆盖工程建设完成，免费向全区基层群众提供16套数字广播电视节目。广播电视节目制作经营机构213家，持证及备案网络视听机构4家。有线电视实际用户23.52万户，有线数字电视实际用户18.14万户。广播电视收入26.10亿元，其中创收收入8.95亿元。

续表

地区	2020年发展基本数据
陕西省	广播、电视综合人口覆盖率分别达到99.29%、99.62%。持《广播电视节目制作经营许可证》机构1179家,持《信息网络传播视听节目许可证》机构11家。制作广播节目24.45万小时,播出广播节目48.57万小时;制作电视节目10.18万小时,播出电视节目61.51万小时。获准发行电视剧11部440集,获准发行电视动画片6部406集6055分钟。有线电视实际用户751.02万户,有线数字电视实际用户750.81万户,互联网宽带业务用户122.26万户。广播电视总收入89.43亿元,其中创收收入63.30亿元。
甘肃省	广播、电视综合人口覆盖率分别达到99.31%、99.41%。持《广播电视节目制作经营许可证》机构415家,持《信息网络传播视听节目许可证》机构83家。有线电视实际用户数164.55万户,有线数字电视实际用户数126.35万户,IPTV用户数465.32万户,广播电视村村通98.29万户,直播卫星户户通547.21万户。广播电视总收入36.12亿元,其中创收收入10.76亿元。
青海省	广播、电视综合人口覆盖率分别达到99.05%、99.11%。应急广播建设涵盖32个县。持《广播电视节目制作经营许可证》机构137家,持《信息网络传播视听节目许可证》机构4家。获准发行电视剧1部、纪录片2部,获准上线网络电影4部。有线电视实际用户数97.69万户,有线数字电视实际用户数97.36万户,高清用户数11.73万户,注册宽带用户数8.86万户,IPTV用户数102万户,户户通用户数110万户。广播电视总收入14.47亿元,其中创收收入3.0亿元。
宁夏回族自治区	广播、电视综合人口覆盖率分别达到99.76%、99.94%。4家市级、14家县级融媒体中心入驻上线。播出抗疫公益广告3万余条,制作6支扶贫、安全生产主题公益广告。通过国家广电总局规划备案网络影视剧19部,上线备案申请9部,审核通过8部。有线电视实际用户数110.80万户,有线数字电视实际用户数110.23万户。广播电视总收入14.51亿元,其中创收收入5.54亿元。
新疆维吾尔自治区	广播、电视综合人口覆盖率分别达到98.68%、98.85%。创作公益广告9000余条,播出近278万条次、530万余分钟。采制翻译播出抗疫报道6600多篇,推出《防控疫情,新疆在行动》《我家的战"疫"生活》等76档特别节目,采制翻译播出2727期专题节目。获准发行电视剧2部85集。有线电视实际用户数280.62万户,有线数字电视实际用户数279.84万户。广播电视总收入221.31亿元,其中创收收入187.78亿元。
新疆生产建设兵团	广播、电视综合人口覆盖率分别达到98.80%、99.70%。共建成1639个连队广播及"大喇叭"系统,开通广播及"大喇叭"终端14342个,覆盖人群279万。开设疫情防控栏目45个、专题108个,提供疫情速报、防控、捐赠、辟谣、企业复工等信息48176条。有线电视实际用户数34.28万户,有线数字电视实际用户数25.82万户。广播电视总收入7.04亿元,其中创收收入2.23亿元。

附录三 2020年全国广播电视发展主要指标一览表

2020年全国广播电视发展主要指标一览表（一）

	宣传情况			覆盖情况				有线电视发展情况						
	广播节目播出时间	电视节目播出时间	广播节目制作时间	电视节目制作时间	广播综合人口覆盖率	电视综合人口覆盖率	无线广播综合人口覆盖率	无线电视综合人口覆盖率	有线电视实际用户数	有线数字实际用户数	有线双向数字电视实际用户数	有线电视缴费用户数	有线数字电视缴费用户数	有线双向数字电视缴费用户数	有线电视用户占本地区总户数比重	有线广播电视网络传输干线总长（不含县级前端以下）
	万小时	万小时	万小时	万小时	%	%	%	%	万户	万户	万户	万户	万户	万户	%	万公里
全国合计	1580.72	1988.31	821.04	328.24	99.38	99.59	97.70	97.07	20745.30	19888.74	9551.01	12483.84	11994.37	6433.32	46.23	227.63
国家广播电视总局	—	—	0.12	—	—	—	—	—	—	—	—	—	—	—	—	—
中央广播电视总台	18.15	24.18	27.73	21.37	—	—	—	—	—	—	—	—	—	—	—	—
其他部门所属单位	—	4.39	0.00	0.66	—	—	—	—	—	—	—	—	—	—	—	—
北京市	17.45	13.55	11.30	7.63	100.00	100.00	100.00	100.00	606.24	605.08	563.20	414.91	398.47	385.28	109.35	25.74
天津市	14.21	14.62	9.75	1.66	100.00	100.00	62.73	46.35	358.51	353.60	153.02	109.79	105.38	65.31	88.25	0.42
河北省	88.61	98.66	44.59	12.57	99.76	99.83	99.35	98.94	616.30	594.81	228.29	368.53	324.86	151.30	25.56	14.71
山西省	56.16	65.11	26.59	14.27	99.16	99.65	99.12	99.62	412.77	345.01	44.65	180.44	155.26	24.28	31.92	7.67
内蒙古自治区	69.73	68.49	29.93	8.52	99.66	99.68	99.43	98.32	207.02	207.02	114.35	160.76	160.76	76.19	23.42	1.26
辽宁省	68.08	80.71	39.42	14.22	99.44	99.41	99.32	98.42	598.85	575.88	171.54	511.70	499.81	158.48	38.84	3.05
吉林省	59.32	52.52	24.87	8.84	99.42	99.50	99.11	97.15	617.73	617.71	422.74	304.99	304.99	276.00	60.06	1.79

① 附录及全书主要数据由国家广播电视总局规划财务司提供，计算结果保留小数点后两位。

续表

	宣传情况			覆盖情况				有线电视发展情况						
	广播节目播出时间	电视节目播出时间	广播节目制作时间	电视节目制作时间	广播综合人口覆盖率	电视综合人口覆盖率	无线广播综合人口覆盖率	无线电视综合人口覆盖率	有线电视实际用户数	有线数字电视实际用户数	有线双向数字电视实际用户数	有线电视缴费用户数	有线数字电视缴费用户数	有线双向数字电视缴费用户数	有线电视用户占本地区总户数比重	有线广播电视网络传输干线总长（不含县级前端以下）
	万小时	万小时	万小时	万小时	%	%	%	%	万户	万户	万户	万户	万户	万户	%	万公里
黑龙江省	54.72	61.01	23.40	10.76	99.94	99.86	99.94	99.82	584.95	578.81	188.69	493.13	492.58	172.13	39.42	9.66
上海市	15.14	13.93	15.28	4.65	100.0	100.0	100.00	100.00	751.44	733.19	730.33	385.82	378.22	376.43	135.10	9.08
江苏省	75.36	79.26	56.81	20.09	100.00	100.00	100.00	100.00	1528.33	1515.34	665.74	1102.38	1092.53	509.92	60.55	4.35
浙江省	77.34	70.69	52.34	16.58	99.77	99.84	99.32	99.07	1321.40	1303.48	627.26	1041.79	1019.19	514.81	77.09	3.78
安徽省	61.13	64.84	26.89	7.60	99.93	99.90	99.92	99.68	795.34	618.03	204.56	353.79	284.05	100.74	36.55	3.47
福建省	52.62	42.35	25.20	5.54	99.82	99.85	99.16	98.32	726.77	726.77	288.35	551.42	551.42	465.58	63.51	21.73
江西省	38.60	65.76	18.10	8.99	99.07	99.51	96.80	99.18	544.81	528.27	214.11	275.84	269.18	111.11	41.68	10.76
山东省	103.01	144.84	59.74	20.83	99.45	99.59	99.34	99.03	1570.56	1451.27	490.45	973.91	930.61	363.52	47.89	45.85
河南省	72.73	94.82	31.09	12.62	99.64	99.58	99.64	99.56	748.42	696.07	168.86	354.56	338.53	72.70	22.66	5.33
湖北省	58.52	70.30	22.50	9.27	99.86	99.82	99.71	99.65	1202.63	1174.34	679.31	544.22	504.91	277.12	57.29	3.04
湖南省	52.59	78.28	24.15	10.53	99.37	99.74	98.60	98.72	678.51	639.91	217.31	386.23	313.13	142.01	31.66	10.98
广东省	80.11	90.29	66.27	20.67	99.98	99.98	93.78	93.29	1705.69	1639.31	714.77	1510.30	1452.62	579.20	66.57	23.09
广西壮族自治区	43.62	63.80	21.55	9.40	98.16	99.15	97.20	98.28	734.00	734.00	385.07	351.30	351.30	259.68	45.66	1.23
海南省	14.25	11.21	6.98	1.96	99.20	99.23	99.18	99.20	143.48	133.16	39.06	89.99	86.63	28.29	53.39	0.24
重庆市	21.40	31.10	10.37	16.09	99.42	99.51	94.80	93.57	606.32	548.34	407.02	245.67	244.25	233.34	48.81	0.68
四川省	71.32	116.69	31.54	14.88	98.87	99.33	97.45	56.89	968.87	934.70	551.38	543.51	523.27	380.08	29.92	2.93
贵州省	26.20	51.26	13.86	5.14	95.45	97.51	85.93	75.57	836.90	836.90	540.93	407.54	407.54	352.30	62.27	1.51
云南省	42.59	92.47	19.54	12.75	99.26	99.38	97.18	96.46	416.99	389.21	163.15	245.60	238.32	115.72	29.14	3.20

续表

	宣传情况			覆盖情况				有线电视发展情况					
	广播节目播出时间	电视节目播出时间	广播节目制作时间	电视节目制作时间	广播综合人口覆盖率	电视综合人口覆盖率	无线广播综合人口覆盖率	无线电视综合人口覆盖率	有线电视实际用户数	有线数字电视实际用户数	有线双向数字电视实际用户数	有线电视缴费用户数	有线数字电视缴费用户数	有线双向数字电视缴费用户数	有线电视用户占本地区总户数比重	有线广播电视网络传输干线总长（不含县级前端以下）
西藏自治区	15.89	38.19	3.93	2.02	99.07	99.23	97.97	97.39	23.52	18.14	—	12.58	11.17	—	29.08	0.49
陕西省	48.56	61.51	24.45	10.18	99.29	99.62	98.94	99.20	751.02	750.81	272.03	336.03	336.03	124.41	56.47	4.40
甘肃省	38.55	58.42	15.47	6.42	99.31	99.41	96.18	95.72	164.55	126.35	76.22	82.69	76.64	47.66	19.57	1.70
青海省	25.52	32.46	5.01	2.31	99.05	99.11	99.04	98.94	97.69	97.36	68.41	22.66	22.66	3.08	66.87	0.75
宁夏回族自治区	12.82	17.25	5.73	1.92	99.76	99.94	99.68	99.08	110.80	110.23	34.48	34.48	34.48	11.59	47.97	0.51
新疆维吾尔自治区	86.42	115.37	26.56	7.28	98.68	98.85	98.57	98.81	280.62	279.84	125.71	87.28	85.55	55.05	40.12	2.70
新疆生产建设兵团	—	—	—	—	—	—	—	—	34.28	25.82	—	—	—	—	—	1.52

附 录

2020年全国广播电视发展主要指标一览表（二）

	从业人员	总收入	实际创收入	广告收入	广播广告收入	电视广告收入	网络媒体广告收入	有线电视网络收入	有线电视收视维护费收入	落地费收入	有线电视机顶盒广告收入	付费数字电视频道收入	新媒体业务收入	网络视听节目服务收入	资产总额
	万人	亿元	亿元	亿元	亿元	亿元	亿元	亿元	亿元	亿元	亿元	亿元	亿元	亿元	亿元
全国合计	101.10	9214.60	7711.76	1940.06	95.67	693.91	889.96	756.98	298.72	37.93	2.97	34.33	2656.38	830.80	24062.48
国家广播电视总局	0.98	73.92	33.34	1.81	0.01	0.80	0.89	3.34	—	—	—	—	9.95	0.33	315.77
中央广播电视总台	4.06	508.07	491.21	201.36	6.35	191.42	3.45	0.00	—	—	—	—	78.03	0.86	1906.59
其他部门所属单位	0.54	52.27	34.48	18.16	—	14.21	3.03	0.02	—	—	—	0.02	1.96	1.67	166.24
北京市	10.85	3225.06	2910.07	703.13	4.79	76.12	465.46	27.41	9.49	7.54	0.28	0.17	1699.87	299.40	5596.97
天津市	0.87	66.60	60.05	7.96	3.00	4.48	0.32	6.36	2.99	0.93	0.04	0.70	5.36	1.89	280.59
河北省	3.52	96.12	57.01	14.96	3.97	8.83	0.27	23.90	7.60	1.01	0.07	0.44	8.30	0.01	270.02
山西省	2.52	61.92	23.29	5.59	1.44	3.76	0.05	7.38	4.67	0.65	0.00	0.45	2.27	0.00	130.39
内蒙古自治区	1.90	47.78	18.29	3.35	1.00	2.29	0.01	10.34	5.85	0.01	0.00	0.50	0.97	—	111.74
辽宁省	2.49	64.38	40.12	12.24	4.02	7.50	0.20	21.83	14.77	0.44	0.11	0.61	1.59	0.15	222.90
吉林省	2.03	53.24	33.51	9.23	1.92	7.07	0.02	18.22	8.01	1.06	0.02	0.34	1.93	0.00	321.41
黑龙江省	2.29	64.20	37.66	7.85	2.40	5.26	0.01	16.67	11.08	0.56	0.12	0.83	2.61	0.00	189.83
上海市	3.58	724.80	625.54	177.03	4.54	47.12	114.52	36.67	12.02	1.87	—	3.56	212.09	132.16	1967.40
江苏省	6.29	389.65	347.01	72.71	8.86	42.40	9.89	69.10	32.09	1.64	0.20	3.42	27.09	14.14	1943.14
浙江省	6.19	580.36	500.36	85.96	10.24	51.57	7.27	76.31	25.68	2.75	0.24	3.74	74.52	45.13	2231.43
安徽省	2.78	121.06	74.51	30.21	2.86	14.11	6.06	14.23	6.40	0.96	0.04	0.50	3.95	0.08	252.84
福建省	3.09	210.50	164.24	44.79	2.13	7.74	28.57	39.97	8.60	1.45	—	2.51	8.65	2.14	353.32
江西省	2.02	67.83	37.44	10.78	1.77	8.10	0.19	16.03	6.51	0.25	0.04	0.30	1.85	0.01	126.84

续表

	从业人员	总收入	实际创收入	广告收入	广播广告收入	电视广告收入	网络媒体广告收入	有线电视网络收入	有线电视收视维护费收入	落地费收入	有线电视机顶盒广告收入	付费数字电视频道收入	新媒体业务收入	网络视听节目服务收入	资产总额
	万人	亿元	亿元	亿元	亿元	亿元	亿元	亿元	亿元	亿元	亿元	亿元	亿元	亿元	亿元
山东省	5.47	174.05	123.11	45.84	7.48	25.08	7.71	44.85	15.96	2.18	0.18	1.73	10.76	0.21	496.13
河南省	4.38	77.04	43.33	11.43	2.69	7.83	0.37	10.44	6.56	1.55	0.11	0.47	9.12	—	240.10
湖北省	3.69	190.95	147.07	19.56	2.96	8.25	7.29	33.32	14.09	2.29	0.17	1.60	78.59	0.12	467.98
湖南省	4.79	347.30	322.34	141.94	4.44	76.40	57.24	22.69	9.04	1.41	0.07	1.37	70.61	43.03	1019.50
广东省	7.44	963.46	874.07	199.78	6.10	19.24	158.97	87.04	38.98	3.18	0.68	3.33	273.95	251.05	2664.80
广西壮族自治区	1.78	78.66	52.87	16.72	1.25	15.12	0.15	21.36	7.31	0.77	0.00	0.66	4.83	0.00	193.61
海南省	0.68	69.46	59.81	13.37	0.06	1.22	11.51	4.25	2.08	—	—	0.09	25.44	24.42	98.35
重庆市	1.42	69.32	52.27	7.86	0.91	6.25	0.10	19.45	6.86	1.02	—	0.79	4.32	1.71	156.79
四川省	4.59	241.58	124.38	16.07	3.14	7.62	1.24	43.06	14.45	1.92	0.04	1.18	7.48	0.08	589.77
贵州省	2.07	112.15	94.34	13.00	1.07	9.15	0.46	38.77	7.97	0.38	0.52	3.16	4.73	—	356.03
云南省	2.07	73.89	48.49	11.40	1.06	8.89	0.13	12.71	5.88	0.66	0.01	0.63	1.98	0.03	210.87
西藏自治区	0.48	26.10	8.95	8.45	0.01	1.76	0.00	0.23	0.18	0.01	—	0.00	0.00	—	36.60
陕西省	2.12	89.43	63.30	11.79	2.46	8.45	0.34	18.09	8.42	0.77	—	0.38	3.36	0.22	274.83
甘肃省	1.51	36.12	10.76	3.31	0.63	2.53	0.01	4.29	1.95	0.13	0.01	0.27	0.97	0.00	175.82
青海省	0.43	14.47	3.00	0.94	0.23	0.71	—	1.55	0.64	0.16	—	0.09	0.25	—	23.04
宁夏回族自治区	0.46	14.51	5.54	1.96	0.46	1.02	0.13	2.11	0.77	0.18	—	0.40	0.42	—	53.20
新疆维吾尔自治区	1.71	221.31	187.78	9.23	1.44	1.31	4.40	4.76	1.59	0.24	0.02	0.07	18.56	11.97	617.67
新疆生产建设兵团	—	7.04	2.23	0.29	—	0.29	—	0.25	0.25	—	—	—	0.01	—	—

附录四 2020年全国广播电视总收入构成情况图表

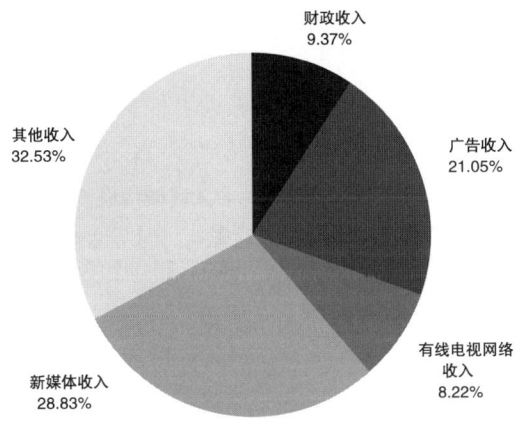

2020年全国广播电视总收入分类构成情况

指标	总收入（亿元）	占全国广电总收入比重（%）
财政收入	863.34	9.37
广告收入	1940.06	21.05
有线电视网络收入	756.98	8.22
新媒体收入	2656.38	28.83
其他收入	2997.84.	32.53
全国总收入	9214.60	100.00

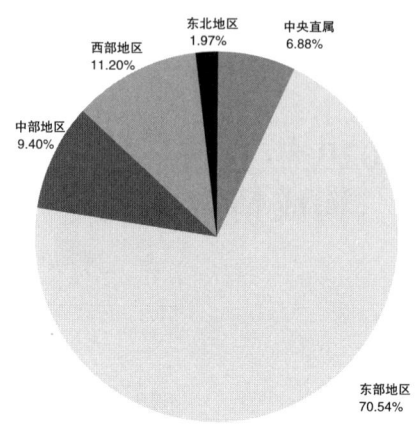

2020年全国广播电视总收入区域构成情况①

地区	总收入（亿元）	占全国广电总收入比重（%）
中央直属	634.27	6.88
东部地区	6500.05	70.54
中部地区	866.10	9.40
西部地区	1032.36	11.20
东北地区	181.82	1.97
全国合计	9214.60	100.00

① 本书附录中所指东部地区包括北京市、天津市、河北省、上海市、江苏省、浙江省、福建省、山东省、广东省和海南省等10个省（市）；中部地区包括山西省、安徽省、江西省、河南省、湖北省和湖南省等6省；西部地区包括内蒙古自治区、广西壮族自治区、重庆市、四川省、贵州省、云南省、西藏自治区、陕西省、甘肃省、青海省、宁夏回族自治区和新疆维吾尔自治区等12个省（区、市）；东北地区包括辽宁省、吉林省和黑龙江省等3省。

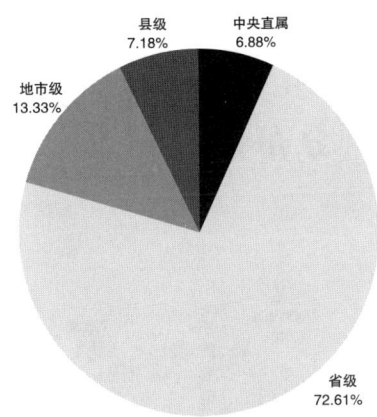

2020 年全国广播电视总收入分级构成情况

地区	总收入（亿元）	占全国广电总收入比重（%）
中央直属	634.27	6.88
省级	6691.11	72.61
地市级	1228.06	13.33
县级	661.16	7.18
全国合计	9214.60	100.00

附录五 2020年全国广播电视广告收入分布情况图表

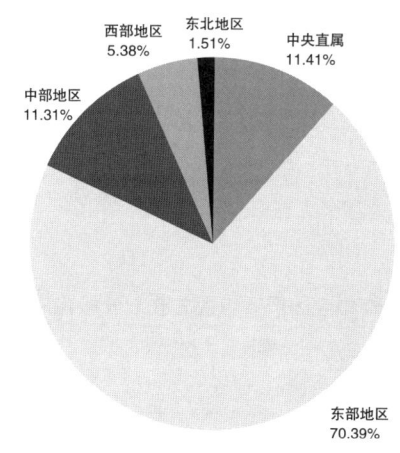

2020年全国广播电视广告收入区域构成情况

地区	广告收入（亿元）	占全国广告总收入比重（%）
中央直属	221.33	11.41
东部地区	1365.53	70.39
中部地区	219.51	11.31
西部地区	104.37	5.38
东北地区	29.32	1.51
全国合计	1940.06	100.00

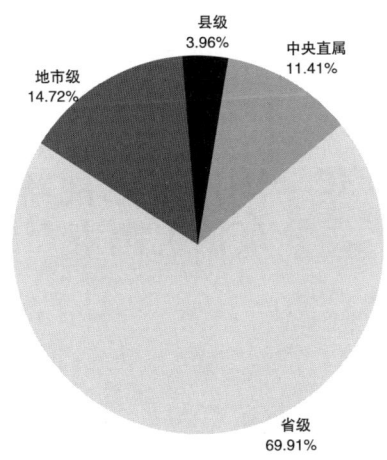

2020年全国广播电视广告收入分级构成情况

地区	广告收入（亿元）	占全国广告收入比重（%）
中央直属	221.33	11.41
省级	1356.37	69.91
地市级	285.48	14.72
县级	76.88	3.96
全国合计	1940.06	100.00

附录六 2020年全国广播电视新媒体业务收入分布情况图表

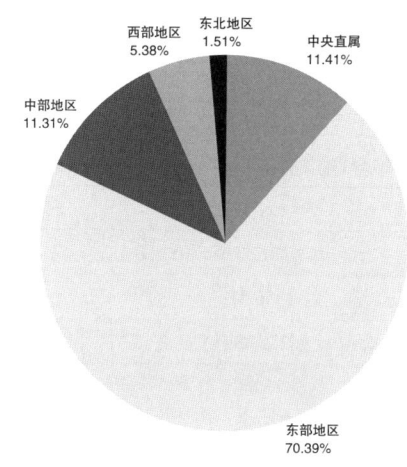

2020年全国广播电视新媒体收入区域构成情况①

地区	新媒体业务收入（亿元）	占全国新媒体业务收入比重（%）
中央直属	89.93	11.41
东部地区	2346.04	70.39
中部地区	166.39	11.31
西部地区	47.89	5.38
东北地区	6.13	1.51
全国合计	2656.38	100.00

① 各网络视听平台收入按注册地计入各区域。

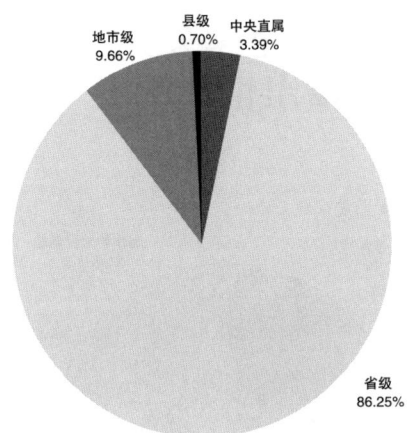

2020年全国广播电视新媒体收入分级构成情况

地区	新媒体业务收入（亿元）	占全国新媒体业务收入比重（%）
中央直属	89.93	3.39
省级	2291.24	86.25
地市级	256.72	9.66
县级	18.49	0.70
全国合计	2656.38	100.00

附录七 2020年全国公共广播电视制作、播出情况图表

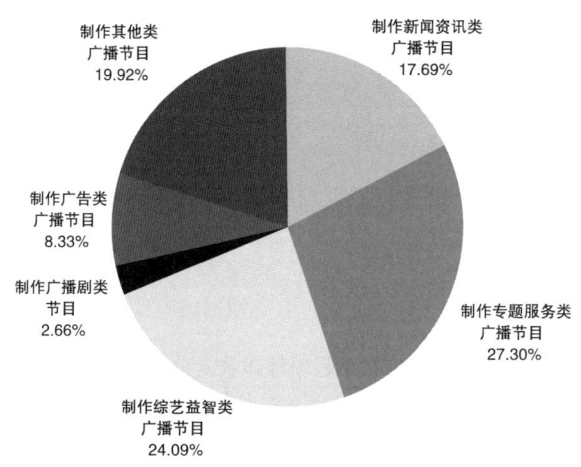

2020年全国公共广播节目按类别制作时间情况

制作广播节目类别	时间（万小时）	占全年制作广播节目时间比重（%）	较2019年同比增长（%）
制作新闻资讯类广播节目	145.27	17.69	2.39
制作专题服务类广播节目	224.18	27.30	2.84
制作综艺益智类广播节目	197.78	24.09	−0.87
制作广播剧类节目	21.86	2.66	−2.45
制作广告类广播节目	68.40	8.33	−4.89
制作其他类广播节目	163.55	19.92	10.39
全年制作广播节目时间合计	821.04	100.00	2.39

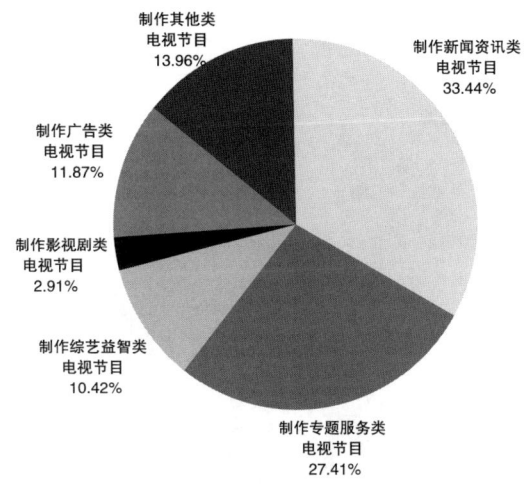

2020 年全国公共电视节目按类别制作时间情况

制作电视节目类别	时间（万小时）	占全年制作电视节目时间比重（%）	较 2019 年同比增长（%）
制作新闻资讯类电视节目	109.75	33.44	1.05
制作专题服务类电视节目	89.98	27.41	3.39
制作综艺益智类电视节目	34.19	10.42	−14.48
制作影视剧类电视节目	9.54	2.91	−20.70
制作广告类电视节目	38.97	11.87	−10.90
制作其他类电视节目	45.81	13.96	−15.46
全年制作电视节目时间合计	328.24	100.00	−5.01

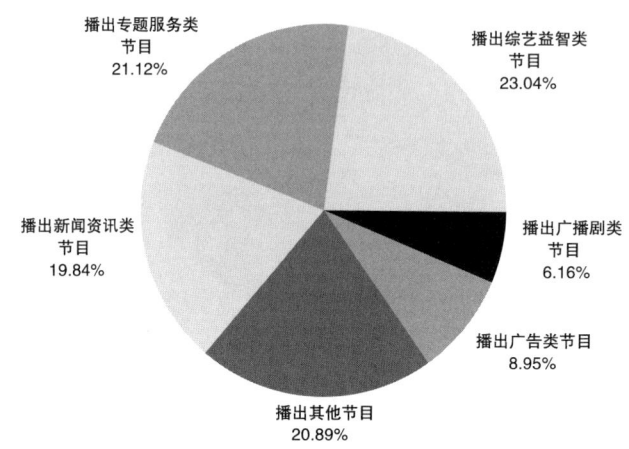

2020年全国公共广播节目按类别播出时间情况

广播节目播出类别	时间（万小时）	占全年广播节目播出时间的比重（%）	较2019年同比增长（%）
播出新闻资讯类节目	313.55	19.84	3.77
播出专题服务类节目	333.90	21.12	0.18
播出综艺益智类节目	364.24	23.04	-3.07
播出广播剧类节目	97.44	6.16	-2.77
播出广告类节目	141.41	8.95	5.15
播出其他节目	330.18	20.89	7.38
全年公共广播节目播出合计	1580.72	100.00	1.76

附 录

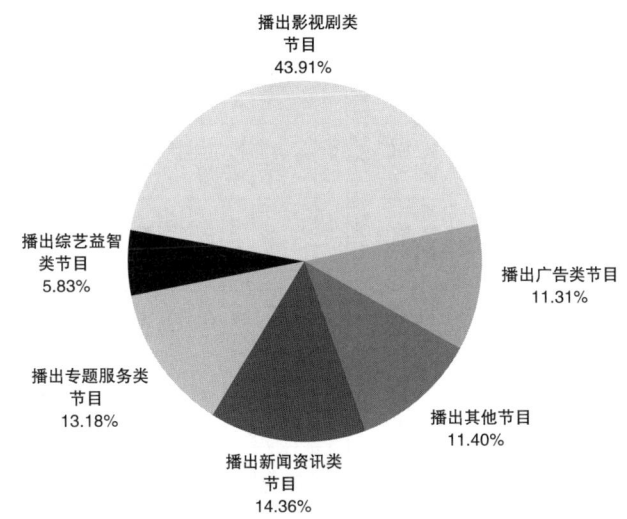

2020 年全国公共电视节目按类别播出时间情况

电视节目播出类别	时间（万小时）	占全年电视节目播出的比重（%）	较 2019 年同比增长（%）
播出新闻资讯类节目	285.55	14.36	2.08
播出专题服务类节目	262.00	13.18	2.26
播出综艺益智类节目	115.92	5.83	−11.17
播出影视剧类节目	873.12	43.91	2.90
播出广告类节目	224.97	11.31	6.13
播出其他节目	226.75	11.40	1.16
全年公共电视节目播出时间合计	1988.31	100.00	1.91

附录八 2020年全国广播电视人才队伍情况图表

2020年全国广播电视行业从业人员情况一览表（一）

单位：人

	从业人员	长期职工	女	党员	管理人员	专业人员	编辑、记者	女	播音员、主持人	女	工程技术人员	艺术人员	经营人员	其他人员
全国合计	1010997	946386	425788	323890	171549	523944	175679	86141	29997	17621	149627	31562	68963	315504
国家广播电视总局	9847	9694	4024	4610	1689	6710	159	89	1	1	5236	422	128	1448
中央广播电视总台	40577	37451	20205	9949	5292	20742	8101	5037	585	315	4228	1549	790	14543
其他部门所属单位	5386	5087	2947	2245	1172	3596	1789	1059	37	23	548	467	240	618
北京市	108545	100252	53387	17617	18653	47178	11556	6099	1705	851	10616	5076	9385	42714
天津市	8733	7642	4146	3007	1294	6163	2348	1383	239	140	1301	430	429	1276
河北省	35212	33293	15221	13503	4882	17654	6756	3409	1418	825	4110	1578	1849	12676
山西省	25229	23070	10804	7920	4192	12981	6441	3043	759	426	3185	268	664	8056
内蒙古自治区	18976	16206	8088	6932	2220	12110	5041	2411	979	564	3805	280	613	4646
辽宁省	24935	24212	10117	11832	4421	13912	4658	2344	1084	662	4639	1414	1199	6602
吉林省	20329	19191	7438	7666	3135	13543	4557	2230	796	453	3574	298	3931	3651
黑龙江省	22921	22257	8600	9393	4478	12485	4646	2235	803	485	4345	490	1527	5958
上海市	35753	34405	17042	7665	6104	18443	3286	1911	525	319	4965	2539	3934	11206
江苏省	62886	60595	25519	21187	9165	34523	10714	5343	1823	1053	8884	1193	6784	19198
浙江省	61850	56399	26281	17923	10344	31300	9630	4841	1605	972	9704	2360	5044	20206
安徽省	27846	26252	11012	10001	6101	14401	5135	2150	1169	751	4022	734	1891	7344

续表

从业人员按职业分类

	从业人员	长期职工	女	党员	管理人员	专业人员	编辑、记者	女	播音员、主持人	女	工程技术人员	艺术人员	经营人员	其他人员
福建省	30895	28797	12463	9157	5759	14756	5267	2540	768	524	3710	945	1989	10380
江西省	20199	18714	7370	7177	4381	8534	3133	1420	721	446	2214	287	698	7284
山东省	54671	51228	21956	19300	7603	31620	12566	5259	2480	1385	9132	1005	3385	15448
河南省	43775	42295	17528	17323	7147	20377	9607	4108	1568	885	5941	411	1835	16251
湖北省	36887	35208	14565	16016	7004	19922	6376	2917	1010	615	5899	942	3505	9961
湖南省	47933	45772	19350	15922	8008	22556	6741	3091	1033	565	6656	1246	2950	17369
广东省	74375	69394	29451	19434	12917	37081	8733	4527	1873	1087	12945	3260	5295	24377
广西壮族自治区	17770	16878	6847	7128	4128	9808	3798	1779	631	387	3227	554	603	3834
海南省	6839	6541	2978	1855	1031	3581	1509	850	278	167	879	389	315	2227
重庆市	14170	13537	5521	4078	2624	7291	2632	1365	451	271	1785	408	1115	4255
四川省	45881	41779	18303	17142	8763	21433	6159	2873	1273	759	5543	904	4111	15685
贵州省	20749	18374	7996	5879	4628	11120	3662	1739	608	370	3436	116	1183	5001
云南省	20695	19849	8002	7680	3164	12623	5575	2648	838	487	4214	252	704	4908
西藏自治区	4830	4002	2309	2307	567	2975	1193	519	284	135	1056	87	50	1288
陕西省	21186	19689	8839	7447	3781	11054	4262	2192	850	569	2709	784	1353	6351
甘肃省	15130	13999	6103	6287	3376	7601	3295	1499	623	379	2009	186	807	4153
青海省	4295	3821	1743	1174	379	2454	1026	541	251	136	879	92	40	1462
宁夏回族自治区	4606	4341	1897	1668	794	2620	1099	594	202	123	841	112	153	1192
新疆维吾尔自治区（含新疆生产建设兵团）	17086	16162	7736	5466	2353	10797	4229	2096	727	491	3390	484	464	3936

2020年全国广播电视行业从业人员情况一览表（二）

单位：人

	合计	按学历分			按年龄分			按专业技术职务分				按年收入分		
		研究生	本科及大专	高中及以下	35岁及以下	36岁至50岁	51岁及以上	正高级	副高级	中级	初级	10万元以下	10万元(含)至20万元	20万元以上
全国合计	1010997	62045	788567	160385	446538	434807	129652	10990	43184	150259	460895	629201	273832	107964
国家广播电视总局	9847	1180	7737	930	3424	4996	1427	472	1416	3109	2711	1431	5526	2890
中央广播电视总台	40577	6128	29377	5072	19289	16901	4387	931	2440	8452	19814	11097	10655	18825
其他部门所属单位	5386	1478	3687	221	2682	2195	509	168	380	1178	2510	768	2876	1742
北京市	108545	15448	85538	7559	72279	30556	5710	1332	2222	7188	28880	48289	38215	22041
天津市	8733	711	7340	682	3450	4158	1125	249	752	1475	3835	4338	3704	691
河北省	35212	1038	26572	7602	12026	18421	4765	492	1654	5892	16905	29983	4448	781
山西省	25229	736	19454	5039	8862	12434	3933	167	966	4412	9560	22885	2198	146
内蒙古自治区	18976	715	16238	2023	6288	9179	3509	510	1940	4488	7776	15665	3155	156
辽宁省	24935	1072	19791	4072	5739	13921	5275	300	1374	5734	10119	21199	3208	528
吉林省	20329	906	15342	4081	6018	10367	3944	458	1764	4076	11814	18313	1772	244
黑龙江省	22921	800	17980	4141	5677	13021	4223	571	2143	4452	11587	20285	2203	433
上海市	35753	4471	27983	3299	20709	12438	2606	288	1075	4649	11358	10429	14522	10802
江苏省	62886	3454	49102	10330	28016	26497	8373	523	2343	8166	28513	33893	22171	6822
浙江省	61850	2700	50307	8843	30545	24040	7265	486	2419	9683	31737	28818	25004	8028
安徽省	27846	1261	22154	4431	11270	12303	4273	249	1064	4221	16824	20921	6221	704
福建省	30895	878	25063	4954	14345	12861	3689	201	1234	3489	18166	20082	8874	1939
江西省	20199	699	14297	5203	6521	10229	3449	169	651	2551	7525	15044	4461	694
山东省	54671	2062	43519	9090	22444	24959	7268	428	2772	9515	27908	39553	12851	2267
河南省	43775	945	29690	13140	14638	23121	6016	206	1413	7335	21527	39404	3949	422
湖北省	36887	1595	27660	7632	13013	17457	6417	233	1189	6607	18689	26171	8859	1857
湖南省	47933	2193	35921	9819	21017	21042	5874	203	1248	6039	24986	32462	10273	5198
广东省	74375	4820	59306	10249	38867	27521	7987	551	1975	8237	28720	32770	27916	13689
广西壮族自治区	17770	925	14700	2145	6336	8366	3068	88	809	3334	10028	12602	4490	678
海南省	6839	282	5182	1375	3251	2616	972	37	194	567	3291	4469	2043	327
重庆市	14170	570	11768	1832	6387	5870	1913	168	630	1752	9235	7734	5582	854

续表

	合计	按学历分			按年龄分			按专业技术职务分				按年收入分		
		研究生	本科及大专	高中及以下	35岁及以下	36岁至50岁	51岁及以上	正高级	副高级	中级	初级	10万元以下	10万元(含)至20万元	20万元以上
四川省	45881	1764	34474	9643	19350	19549	6982	206	966	5303	19231	31188	12218	2475
贵州省	20749	376	15644	4729	10522	8229	1998	90	676	2373	15539	14720	5208	821
云南省	20695	604	17535	2556	7632	10297	2766	316	1674	4559	8125	14426	5901	368
西藏自治区	4830	219	3598	1013	2480	2021	329	81	205	852	2625	1773	2816	241
陕西省	21186	804	16925	3457	7934	10031	3221	203	1030	3469	10430	17772	2931	483
甘肃省	15130	533	12012	2585	5386	7237	2507	223	730	2236	7953	13228	1837	65
青海省	4295	96	3696	503	1953	1728	614	75	289	678	2211	2649	1456	190
宁夏回族自治区	4606	171	4062	373	1566	2190	850	107	334	866	2543	2833	1599	174
新疆维吾尔自治区（含新疆生产建设兵团）	17086	411	14913	1762	6622	8056	2408	209	1213	3322	8220	12007	4690	389

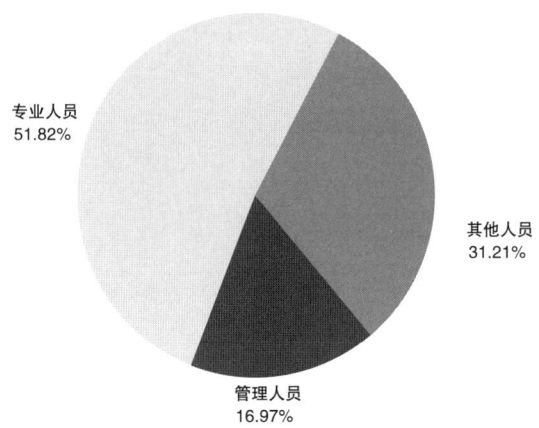

2020 年全国广播电视行业从业人员分类构成情况

类别	人数（万人）	占全国广电从业人员比重（%）
管理人员	17.15	16.97
专业人员	52.39	51.82
其他人员	31.55	31.21
从业人员总计	101.10	100.00

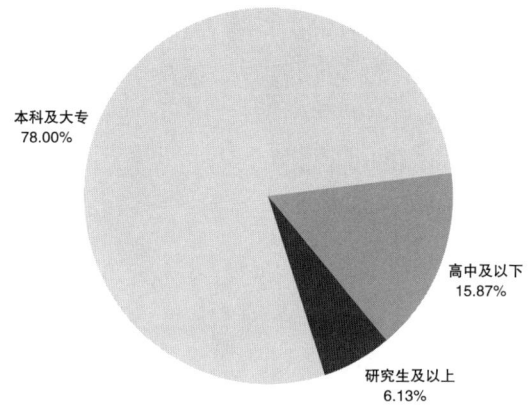

2020年全国广播电视行业从业人员学历构成情况

各学历从业人员	人数（万人）	占全国广电从业人员比重（%）
研究生及以上	6.20	6.13
本科及大专	78.86	78.00
高中及以下	16.04	15.87
从业人员总计	101.10	100.00

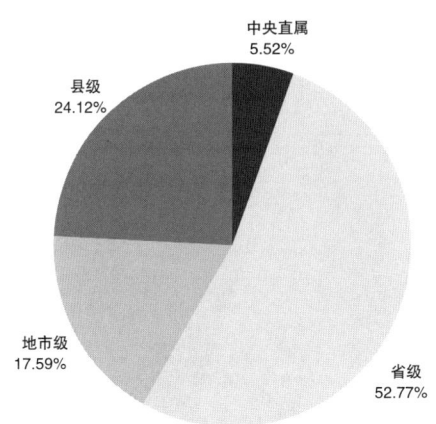

2020年全国广播电视行业从业人员分级构成情况

地区	从业人员（万人）	占全国从业人员比重（%）
中央直属	5.58	5.52
省级	53.35	52.77
地市级	17.78	17.59
县级	24.39	24.12
全国合计	101.10	100.00

《中国广播电视全媒体发展报告（2021）》编写工作机构

编 审 组

祝燕南　杨明品　崔承浩

编 撰 组

于秀娟　李秋红　李　岚　陈　林　陈秀敏　靳　丹
吉　京　沈雅婷　戚　雪　王小溪　刘继生　周　菁
王　羽　张苗苗　莫　桦　黄田园　董潇潇　彭　锦
赵京文　顾　芳　贺　涛　孙　晖　高　星　胡雅文
高　翔　姜　慧　秦　煦　张庆男　索东汇　索　强
丁　琪

编 辑 部

主　任：张苗苗
副主任：戚　雪
成　员：沈雅婷　姜　慧　张庆男

统计分析组

王高峰　姚宁洲　李学伟

保障组

宋　锋　吕岩梅　朱新梅　李亚飞　曹淑芹　王　东
王兴会　张司淼　胡　祥　周力上

《中国广播电视全媒体发展报告（2021）》提供材料单位

国家广播电视总局办公厅
国家广播电视总局政策法规司
国家广播电视总局宣传司
国家广播电视总局电视剧司
国家广播电视总局传媒机构管理司
国家广播电视总局网络视听节目管理司
国家广播电视总局媒体融合发展司
国家广播电视总局科技司
国家广播电视总局安全传输保障司
国家广播电视总局规划财务司
国家广播电视总局公共服务司
国家广播电视总局国际合作司（港澳台办公室）
国家广播电视总局人事司
国家广播电视总局机关党委
中央广播电视总台
中国广播电视网络集团有限公司
国家广播电视总局无线电台管理局
国家广播电视总局监管中心

国家广播电视总局广播电视卫星直播管理中心

国家广播电视总局广播影视发展研究中心

国家广播电视总局广播电视科学研究院

国家广播电视总局广播电视规划院

中广电广播电影电视设计研究院

中国电视艺术委员会

国家广播电视总局研修学院

国家广播电视总局广播影视人才交流中心

中国广播电视国际经济技术合作总公司

北京市广播电视局

北京广播电视台

天津市广播电视局

河北省广播电视局

河北广播电视台（集团）

山西省广播电视局

山西广播电视台

内蒙古自治区广播电视局

内蒙古广播电视台

辽宁省广播电视局

辽宁广播电视台

吉林省广播电视局

吉林广播电视台

黑龙江省广播电视局

黑龙江广播电视台

上海市广播电视局

上海广播电视台

江苏省广播电视局

江苏省广播电视总台(集团)

浙江省广播电视局

浙江广播电视集团

安徽省广播电视局

安徽广播电视台

福建省广播电视局

福建省广播影视集团

江西省广播电视局

江西广播电视台

山东省广播电视局

山东广播电视台

河南省广播电视局

河南广播电视台

湖北省广播电视局

湖北广播电视台

湖南省广播电视局

湖南广播电视台

广东省广播电视局

广东广播电视台

广西壮族自治区广播电视局

广西广播电视台

海南省旅游和文化广电体育厅

海南广播电视总台(集团)

重庆市文化和旅游发展委员会

重庆广播电视集团(总台)

四川省广播电视局

四川广播电视台

贵州省广播电视局

云南省广播电视局

云南广播电视台

西藏自治区广播电视局

西藏广播电视台

陕西省广播电视局

甘肃省广播电视局

甘肃省广播电视总台

青海省广播电视局

青海广播电视台

宁夏回族自治区广播电视局

宁夏广播电视台

新疆维吾尔自治区广播电视局

新疆广播电视台

新疆生产建设兵团文化体育广电和旅游局